◎ 高等院校经济与

精编国际贸易实务

INTERNATIONAL TRADE PRACTICE

谢娟娟 ◎ 主 编

首都经济贸易大学出版社

Capital University of Economics and Business Press

·北 京·

图书在版编目(CIP)数据

精编国际贸易实务/谢娟娟主编. —北京:首都经济贸易大学出版社,2014.3
(高等院校经济与管理核心课经典系列教材)
ISBN 978 - 7 - 5638 - 2199 - 0

Ⅰ.①精… Ⅱ.①谢… Ⅲ.①国际贸易—贸易实务—教材 Ⅳ.①F740.4

中国版本图书馆 CIP 数据核字(2014)第 028375 号

精编国际贸易实务

谢娟娟　主编

出版发行		首都经济贸易大学出版社
地	址	北京市朝阳区红庙 (邮编 100026)
电	话	(010)65976483　65065761　65071505(传真)
网	址	http://www.sjmcb.com
E - mail		publish@cueb.edu.cn
经	销	全国新华书店
照	排	首都经济贸易大学出版社激光照排服务部
印	刷	北京地泰德印刷有限责任公司
开	本	710 毫米×1000 毫米　1/16
字	数	431 千字
印	张	24.5
版	次	2014 年 3 月第 1 版　2014 年 3 月第 1 次印刷
印	数	1~3 000
书	号	ISBN 978 - 7 - 5638 - 2199 - 0/F·1253
定	价	39.00 元

前　言

　　随着我国对外贸易在国际贸易中地位的不断提高,进出口贸易在国民经济中占有越来越重要的地位。而近年来由于受 2008 年金融危机的影响,以及我国经济进入经济结构的调整期,对外贸易面临着新的挑战。因此,从事进出口贸易的企业和公司迫切需要大量具有专业知识和专业技能、高素质的国际贸易专业人员。这对我国高等教育国际经济贸易专业适应对外贸易发展的实际要求、理论联系实际、教学与实践环节的有机结合等方面提出了更高的要求。

　　国际贸易实务课程是在我国改革开放后对外经济贸易专业课程体系建设中一直占有重要地位的一门专业必修课程。它以国际贸易合同为核心,涉及合同订立之前相关商品、贸易对象、目标市场选择等方面的专业知识;贸易合同条款以及相关的国际贸易法律法规的了解;以及合同执行中实际操作与应用等诸多方面的内容。不仅涉及对外贸易合同的国外进出口商,而且还需要与国内的对外贸易管理部门(如商务部、出入境检验检疫局、海关、外汇管理局、税务局等)、对外运输与保险部门、银行的国际结算部门以及与进出口贸易环节相关的各部门的合作与协调。因此,具有专业知识面广、环节多、涉外性强、程序复杂等特点,要求从事对外贸易的业务人员既要具有扎实的国际贸易理论基础,又要掌握国际贸易实际业务操作中的专业知识和专业技能,熟悉进出口贸易合同的成立、合同条款具体商议中的关键因素、履行合同过程中货物所有权的发生、转移和终止的界定,等等。贸易实践中由于企业特别是中小企业对国际贸易系统专业知识的缺乏或不足而引发的贸易纠纷以及由此造成重大经济损失的案件时有发生。因此,专业知识的系统化、业务操作中遵循国际贸易法律法规执行的规范化应引起对外贸易企业的高度重视。同时在科学技术手段不断发展的今天,贸易的电子化发展以及应用和电子商务的迅猛发展,不仅要求从事国际贸易的业务人员熟练掌握外语和有关进出口贸易方面的专业知识,还应具备计算机软件应用和贸易电子化的操作技术,熟悉代表货物交割和履行证据的标准单证的计算机传输与处理。

　　编者经过多年的教学与实践,系统归纳了进出口业务各个阶段的内容。教材共分为四部分:第一篇是对外贸易合同签约前,应了解所经营的商品或合同的标的及国际贸易中对商品的相关规定和划分,包括商品及其分类、国际市场的准入与贸易方式的选择、贸易合同的磋商与订立。第二篇重点讲解国际贸易合同的主要条款及其如何订立的内容,包括商品条款、价格条款、运输条款、保险条款和支付条款,是合同磋商与签订时需要重点、反复商议和决策的内容,涉及买卖双方的商业利益和商业目的。第三篇是除第二篇涉及的主要交易条件外的其他一般交易条件,包括商品检验检疫条款、合同的违约与处理条款的规定,如违约与索赔、仲裁与不可抗力条款等为避免事后发生争议的处理规定。第四篇是合同的履行,包括出口合同的履行、进口合同的履行,以及当前国际贸易领域逐步利用现代电子和通信技术的贸易电子化的发展。本教材在围绕合同介绍国际贸易基本知识和基本操作原理的基础上,密切联系实际工作中出现的问题,附加了大量的案例和单据实例,并附有练习与思考题以及参考答案和要点(参考答案电子版请与出版社联系获得)。不仅使读者能了解专业知识,而且能在学后很快掌握并能操作,提高贸易工作的管理水平以及分析问题、处理问题的能力,从而实现加速企业的资金周转和安全收汇,顺利完成进出口任务。

本书注重实用性、新颖性和前瞻性,尽可能反映国际贸易中出现的最新做法和要求、国际贸易法规与惯例的最新发展和变化,并结合我国对外经贸信息化建设的新形势,介绍了对外贸易各环节信息化的基本情况、国际贸易实践中不断变化的政策对业务的改革要求等。本书既可作为大、中专院校国际贸易实务的教材,也可供从事进出口贸易业务人员及相关的国际运输、保险、银行和海关等部门的从业人员参考使用。

本书由谢娟娟教授主编,并负责全文的总纂。参加编写的有彭支伟副教授(第一、二章)、刘重力教授(第三、四、五章)、杨金玲教授(第六章)、谢娟娟教授(第五、七、八、十一、十二和十三章)、博士梁莹莹(第九、十章)。在编写过程中,注意听取外贸、银行、商检及有关部门专家的意见和建议,在此谨对他们的帮助表示衷心的感谢,并对责任编辑赵侠的关心和审校工作表示诚挚的谢意。

由于国际贸易不断发展,加之情况在不断变化,本书中如有错误和疏漏之处,敬请广大读者不吝指正。

南开大学经济学院

谢娟娟 教授

2013 年 10 月

目　录

第一篇　贸易合同签订前的准备

第二篇 贸易合同主要条款与签订

第八章　国际货款的收付　182

第三篇　贸易合同一般条款及其签订

第九章　商品检验检疫条款　242

第十章　合同的违约与处理　261

第一篇

贸易合同签订前的准备

- 商品与商品分类
- 国际市场准入与贸易方式的选择
- 贸易合同的磋商与成立

第一章　商品与商品分类

• 学习要点与要求 •

　　对商品本质与商品分类体系的了解是国际贸易实践者需要具备的重要背景知识。通过对本章的学习,要求在掌握商品概论与本质的基础上,对国际贸易商品分类与商品编码的原则进行系统理解,并熟悉国际上通行的几种商品分类体系和商品分类原则,以及这些体系对我国对外贸易商品分类体系的影响和其相互关系,了解和掌握国际上广泛使用的商品编码及其含义。

第一节　商品的本质与属性

一、商品的概念与本质

　　商品是用来交换、并能满足人们某种需要的劳动生产品,是社会发展到一定阶段的产物。它既包括有形的物质商品,也包括无形的技术、知识、信息以及服务等。前者即是传统意义上的商品,或者说狭义商品。具体而言,狭义商品的含义为通过市场交换能够满足人们某种社会消费需要(包括物质和精神需要)的物质形态的劳动产品;后者指的是广义商品,也即通过市场交换能够满足人们某种社会消费需要的所有形态(包括知识、劳务、资金和物质等形态)的劳动产品。随着现代社会的高度商品化和技术创新的加速,商品的发展呈现日益显著的知识化、软件化和服务等趋势和特点,已经突破传统的"需求"与"经济"相结合的形式,向"技术"与"文化"相结合的方向发展。在商品的国际贸易方面,第二次世界大战以后,特别是20世纪90年代以来,全球商品贸易和技术、服务等贸易保持了持续加速增长的势头。中国自改革开放以来,商品和服务的对外贸易得到了飞速发展。2001年我国加入世界贸易组织(WTO)以后,对外贸易更成为推动中国经济发展的重要因素。

　　商品具备如下三个基本特征:第一,商品是能够满足人们某种需要(也即具有使用价值)的劳动产品。那些具有使用价值、但未经过劳动加工的天然物品,比如天然空气等,不能称为商品。第二,商品是供生产者之外的其他人消费(也即社会消费)的劳动产品。用于满足生产者自身需要的劳动产品,比如农民自留自用的那部分农产品、人们为自家提供的家务劳动等,不能归入商品的范畴。第三,商品是必须通过交换才能到达他人手中的劳动产品。商品只有通过交换到达消费者手中,才能实现其使用价值。交换没有发生,其使用价值、进而是商品价值就无法实现。在这个意义上,那些库存产品在销售出去之前,也不能归入商品。

二、商品的属性

商品具备多方面的属性,可以概括为自然属性和社会属性。商品的自然属性包括成分、结构、化学性质、物理性质、生物学性质等。自然属性是商品使用价值的物质基础,但作为物的有用性,商品在满足人们物质需要的同时,其中的某些自然属性也构成满足人们精神需要的物质基础。比如服装在满足物质的服装功能的同时,其面料、款式、色彩等对于满足使用者的效用而言日趋重要。商品的社会属性由其自然属性派生而来,是物品"人化"和"社会化"的结果。商品的社会属性包括经济属性、文化(民族、宗教、审美、道德)属性、政治属性等方面,表现为商品的价值。

在现代经济社会条件下,用以交换的商品在满足人们需要的过程中,体现出日益显著的整体性特点。这种"整体性"概念包含核心商品(商品体)、有形附加物和无形附加物三个方面。其中,"核心商品"是商品具有的能够满足特定用途的功能主体,是人们通过带有目的性的有效劳动投入创造出来的产物。商品具备哪些功能,是由商品体的物理或化学组成以及形态结构等决定的。比如,电冰箱是一个由制冷系统、控制系统和箱体系统组合而成的功能实体。"有形附加物"对于商品而言,是满足其流通及使用等需要必不可少的,包括商品包装、装潢、商标及品牌、专利、质量标志、使用说明、检验合格证、保修单、附加财产保险等。"无形附加物"是购买有开端商品时获得的各种服务和附加利益,比如送货上门、售后服务、免费安装调试等。市场竞争越激烈,商品的性能和质量差异越小,消费者对服务的体验就越敏感,因此企业为核心商品提供的无形附加物,对提升企业形象、塑造企业核心竞争力而言十分重要。

第二节　商品目录与国际贸易商品分类

商品目录是为商品生产、流通、销售、贸易统计、海关关税、运输和商品信息交流等而建立的商品分类体系,由商品编码与商品分类构成。由于编制商品目录的目的、业务内容不同,商品目录的种类繁多。根据商品目录编制单位及执行范围的不同,可将商品划分为国际商品目录、国家商品目录、部门(行业)目录以及企业商品目录四类。其中,国家商品目录是以国家标准形式对产品制定的全国性统一商品目录。美国、英国、德国、法国、日本等发达国家都制定和实施了商品分类编码国家标准。我国也于 1987 年发布和实施了商品分类国家标准（GB/T7635 – 1987）《全国工农业产品（商品、物资）分类与代码》，该商品分类编码体系构成了国民经济统一核算和国家经济信息系统的重要基础。为与国际通行的产品分类标准接轨，我国于 2002 年完成了对该标准的修订工作。部门商品分类目录是指由本部门（行业）根据本部门业务工作需要编制的、仅在本部门内部统一使用的商品分类目录，比如我国国家统计局编制发布的《中华人民共和国对外贸易统一商品目录》。企业商品分类目录指由各企业（单位）自行编制的，通常仅适用于本企业的商品目录。在较小范围内执行的商品分类体系一方面要尽可能遵守更大范围内的商品目录的分类原则；另一方面又要尽可能与既有的国际商品分类体系接轨，使相关的商品分类体系和商品目录间能够相互衔接和协调，以便于推广、应用和交流。在国际贸易中，由于各国的海关税则以及贸易统计商品分类在商品名称、商品编码、项目编排、分类原则等方面存在差异，对国际贸易造成了障碍，因此，各国在海关管理、关税征收、进出口业务以及贸易政策制定等方面，都需要有一个统一的国际贸易商品分类体系。为适应这一需要，在海关合作理事会、联合国等国际机构的努力下，制定了几种国际公认的商品分类目录。

一、国际贸易商品分类

国际贸易商品标准分类的制定可追溯到 20 世纪上半叶。1920 年国际联盟成立，着手制订国际贸易名词术语和商品统计目录。20 世纪 30 年代，国际联盟出版了《关税名词草案》，并在此草案的基础上，修订成为各成员国共同使用的《国际贸易统计商品目录简编》。目前，国际上公认并广泛采用的国际商品分类目录主要有三个，即《国际贸易标准分类目录》（SITC）、《海关合作理事会商品分类目录》（CCCN），以及《商品名称及编码协调制度》（H. S Code）。

（一）国际贸易标准分类目录（SITC）

国际贸易标准分类目录英文全称为"United Nations Standard International Trade Classification"，1950 年由联合国秘书处主持，在国际联盟制定的《国际贸易统计商品目录简编》的基础上制定。联合国经济及社会理事会在 1950 年 7 月的全体大会上通过决议，将其作为世界贸易系统分析的基础和向国际机构报告贸易统计的基础。自 1951 年颁布实施后，联合国对 SITC 标准进行了数次修订，SITC 第四版（Rev. 4）已获联合国统计委员会第三十七届会议（2006 年 3 月）通过，并被国际商品贸易统计机构间特设工作组推荐，用于大部分国家和国际组织分析国际商品贸易。SITC 主要依据原料、半成品、制成品分类并反映商品的产业部门来源和加工程度,将所有国际贸易商品分成 10 类(见表 1-1),63 章,233 组,786 个分组,其中 435 个分组又细分成 1 573 个附属目,其余 351 个分组分细目,因此共有 1 924 个基本统计项目,各国可依据本国需要进一步细分任何一个基础项目。该标准采用 4 位数字编码,每位数字表示分类的一个层级。

表 1-1　　　　　　　国际贸易标准分类(SITC)的大类构成

大类代号	含义	大类代号	含义
0	食品及供食用的活动物	5	化学品及有关产品
1	饮料及烟类	6	主要按原料分类的制成品
2	燃料以外的非食用粗原料	7	机械及运输设备
3	矿物燃料、润滑油及有关原料制品	8	杂项制品
4	动物油脂及油脂类商品	9	未列明的其他商品

(二)海关合作理事会商品分类目录(CCCN)

第二次世界大战结束以后,世界贸易的迅速恢复和增长急切地要求各国海关加快合作,促进海关手续的简化和标准化。为此,海关合作理事会(The Customs Cooperation Council, CCC)[①]于 1950 年制定了海关税则商品分类目录公约。该公约要求以国际联盟编制的《日内瓦税则目录》为基础,经过增加、重排和简化,制定了《布鲁塞尔税则分类目录》,于 1957 年开始实施,此后又在 1965 年、1972 年、1978 年等多次加以修订。1975 年,海关合作理事会将其更名为《海关合作理事会商品分类目录》(CCCN)。该目录问世以后,先后被占国际贸易总额 80% 的近 150 个国家和地区采用,作为本国关税税则的商品分类依据,我国也于 1985 年 3 月采用。CCCN 被使用至 1987 年年底,随后为《商品名称及编码协调制度》(H. S Code)所取代。

CCCN 的主体内容是按系统分类、顺序排列的国际贸易商品分类表,按照商品原料来源,结合加工程度、用途以及部门划分的分类原则,将国际贸易中的商品分成 21 个大类,99 章,1 011 个税目。每项税目编成 4 位数的税目号,其中的前 2 位

[①] 海关合作理事会是目前世界上唯一的政府间国际性海关组织。1947 年 9 月 12 日,欧洲经济合作委员会的 15 国政府发表联合声明,准备建立欧洲海关同盟,并在布鲁塞尔成立海关同盟小组。1950 年 12 月,由该小组草拟,有关国家签署了《关于建立海关合作理事会公约》。根据这一公约,海关合作理事会于 1953 年 1 月 26 日成立。

数是税目所属章号,后 2 位数是该税目在这一章内排列的序号。

从 20 世纪 50 年代到 80 年代的 30 多年中,SITC 和 CCCN 是国际贸易领域使用的最主要的商品分类制度。为便于采用 CCCN 编制海关税则的国家能按 SITC 编制统计数据,早在 1951 年,海关合作理事会和联合国统计委员会共同编制了两个分类体系间的"双路编码索引"(Two Way Coding Key)。两个目录经过修订,各自的项目和编号范围能够相互转换。

(三)《商品名称及编码协调制度》(H.S Code)

随着世界范围内国际贸易规模的持续增长,尽管 SITC 和 CCCN 之间的"双路编码索引"实现了两个目录之间项目和编号的相互转换,但各国仍然日益强烈地需要一个在更高层次和更大范围内协调的商品分类目录,以求能够同时满足关税、统计和国际贸易其他方面的需求。这一背景促成了《商品名称及编码协调制度》(The Harmonized Commodity Description and Coding System,简称 H.S Code 或 H.S 编码)的诞生。1983 年,海关合作理事会批准通过了 H.S 编码,并于 1988 开始实施,正式替代了《海关合作理事会商品分类目录》(CCCN)。

H.S 编码是在 CCCN 和 SITC 的基础上,协调国际上多种主要的税则、统计、运输等商品分类目录而制定的一部多用途的国际贸易商品分类目录,是一部完整、系统、通用、准确的国际贸易商品分类体系。采用该协调制度有利于国际贸易统计资料的收集、对比分析,便于贸易咨询和谈判,减少国际贸易交流中因填报不同商品名称和商品编码引起的麻烦,简化国际贸易手续。因而 H.S 编码诞生以后,被迅速广泛地运用于国际贸易的海关计税和统计、贸易管理、贸易统计、运输、单据及数据传递等方面。1988 年以来,已经有 140 多个国家和地区采用 H.S 编码作为海关税则及商检和外贸统计商品目录,世界贸易组织(WTO)成员 90% 以上的货物贸易均按此进行分类。我国海关自 1992 年起采用该协调制度,并以其为基础结合我国货物进出口情况,编制了《中华人民共和国海关进出口税则》和《中华人民共和国海关统计商品目录》。

H.S 编码由正文、辅助文献以及"协调商品名称和编码制度公约"三大部分组成。其中正文包括描述商品编号和名称的税目和子目(此为正文的主体部分)、类注释、章注释、子目注释,以及总规则解释;辅助文献是 H.S 编码的指引文献和权威性说明,但不属公约的组成部分,不具备法律约束力;"协调商品名称和编码制度公约"包括前言和 20 条规定,对缔约国权利和义务、协调委员会的职责、海关合作理事会的作用、公约的缔结、生效、退出、修改和争议裁定等事宜作出了明确规定。H.S 编码分类目录将国际贸易商品分为 21 类、99 章、1 241 节、5 000 多个 6 分位编码商品(各国可将 6 分位编码商品进一步细分为所需的分位数)。其中第 77 章留空以增补新商品,第 98 和第 99 章留空供各缔约国专用。

(四)eCl@ss 和 BMEcat

随着信息和通信技术的发展,电子商务被越来越多的企业在国际贸易中所采用。在电子商务背景下,企业对数据交换提出了更为严格的要求,对产品和服务进行分类与描述的统一标准越来越重要。eCl@ss 分类标准填补了电子商务分类标准的空白,它以国际标准化数据模型(ISO 13584 – 42/IEC 61360 – 2)为基础,符合众多国际标准化组织(比如国际标准化组织、国际电工委员会、欧洲标准化委员会、德国标准化学会等)的特性并使用这些特性。eCl@ss 分类标准是一个开放性的分类系统,具有简单而透明的维护与修改过程。它贯穿整个供应链,支持电子采购过程,并能进行统计分析。eCl@ss 的分级系统通过逻辑规则将材料、产品和服务归类,以 4 级编码结构分类,覆盖 25 个专业范围,包含近 35 000 条同义词。

BMEcat 由德国材料经济采购和物流协会(BME)和德国采购者和物流企业总联合会发起,借鉴国际标准化开发合作经验开发而来,是基于 XML 的、用于满足电子数据传输要求的电子产品目录标准。BMEcat 由标识(欧洲商品编号)、描述(简单描述和详细描述等)、分组[企业资源计划(ERP)货物分组编号]、分类说明、特征(重量、颜色等)、订单信息(订货单位、最小订货量等)、价格(客户终端价、商品目录价格等)、物流信息(供货期、包装说明等)、多媒体附加数据(图片、PDF 文档等)、特征标记(特别优惠、过时型号等)构成。BMEcat 与 ISO 13584 兼容,具备综合目录的优点,能满足各类复杂产品的需要,被国际化企业(特别是欧洲企业)要求其供应商使用。

(五)《国际海上危险货物运输规则》(IMDG Code)

为了对海上运输货物进行国际管理,国际海事组织(IMO)海上安全委员会于 1965 年制定了《国际海上危险货物运输规则》(IMDG Code),要求世界各国运输的危险货物及其包装物必须执行该规则。我国于 1985 年参照该规则制定了《海运出口危险货物包装检验管理办法》。IMDG Code 根据危险货物的性质和危险程度,把危险货物划分为 9 类,共计 2 500 多种。对每种危险货物均列出了品名、联合国编号、化学分子式、类别、爆炸极限、闪点、特性、标志、包装、储运要求等。

二、我国对外贸易商品分类

随着我国对外经济贸易的快速发展,在进出口业务、海关管理、外贸统计、市场及关税研究等方面均涉及国际贸易商品分类问题,这就要求根据国际商品分类制度编制我国对外贸易商品分类目录和分类体系。目前我国已经制定和颁布了《对外贸易出口业务统一商品目录》《中华人民共和国海关进出口税则》《中华人民共和国海关统计商品目录》和出入境检验检疫的《商检机构实施检验的进出口商品种类表》以及后续的《法检目录》。

(一)《对外贸易出口业务统一商品目录》

1954 年,国家统计局颁布《中华人民共和国对外贸易统一商品目录》,经过 30 多年的实践和几次修订,形成了适用于外贸计划、统计、财会的《对外贸易出口业务统一商品目录(1986)》。该目录主要根据商品的属性及用途,参照 SITC,将外贸经营商品分为农副产品、纺织品、轻工业品、五金矿产品、化工医药品、机械设备和其他七大部分,共 38 类,采用 4 位数字编码(见表 1 - 2)。

表 1 - 2 　　　　　《对外贸易出口业务统一商品目录(1986)》各类名目

顺序号	名　目	起讫编码	顺序号	名　目	起讫编码
第一部分	农副产品		**第四部分**	五金产品	
第 01 类	粮油	0101—0199	第 22 类	黑色金属	2201—2299
第 02 类	食品	0201—0299	第 23 类	有色金属	2301—2399
第 03 类	饲料	0301—0399	第 24 类	非金属矿产品	2401—2499
第 04 类	茶叶、咖啡、可可	0401—0499	第 25 类	煤炭	2501—2599
第 05 类	香调料及香精油	0501—0599	第 26 类	石油类	2601—2699
第 06 类	烟类	0601—0699	**第五部分**	化工医药类	
第 07 类	工业用土产原料	0701—0799	第 27 类	化工类	2701—2799
第 08 类	山货	0801—0899	第 28 类	橡胶及制品	2801—2899
第 09 类	畜产品	0901—0999	第 29 类	医药	2901—2999
第 10 类	木材	1001—1099	**第六部分**	机械产品	
第 11 类	中草药	1101—1199	第 30 类	运输工具	3001—3099
第 12 类	种子种畜	1201—1299	第 31 类	机械及设备	3101—3199
第 13 类	纺织纤维及废棉	1301—1399	第 32 类	工农具	3201—3299
第二部分	纺织品		第 33 类	仪表仪器	3301—3399
第 14 类	纺织品	1401—1499	**第七部分**	其他未分类商品	
第 15 类	丝织品	1501—1599	第 40 类	图书	

顺序号	名　目	起讫编码	顺序号	名　目	起讫编码
第 16 类	服装	1601—1699	第 49 类	军品	
第 17 类	抽纱	1701—1799	第 89 类	其他未分类商品	4901—4999
第 18 类	地毯	1801—1899	第 90 类	来料加工装配	
第三部分	轻工业品		第 91 类	补偿贸易	
第 19 类	轻工业品	1901—1999			
第 20 类	陶制品	2001—2099			
第 21 类	工艺品	2101—2199			

（二）海关进出口税则和海关统计商品目录

为与国际接轨,我国海关从 1983 年便开始对 H．S 编码进行跟踪研究,1987 年开始着手进行将我国海关税则目录和海关统计商品目录向 H．S 编码进行转换的工作。1991 年 6 月,国务院关税税则委员会审议通过了以 1992 年版 H．S 编码为基础编制的《中华人民共和国海关进出口税则》。1992 年 1 月 1 日起,我国海关税则目录和海关统计商品目录正式采用 H．S 编码。《中华人民共和国海关进出口税则》和《中华人民共和国海关统计商品目录》采用 8 位数字进行商品编码,其中前 6 位数码及其商品名称与 H．S 编码完全一致,第 7、8 位数码则是根据我国关税、统计和贸易管理的需要而增设。商品代码和名称加列税率,即形成《中华人民共和国海关进出口税则》;代码和商品详细名称加列计量单位,即构成《中华人民共和国海关统计商品目录》(见表 1－3)。

表 1－3　　　　　《中华人民共和国海关进出口税则》和
《中华人民共和国海关统计商品目录》种类名目

类号	名　目
第 01 类	活动物:动物产品
第 02 类	植物产品
第 03 类	动、植物油、脂及其分解产品;精制的食用油脂;动、植物蜡
第 04 类	食品;饮料、酒及醋;烟草、烟草及烟草代用品的制品
第 05 类	矿产品

续表

类号	名　　目
第06类	化学工业及其相关工业的产品
第07类	塑料及其制品;橡胶及其制品
第08类	生皮、皮革、毛皮及其制品;鞍具及挽具;旅行用品、手提包及类似品;动物肠线(蚕胶丝除外)制品
第09类	木及木制品;木炭;软木及软木制品;稻草、秸秆、针茅或其他编结材料制品;篮筐及柳条编结品
第10类	木浆及其他纤维状纤维素浆;回收(废碎)纸或纸板;纸、纸板及其制品
第11类	纺织原料及纺织制品
第12类	鞋、帽、伞、杖、鞭及其零件;已加工的羽毛及其制品;人造花;人发制品
第13类	石料、石膏、水泥、石棉、云母及类似材料的制品;陶瓷产品;玻璃及其制品
第14类	天然或养殖珍珠、宝石或半宝石、贵金属、包贵金属及其制品;仿首饰;硬币
第15类	贱金属及其制品
第16类	机器、机械器具、电气设备及其零件;录音机及放声机,电视图像、声音的录制和重放设备及其零件、附件
第17类	车辆、航空器、船舶及有关运输设备
第18类	光学、照相、电影、计量、检验、医疗或外科用仪器及设备,精密仪器及设备;钟表;乐器;上述物品的零件、附件
第19类	武器、弹药及其零件、附件
第20类	杂项制品
第21类	艺术品、收藏品及古物

(三)《商检机构实施检验的进出口商品种类表》和《法检目录》

中华人民共和国进出口商品检验局曾制定和实施了《商检机构实施检验的进出口商品种类表》,凡是列入该表的进出口商品,必须实施检验检疫。进出口商品检验局于1989年、1991年和1995年等年份对《商检机构实施检验的进出口商品种类表》进行过多次修订。该表由两部分内容组成:第一部分由商检序号、《商品名称及编码协调制度》的 H．S 编码、《海关合作理事会商品分类目录》的 CCCN 编码、联合国《国际贸易标准分类目录》的 SITC 编码、《对外贸易进出口业务统一商品目录》的 MFERT 编码、中英文对照的商品名称和计量单位等七个栏目组成;第二部分按照商品目录制定的商检内部管理要求,由监管方式、检验签证周期、检验有效期、证书限制、检验标准代号等五个栏目组成。

1998 年 3 月,国家进出口商品检验局并入新组建的国家出入境检验检疫局,2005 年 9 月,国家质量技术监督局与国家出入境检验检疫局合并,组建国家质量监督检验检疫总局(简称"国家质检总局")。2005 年 12 月,《中华人民共和国进出口商品检验法实施条例》施行,依照其规定,国家质检总局制定和调整了必须实施检验的进出口商品目录,也即《出入境检验检疫机构实施检验检疫的进出境商品目录》(简称《法检目录》),替代了《商检机构实施检验的进出口商品种类表》。随着中国对外贸易的持续快速发展,从 2009 年开始,国家质检总局对《法检目录》进行了较大幅度的持续调整,进一步强调了检验检疫在安全、卫生、环保等方面承担的责任,而对一些质量较为稳定、进出口风险较低的产品,则不再实施检验检疫,以加快进出口货物流转速度,进一步提高检验检疫监管的科学性和有效性。

(四)《中华人民共和国进出口商品分类和代码》

现阶段我国正在制定《中华人民共和国进出口商品分类和代码》国家标准。该标准分为两个部分:第一部分为海关进出口税则和统计用目录,代码长度为 8 位;第二部分主要用于进出口商品管理和信息处理,代码长度为 10 位,其中前 8 位与第一部分完全一致,第 9、10 位参照 H．S 编码规则,根据实际管理需要加列。

第三节　国际贸易中的商品编码

商品编码(又称商品代码)符号一般由字母、数字和特殊标记组成,与商品分类一起构成完整的商品目录。借助现代信息网络技术,商品编码可以使繁多的商品条理化、系统化、有序化,有利于提高工作效率和可靠性,便于对商品进行统一的计划、质量和物流等管理。根据所用的符号类型,可将商品代码分为数字型代码、字母型代码、数字—字母混合型代码和条形码四种,其中数字型代码和条形码在国际贸易中被普遍采用。

一、数字型代码

用一个或若干个阿拉伯数字表示商品分类对象,其结构简单、使用方便,易于计算机进行信息处理。常用的方法有顺序编码法、平等编码法和层次编码法,以及上述各种方法相结合的混合编码法等。其中,顺序编码法是按照商品类目在分类体系中先后出现的顺序,依次赋予代码。由于为满足信息处理的要求,多采用等长码,不适合容量大的编码集合体,因而在国际贸易商品编码中运用较少。平等编码法适用于面分类体系,对每一个分类面确定一定数量的码位。其优点是编码结构具有较好的弹性,可以增加分类面的数目,但其代码过长,冗余度大,不便于计算机控制和管理。层次编码法是按照商品类目在分类体系中的层级顺序,依次赋予对应的数字代码,该编码法主要用于线分类体系。由于分类对象按层级归类,所以在对商品赋予代码的过程中,也是按分类层级给每一个类目赋予对应的代码。在商品分类中,通常把线分类法和面分类法结合起来使用。层次编码法和平等编码法的结合即为混合编码法,国际贸易商品分类的数字型编码主要运用的即是该方法。

二、条形码

条形码(Bar Code)将表示一定信息的字符转换成用一组黑白或彩色相间、粗细不同的平行线条,并按一定规则排列组合而成,通常在条形码下方对应排列着条形码所代表的数字。通过光电扫描器,可将条形码所承载的数码信息输入计算机,由计算机进行信息贮存、分类、统计和处理等操作。条形码操作简易而且高效可靠,为促进国际分工的发展和商品贸易提供了信息技术支撑,因而被广泛运用于商品生产和流通领域。

1973 年,美国统一代码委员会(UCC)选定了 IBM 公司推出的条形码系统,将其作为北美地区的通用产品代码(Uniform Product Code,UPC 条形码),超市中的绝大多数商品均开始采用该编码系统。在美国统一代码委员会的影响下,欧洲 12 国的制造商和销售商代表于 1974 年成立欧洲条形码系统筹备委员会,在 UPC 条形码的基础上开发了 EAN 条形码。1977 年,欧洲 12 国正式成立欧洲物品编码委员会(European Article Numbering Association),负责并推广使用 EAN 条形码。1981年,欧洲物品编码委员会更名为国际物品编码委员会(National Article Numbering Association),但仍然沿用 EAN 的简称。目前,EAN 条形码已成为国际通用的商品标识代码。我国国家技术监督局于 1988 年 12 月成立中国物品编码中心,并于1991 年正式加入国际物品编码委员会,致力于 EAN 条码的推广、应用和国内国际条码的协调及管理。

目前,UPC 码和 EAN 码主要被运用于超市、百货商店、专营店等与最终用户接触的销售领域,而在装卸、仓储、运输、收发货等业务活动中,得以广泛运用的主要有二五条形码(2 of 5 Bar Code)、三九条形码(Code 39)、库德巴条形码(Codabar

Bar Code)等。

（1）国际通用商品代码（EAN）。EAN 有 13 位标准条码（EAN－13，如图 1－1 所示）和 8 位缩短条码（EAN－8）两种版本。

EAN－13 码标准码由 13 位数组成，从左往右依次为：国家或地区代码（3 位，又称"前缀码"，用以标识商品来源地，见表 1－4）、厂商代码（4 位，用于标识生产企业或批发商，该代码由国际物品编码协定在各国/地区的分支机构分配管理）、产品代码（5 位，用于标识产品特征或属性，由制造商依据 EAN 规则自行编制），以及校验码（1 位，依据一定的算法，由前 12 位数码计算而得，用于校正在扫描过程中产生的识读错误）。

图 1－1　　EAN－13 条形码

表 1－4		部分 EAN 成员国（地区）代码	
代　码	国家（地区）	代　码	国家（地区）
000—019/030—039/060—139	美国	729	以色列
300—379	法国	730—739	瑞典
400—440	德国	750	墨西哥
471	中国台湾	760－769	瑞士
489	中国香港	779	阿根廷
450—459	日本	789、790	巴西
460—469	俄罗斯	800—839	意大利
480	菲律宾	880	韩国
500—509	英国	885	泰国
570—579	丹麦	888	新加坡
600—601	南非	890	印度
622	埃及	893	越南
626	伊朗	930—939	澳大利亚
640—649	芬兰	940—949	新西兰
690—695	中国大陆	955	马来西亚
700—709	挪威	958	中国澳门

图 1-2 EAN-8 条形码

EAN-8 码共由 8 位数字组成,其国别代码与 EAN-13 基本相同;产品代码由 5 位数字构成,按一定规则由 EAN-13 条形码中的制造商代码与商品代码经删"0"而得,由 EAN 在各国(地区)的分支机构分配和管理;最后一位也为校验码,计算方式与标准码相同(见图 1-2)。根据国际物品编码协会规定,当 EAN-13 条形码所占面积超过商品包装总印刷面积的 25% 时,可以申请使用缩短码(即为小商品设置的代码)。由于缩短码不能直接表示生产商,因而条形码系统成员只有在不得已时才使用缩短码。

(2)通用产品条形码(UPC)。UPC 被广泛应用于美国和加拿大等北美国家的商品流通领域,世界各国出口到美国、加拿大等国的商品,其包装上必须印有 UPC 条形码。与 EAN 条形码类似,UPC 条形码分为标准码(又称 UPC-A 码,见图 1-3)和缩短码(UPC-E 码)两种版本。

UPC-A 码由 12 位数字构成。其中第 1 位数字为编码系统字符(前缀码),以"0"标识规定数量包装的商品,以"2"标识不规则重量的商品,"3"标识医药卫生品,"4"为零售商品,"5"标识用信用卡销售的商品,"7"为中国申报美国统一码委员会(UCC)会员专用,"1""6""8""9"为备用标识码。中间 10 位数字为编码数字,其中前 5 位为制造商代码,由美国统一码委员会分配和管理,后 5 位为商品标识码,由制造商根据

图 1-3 UPC-A 条形码

美国统一码委员会规则自行编制和管理。最后一位数字为校验码,用于检验代码符号的正确性。

UPC-E 条形码由 7 位或 8 位数字构成。与 EAN-8 码类似,只有当商品很小,无法印刷表示 12 位数字的 UPC-A 条形码时(比如香烟、胶卷、化妆品等),才允许使用 UPC-E 码。UPC-E 的前缀码只能取"0",也就是说,只有当 UCC 给企业分配的编码系统字符为"0"时,才能使用 UPC-E 码。产品信息代码由 6 位数字

构成,是在 UPC‐A 编码的基础上,根据一定规则在其商品标识码中删减"0"而得到。最后一位为校验码,其计算法与 UPC‐A 相同,但要首先将 UPC‐E 还原成 UPC‐A 形式。

(3)二五条形码(2 of 5 Bar Code)。二五条形码研制于 20 世纪 60 年代后期,是一种非连续型、双向可读且具有自校验功能的非定长条码,主要用于仓库的分类管理、标识胶卷包装等。二五条形码有两种单元宽度,仅用条表示信息,条码字符由规则排列的五个条组成(2 宽 3 窄),宽条的宽度一般是窄条的 3 倍,条间空隙等于窄条宽度。二五条形码为 5 取 2 组合,其编码容量为 10,其字符集为数字 0—9。

(4)三九条形码(Code 39)。与二五条形码类似,三九条形码也是一种非连续型、双向可读且具有自校验功能的非定长条码,且其误码率低。三九条形码为 9 取 3 组合,编码容量为 84,但仅在其中选取了 44 种组合形式,其字符集包括数字 0—9,字母 A—Z,以及特征符号"‐"".""/"" +""%"" *"和空格,其中" *"仅用作起始符。三九条形码仅有两种单元宽度,每个条码字符由 9 个单元组成,其中 3 个是宽单元(用二进制"1"表示),其余是窄单元(用二进制"0"表示)。三九条形码于 1975 年推出,在美国的汽车、物料管理、医疗卫生以及邮政、运输等领域有着十分广泛的运用。我国于 1991 年制定了三九条形码标准,并推荐在运输、仓储、工业生产线和医疗卫生等领域应用。

(5)库德巴条形码(Codabar Code)。库德巴条形码于 1972 年推出,主要应用于医疗卫生和图书馆行业,也可用于胶卷包装及邮政快件上。库德巴条形码使用数字字符 0—9,字母 A、B、C、D,特征符号" $"" ‐"":""/"和" +"。编码为上述符号 7 取 2 或 7 取 3 组合,编码容量为 46,但也只选取了其中 20 种组合形式。库德巴条形码也是非连续、双向可读且具有自校验功能的。出于尽量使该条码具有固定长度的考虑,库德巴条形码设计了 18 种单元宽度,但由于最窄单元宽度为 0.165mm,允许误差为正负 0.038mm,因而难以控制其印刷质量。

练习与思考题

1. 通行的国际贸易商品分类标准有哪些?

2. 什么是条形码? 简述国际上通行的几种主要条形码的形式。

3. 什么是 H.S 编码? H.S 编码系统中,商品是按什么原则归类的?

第二章

国际市场准入与贸易方式的选择

系统的市场调研是成功进入国际市场的前提,而科学的市场调研必须建立在对当前国际市场准入情况全面认识的基础上。通过对本章的学习,要求掌握当前全球贸易的发展总体趋势及中国在其中的作用,以此为背景,了解国际市场调研时需要重点考虑的全球和国别因素,以及组织和展开国际市场调研、建立客户关系的主要步骤。此外,读者还须掌握不同国际贸易方式及其选择,以及我国对外贸易管理中的对外贸易经营者备案登记制度。

第一节　国际市场准入与市场调研

所谓国际市场准入(Market Access),是指一国允许外国的货物、劳务与资本参与国内市场的程度,或指在国际贸易方面各国政府间为相互开放市场而对各种进出口贸易的限制措施,包括对关税和非关税壁垒准入程度的承诺。企业产品要跨越国界进入新的国际市场,往往会遇到来自国际上的各种政治和经济力量的束缚,因而成功进入国际市场要求以掌握全球贸易格局发展动态以及了解目标国市场有关的充分信息为条件,而这种获取市场信息的过程就是国际市场调研。

一、全球贸易格局和中国对外贸易发展简况

第二次世界大战以后,在关贸总协定(GATT)和世界贸易组织(WTO)的推动下,国际贸易规则体系逐步形成,世界贸易的便利化程度达到前所未有的水平。GATT 签署后组织的八轮贸易谈判,使得发达国家的平均关税水平从 1947 年的 40% 下降到 1994 年的 4%,发展中国家的平均关税也从 50% 以上下降到 14%。1995 年 WTO 取代 GATT 以后,WTO 的规则超越了货物贸易的范围,涵盖了货物贸易、服务贸易、与贸易有关的知识产权,以及与贸易有关的投资措施等方面。而参与国际贸易的企业仍然可以清楚地体会到,现实经营中面临众多关税、配额和非关税壁垒。在国家层面,一些国家(包括发达国家)仍然在采用包括法律、汇率等手

段在内的贸易保护主义(特别是在经济危机时期,贸易保护主义抬头的趋势尤其明显);而在企业层面,一些企业联合起来设置的私人市场壁垒,也是国际贸易发展难以克服的障碍。2008年全球经济危机的冲击刺激了贸易保护主义重新抬头,为全球贸易和经济增长的恢复增添了更多不确定性。

但总体而言,20世纪90年代以后,全球商品和服务贸易出现了持续加速增长的势头,贸易的增长速度远远超过世界GDP的增长:从1991年到2011年,世界商品贸易和服务贸易额平均年增长率分别为8.57%和8.40%,而同期按对美元汇率换算的全球GDP平均年增长率为2.78%。与此同时,世界贸易地理格局正在迅速发生改变,中国等新兴经济体在世界贸易体系中的作用迅速上升,传统发达国家的全球贸易份额趋于下降。根据经济合作与发展组织(OECD)2007年的预计,在未来的25年中,OECD成员国的经济增长平均将为3%,与过去25年相同;而发展中国家和地区的经济将从过去25年中的4%提高至未来25年的6%,这些国家的世界GDP份额将从1/6提升至1/3。与经济增长相对应,发展中国家,特别是中国、印度、巴西、阿根廷、南非、韩国、墨西哥等新兴发展中国家和地区的全球贸易份额也将迅速提高。

进入21世纪以后,中国的全球贸易份额增长速度进一步加快,成为推动世界贸易增长的主力。2007年,中国商品出口额超越美国,2009再度超过德国,成为世界头号商品出口大国。2011年,中国货物贸易进出口总额达到36 419亿美元。中国的货物贸易接近3/4集中在与前十大贸易伙伴国/地区的贸易中(表2-1给出2011年中国前十大贸易伙伴及其同中国的进出口额)。在这些国家和地区中,有半数来自亚洲地区。中国对外贸易的发展,得益于及时抓住了经济全球化过程中新一轮国际产业大转移的机遇,充分利用自身的比较优势参与全球生产分工,加工贸易是我国进出口的重要组成部分,商品贸易中有将近一半属于加工贸易。但2008年全球经济危机爆发以来,我国企业在海外出口市场遇到挑战,因而加速了产业结构的调整,加工贸易比例趋于下降。

表2-1　　　　　　　2011年中国前十大贸易伙伴(货物贸易)　　　　单位:亿美元

国家或地区	进出口总额	出口额	进口额	顺差/逆差
欧盟	5 870	3 510	2 360	1 150
美国	4 467	3 246	1 221	2 025
东盟	3 629	1 841	1 620	2 21
日本	3 428	1 483	1 946	-463
中国香港	2 835	2 680	155	2 525

国家或地区	进出口总额	出口额	进口额	顺差/逆差
韩国	2 456	829	1 627	−798
中国台湾	1 600	351	1 249	−898
澳大利亚	1 166	339	827	−488
巴西	842	318	524	−206
俄罗斯	792	389	403	−14

数据来源:《2012 中国统计年鉴》。

二、国际市场调研

按照对国际市场调研获取资料的途径不同,可将国际市场调研分为两类:一是通过营销人员亲自观察、询问、登记获得(此类资料称为原始资料);二是根据自身需要,将他人搜集到的资料为己所用(称为二手资料)。上述两种调研方法又分别被称为实地调研法和案头调研法。通过综合运用以上两种调查方法,企业才可以获得进入目标市场国或地区的决策支持信息。具体而言,国际市场调研的内容包括搜集、记录、整理、分析国际市场的各种基本状况及其影响因素。这些因素除涉及出口对象国的经济发展水平、政治局势、法律制度、文化属性、地理环境、市场特征以及竞争对手等方面以外,国际宏观环境也是必须考虑的重要方面。

(一)国际市场调研:国际经济与政治环境

概括而言,国际市场调研的宏观经济因素主要包括经济全球化背景下的区域经济一体化、各国的贸易政策和国际货币金融制度;对国际政治形势的考察则主要包括出口国与出口对象国之间的双边关系,以及出口国与不同形式的国家集团之间的多边关系。

20 世纪 90 年代以来,区域经济一体化在全球范围内掀起了新一波浪潮,并且持续至今。许多国家均希望以地缘为纽带,结成某种形式的机制化经济合作关系,以利于利用各自的资源与市场。区域经济活动的一体化导致了优惠贸易协定、自由贸易区、关税同盟、共同市场、经济共同体和完全的经济一体化等不同程度和范围的组织类型。近年来,国际区域市场呈现不断加速的趋势,许多国家同时加入了多个不同的区域经济一体化组织。区域经济一体化已经成为影响国际市场发展变化的重要因素。从国际市场营销的角度看,区域经济一体化提供的生产和贸易便利以及市场范围的扩大为贸易企业创造了许多机会,但机制化经济合作安排的排他性也使得区域集团以外国家的企业在市场准入方面临着歧视性待遇,加大了进入的阻碍。

区域经济一体化的建立和推进以各成员国将部分主权让渡给超国家的一体化组织为前提。区域经济一体化与全球多边贸易体制,客观上束缚了各国的贸易保护行为。尽管如此,各国政府还是部分保留了制定本国贸易政策的权力。出于保护本国特定产业等目的,各国仍然会在一定程度上保留着关税、非关税壁垒以及各种出口鼓励措施,给国外竞争企业设置进入障碍。在经济全球化不断推进的背景下,关税手段在多数国家被限制使用,使得更加隐蔽的非关税措施(如进口配额、许可证、外汇管制、歧视性政府采购、进出口国家垄断、专业的海关估价以及各种技术卫生标准等)逐渐成为干预自由贸易的主要手段。非关税壁垒对企业国际营销活动的影响很大,有时甚至比关税手段更为严厉。在运用关税和非关税手段保护本国市场和限制进口的同时,各国政府也运用支持本国出口的方式拓展国外市场,包括出口补贴、本币贬值、出口信贷以及出口信贷的国家担保等。

跨国进出口交易通常是以货币为媒介的,目前世界上有超过150种货币。多种货币的存在为商品的跨国交易制造了困难。第二次世界大战结束后建立的布雷顿森林体系确立了美元与黄金挂钩、各国货币与美元挂钩的国际货币体系。该体系中,各国货币相对于美元的固定汇率曾经为国际贸易的开展创造了相对稳定的汇率环境。但1973年布雷顿森林体系的崩溃使得汇率的波动反复无常,为国际贸易企业的市场策略、定价决策以及货币支付的操作方式带来了复杂而不确定的影响。

政治在国际贸易活动中所起到的作用也日渐重要。国际政治对进出口贸易的影响,主要取决于国家之间的双边关系,以及控制国家集团之间关系的多边协定。一国同世界上任何其他国家或地区之间都形成了某种独特的双边关系,这种关系可能同时体现在政治、经济、文化、法律和军事等方面,既可能给双方的国际贸易创造有利的外部条件,也有可能对双边贸易形成阻力,而且这种双边关系又会随着时间的推移而不断变化。比如2008年4月,法国总统萨科奇不顾中国反对会见达赖,以及家乐福大股东涉嫌资助"藏独"活动,导致中国产生了"抵制法国货"的浪潮,并导致中方推迟了与空中客车公司就购买空客飞机的谈判。不少国家出于对本国利益的考虑,同其他国家结成了不同形式的国家集团。这种多边政治关系对成员国的国际贸易策略也带来了深远影响,比如石油输出国组织(OPEC)就直接对集团内部成员国以及非成员国的石油企业的国际营销战略产生了重要影响。世界多边政治关系格局中,形成了最为人熟知的两大国际集团,即由于意识形态差异引起的东方社会主义阵营和西方资本主义阵营。尽管两大集团之间的对立集中体现在政治和军事方面,但两大集团之间的贸易往来也曾经因此受到严重限制。近年来东西方关系有所缓和,主要是因为政治制度不同的国家之间开始达成了"意识形态差异不应成为经济合作阻碍"的共识,东西方国家在经济上相互融合的趋势为企业之间的国际贸易活动提供了有利的外部条件。在东西方两大阵营之外,因经济发展水平而划分的南北集团是全球格局中的另一种重要的多边政治关系。从政治的角度看,南北两个半球的实力对比是不均衡的,但近年来,南方国家经济的持续发展也促使发展中国家致力于增强自身对全球规则的影响力。比如联合国贸易与发展会议,就是一个代表发展中国家需求而进行游说的国际机构。

(二)国际市场调研:目标市场的国内环境

除国际政治、经济因素的影响之外,国际市场的进入更受制于企业要进入的目标市场所在国国内环境的制约,包括目标国的经济与人口、社会与文化以及政治与法律等多方面。

1. 目标市场的经济与人口环境。调研出口目标国或地区的经济与人口环境,其主要目的是估算目标市场的规模。目标国的经济体制(计划经济、市场经济或混合经济体制,以及经济所有制中的公有制与私有制结构),以及目标国所处的经济发展阶段都会显著地影响消费者的需求和购买模式。一般而言,经济发展水平较高的国家或地区由于人均收入水平较高,消费者需求呈现明显的多样化、个性化和高档化特征;而经济发展水平较低国家的消费者需求更多地体现出低档化、大众化特征,消费结构也比较相似,用于基本生活的消费支出占总支出的比重较高。从购买行为特征看,发达国家的消费者在作出购买决策时主要考虑产品的性能、特色、服务和是否环保等因素;而低收入国家的消费者主要考虑的是产品的价格和实用性。基础设施(包括能源供应、运输条件、通信等)决定着商品在一国市场内的流通效率,因而目标市场国的基础设施水平也是国际市场调研时必须考虑的重要因素。

出口目标国的人口特征对于估计商品或服务的潜在需求,尤其是消费品市场的需求具有非常重要的意义。人口特征可由人口数量及其增长、人口结构、人口分布以及人口流动状况来加以体现。在其他条件相同的情况下,一国人口总量越多,其市场规模可能越大,从而越可能提供更多的市场机会。比如,尽管当前中国的人均收入水平位列全球 100 位之后,但 13 亿的人口规模足以吸引世界各国的企业来此投资。人口的年龄结构、家庭结构和性别结构也显著地影响到一国的需求水平和需求结构。比如,由于家庭结构朝着小规模化方向发展,以往几代同堂的大家庭模式逐渐改变,为某些适合小家庭的商品提供了更多的市场机会。此外,家庭结构的改变也促使出口商改变产品的设计、包装与分销手段,以迎合家庭结构改变带来的需求变动。

从人口分布的角度看,企业一般倾向于在人口密度较大的地区从事营销活动,以充分利用较为集中的购买力来获取较高的市场规模收益。美国的人口密度仅为荷兰的20%,尽管有现代化的运输网,商品在美国的运输成本仍然高于荷兰。欧盟的人口密度较高,再加上高收入等因素,使得欧洲成为颇具吸引力的大市场。人口流动则导致市场规模的空间发生变化,进而对消费结构、消费规模、消费水平和服务方式会产生重大影响。当前许多发展中国家的城市化进程导致人口从农村向城市的流动对市场经营活动产生了直接影响,因为大多数国家的城市居民和农村居民的消费模式是不一样的。一般而言,城市居民购买力较高,也乐于接受新鲜事物,而农村市场在各方面,相对于城市均存在较大差距。另一方面,随着城市规模日益扩大,交通拥挤、污染严重的问题日益突出。高速公路和地铁等基础设施的发展,使得许多大城市的人口纷纷涌向郊区。比如,美国的郊区住宅区首先出现了现代化的购物中心,使得城市商业中心的百货商店和专营商店受到某种程度的冲击。

2. 目标市场的社会与文化环境。在社会与文化环境方面,由于人们在语言文字、宗教观念与信仰方面存在极大差异,处于不同阶层的群体也具有不同的价值观念、风俗习惯和审判观念,这些因素也极大地影响着国际市场的营销活动。比如,因价值观念不同,人们的消费倾向也就有所区别。西方国家多数人讲求现实消费,不愿意把钱留到将来去花;而东方人则讲求节俭,比西方人更偏爱储蓄。美国人对快餐等能节约时间的产品格外欢迎;而在拉美国家,消费此类产品有可能被视为懒惰。由于文化差异导致的不同风俗习惯也会对国际营销活动起到很大的约束作用。比如,皮尔·卡丹品牌在法国服装界享有盛誉,但其某些款式在中国市场却无人问津;中国的老年妇女较少使用化妆品,而西方老年妇女则喜欢浓妆。

宗教也深刻地影响到国际消费者的行为。全世界约有20亿各类教徒。由于受到宗教文化的熏陶,同一宗教信仰者形成了较为一致的消费模式。许多宗教节日,比如圣诞节、开斋节等往往是一年中的消费旺季,但伊斯兰教历中的9月是伊斯兰教徒的斋月,教民不在白天吃喝及吸烟,几乎所有公司在此期间均处于半休息状态。宗教禁忌还影响着人们的消费行为,比如穆斯林禁止饮酒、印度教禁忌牛肉等。此外,不同国家和民族各自独特的传统节日、审美情趣(比如吉祥数字的不同、对不同颜色或图案的偏好)以及商业惯例等,都是产品进入国际市场时必须考虑的重要因素。

3. 目标市场的政治和法律环境。国际市场营销也离不开各国的政治和法律环境。出口目标国的国内政治环境,包括政治制度、政治稳定性、政策的延续性、可能出现的政治风险等,使得企业在不同国家开展营销活动时需要采取不同的对策。国际企业最关心目标市场国的政局是否稳定,以及政府政策能否得到长期而稳定的贯彻。一国的法律体制同其政治体制有着密不可分的关系。由于跨国交易面临着不同于本国市场的陌生的法律环境,熟悉国际市场法律就成为企业顺利开拓国外市场的前提条件之一。

世界各国的法律制度可以分为英美法系和大陆法系。其中大陆法系以法律条文为依据、以成文法规为基础,此类法系拥有专门调整商业活动的法律法规。属于大陆法系的国家包括以法国、德国、意大利、荷兰、西班牙、葡萄牙等为代表的欧洲大陆国家,也包括受其影响的拉丁美洲国家、部分非洲国家以及亚洲的日本等国。英美法系的基础是传统、惯例以及法院的判例,而不依赖成文法规与法典。属于英美法系的国家除英国和美国以外,还有加拿大、澳大利亚、新西兰等国。在英美法系国家,像商标等企业无形资产的财产权依赖于使用该项财产的历史,按"使用在先"的原则来判断工业产权的所有者;而在许多大陆法系国家,工业产权则是按照"注册在先"的原则来确定所有权。

各国法律中涉及国际市场营销的法律大体围绕着保持和控制竞争,以及维护消费者利益两方面展开。许多国家对产品的包装、标签、品牌、商标、保证和服务等均有明确的要求。一些国家的法律还对某些产品的纯度、安全性等存在特殊要求。比如,实行计划经济体制的国家对价格实施较为严格的控制,而市场经济国家则鼓励企业在价格方面展开竞争。然而,即使像美国这样典型的市场经济国家,也存在不少干预价格的法规和条例。企业在哪个国家从事营销活动,就必须遵守其政府的法律规定。

除了需要遵守目标市场国的法律法规以外,从事国际营销的企业还须了解国际通行的条约以及协定。为调整国际经贸关系,各国签订了大量双边或多边条约,目前在国际上较具影响力的有《联合国国际货物销售合同公约》《国际海运公约》《保护工业产权国际公约》等。国家之间签订的条约与协定对于缔约国的双方和多方具有法律约束力,运用哪一国的法律来解决国际商务争端,需要在合同中予以明确。

国际惯例是在国际经济活动中逐步形成的习惯性规范,虽然不具备普遍的法律约束力,但由于长期在国际经济交往中约定俗成并得到公认,所以一旦在国际商务活动中得到运用,便对双方当事人具有法律约束力。与国际贸易相关的主要国际惯例有《国际贸易术语解释通则》《华沙—牛津规则》《跟单信用证统一惯例》等。在国际贸易合同执行过程中,一旦纠纷发生,如果无法通过协商解决,就只有求助于国际仲裁或运用法律手段来加以解决。国际上已经建立了一些为各国所认可的国际仲裁组织,比如国际商会、伦敦仲裁院、泛美仲裁委员会、美国仲裁协会等。虽然国际仲裁机构并非凌驾于各国法律之上,但仲裁条款一旦达成,便具有在多数国家境内强制执行的法律效力。国际贸易争端发生后,也可直接运用法律手段来加以解决,但争端解决适用于哪国法律,需要在合同中事先予以明确。

第二节　市场营销战略与客户关系的建立

在国际市场上的成功取决于企业内部经营管理与外部环境变化的适应程度。一方面要求出口企业掌握和了解国际市场不可控的外部环境,另一方面需要重视和调整企业的可控因素,制定科学的海外营销战略。

一、海外市场机会的寻找及市场细分

(一)海外市场机会的寻找

市场机会指已经或即将出现在市场上,但未得到满足或完全满足的市场需求。由于产品的生产和消费过程在时间和空间上不一致,导致部分消费者的消费需求暂时得不到满足,这种未被满足的市场需求构成了对企业有利的市场机会。比如,在经济衰退时期,随着购买力的下降,人们对于网上商城、在线娱乐以及高性价比产品的需求会大大增加。由于国际市场较国内市场通常更富有竞争性和挑战性,因而相对于消费者的显性需求,认识和开发国际市场的隐性需求对从事海外贸易的企业而言更为重要。企业可以超越现有顾客和现有产品,甚至超越现有业务,在更大的框架内选择进入国际市场的时机。对市场信息的充分挖掘、海外市场现有的供求差异以及对企业本身竞争优势的充分认识,都是赢得国际市场先机的前提。

对市场信息的充分了解是海外市场营销成功的基础。当某种产品或服务在市场上供不应求时,就表明市场需求尚未得到满足。这种实际存在但由于供应不足而未被满足的需求就为企业的海外营销创造了机会。比如,在美国的汽车市场上,由于美国企业不注重小型车的生产和经营,日本竞争者就捕捉住了美国消费者对小型车的需求并将其列为进入美国市场的重要目标,从而成功取得很高的市场占有率。国际市场环境处于动态变化过程中,随着消费者需求的逐步提升,对商品的消费功能会提出越来越高的要求。比如,20世纪90年代,消费者刷牙的目的主要在于洁齿,进入21世纪以后,人们预防和治疗牙齿疾病的保健意识越来越强,传统的牙膏逐渐不能满足消费者的需求。以高露洁、佳洁士为代表的企业及时把握住了这种潮流,推出各种类型的健齿牙膏,受到全球市场的广泛欢迎。

企业无论大小,均各有优势与劣势。恰当地运用企业自身的人力、物力和财力,扬长避短,量力而行,可以为企业在激烈的全球竞争中取得优势。比如,格兰仕微波炉生产商就是依托其成本优势成功地拓展其海外市场的。后来格兰仕空调产品进入国际市场则又是依靠微波炉所积累起来的渠道优势。对海外营销的企业而言,在营销中研究竞争对手的劣势来超越对手并取得自身优势也非常重要。比如,日本某企业将竞争对手生产的洗碗机送入实验室进行详细研究,同时调查对手的生产系统和销售网点,而后又在取彼之长的基础上设计出一种比对手更加先进的洗碗机,并发展了一个更有效的洗碗机销售网络。当然,技术优势并不是企业争取国际市场先机的唯一法宝,技术在市场上的成功还需要合适的市场理念和营销策略加以保证。比如,海尔成功进入日本洗衣机市场是因为抓住了"小神童"洗衣机这个创新产品;海信进入空调行业是因为把握住了"变频空调"的概念。

(二)海外市场细分

所谓国际市场细分,是指企业按照一定的细分标准,将整个国际市场划分为具有不同营销组合特征的小市场,每个小市场代表有特定相似需要的顾客群体。作为选择市场的策略,市场细分的思想被广泛运用于国际营销实践。市场需要细分的原因来自两方面:一方面是因为国际市场十分广阔而且需求千变万化,任何企业都不可能满足整个国际市场上所有消费者的需求,而只能选择对自己最有吸引力的部分购买者作为自己的目标市场;另一个原因来自购买者方面,由于购买者所处的地理位置、经济发展水平和社会文化背景不同,不同的购买者在需要的动机与行为方面表现出明显的差异。在实际操作中,国际市场细分可以从宏观和微观两个层面展开。对国际市场的宏观细分将国家或地区作为基本划分单位,地理位置、经济发展水平和社会文化标准通常是这类划分的依据。而微观细分则是企业在决定进入某国市场之后,依据目标国市场不同潜在需求者的居住地、人口、消费者心理和行为等对目标市场进行的再次细分。

1. 对国际市场的宏观细分。对国际市场进行细分主要有如下几种方法。

(1) 基于地理位置的国际市场宏观细分。按照地理位置,全球市场通常被划分为北美市场、西欧市场、东欧市场、南美市场、亚洲市场、中东市场以及非洲市场。这种划分的依据是,处于同一地理区域的国家通常具有相似的经济文化背景,消费者的消费行为和购买动机有很大的趋同性。随着区域经济一体化的发展,在已经形成的区域经济集团当中,进入一个国家的市场通常就在很大程度上意味着进入了一个区域市场。但这种划分面临的问题是,两个地理上邻近的国家的经济发展水平、甚至文化背景也有可能存在巨大差距。比如,墨西哥与美国、加拿大同处一个大陆,但其经济发展水平和文化背景明显不同于美、加两国。中国和日本同处东亚地区,文化背景相似,但在经济发展水平和政治法律制度方面存在很大差别。

(2)基于经济发展水平的国际市场宏观细分。由于地理划分法存在的上述缺陷,一个自然的替代方法是按经济水平来划分全球市场,因为一国或地区的经济发展水平直接决定着消费者的购买能力。但经济发展水平标准也难免偏颇。比如按人均 GDP 而言,沙特阿拉伯等产油国与美国、日本等发达国家相差无几,但事实上,由于经济结构、社会发展速度和文化背景等差异,这两类国家的市场差异还是足够明显的。

(3)基于社会文化的国际市场宏观细分。社会文化作为一种环境变量会对国际市场营销产生重要影响,按照种族、语言、宗教等文化因素可对各国市场进行集群分析。比如,按语言的不同,可把世界市场分为英语国家、法语国家、阿拉伯语国家等,针对不同市场的语言习俗,可以在产品说明、市场促销等方面采取相应的营销策略。宗教通过影响人们的生活方式,不同宗教的信徒在信仰、价值观等方面存在差异,这些差异可以间接地作用于企业的国际营销活动。但在很多情况下,不同地区信仰同种宗教的居民可能处于经济发展水平的巨大差异之中,比如沙特阿拉伯和巴基斯坦都信奉伊斯兰教,但前者的人均收入是后者的 20 多倍。

(4)国际宏观市场的组合划分方法。运用单一标准对世界市场进行划分均存在难以克服的缺陷,因而出现了将国家潜力(包括一国人口数量及其分布、经济增长率、人均国民收入等)、竞争力和风险(包括政治风险、财务风险以及由消费需求偏好转移而引起的业务风险)等多维因素整合在内的组合划分标准。组合划分法的优点在于对国际市场的考察更加全面,可以具体地反映不同国家的宏观营销环境,但其在实施过程中操作难度大、成本较高。

以上各种宏观划分方法哪一种更有效,要结合企业特点和产品的具体性质而定。

2.对国际市场的微观细分。企业在决定进入某国市场之后,还需要从微观层面对目标市场进行再次细分。这种微观细分可依据地理(这里指一国内部不同潜在需求者的居住地)、人口、消费者心理和行为来进行。

(1)基于潜在需求者居住地标准的市场细分。即使在一国内部,由于居住地不同,消费者对产品的性能、质量、规格等方面也存在明显的需求差异。比如,日本一汽车公司在进入美国市场时,特别将加利福尼亚州划为一个细分市场,因为该州对汽车废气的排放要求比美国其他各州均要严厉。沃尔玛在创业之初,针对西尔斯、凯马特等零售巨头主要集中在大中城市的特点,采取将小城镇作为拓展市场的重点,实施以州县为单位的战略,逐县、逐州进入,而后再谋扩张,在成功地实现了发展的同时,又避免了同其他零售商的激烈竞争。

(2)基于人口标准的市场细分。人口因素对国际市场营销而言非常重要,不仅仅因为消费者的需求偏好与人口因素密切相关,而且因为人口因素比其他因素更容易测量。按人口将目标国市场进行细分,通常依据年龄、性别、家庭规模、收入、职业、宗教、种族和受教育程度进行。海尔冰箱进入美国市场就是一个按人口因素对美国市场进行细分的成功例子。海尔最初进入美国市场时利用了从侧翼进攻的市场策略:相对于美国主流的双开门大冰箱,海尔针对大学生公寓的市场需求开发出多功能小冰箱,据此一举成功打开了美国市场。目标市场国的消费者群体也可按心理特征来进行划分,诸如消费者的动机、态度、兴趣和观点等。消费者所处的社会阶层不同,其生活方式也不一样,因而不同阶层人们的心理表现可能存在极大差别。日本专门为高收入人群设立的伊势丹百货公司,以及美国以低收入人群为目标顾客的折扣商店等,就是按心理标准细分市场的例子。令国际市场营销人员感兴趣的是,消费者心理不仅可以用作细分市场的依据,消费者的心理特征还可能因营销努力而得以改变。

(3)加工贸易对国际市场的细分原则——基于国际产业分布的市场细分。以上对国际市场的宏观和微观细分主要是基于消费品市场的。对我国而言,由于加工贸易占据对外贸易很大的比重,因而对于那些以加工贸易为主的企业,对国际产业市场进行细分是非常重要的。国际产业市场由那些购买产品和服务,并将这些商品和服务用于生产其他商品和服务的组织和人员构成。由于各国的经济发展状况、全球分工地位和文化背景不同,不同国家的产业市场也表现出一定的差异,但这种差异并不像国际消费市场那么大。由于各国产业结构不同,即使人口数量相近的国家在产业规模上也可能存在较大差异。比如,欧盟国家的制造业占本国产量的比例大致为30%,而这一比例在印度和非洲等非工业化国家和地区仅为15%左右。美国、日本和德国拥有完整和复杂的制造业结构,所生产的产品数量之多、品种之齐全居于发达国家前例。另一方面,由于各国工业设备和流程的复杂程度不同,即使生产相同的产品,在不同国家也存在不同的生产方式。一般而言,经济发展水平越高的国家,其产业的资本密集度越高,而经济发展水平较低的国家则更多地体现出劳动密集型特征。因而,在进入国际产业市场时,在全球生产分工背景下考虑各国的产业结构非常重要。

与消费品市场相比,国际产业市场内的购买者相对较少,但需求方的购买量通常较大。在现代经济条件下,许多行业的生产集中于少数大公司,因而所需原料、设备的采购也就相对集中。比如,亚洲的机动车、复印机行业,几家大型制造商就占据了市场份额的绝大部分,美国的制造业则主要集中在东北部的几个州。在国际生产市场内,供求双方的关系通常比较密切,供求双方通常希望进行密切的合作以保障彼此生产经营的稳定。因而这类市场的交易行为体现出更强的专业化特性。另一方面,产业市场的需求在短期内通常比较缺乏价格弹性,由于产业市场的需求受制于消费品市场的影响,或者说产业市场的需求衍生于消费品市场,一旦国际消费品市场发生波动,国际产业市场的需求波动可能更大。

二、目标市场选择与营销策略

将国际市场进行细分以后,出口企业可以结合自身情况进行市场定位,从国际市场中选取一个或多个细分市场作为国际目标市场。当前,顾客往往被大量的产品和服务信息所包围,因而在购买过程中,顾客会对可供选择的产品进行比较,并根据不同产品在其心目中的形象来进行购买决策。这就需要企业通过对产品的市场定位来引导顾客作出选择。相对于本土企业,进入东道国市场的国际企业必须更加有效地与顾客进行沟通,迅速在消费者心中形成深刻的产品形象。通过成功的市场定位,将本企业与竞争对手严格区分开来,并使顾客感知和认同这种区别。对于规模和实力差异悬殊的企业,应视不同的外部环境和内部特点采取不同的目标市场营销策略。

(一)差异与差异营销策略

对于那些市场同质性高且能大量生产和销售的产品,比如食盐等,各国市场的需求共性较多而差异性不明显,可以用一种产品或一套标准化的营销方法去争取尽可能多的购买者。在使用这种无差异的营销策略时,一般不需要对目标市场进行进一步细分。无差异营销策略的最大优点是可以借助大批量生产和标准化的营销活动来获取规模经济效应,从而降低市场营销成本。例如,麦当劳、肯德基等快餐供应商一直以标准化的产品组合、标准化的生产和连锁经营而长期占据全球快餐市场的领先地位。而对于那些差异化特征明显的产品(比如工业制成品),则一般要求企业推出不同的市场营销组合,比如采用不同品牌、制定差异化的价格、推行不同的分销渠道等,以满足细分后各分市场的不同需求。伊莱克斯最初进入中国市场时,中国国内冰箱市场已经趋于成熟,消费者对品牌的认知度很高。面对强大的竞争对手,伊莱克斯经过仔细调查发现,中国国内生产的冰箱噪音较大,而厂商在克服这一问题方面存在技术困难,或者认为解决此问题会使生产成本大幅提高而导致消费者难以接受。于是伊莱克斯决定采用扎努西高效低噪音压缩机,推出"静音"冰箱,选择中国发达地区重点城市的高收入家庭作为目标市场群体,成功地打入了中国市场。

（二）集中市场策略

对于中小型企业而言,在进入国际市场时如果同国际性大企业直接抗衡,则很难取胜。如果能够避开大型企业竞争激烈的市场部位,选择少数几个能充分发挥自己技术或资源优势的小市场,相对而言则易于成功。这种策略被称为"集中市场策略"。这种策略追求的市场覆盖面虽小,但可以使企业在一个较窄的领域发挥独有特色,而且由于目标集中,可以大大节省营销成本。在中国的洗发水市场上,霸王集团面对宝洁公司一枝独秀和多个子品牌的强大优势,选择避其锋芒,通过寻找市场空隙,以中药定位标注出其独特身份,针对生发与脱发两大市场,以"控油、防脱发"作为其产品的特有功能定位,很好地发挥了自身的优势,奠定了该公司在中国洗发水市场中的独特地位。

三、客户关系的建立

企业在选定目标市场以后,需要选择恰当的渠道和方式同目标市场的客户建立关系。在经济全球化高度发达的今天,许多商品在生产和营销的全程中已经形成了复杂而发达的价值链,而究竟选择什么样的方式建立客户关系,很大程度上取决于企业在价值链中所处的位置。如果企业的优势环节位于价值链上游,其经营成功的关键是对新技术的垄断和生产规模的扩大,因而这类企业可以采取在全球统一分销的方式建立与客户的关系;而如果企业的战略优势处于价值链下游,这类企业通常直接面对最终消费者,在建立客户关系的环节应当充分考虑当地的市场特点,按照当地消费者的购物习惯建立和健全销售渠道,制定销售价格,并按当地的风俗文化和语言特点来进行广告促销。因而下游企业的客户关系建立方式通常带有强烈的地方色彩。

同海外客户建立关系,分销渠道是重要的媒介。这种分销渠道系统涉及目标市场上的各类中间商组织和经销商,以及推销和广告手段等。由于各国经济发展水平、传统文化、风俗习惯等方面的差异,不同国家的分销渠道体系各不相同,进入国际市场的企业必须充分了解目标市场国分销渠道的构成,才能建立有效的商品和服务流转体系,而绝不能将同国内客户建立关系的方式简单地搬至国际市场。营销决策者必须考虑目标国市场的顾客需要什么、何时需要、为何需要以及怎样购买等问题,并充分考虑当地的分销文化特征。比如,日本服装行业的分销渠道成员间的分工十分明确,制造商主要集中于生产和相关的促销活动,批发商负责制造商与零售商之间的沟通以及融资等活动,零售商则主要从事产品的销售活动。

随着信息技术革命的推进,互联网作为继广播、报纸、杂志和电视之后的第五种媒体出现并迅速普及。网络技术的发展使各国消费者的消费方式发生了重大变化,许多便捷化的购物方式纷纷出现。淘宝网、拍拍网、eBay 等购物门户的大量网店经营者的销售力量汇聚起来,形成了一个庞大且在迅速扩张的虚拟市场,对国际贸易也产生了日益强大的影响。另一方面,在网络上搭建的信息平台也为传统企业在海外市场建立客户关系提供了可能,网络已经成为众多跨国企业青睐的传播媒介。

以互联网技术为基础的高新技术同市场营销资源相互融合,构成了信息社会条件下一种新的网络营销和客户关系建立模式。在这种模式下,商品和服务的推销不再是面对面与客户直接接触,客户不再是被动地去接受商品或服务,而是利用互联网、多媒体手段主动与企业建立双向互动式的商业关系,消费者通过互联网这个虚拟的购物空间来确定自己的消费行为。面对这种新的营销方式的崛起,出口企业应结合自身情况,制定定制营销的方式,通过刚性生产对各国产品需求中近乎相同的部分作出准备,同时对于各国不同的需求部分,通过归类进行柔性生产。通过将大众化的营销转变为个性化营销,将不同国家的文化和消费习惯等差异融入到商品生产和营销过程当中,更好地同各国客户建立良好的关系。

第三节　国际贸易方式及其选择

随着国际贸易的发展,贸易方式日趋多样化。除传统的一般贸易以外,与国际生产分工密切相关的加工贸易,以及针对特定贸易对象的包销、代理、寄售、拍卖、招标与投标、期货交易和对销等贸易方式近年来也发展迅速。与一般贸易相比,加工贸易和上述其他贸易方式在商品进出、核销和支付等手续方面存在较大差异。下文分别对加工贸易和上述其他贸易方式进行简要介绍。

一、加工贸易(Processing Trade)

(一)加工贸易及其形式

加工贸易指一方(委托方)委托另一方(加工方或承接方)代为加工、生产、制造或装配某种产品,加工方以收取加工费(工缴费)来获取收益。我国在改革开放之初,是以发展加工贸易为主要方式切入全球生产分工的。进入20世纪90年代以后,随着以外包为特征的国际垂直专业化分工的兴起,加工贸易在我国发展尤其迅速,占据了我国对外贸易总额接近一半的份额。

加工贸易是在经济全球化的背景下,产品生产的不同工序阶段出现空间分离而导致跨国生产分工的产物,其具体形式包括对外加工装配、进料加工和境外加工。对外加工装配是"来料加工""来件装配"以及"来样加工"的合称,指由委托方提供一定的原材料、辅助材料、零部件、元器件、包装材料和必要的机器设备及生产技术,由加工方企业按委托方要求进行加工、装配,成品由委托方负责销售。进料加工在我国也称"以进养出",指国内企业从国际市场购进机器设备、原材料及零部件等,在国内加工成成品后再出口到国际市场的贸易方式;境外加工贸易指一国厂商在国外进行直接投资的同时,利用当地劳动力开展加工装配业务,以带动投资方国内设备、技术、原材料和零配件出口。

(二)我国对加工贸易的管理

加工贸易发挥了我国改革开放以来在经济全球化进程中的比较优势,对推进我国的工业化进程以及增强与世界经济的联系起到了重要作用,因而国家对加工贸易采取了包括关税和增值税减免等手段在内的一系列鼓励措施。而为保障这些措施实施的有效性,我国外贸管理部门也针对加工贸易出台了相关的管理办法(比如《中华人民共和国海关对加工贸易货物监管办法》)。按照现行的对加工贸易的监管办法,我国凡企业开展加工贸易,必须事先报外经贸主管部门审批。加工贸易实质上是以加工为特征的再出口业务。加工贸易进口货物享受进口关税减免,其进口后的加工如果安排在保税区,可直接在保税区海关办理监管手续,加工后复出口。如果货物进口以后到保税区外进行加工,则需要在加工工厂所在地所属关区先行办理加工贸易备案手续。

按照海关《对加工贸易货物监管办法》的规定,企业在签订加工贸易合同以后,须向海关进行合同备案和核销,根据合同执行的实际情况,还可向海关申请合同变更和展期。

合同备案的基本程序如下:经贸部门审批→向海关服务中心购买空白《登记手册》→合同预录入→海关审核后开具《开设保证金台账联系单》→向银行申请设立台账→海关核注银行签发的《台账登记通知单》→海关进行计算机异地传输→收到传输成功回执后核发《登记手册》。

合同执行完毕后一个月内,企业须向海关申请合同核销,合同核销的基本程序为:申请核销→预录入→海关审核→签发《台账核销联系单》→银行销账→海关核销结案→打印结案通知书。

如果根据加工贸易合同的执行情况,需要办理合同变更和展期,则其基本程序如下:经贸部门审批→向海关服务中心变更预录入→海关审核→签发《台账变更联系单》→中国银行台账回执→异地传输→传输成功后打印合同变更审批表。对贸易性质不变、商品品种不变、合同变更金额小于 1 万美元(含 1 万美元)和按原审批合同延长加工期限不超过 3 个月的合同,直接到海关和中行办理变更手续,无须经外经贸部门重新审批。合同展期应在《登记手册》有效期内向海关申请。

如果货物进口以后,在保税区进行加工,企业须先填写《保税仓库货物入(出)审批表》,由海关审批后签发《保税仓库货物入(出)库单》,货主再凭单办理进出口报关手续。

二、包销(Exclusive Sales)

包销是指出口人(委托人)通过协议把某类商品在某地区和期限以内的经营权给予国外某个代理人的贸易做法。包销也是一种售定方式,但与通常的单边逐笔出口不同。在包销方式下,当事人双方除签有买卖合同外,还须事先签订包销协议,买卖双方的权利与义务由包销协议所确定,双方签订的买卖合同也须符合包销协议的规定。包销期限可长可短。我国的出口业务中,包销协议期限通常为一年。数量和金额是包销协议须规定的另一项重要内容,包销商必须承担向出口人购买规定数量和金额的义务,出口人必须承担向包销商出口上述数量和金额的责任。包销的作价可选择一次作价或分批作价。一旦采用前者,无论协议期限内包销商品的市场价格上涨或下跌,包销价格固定不变。而分批作价则为商品价格在包销期限内随市场波动提供了余地,因此分批作价在实践中使用较为普遍。根据我国的对外贸易经验,对于那些在国外有一定销售基础,但在当地市场遇到众多竞争者时,可以考虑通过包销的方式以巩固销路和谋求发展。

三、代理(Agency)

代理是指代理人(Agent)按照委托人(Principal)的授权,代表委托方同第三者订立合同或进行其他商业活动的法律行为,由此产生的权利与义务直接对委托人产生效力。代理人在代理业务中,只是代表委托人行为,如招揽客户、招揽订单、代表委托人签订买卖合同、处理委托人的货物、收受货款等,其本身并不作为合同的一方参与交易。由于参与双方有代理协议的保证,有利于双方进行长期稳定的合作,代理商不承担交易的盈亏风险,无需垫付资金,有利于调动代理商运用其销售渠道扩大销售的积极性,同时也为委托方节省了在出口市场设立分支机构的费用和相应的经营风险。但代理方式也可能面临代理商的市场开拓能力不强或垄断市场的风险。

国际贸易中使用的代理方式通常有总代理、独家代理和佣金代理。其中,总代理(General Agency)指的是代理人在指定地区对委托人进行全权代理。代理人除了有权代表委托人进行买卖合同签订、货物处理等商务活动外,也可进行一些非商业性的活动,比如指派分代理,并可分享代理佣金。独家代理(Exclusive Agent)指在指定地区和一定期限内,由独家代理人单独代表委托人从事有关的商业活动,委托人不得在该地区内委派第二个代理人。进出口业务采用独家代理方式时,作为委托人的出口商即给予国外的代理人在规定的地区和期限内推销指定商品的专营权。依照惯例,委托人在代理区域内达成的交易,凡属独家代理人专营的商品,不论其是否通过该独家代理人,委托人都要向他支付约定比例的佣金。独家代理商不一定是总代理商,也不一定具有指定分代理商的权利。独家代理商应当在一定时期内达到最低销售额,否则将被视为违约。佣金代理(Commission Agency)又称一般代理,指在同一代理地区、时间及期限内,同时有几个代理人代表委托人行为。佣金代理根据推销商品的实际金额和根据协议规定的办法和百分率向委托人计收佣金,委托人可以直接与该地区的实际买主成交,无须向佣金代理支付佣金。

四、寄售(Consignment)

寄售是一种委托代售的贸易方式,委托人(货主)先将货物运往寄售地,委托国外一个代销人(受委托人),按照寄售协议规定的条件,由代销人代替货主进行销售,货物出售后,由代销人向货主结算货款。在我国进出口业务中,寄售方式运用并不普遍,但对某些商品而言,为促进成交也可适当灵活运用寄售方式。寄售有别于代理,寄售货物在售出之前,包括运输途中和到达寄售地后的一切费用和风险,均由寄售人承担。寄售货物装运出口后,在到达寄售地前如有条件可先行成交出售,出售不成则仍运至原定目的地。

五、招标与投标

招标(Invitation to Tender)是指招标人在某个时间和地点发出招标公告或招标单,提出准备买进商品的品种、数量和有关买卖条件,邀请卖方投标的行为。投标(Submission of Tender)则指投标人应招标人的邀请,根据招标公告或招标单的规定条件,在规定的时间内向招标人递盘的行为。招标和投标实际上是同一贸易方式的两个方面。招标与投标通常用于国家政府机构、公共事业单位的物资采购以及国际建筑设计和工程承包等领域。国际上采用的招标方式通常有竞争性招标、谈判招标和两段招标。竞争性招标指招标人邀请数个投标人参与投标竞争,选择其中对招标人最有利的投标人完成交易。谈判招标又叫议标,由招标人选择几家客商直接就合同条款进行谈判,并与谈判成功的客商签订合同。两段招标主要用于某些复杂货物的采购,因事先不能准备完整的技术规格而采用的招标方法。在两段招标的第一步中,招标人邀请投标人提出不包括报价的技术指标;第二步再由投标人进行价格投标。

六、拍卖(Auction)

拍卖是由专营拍卖行接受货主的委托,在一定的地点和时间,按照既定的章程和规则,公开叫价竞购,将货物出售给出价最高的买主的一种现货交易方式。拍卖一般由从事拍卖业务的专门组织,在一定的拍卖中心市场、在一定的时间内按照当地特有法律和规章程序进行。拍卖行为交易的达成提供了服务,因而要收取一定的佣金。通过拍卖进行交易的商品大都是些品质不易标准化的,或是难以久存的,或是习惯上采用拍卖方式进行的商品,如茶叶、烟叶、兔毛、皮毛、木材、象牙、香料及艺术品等。

七、期货交易(Futures Trading)

期货交易是指在期货交易所内,按照一定的程序和规则,通过公开喊价的方式,买卖某种商品期货合约的贸易方式。期货交易不同于商品中的现货交易。在现货交易中,买卖双方可以以任何方式,在任何地点和时间达成实物交易,卖方必须交付实际货物,买方必须支付货款。而期货交易则是在一定时间在特定期货市场上(期货交易所内),按照交易所预先制订的"标准期货合同"进行的期货买卖,成交后买卖双方并不移交商品的所有权。期货交易的商品基本上属于供应量大而价格波动频繁的初级商品,如石油、铜、谷物、大豆、棉花、橡胶、可可等。

八、对销贸易(Counter Trade)

对销贸易又译为"对等贸易""互抵贸易",是包含易货及易货的衍生物,如互购、产品回购、抵销和转手贸易多种贸易方式的总称。这些贸易方式基本上具备进出结合、以进口抵补出口的特征,但又不是易货的简单重复。对销贸易可以伴随着货币的移动,甚至商品资本的运动。

第四节　我国对外贸易经营管理制度

一、改革开放后对外贸易国家统一经营审批制度

1978年改革开放以后,我国在积极发展对外贸易的同时,也稳步推进外贸经营权管理制度的改革。从新中国成立之后到改革开放之前,我国外贸经营实行高

度集中的国家统一经营。外贸经营权由国家垄断专营,具体对外贸易行为按照国家下达的指令性计划进行。1978 年,中国仅有 10 余家外贸专业总公司。1978 年改革开放启动后,开始放松对外贸经营权主体的限制,除原来的外贸专业公司以外,赋予部分国有大中型企业自营进出口权。而在外贸经营权审批的管理方面,由外经贸部审批逐步下放至省、市级外经贸主管部门审批。但与此同时,国家还对各类外贸企业的进出口经营范围进行重新划分,实行严格限制。

1994 年,我国颁布实施《中华人民共和国对外贸易法》(以下简称《对外贸易法》),这是新中国成立以来国家最高立法机关第一次针对对外贸易进行的立法。该法案确立了外贸经营权许可制度,使外贸经营权管理有了法律层级的规范。20 世纪 90 年代,我国加快赋有条件的生产企业、商业物资企业、科研院所和私营企业外贸经营权。1998 年 10 月,外经贸部开始赋予私营企业和科研院所自营进出口权,私营企业首次进入外贸领域。

二、入世后我国对外贸易经营者登记备案制度

2001 年,我国加入世界贸易组织(WTO)。依据我国在入世议定书中作出的三年内开放外贸经营权的承诺,我国逐步由审批制向备案登记制过渡。外经贸部先后对国家重点企业、全国大型工业企业等实行进出口经营权登记备案制,对全国范围内的国有、集体所有制科研院所、高新技术企业和生产企业实行自营进出口权登记制,同时加速推行降低外贸经营权门槛,一大批私营企业获得直接进入国际市场的资格。到 2004 年 6 月底,中国拥有外贸经营权的内资企业达到 12.4 万家,为 1999 年底的 5.25 倍。2004 年 7 月,我国开始实施修订后的《对外贸易法》,为从事货物进出口或者技术进出口的外贸经营者确立了 WTO 通行的登记备案制,取代了长期以来外贸经营者外贸经营权的审批许可制,同时取消了外贸经营权的门槛限制,并首次将个人列为从事对外贸易经营活动的主体。

根据新《对外贸易法》的规定,我国境内从事货物进出口或者技术进出口对外贸易经营者,应向中华人民共和国商务部或其委托机构办理备案登记(法律、行政法规和商务部规定不需要备案登记者除外),作为办理海关进出口报关验放手续的必备条件之一。对外贸易经营者备案登记工作的主管部门是商务部,商务部委托符合条件的地方对外贸易主管部门负责办理本地区对外贸易经营者备案登记手续。

备案登记的基本程序如下:对外贸易经营者通过商务部政府网站,或到所在地备案登记机关领取和填写《对外贸易经营者备案登记表》(以下简称《登记表》),由企业法定代表人或个体工商负责人签字、盖章,并向备案登记机关提交营业执照复

印件、组织机构代码证书复印件。对外贸易经营者为外商投资企业的,还应提交外商投资企业批准证书复印件;依法办理工商登记的个体工商户(独资经营者),须提交合法公证机构出具的财产公证证明;依法办理工商登记的外国(地区)企业,须提交经合法公证机构出具的资金信用证明文件。备案登记机关应自收到对外贸易经营者提交的上述材料之日起 5 日内办理备案登记手续,在《登记表》上加盖备案登记印章。同时应完整准确地记录和保存对外贸易经营者的备案登记信息和登记材料,建立备案登记档案。对外贸易经营者应凭加盖备案登记印章的《登记表》在 30 日内到当地海关、检验检疫、外汇、税务等部门办理开展对外贸易业务所需的有关手续。

登记备案制实现了对外贸易经营者无差别、无实质障碍的对待,推动了中国外贸经营权管理与国际接轨,使中国的外贸环境更为宽松。

练习与思考题

1. 在进行国际市场调研时,为何需将国际政治经济形势考虑在内?
2. 目标市场的人口结构如何影响当地的市场需求?
3. 企业如何寻找和发现海外市场机会?
4. 与国际消费市场相比,国际产业市场具备哪些特征?
5. 除一般贸易方式以外,还有哪些贸易方式在国际贸易实践中得以运用?

附录　　　　　　　　　　**对外贸易经营者备案登记表**
（填写样本）

备案登记表编号:（新备案企业不用填写）　　　进出口企业代码:（新备案企业不用填写）

经营者中文名称	（公司中文名称）		
经营者英文名称	（公司英文名称）		
组织机构代码	（不用加"－"）	经营者类型 （由备案登记机关填写）	（营业执照的企业类型）
住　　所	（营业执照的住所）		
经营场所(中文)	（与住所一致,也可填实际经营地址）		
经营场所(英文)	（以上一项的英文地址）		
联系电话	（电话号码）	联系传真	（传真号码）
邮政编码	（经营地邮政编码）	电子邮箱	@
工商登记 注册日期	（营业执照上的成立日期）	工商登记 注册号	（营业执照注册号）

依法办理工商登记的企业还须填写以下内容

企业法定 代表人姓名	（营业执照上的 法定代表人）	有效证件号	（身份证号）
注册资金	（单位为万元人民币）	如以人民币注册可不填写(折美元)	

依法办理工商登记的外国(地区)企业或个体工商户(独资经营者)还须填写以下内容

企业法定代表人/ 个体工商负责人姓名	（营业执照上的负责人）	有效证件号	（身份证号）
企业资产/个人财产	（单位为万元人民币）	如以人民币注册可不填写(折美元)	

备注:	

填表前请认真阅读背面的条款,并由企业法定代表人或个体工商负责人签字、盖章。

（企业盖章）

法定代表人签字:

年　　月　　日

第三章 贸易合同的磋商与成立

•学习要点与要求•

　　贸易合同的磋商与签订是国际贸易业务交易程序的一项重要内容,也是国际货物买卖过程中的重要环节。任何一笔货物买卖,都是买卖双方经过反复磋商之后才能达成交易并可能签订合同。本章要求国际贸易从业人员必须要了解交易洽商的形式、内容与程序,熟练地掌握交易洽商的策略与技巧,以及合同成立的国内外法律的规定与要求。

第一节　交易磋商的形式和内容

　　交易磋商是指买卖双方以一定的方式并通过一定的程序就交易的货物及各项交易条件进行谈判和协商,最后达成协议的整个过程。

一、交易磋商的形式

　　交易磋商在形式上可分为两种,即口头磋商形式和书面磋商形式。口头磋商主要是指在参加各种交易会、洽谈会以及贸易小组出访、邀请客户来访等洽谈交易时,在谈判桌上面对面地谈判达成交易。另外,双方通过现代化的通信方式如国际长途电话、网络视频等进行的交易磋商也属于口头磋商。该方式由于买卖双方可以直接进行交流,便于了解对方的诚意和态度,因而可以有针对性地采取相应的对策,以最快的速度达到预期的目的。这种方式更适用于谈判内容比较复杂、交易数额巨大、交易中涉及的技术问题较多的交易。

　　书面磋商是指通过信件或电子通信方式来洽谈交易。随着现代通信技术和计算机网络的发展,书面洽谈也越来越简便易行,而且费用与前者相比要低廉很多,它是日常业务中的通常做法。通过口头洽谈和书面洽商,双方对交易条件达成协议后,即可制作正式的书面合同。

　　无论是口头磋商还是书面磋商,均是买卖双方就某种商品的买卖提出自己的交易条件,并通过反复协商,取得一致意见,从而达成交易。这两种洽商方式在法律上均具有同等的效力。

二、交易磋商的内容

交易磋商的内容,就是双方就买卖商品进行协商的各项交易条件。合同中涉及的主要交易条款包括品名、品质、数量、包装、价格、装运、保险、支付,以及商检、索赔、仲裁和不可抗力等一般交易条款(General Terms and Conditions)。理论上讲,应该就以上各条款逐一达成一致意见,才能充分体现"契约自由"的原则。然而,在实际业务中,并非每次洽商都需要把这些条款一一列出、逐条商讨,因为国际贸易中商品的交易,普遍使用固定格式的合同,而上述条款中的商品检验、索赔、仲裁、不可抗力等一般交易条件往往已经印在合同中,只要双方没有异议,就不需要逐条重新协商,这些条件也成为今后双方进行交易的基础。特别在老客户之间,双方在长期的交易过程中已经形成对这些条款的一些习惯做法,不需要在每笔交易中都对各项条款重新逐条协商。这对于缩短交易洽商的时间和节约交易费用开支都是十分有益的。

第二节　交易磋商的一般程序

交易磋商的程序可以概括为四个环节:询盘(或邀请发盘)、发盘、还盘和接受。其中发盘和接受是每笔交易必不可少的两个基本环节或法律程序。

一、邀请发盘

邀请发盘(Invitation to Offer)是指交易的一方打算购买或出售某种商品,向对方询问买卖该项商品的有关交易条件,或者就该项交易提出带有保留条件的建议。

邀请发盘可以有不同的形式,其中最常见的是询盘(Inquiry)。询盘是为了试探对方对交易的诚意和了解其对交易条件的意见。其内容可以涉及价格、规格、品质、数量、包装、交货期以及索取样品、商品目录等,而多数是询问价格,所以通常将询盘称为询价。询盘可以由买方发出,也可以由卖方发出,可采用口头方式,也可以采用书面方式。书面方式包括书信、电报、电传和询价单(Inquiry Sheet)。用书信询盘时,除了说明要询问的内容外,一般还带有礼貌性的用语及对交易内容的宣传,以达到诱使对方发盘的目的。我国的进出口业务中书面询盘多采用电报、电传的形式。这种方式文字简洁明了,同时传递速度快。在实际业务中,由买方主动询盘的情况比较多。例如:

- Please offer Apricot Kenarl 100M/T.

　　请发盘100公吨苦杏仁。

- Please cable Groundnut 100M/T.

　　请电告100公吨花生仁。

- Interested in Groundnut.

　　对花生仁感兴趣。

　　邀请发盘对于买卖双方均无法律上的约束力,它只起到邀请对方发盘的作用。在实际业务中往往是卖方货源尚未落实,提出的条件带有不确定性,或者为争取较好的价格,同一批货向两个以上客户邀请发盘,以便择优成交。也有的是买方为了探询市场情况和便于比较,同时向多家供货商提出发盘的邀请。

　　邀请发盘的另一种常见做法是提出内容不肯定或附有保留条件的建议。例如,在价格中使用参考价(Reference Price)或价格倾向(Price Indication);"以我方最后确认为准"(Subject to our final confirmation)或者"有权先售"(Subject to prior sale)等。这样即使提出的交易条件明确、完备,仍不能算是有效的发盘,而属于邀请发盘。

二、发盘

　　发盘(Offer)是指交易的一方,向另一方提出购买或出售某种商品的各项交易条件,并表示愿意按这些条件与对方达成交易、订立合同的行为。

　　发盘的方式有书面发盘和口头发盘两种。书面发盘可以用信件、电报、电传等。发盘人可以是卖方,也可是买方。前者称为售货发盘(Selling Offer);后者称为购货发盘(Buying Offer)或递盘(Bid)。

　　发盘既是商业行为,又是法律行为,在合同法中称之为要约。发盘可以是应对方邀请对发盘作出的答复,也可以是在没有邀请的情况下直接发出的。发盘在其有效期内,发盘人不得任意撤销或修改其内容。发盘一经对方在有效期内表示无条件的接受,发盘人即受其约束,并承担按发盘条件与对方订立合同的法律责任。

　　发盘一般常使用下列术语:

　　发盘——offer;

　　发实盘——offer firm, firm offer;

　　订购——book;

　　定购——order;

　　递盘——bid;

　　递实盘——bid firm, firm bid。

　　例如:

- Offer willow basket five hundred dozens Sterling Pound fourteen per dozen CIF London five dozens per carton, shipment Nov / Dec, sight Irrevocable L∕C, reply here 10th June.

今报柳篮 500 打,每打 14 英镑 CIF 伦敦,每 5 打一纸箱;11/12 月装运,即期不可撤销信用证,限 6 月 10 日复到。

三、还盘

还盘(Counter offer)是指受盘人不同意或不完全同意发盘人在发盘中提出的条件。对发盘提出修改或变更的表示。

还盘可以用口头方式或者书面方式表达出来,一般与发盘采用的方式相符。还盘不仅可以就商品价格的高低提出意见,也可以就交易的其他条件提出意见。一方发盘,另一方如果不同意或不完全同意,可以进行还盘;同样,一方的还盘,另一方如果对其内容不同意,也可以再进行还盘。一笔交易有时要经过还盘和再还盘才能达成交易,而有时不经过还盘也可以达成交易。

还盘是对原发盘的拒绝,还盘一旦作出,原发盘即失去效力,发盘人不再受其约束;同时还盘是受盘人以发盘人的地位所提出的新的发盘,还盘作出后,还盘的一方与原发盘人在地位上发生了变化,除非得到原发盘人同意,受盘人不得在还盘后反悔,再接受原发盘。进行还盘或再还盘时,可用"还盘"术语,但一般仅以不同条件的内容通知对方,就意味着还盘。

例如:

- Your telex 5th Counter offer £10 per dozen CIF London.

你方 5 日电收悉,还盘;每打 10 英镑 CIF 伦敦。

- Your telex 5th D∕P sight payment.

你方 5 日电收悉,即期 D∕P 支付。

四、接受

接受(Acceptance)是买方或卖方无条件同意对方在发盘中提出的交易条件,并愿按这些条件与对方达成交易、订立合同的一种肯定的表示。

一方的发盘或还盘经另一方当事人接受,交易即告达成,合同即告订立。双方当事人就应分别履行其所承担的合同义务。

接受在法律上称作承诺,它既属于商业行为,也属于法律行为。表示接受,一般用"接受"(Accept)、"同意"(Agree)和"确认"(Confirm)等术语。

接受的一方当事人可以简单地向发盘人表示接受,而不重复列出双方已磋商好的有关交易条件,这是实际业务的通常做法。但是,有时因交易的金额较大,或因为往返磋商函电较多,为避免出现差错和误解,受盘人在表示接受时,也可以将双方已达成一致的各项交易条件列明。

例如:

- Your counter offer dated 10th accepted.

  你方 10 日电悉,还盘已接受。

- Your 10th accepted, willow basket five hundred dozens, £10 per dozen, CIF London, five dozens per carton, shipment Nov/Dec. D/P sight payment.

  你方 10 日电悉,已接受。柳篮 500 打,每打 10 英镑,CIF 伦敦,每 5 打一纸箱,11/12 月装运,即期 D/P 付款。

第三节　交易磋商的策略与技巧

根据法律要求,国际货物买卖合同是经过发盘和接受的程序而订立的。发盘和接受都是法律行为,必须符合法律规则。只有符合法律规则的发盘和接受,才能订立法律上有效的合同。本节将参照《联合国国际货物销售合同公约》(以下简称《公约》)的有关规定,结合我国对外贸易进出口业务的实际情况,进一步介绍关于发盘和接受的法律规则及其在实际业务中的应用。

一、发盘

发盘的法律名称是"要约",从法律责任来分析,国际贸易中的发盘可分为"有约束力的发盘"(Offer with Engagement)和"无约束力发盘"(Offer without Engagement)两种。我国习惯上把前者称为实盘,后者称为虚盘。通常说的发盘是指实盘,即发盘人对发盘内容不得变更和反悔,一旦被受盘人接受,双方就构成合同关系,就要为成立的合同承担法律责任。虚盘不受法律约束,性质近似询盘,即使被受盘人接受,双方也不能构成合同关系。

(一)构成发盘的条件

构成一项有约束力的发盘,应具备以下几个条件。

1. 向一个或一个以上特定的人提出。发盘是一项订约的建议,只有被指定的受盘人才有权作出接受订约的表示。因此,发盘必须指定可以表示接受的受盘人。受盘人可以是一个,也可以是多个。不指定受盘人的发盘,仅视为发盘的邀请或称为邀请发盘(Invitation to make offer)。

2. 表明发盘人受该发盘的约束。发盘必须表明严肃的订约意旨,即发盘应该表明该发盘人在得到接受时,将按发盘的条件承担与受盘人订立合同的法律责任。这种受该盘约束的意旨可以用"发盘""递盘"等术语和语句加以表明,也可以不使用这些类似的词语,而按照谈判时双方的意愿,以及当事人之间以往的业务交往情况或双方已确立的习惯做法来确定。

3. 发盘的内容必须十分确定。《公约》对"十分确定"作了解释,即在发盘中明确了货物名称,规定了数量和价格。在规定数量和价格时,可以明示,也可以暗示,还可以只规定确定数量和价格的方法。《公约》的这一规定是符合有些国家关于合同法的相关规定的。按美国有关合同法的规定,对于发盘中没有规定的其他事项,可以在合同成立之后按照公约中关于买卖双方权利义务的有关规定来处理。

但是,在我国的贸易实践中,一项交易条件完整的发盘,通常应包含货物的品质、数量、包装、价格、货运、保险、支付等主要交易条件并以完整的形式出现,这样做既有利于减少事后的误解、纠纷,也利于合同的订立和履行。

另外,在我国的实际业务中,有时会出现交易条件表面上不完整,但实际上完整的情况。原因可分为三种。

(1) 买卖双方事先订有"一般交易条件"的协议;

(2) 援引买卖双方来往磋商的函电和以前的合同条款;

(3) 买卖双方在以前的业务交往中已形成习惯做法。

4. 送达受盘人。发盘于送达受盘人时生效。例如,发盘人用信件或电报向受盘人发盘,如该信件或电报在传递中遗失,以致受盘人未能收到,则该发盘失效。

(二)发盘的有效期

发盘的有效期是指可供受盘人对发盘作出接受的期限。在国际贸易中,凡是发盘都有有效期。发盘人对发盘的有效期可作出明确规定,也可不作明确规定。明确规定有效期的发盘从发盘被传达到受盘人开始生效,到规定的有效期届满为止。不明确规定有效期的发盘,按惯例在合理时间内有效。关于口头发盘,《联合国国际货物销售合同公约》规定:口头发盘,除双方另有约定外,受盘人必须立即接受。口头发盘只有在立即被接受的条件下才能生效;如果发盘时,对方未置可否,合同尚未成立;当时表示接受,但没有书面证据,仍有可能反悔。我国在出口贸易中,常见的明确规定发盘有效期的方法主要有三种。

1. 规定最迟接受的期限。例如:

● Offer subject reply here fourteenth.

发盘限 14 日复到。

● Offer valid till fourteenth our time.

发盘限我方时间 14 日复到。

2. 规定一段接受的期间。例如:

● Offer valid for a week.

发盘有效一周。

● Offer solid for three days.

发盘有效 3 天。

对于这种规定有效期的方法,有一个如何计算有效时间的起讫问题。《公约》第二十条规定:发盘人在电报或信件中订立的一段接受期间,从电报交发时刻或信上载明的发信日期算起;如信上未载明发信日期,则从信封上所载日期算起;发盘人以电话、电传或其他可以立即传达对方的方式订立的一段接受期间,从发盘到达受盘人时算起;在计算一段接受期间时,这段期间内的正式假日或非营业日应该计算在内,但是,如果接受通知在接受期间的最后一天未能送达发盘人的地址,而那天在发盘人的营业所在地是正式假日或非营业日,则这段期间应顺延至下一个营业日。

【案例 3-1】广交会期间,上午我方对一外商口头发盘,对方当时未置可否,下午价格上涨,外方又表示完全同意,我方应如何处理? 为什么?

3. 仅作笼统的规定。在实际业务中,常有这样的发盘:

● Offer Groundnut 100M/T 150 USD per metric ton, reply promptly.

今报花生仁 100 公吨,每公吨 150 美元,请即复。

● Offer Chinese Rice 2013 Crop, FAQ moisture max 2%, Oct shipment, L/C payment, reply immediately.

今报中国大米 2013 年产,良好平均品质水分最高不超过 2%,10 月装船,信用证支付,速复。

所谓发盘有效期的"合理时间"究竟有多长,以及怎样才算"迅速""立即""紧急""尽快"呢? 各国法律并无明确规定或解释。一般说来,取决于各种实际情况,而传达的方法和有关货物的性质是重要的因素。如用信件发盘,其有效期可理解得长些;而用电报、电传发盘,则应理解得短些。市场行情波动频繁的初级产品一般应理解得短些;而短期内价格变化不大的日用工业品,则大都可以理解得长些。为了避免交易双方因对发盘有效期的合理时间和"迅速""尽快"等理解有误而产生纠纷,最好在发盘时明确规定出有效期。

(三)发盘的撤回和撤销

发盘的撤回和撤销是指发盘人在发盘后,如发现盘中某项交易条件有错误或者遇到国际市场价格发生波动或者汇率发生变化,要求撤销或撤回其发盘,或要求改变其发盘内容的行为。一项发盘在其有效期内可否撤回或撤销,各国法律存在着一定的分歧,按《公约》的规定,有以下几种解释。

1. 发盘的撤回。发盘的撤回(Withdraw)是指发盘人的发盘通知,在其送达受盘人之前是否可以收回。这里所讲的"送达受盘人之前",是指在发盘生效前。那么一个发盘在何时生效呢?《公约》第十五条规定:"发盘于送达受盘人时生效。"这就是说,发出去的盘在到达受盘人之前对发盘人并不产生约束力,受盘人只有在接到发盘后,才可以考虑接受与否的问题。那么,就是说一项发盘在其到达受盘人之前是可以撤回的。《公约》第十五条第二款规定:"一项发盘,即使是不可撤销的,也可以撤回,如果撤回通知在发盘到达受盘人之前或同时到达受盘人。"这一规定是基于发盘到达受盘人之前,对发盘人尚没有产生约束力时,发盘人可以将其撤回。但这需要有个前提,即发盘人要以更快的通信方式使撤回通知赶在发盘到达受盘人之前到达,或者起码与之同时到达。如果发盘人的发盘通知先到达了受盘人,而后撤回的通知才到达,发盘已经生效,此时发盘人受该发盘的约束就不能撤回发盘了,若发盘人仍想改变主意就得撤销发盘的效力了。这就是发盘的撤销问题了。

2. 发盘的撤销。发盘的撤销(Revocation)是指发盘人对其所承担的受该盘约束的责任能否撤销。对于发盘生效后能否撤销的问题,各国法律的规定有较大区别。

大陆法(Civil Law)中的德国法律认为,发盘原则上对发盘人有约束力,除非他在发盘中已表明不受其约束。法国法律虽然允许发盘人在有效期内撤销其发盘,但判例表明,他须承担损害赔偿的责任。

英、美等国采用的普通法(Common Law)认为,发盘在原则上对发盘人没有约束力。在接受被作出之前,发盘人可以随时撤销发盘或变更其内容。例外的情况是,受盘人给予了"对价"(Consideration)或者发盘人以签字蜡封的特殊形式发盘。但是美国在《统一商法典》中对上述原则作了修改,承认在一定条件下(发盘是商人以书面形式发盘,有效期不超过三个月)无对价的发盘也不得撤销。

《公约》第十六条规定:①在未订立合同之前,发盘可以撤销,如果撤销的通知于受盘人发出接受通知之前送达受盘人。②但在下列情况下,发盘不得撤销。第一,发盘中写明了发盘的有效期或以其他方式表明发盘是不可撤销的;第二,受盘人有理由信赖该发盘是不可撤销的,而且受盘人已本着对该发盘的信赖行事。

以上规定表明,发盘在一定条件下可以撤销;而在一定条件下又不得撤销。可以撤销的条件是在受盘人发出接受通知之前将撤销的通知传达受盘人。不可撤销的条件有两个:第一是发盘中明确规定了接受的有效时限,或者虽未明确规定,但在发盘中使用了"不可撤销"(Irrevocable)字眼,或"发实盘"(Firm Offer),那么在合理时间里也不得撤销。第二是受盘人从主观上相信该发盘是不可撤销的,并且在客观上采取了与交易有关的行动,如寻找客户、组织货源等,发盘人也不得撤销其发盘。

3. 发盘的终止。一项发盘对发盘人具有约束力,那么这种约束力在何种情况下才会终止呢?《公约》第十七条规定:"一项发盘,即使是不可撤销的,也于拒绝通知送达发盘人时终止。"这就是说,当受盘人不接受发盘中的条件,并将拒绝的通知送到发盘人手中时,原发盘就失去了效力,发盘人不再受其约束。

在我国的对外贸易实践中,以下情况也会造成原发盘终止或失效:

(1)发盘中规定的有效期届满;

(2)受盘人作出还盘;

(3)发盘人依法撤销发盘;

(4)在发盘被接受前,当事人丧失行为能力、或死亡或法人破产;

(5)人力不可抗拒的意外事故造成发盘的失效,如政府禁令或战争。

二、接受

所谓接受(Acceptance),是指受盘人接到对方的发盘或还盘后,同意对方提出的条件,愿意与对方达成交易,并且及时以声明或行为表示出来。这在法律上称作"承诺"。接受与发盘一样,既属于商业行为,又属于法律行为,一旦一方作出有效的接受,那么交易立即达成,合同立即成立。一些贸易法律、惯例对此都作出了有关规定。

(一)构成接受的条件

《公约》对构成有效接受的条件作了以下的相关规定。

1. 接受必须由受盘人作出。这一条件与构成发盘条件的第一条相呼应。发盘必须向特定的人发出,即表示发盘人愿意按发盘中提出的条件与对方订立合同,但这并不表示他愿意按这些条件与任何其他人订立合同。因此,接受只能由受盘人作出,才具有效力,其他人即使了解发盘的内容,并表示完全同意,也不能构成有效的接受。

当然这并不是说发盘人不能同原定受盘人之外的第三方进行交易,只是说,第三方作出的接受不具有法律效力,它对原发盘人没有约束力。如果原发盘人愿意按照原定的条件与第三方进行交易,他也必须向对方表示同意才能订立合同,因为受盘人之外的第三方作出的所谓"接受"只是一种"发盘"的性质,必须经原发盘人即新盘的受盘人表示同意(即接受)后,方能表示合同成立。

2. 接受必须表示出来。接受必须由受盘人以一定的方式表示出来。《公约》第八条规定:"缄默或不行动本身并不等于接受。"表达的方式大多采用口头或书面声明的方式,但也可以根据发盘的要求或双方当事人之间已经确立的习惯做法而作出行动,例如卖方用备货、买方用开立信用证的行动表示出来。

3. 接受的内容必须与发盘相符。原则上讲,接受的内容应该与发盘中提出的条件完全一致,才表明交易双方就有关的交易条件达成了一致意见。这样的接受才能导致合同的成立。而如果受盘人在答复时虽使用了"接受"的字眼,但同时又对发盘的内容作了某些更改,这就构成有条件的接受(Conditional Acceptance),这种"接受"不是法律上所讲的有效的接受。因为有条件的接受属于还盘。《公约》第十九条第一款规定:"对发盘表示接受但载有添加、限制或其他变更的答复,即为拒绝该发盘,并构成还盘。"

那么,如果受盘人在表示接受时,提出的变更根本上没有与原发盘条件相矛盾,而是解释或说明原发盘条件,这是否算有效的接受呢? 根据《公约》的规定,这种有条件的接受,就要看其所载的条件是实质性变更原发盘条件还是非实质性变更原发盘条件。

所谓实质性变更,《公约》指出:"有关货物价格、付款、货物质量和数量、交货地点和时间、一方当事人对另一方当事人赔偿责任范围或解决争端等的添加或不同条件,均视为实质上变更发盘的条件。"实质性变更是对发盘的拒绝,构成还盘的性质。那么何谓非实质性变更呢?《公约》指出:"对发盘表示接受但载有添加或不同条件的答复,如所载添加或不同条件在实质上并不改变发盘的条件,除非发盘人在不过分迟延的期间内以口头或书面通知反对其差异外,仍构成接受。"这就是说,如果受盘人对发盘内容所作的变更不属于实质性的,能否构成有效的接受,就要取决于发盘人是否反对。如果发盘人不表示反对,合同的条件就包含了发盘的内容以及接受通知中所作的变更。

在实际业务中,有时还需要分清一项接受是有条件的接受,还是"在接受的前提下的某种希望和建议"。有条件的接受属于还盘,但如果受盘人在表示接受的同时提出某种希望,而这种希望不构成实质性改变原发盘的条件,那么这种情况就应被看作一项有效的接受。

4.必须在有效期内接受。发盘中通常都规定一个有效期。这一期限有双重意义:一方面它约束发盘人,使发盘人承担义务,在有效期内不能任意撤销或修改发盘的内容,而过期则不再受其约束;另一方面发盘的有效期也是对受盘人的约束,只有在有效期内作出的接受,才有法律效力。如发盘中未规定有效期,则应在合理时间内接受才有效。

(二)逾期接受

在国际贸易中,有时会出现受盘人的接受通知晚于发盘人规定的有效期送达的情况。这在法律上称为"逾期接受"或"迟到的接受"。

对于这种迟到的接受,按上述接受的规定,发盘人不受其约束,不具有法律效力,可以将其看成是新的发盘。但这有例外的情况,《公约》第二十条规定了两种情况,逾期接受仍为有效。

第一,如果发盘人毫不迟延地用口头形式或书面形式表示同意。这一条的规定,在某些特定的条件下,逾期的接受仍有效力。这个条件就是由发盘人确认逾期有效,并且毫不迟延地通知受盘人。通知的方式可以是口头的,也可以是书面的。而如果发盘人不及时通知,这项接受就失去了效力。这一规定的意义在于,它既保证了发盘人的正当权益,同时,又考虑到贸易交易中难以预料的情况,为了促成交易,故作出此规定。

第二,如果载有逾期接受的信件或其他书面文件表明,它在传递正常的情况下,是能够及时送达发盘人的,那么这项逾期接受仍具有接受的效力,除非发盘人毫不迟延地用口头或书面方式通知受盘人,认为发盘已经失效。此条款是指,受盘人已按期发出了接受通知,如果传递正常该通知本可以及时送达发盘人。在这种情况下,这种迟到的接受仍应具有效力。但若发盘人及时通知受盘人该接受因逾期被认为失效,则逾期接受无效。如果发盘人没有及时表态,而受盘人又能证明接受迟到不属于他的责任,那么该接受即有效。

总之,在逾期接受的情况下,无论是何原因,决定该接受是否有效的主动权在发盘人手中。

(三)接受的生效与撤回

接受的撤回是指受盘人表示接受的通知在未生效前能否收回。接受的撤回与接受生效的时间有着密切的关系。国际上不同的法律对其生效时间有不同的解释,在此,我们作一简单的介绍。

1.接受的生效。对于接受的生效问题,各国法律对其规定有着明显的差异。

如英美法系实行的是"投邮生效原则"(Mail Box Rule)或"投邮主义""发信主义"。这是指采用信件、电报等通信方式表示接受时,接受的函电一经投邮或发出立即生效,只要发出的时间是在有效期内,即使函电在邮途中发生延误或遗失,也不影响合同的有效成立。

大陆法中以德国法律为代表采用的是"到达生效原则"(Receive the Letter of Acceptance)或"受信主义"。这是指表示接受的函电须在规定时间内送达发盘人,接受方始生效,因此函电在邮递中发生延误甚至遗失,合同就不能成立。

《公约》第十八条明确规定:"接受发盘与表示同意的通知送达发盘人时生效。"可见,《公约》采纳的是到达生效原则。但是也有例外的规定,"如果表示同意的通知在发盘人所规定的时间内,或如果未规定时间,在一段合理的时间内,未曾送达发盘人,接受就成为无效,但须适当地考虑到交易的情况,包括发盘人所使用的通信方式的迅速程度。对口头发盘必须立即接受,但情况有别者不在此限"。由此可以看出,《公约》还对口头方式进行磋商规定了生效时间,即受盘人如果同意对方的口头发盘,就马上表示同意,接受也随即生效。同时在前面已讲过,受盘人对一项发盘,除以口头或书面声明的方式表示接受外,还可以行为表示接受。《公约》中对行为表示的生效时间也作了规定:"接受于该项行为作出时生效,但该项行为必须在上一款规定的期限内作出。"

2.接受的撤回。对于接受撤回的问题,由于大陆法国家和《公约》采用的是到达生效原则,因而接受发出后在一定的条件下,可以撤回。《公约》第二十二条规定:"接受可以撤回,如果撤回通知在原应生效的接受之前或同时送达发盘人。"这一规定说明,受盘人在发出接受通知之后,如果反悔,可以撤回其接受,但是他必须保证使撤回的通知赶在接受到达发盘人之前传送到发盘人,或者两者同时到达。而如果按照英美法的投邮生效原则,接受一经投邮立即生效,合同立即成立,就不存在接受的撤回问题了。接受通知一经到达发盘人即不能撤销。因为接受一经生效,合同即告成立。如果想撤销接受,在实质上已构成毁约。

【案例3-2】我公司9月4日向美A公司发盘"中国大米1 000吨,每吨220美元,CIF纽约,11月装运,即期L/C,限9月10日复到有效"。A公司于9月8日回电"接受你方发盘,立即装运",并于9月10日开来信用证电开本。这时大米价格上涨,我方立即退回信用证。我方这样做有无道理?为什么?

第四节　书面合同的签订与要求

在国际货物交易过程中,一方发盘经另一方接受,交易即告达成,买卖双方之间就建立了合同关系。依国际惯例，双方还需要签订一个符合法律规范的书面合同，以进一步明确双方的权利与义务，保证交易的顺利执行。

一、签订书面合同的意义

按照一般的法律规则，合同的成立取决于一方的发盘和另一方对发盘接受的程序。签订书面合同不是合同有效成立的必备条件。《公约》第十一条规定："销售合同无须书面订立或书面证明，在形式方面也不受任何其他条件的限制。销售合同可以用包括人证在内的任何方法证明。"但是在国际贸易实践中，在当事人双方经过磋商一致达成交易之后，一般的都要另行签订书面合同。只有这样，才能使其既受到法律的约束，又得到法律的保护。因此，签订书面合同对交易的双方都具有重要的意义。

（一）书面合同可以作为合同成立的证据

根据法律要求，凡是合同必须能得到证明，提供证据，包括人证和物证。在用信件、电报或电传磋商时，书面证明必不可少。但是，通过口头磋商达成的合同，举证就不容易了，所以口头磋商达成的合同，如果不用一定的书面形式加以确认，将不能得到法律上的保障和监督，甚至在法律上称为无效。《中华人民共和国经济合同法》第七条对涉外经济合同的成立作了明确的规定："当事人就合同条款以书面形式达成协议并签字，即为合同成立。"1986年12月我国政府在向联合国交存对《公约》的核准书时，对《公约》第十一条、第二十九条及有关规定提出了保留，即我国不同意国际货物买卖合同采用书面以外的形式订立、更改或终止。由此可见，按照我国的法律，进出口贸易合同必须采用书面形式才有效。

（二）书面合同有时是合同生效的条件

书面合同虽不拘泥于某种特定的名称或格式，但是假如在买卖双方磋商时一方曾声称以签订书面合同为准，则即使双方已对交易条件全部协商一致，在书面合同签订之前，合同也不能生效。《中华人民共和国涉外经济合同法》第七条除规定合同成立须由当事人就合同条款以书面形式达成协议外，还规定："……通过信件、电报、电传达成协议，一方当事人要求签订确认书的，签订确认书时，方为合同成立。"此外，按规定须经一方或双方政府机构审核批准的合同，也必须是有一定格式的书面合同。

(三)书面合同可作为履约的依据

在国际贸易中,进出口合同履行涉及企业内外的众多部门和单位共同合作,涉及面广,环节多。口头合同,如果不转成书面合同,几乎无法履行。即使通过信件、电报或电传达成的交易,如果不将分散于多份函电中的双方协商一致的条件集中归纳到一份书面合同上来,也将难以得到准确的履行。所以,无论是口头或书面形式磋商而达成的交易,均须把已达成一致的交易条件综合起来,全面、清楚地列明在一份具有标准格式的书面合同上,这对进一步明确双方的权利和义务、顺利地履行合同无疑具有重要的意义。

二、书面合同的形式

在国际贸易中,各国进出口贸易书面合同的名称和形式,没有一个固定的格式。各国签订合同的形式一般有合同(Contract)、确认书(Confirmation)、协议书(Agreement)、备忘录(Memorandum)以及订单(Order)等。我国对外贸易业务中主要使用的是合同和确认书。

(一)合同

合同的内容比较全面、详细,除了包括交易洽商的主要条件,如品名、规格、数量、包装、价格、装运、保险、支付外,还包括一般交易条件,如商品检验、索赔、仲裁、不可抗力等条款。卖方草拟提出的合同称为"销售合同"(Sales Contract),买方草拟出的合同称为"购货合同"(Purchase Contract)。合同中一般使用的是第三人称的语气。

(二)确认书

确认书是合同的简化形式。卖方出具的确认书称为"销货确认书"(Sales Confirmation),买方出具的确认书称为"购货确认书"(Purchase Confirmation),使用的文字多以第一人称的语气。确认书的法律效力与合同完全相同。

(三)协议书

协议书(Agreement),在法律上是"合同"的同义语。当双方当事人把经协商达成一致的交易条件归纳为书面形式时,我们就称之为"协议"。其内容中对买卖双方当事人的权利和义务作了明确、具体和肯定的规定,所以这样的协议就具有法律效力。

（四）订单和委托订购单

订单是指由进出口商与实际购买者拟定的货物订购单。委托订购单是指由代理商或中间商拟定代理买卖货物的订购单。

订单和委托订购单，在实际进出口贸易中可以区别为两种性质。一种是经过双方磋商达成交易之后，对方寄来的订单或委托订购单，这是国外客户的购货合同或购货确认书，是一种具有法律效力的文件。另一种是事先双方当事人并未进行过磋商，而是出口商单方面的行为。这种在没有达成交易的情况下寄来的订单或订购单，只是一种发盘或递盘，或者只是一种邀请发盘，因此不具有法律效力。

除此之外，还有"备忘录""意向书"等形式，有的具有法律效力，而有的不具有法律效力，这需要我们具体分析其特定的情况。

当面或经电话口头磋商达成的交易，在取得口头协议后，都应经双方合法代表正式签署书面合同。

合同一般包括三个部分。第一部分是合同的首部，叫约首。它包括合同的名称、合同的编号、缔约日期、缔约地点、缔约双方名称和地址等。第二部分是合同的主体，叫本文。它载有主要的交易条款。第三部分是合同的尾部，叫约尾。它包括合同的份数以及缔约双方的签字等。合同的内容应该符合政策，条款明确、严密，前后一致，并与交易双方达成的条款内容完全一致。有效的合同对双方当事人都有约束力。

练习与思考题

1. 交易磋商一般要经过哪些环节？一项有效合同的订立不可缺少哪几个交易洽商环节？

2. 什么是发盘？构成发盘的条件是什么？

3. 发盘人在发盘后，如发现发盘中某项交易条件有错误，或者遇到国际市场价格发生波动或汇率发生变化，发盘人是否可以要求撤销或撤回其发盘？请按《联合国国际货物销售合同公约》的规定作出解释。

4. 什么是接受？《联合国国际货物销售合同公约》对有效接受作了哪些规定？

5. 在国际贸易中遇到逾期接受怎么办？逾期接受在什么情况下才能有效？

6. 在国际贸易交易过程中，为什么一定要签订一定形式的书面合同？

贸易合同主要条款与签订

- 商品条款的基本内容
- 商品的价格条款
- 国际货物运输条款
- 国际货物保险条款
- 国际货款的收付

第四章 商品条款的基本内容

•学习要点与要求•

通过对本章的学习,应了解商品交易合同中对国际货物买卖中的商品本身及其交易条件的有关规定。国际货物买卖合同的物质基础是商品,买卖双方洽谈任何一笔交易之前,必须首先确定被买卖商品的名称,以及与之相关的商品的质量、规格、数量、包装等条件,在此基础上才逐个商谈合同中的其他交易条件。因此,了解合同中关于商品条件的具体要求,是交易合同顺利履行的重要保证。

国际货物交易合同中的商品条款是指贸易合同标的物——商品及其相关的品质、数量、包装等条件,它是国际货物交易合同中重要的交易条款,也是双方当事人进行交易的物质基础。

第一节 商品的品名和品质

商品的品名与品质是国际货物买卖合同双方当事人首先需要洽商的交易条件。商品的名称和质量不确定,买卖双方就失去了洽商的物质基础,也就缺乏了开展交易活动的依据。因此,买卖双方在洽商交易时,首先需要就所交易商品的品名和品质进行洽谈,并在合同中将具体交易条件明确,以便交易双方在合同中履行各自的权利和义务。

一、商品的品名

商品的品名(Name of Commodity)是指能使某种商品区别于其他商品的一种称呼或概念。它在一定程度上体现了商品的自然属性、用途以及主要的性能与特征。加工程度低的商品,其品名一般较多地反映该商品所具有的自然属性;加工程度高的商品,则更多地体现出该商品的性能特征。

(一)合同中列明品名条款的意义

从法律角度看,在合同中规定商品的具体名称,关系到买卖双方在货物交接方面的权利和义务。按照有关法律与惯例,对买卖商品具体形象的描述,是有关商品说明(Description)的一个主要组成部分,是双方当事人交收商品的基本依据之一,是买卖合同中的主要交易条件。如果卖方交付的货物不符合合同规定的品名或说明,买方有权拒绝接受货物,可以撤销合同并提出损害赔偿的要求。

从业务角度看,品名的规定是双方交易的物质内容,是交易赖以进行的物质基础和前提条件。因为,只有在确定标的物具体内容的前提下,卖方才有可能赖以安排生产、加工或采购,买卖双方才有可能据以决定包装和运输方式、承保险别和支付方式,并在此基础上就价格问题进行具体的洽商,达成协议,进而签订买卖合同。可见在买卖合同中列明品名条款,具有重要的法律和实践意义。

(二)品名条款的内容

国际货物买卖中交易的标的物都是具体的商品。由于进入国际贸易领域商品的种类繁多,即使是同一种商品,亦可因品种、品质、产地、花色、外形设计、型号等不同而千差万别。这些差别,不仅会给价格带来差异,也会在一定程度上影响运输、包装、用途等。因此,明确规定标的物及其品质要求,是买卖双方在洽商交易和签订合同时必须首先解决的问题之一。

买卖合同中的品名条款,一般比较简单。通常都是在"商品名称"或"品名"的标题下,列明缔约双方同意交易的商品的名称,故又称之为"标的物条款"。有时为了省略起见,也可不加标题,只在合同的开头部分,列入双方同意买入或卖出某种商品的文句。

有的商品只列明双方意欲买卖的商品名称,例如大豆、苹果、小麦等。但是同一种商品往往有许多不同的品种、型号、等级,因此为明确起见,亦可把有关品种或品质产地或型号的概括性描述包括进去作进一步的限定,如天津产大白菜、烟台产鸭梨等。相当多的商品干脆把品质规格都包括进去,即合为一个品名品质条款。总之,合同中有关标的物的规定,并没有统一的、固定不变的格式,如何规定,可根据双方当事人的意思予以确定。

(三)规定品名条款应注意的事项

国际货物买卖合同中,品名条款是合同中的主要条款,所以在规定此条款时,应注意下列事项。

1.商品的品名必须做到内容明确、具体。用文字来描述和表达,应能确切地反映标的物的特点,切忌空泛、笼统,以免给合同的履行带来不应有的困难,从而埋下贸易纠纷的隐患。

2.商品的品名必须切实反映商品的实际情况。从卖方而言,标的物必须是他所能生产或供应的品类或型号;就买方而言,必须是所需要进口的品种,做不到或不必要的描述性的词句,都不应列入。

3.商品的品名要尽可能使用国际上通行的名称。目前,一部分商品名称并不完全一致,有的在不同的地方可以有不同的叫法,为了避免误解,在签订合同时应尽可能使用国际上通行的名称。如果必须使用地方性的名称,则需要双方就其含义取得共识。而对于一些新商品的定名及其译名,必须做到准确、易懂,符合国际上的习惯。

4.确定品名时应恰当地选择商品的不同名称。如果一种商品有不同的名称,则在确定品名时,必须注意有关国家的海关税则和进出口限制的有关规定,在不影响外贸政策的前提下,从中选择有利于降低关税和方便进口的名称,作为合同的品名。

5.确定品名时必须考虑其与运费的关系。当前通行的班轮运费是按照商品规定收费标准的,但由于商品名称并不统一,存在着同一商品因名称不同而收费费率不同的现象。从这个角度看,选择合适的品名,是节省运费开支和降低成本的一个重要方面,应予以相应的重视。

二、商品品质的含义及要求

商品都体现着一定的质量。在国际贸易中,质量问题是个头等重要的问题,必须认真对待。

(一)商品品质的含义

商品的质量(Quality of Goods)是商品的外观形态和内在品质的综合。商品的外观形态是通过人们的感觉器官可以直接获得的商品的外形特征,如商品的大小、长短、结构、造型、款式、色泽、光彩、宽窄、轻重、软硬、光滑粗糙以及味觉、嗅觉等。商品的内在质量则是指商品的物理性能、化学成分、生物特征、技术指标和要求等,一般需借助各种仪器、设备分析测试才能获得。例如,纺织品的断裂强度、伸长率、回潮率、缩水率、防雨防火性能、色牢度;化工商品的溶点、沸点、凝固点等;机械类产品的精密度、光洁度、强度;肉禽类商品的各种菌类含量等。

(二)商品品质在国际贸易中的重要性

在国际贸易中,商品质量的优劣不仅关系到商品的使用效能,影响着商品售价的高低、销售数量和市场份额的增减、买卖双方经济利益的实现程度,而且还关系到商品信誉、企业信誉、国家形象和消费者的利益。近几十年来,随着各国消费者消费水平和消费结构的变化,消费者对商品质量的要求越来越高,国际市场上日趋激烈的商品竞争已逐渐从价格竞争转向非价格竞争。因此,提高商品的质量,根据消费者现实和潜在的需要改进、完善商品的质量,保证商品质量的稳定性,已成为各国生产厂商、销售商增强自身竞争力的重要手段。

此外,由于各国贸易摩擦的不断加剧,许多国家把提高商品质量作为贸易保护主义的手段。比如有些国家规定,凡质量不符合其法令法规规定的,一律不准进口。提高商品质量已成为许多生产商、销售商冲破质量保护壁垒、扩大出口的途径和方法。我国政府也把"以质取胜"作为扩大出口和发展对外贸易的基本战略之一。

(三)我国对进出口商品质量的基本要求

如上所述,商品质量的高低不仅关系到买卖双方的权益,还关系到商品、企业乃至国家的声誉,因此,必须认真对待。

1. 对进口商品质量的要求。在进口贸易中,必须严格把好质量关。进口商品的质量应顺应国内经济建设、科学研究、国防建设、人民生活、安全卫生以及环境保护等方面的要求。在洽购商品时,应充分了解国外卖方所提供商品的质量等级,分析该商品与我国同类商品的质量差异,不进口质量低劣的商品。选购进口商品时,还应考虑我国国内现实的消费水平,不应盲目追求高规格、高档次、高质量而造成不必要的消费损失。在签订合同时,还应注意对商品品质要求的严密性,避免因疏忽而造成损失。在货物到达时,严格质量检验,杜绝不符合合同规定品质条件的商品进入国内。

根据我国有关法规的规定,尤其要防止进口那种危害国家安全或者社会公共利益的商品和破坏生态环境的商品,以及对人民生命和健康产生危害的商品。

2. 对出口商品质量的要求。对于出口商品,应根据"以质取胜"的基本战略,坚持"质量第一,信誉第一"的指导思想,重视科技开发,加强新产品的研制,提高出口商品的技术含量,努力做到按国际标准组织生产。同时,也要加强出口商品的检验工作,严格把好出口商品的质量关。为此,必须做好以下几方面的工作。

(1)强化出口商品的质量意识。出口商品的生产厂家或销售商要不断强化商品的质量意识,提高商品信誉,严把质量检验关。凡质量不符合合同中有关条款要求的商品,绝不轻易出口。商品的质量必须具备产品应当具备的使用性能,符合按产品的说明、实物样品等方式表明的质量要求。

(2)发展适销对路的商品出口。要重视对不同目标市场、不同时期消费者需求的研究,把握不同层次消费需求的特点及其变化方向,发展我国传统优势商品的品种,提高其质量,并开拓新的款式品种,使我国出口商品的质量具有较强的市场适应性、针对性、竞争力。

(3)建立行之有效的质量和环境管理体系。要使商品质量管理贯穿于商品生产的全过程。为了促进各国产品质量的提高,完善企业管理素质,保护消费者利益,国际标准化组织 ISO(the International Standardization Organization)颁布了ISO9000-9004 质量管理和质量保证系列标准,以及在此基础上的一体化管理标准 ISO14000 环境管理系列标准,并向各国推荐。已有许多国家将此标准作为本国标准加以贯彻,许多国家的认证机构也陆续开展了按此国际标准及国家标准对企业的质量体系进行评审、注册和认证的工作。ISO 认为,按照其标准建立的质量体系可以使影响产品和服务质量的技术、管理及人的因素处于受控状态,达到减少、消除,特别是预防质量缺陷的目的,因此,根据 ISO9000 系列标准建立了质量体系并得到了有关认证部门检验认可的企业,便可以认为具备了生产符合标准要求的产品的保证能力。

我国技术监督局在 1988 年将 ISO9000 系列标准等有效地转化成中国国家标准 GB/T10300 系列,1992 年 10 月又将此等同时转化为 GB/T19000 系列,以双编号形式标明,即 ISO9000(GB/T19000),根据自愿原则在我国开展企业质量体系认证制度。为了增强我国出口企业管理水平,1991 年 10 月,外经贸部和国家商检局联合发出通知,决定在我国出口商品生产企业推行企业质量体系认证制度,并由国家商检局颁布了《出口商品生产企业质量体系评审管理办法》,于 1992 年 3 月 1 日起试行。该办法规定,由国家商检局对出口商品生产企业质量体系评审工作实行统一管理,并由其对经评审合格的出口商品生产企业实施监督检查。对于买卖合同中双方的约定,或外国政府的要求,或我国有关规定中要求应提供质量体系评审合格证书的生产企业所出口的商品,商检局凭生产企业评审合格证书进行出口检验,从而有力地提高了我国出口商品的竞争力。

ISO14000 标准是指为了通过在企业内部建立和实施一个有效的环境管理体系来规范企业的环境行为,控制和减少企业的生产经营活动对环境造成的破坏,鼓励和推动企业生产环保绿色产品,以满足社会对环境保护以及其他相关利益的需求。虽然目前在我国实施 ISO14000 的难度较大,但我国政府有关部门正在积极推广并组织培训,以使其早日得到实施,提高我国出口产品的国际竞争能力。

(4)实行出口商品质量许可制度。对符合产品标准、技术要求的出口商品颁发质量许可证,对生产出口商品的企业进行监督检查,不符合出口标准的企业严禁其产品出口。目前我国已先后制定并公布了对机电、陶瓷、服装、纺织、畜产、煤炭、玩具等产品出口的质量许可和监督办法。

(5)熟知进口国有关法令规定。出口商品质量应符合进口国的有关法令规定和要求。许多国家政府对进口商品质量制定有严格的质量、卫生、安全管理办法，不符合其规定的商品一律不得进口。了解和熟悉各国对进口商品的质量规定，使我国出口商品的质量适应并符合其规定，有利于我国商品的出口。

三、表示商品品质的方法

鉴于品质对商品的效用、市场价格和销路有重大影响，买卖双方为了保证交易的商品符合一定的质量标准，都要在协商一致的基础上，在买卖合同中订立品质条款，就商品品质和买卖双方的义务加以说明。

由此可见，正确规定合同的品质条件具有重要意义。然而，由于国际贸易大多是大宗的期货贸易，买卖双方往往地处两国，在洽谈交易时，没有看到全部商品，因此，需要有某种说明品质的方法，作为洽谈和履行合同的依据。当前，进入国际贸易的商品种类繁多，特点各异，用来说明品质的方法也就不可能一致。概括起来，国际贸易中惯常用来表示商品品质的方法主要有两大类。

(一)以实物样品表示商品品质的方法

以实物样品表示商品品质的方法是指买卖双方在洽商时，由卖方或买方提出一种或数种或少量足以代表商品品质的实物作为样品，供对方确认，经对方确认后即成为双方交接货物的品质依据。这种方法，在国际贸易中称为"凭样品成交"(Sale by Sample)。

样品(Sample)通常是指从一批商品中抽取出来的，或由生产、使用部门加工、设计出来的，足以反映和代表整批商品品质的少量实物。它一般有两种形式：一是参考样品(Reference Sample)，即作为促成交易的媒介，使对方通过它，对货物的品质有一个大致的了解，以便考虑是否可能谈成交易，所以参考样品只供对方参考，不作为交货的最终依据；二是标准样品(Standard Sample)，又称为成交样品，它是买卖双方成交货物品质的最后依据，若采用这种方式，卖方要保证其所交的货物与样品完全一致。一种样品若没有标明其为参考样品还是标准样品，一律以标准样品看待。

凭样品成交，是指买卖双方按约定的足以代表实际货物的样品作为交货的品质依据的交易。有些商品如农产品，因受自然条件的影响较大，难以用文字说明，无法确定固定的标准，只能借助样品来确定其品质。

在国际贸易中，凭样品成交的种类较多，根据提供样品方的不同可分为以下三种。

1. 凭卖方样品买卖(Sale by Seller's Sample)。凭卖方提供的样品洽商交易和订立合同,并以卖方样品作为交货品质的依据,称为凭卖方样品买卖。凭卖方样品成交时,卖方应注意以下几个问题。

第一,卖方所提供的样品必须有足够的代表性(Representative Sample),即样品能代表整批货物的平均品质。样品的品质与货物相比,不能太高也不能太低。太高,会给日后交货工作造成困难,引起争端;太低,会造成价格上的吃亏或影响成交。

第二,卖方在向国外客户寄送代表性样品时,应留存一份或数份同样的样品,以备日后交货或处理争议时核对之用,该样品称为"复样"(Duplicate Sample)。寄发样品和留存复样,都应编上相同的号码或注明寄送日期,以便日后联系时引用并便于查核。必要时,可加封后保存,称为"封样"(Sealed Sample)。

第三,在订立合同时,为了留有余地,可在合同中规定,"卖方交货与所提供样品的品质大致相符或基本相符"(Quality to be considered as being about equal to the sample),以防买方因卖方所交货物与样品有微小差异而拒收或索赔。

第四,要严格区分参考样品和标准样品。为了避免误会,对于非凭样成交的样品,应在样品上注明"参考样品"字样。

2. 凭买方样品买卖(Sale by Buyer's Sample)。凭买方提供的样品磋商交易和订立合同,并以买方样品作为交货品质的依据,称为凭买方样品买卖,又称凭来样成交。采用这种方法,可提高出口货物的适应性和竞争能力,也是把买卖做活的一种销售方法。但是,卖方应注意对方的来样是否是反动的、黄色的、丑陋的式样和图案,还需注意原材料供应、生产加工技术和生产安排的可能性,并防止侵犯第三者的工业产权。

3. 凭对等样品买卖(Sale by Counter Sample)。所谓对等样品(Counter Sample),是指卖方根据买方提供的样品,加工复制出一个类似的样品供买方确认,经确认后的样品,就是对等样品,有时也称"回样",业务上有时还称为"确认样"(Confirming Sample)。凭对等样品磋商交易和签订的合同,即称为凭对等样品买卖。

当前国际市场对商品的品种、规格或花色需求多变,市场竞争激烈,为了把买卖做活,特别是为了利用国外客户对当地市场比较熟悉的有利条件,以及他们在产品设计方面的能力,来提高我国出口商品的适销性,在接到国外来样后,提供"对等样品"供买方确认。这样,就把来样成交转变为凭卖方样品成交。据此成交,既可适应国外要求,又照顾到国内生产的实际可能。

凭样品买卖一般适用于在造型上有特殊要求或具有色、香、味方面特征的商品。目前,我国出口某些工艺品、服装、轻工业品等,常用这种方式来表示其品质。不过,在目前国际贸易的实践中,单纯凭样品成交的情况不多,一般只是作为规定商品的某个或某几个质量指标的依据。例如,为了表示商品的颜色,采用"色样"(Color Sample);为了表示商品的造型,采用"款式样"(Pattern Sample)等。纺织品、服装等就采用这种做法。而对商品其他方面的质量,则采用其他相应的方法来表示。

对于凭样品买卖,许多国家的法律和国际商法中都有专门的规定和解释。例如,英国的《货物买卖法》第 15 条规定:"凭样品买卖的合同,应包括下列默示条件:卖方所交付的货物必须与提供的样品完全一致;买方应有合理机会对货物和样品进行比较;所交货物不应存在合理检查时不易发现的、导致不合商销的瑕疵等。"《联合国国际货物销售合同公约》第 35 条规定:"货物适用于订立合同时曾明示或默示地通知卖方的任何特定目的;货物的质量与卖方向买方提供的货物样品或式样相同。"由于凭样品买卖要求卖方所交货物的品质必须与样品一致,因而凡属"货与样"不能做到完全一致的商品,一般不适于采用此种方法。

(二)以文字说明表示商品品质的方法

在国际货物买卖中,除部分商品采用"凭样品成交"外,大部分采用"凭文字说明买卖"(Sale by Description)的方法来表示商品品质,它具体又分为以下几种。

1. 凭规格买卖(Sale by Specification)。商品的规格(Specification)是指用来反映商品品质的一些主要指标,如成分、含量、纯度、大小、长短、粗细等。凭规格买卖,就是以规格来确定商品的品质。各种商品由于品质的特点不同,规格的内容也各不相同。买卖双方在洽谈交易时,可以通过提交规格来说明一种商品的基本情况。例如,我国东北大豆出口的规格是:水分含量(最高)15%;含油量(最低)18%;含杂质(最高)1.5%;不完善粒含量(最高)8.5%。又如,我国桐油的出口规格是:色泽不深于新制的 0.4 克重铬酸钾溶于 100 毫克硫酸(比重 1.84)的溶液;比重(20/4℃)0.936 0—0.939 0;折光指数(20℃)1.518 5—1.522 0;碘值(韦氏法)163—176;皂化值 192—196;水分杂质(最高)0.30%;酸值(最高)4;华氏脱热实验(最高)7.5 分钟;BETA 型桐油实验,负值(无晶体沉淀)。

用规格表示商品品质的方法简单易行、明确具体,而且具有可根据每批货物的具体情况灵活调整的特点,所以它在国际贸易中应用非常广泛。

2. 凭等级买卖(Sale by Grade)。商品的等级(Grade)是指把同一种商品按其品质或规格上的差异划分为不同的级别和档次,用数码或文字表示,从而产生品质优劣的若干等级。不同的等级代表着不同的品质,而每一种等级都规定有相对固定的规格。凭等级买卖,只需说明商品的级别,就可以明确买卖货物的品质。例如,皮蛋,按重量、大小分为奎、排、特、顶、大五级,奎级为每千只75公斤以上,其后每差一级,减5公斤。又如我国出口的钨砂,主要根据其三氧化钨和含锡量的不同,分为特级、一级、二级三种(参见表4-1)。

表4-1 钨砂含量与等级表

标准 等级	三氧化钨 (最低)	锡 (最高)	砷 (最高)	硫 (最高)
特级	70%	0.2%	0.2%	0.8%
一级	65%	0.2%	0.2%	0.8%
二级	65%	1.5%	0.2%	0.8%

商品的等级,一般是出口商或制造商根据其长期生产和了解该项商品的经验,在掌握其产品的品质规律的基础上制定出来的。它有助于更好地满足各种不同的消费需要,简化交易手续,做到优质优价;同时有利于安排生产和加工整理工作的进行。但是,这种由个别厂商制定的等级并没有约束力,买卖双方在签约时,完全可以根据自己的意愿予以调整或改变。

3.凭标准买卖(Sale by Standard)。商品的标准(Standard)是指统一化了的规格和等级。目前,世界各国政府或工商团体都就许多商品制定和公布了统一化的等级以及具体的规格要求和检验方法,在一定范围内(如一国、一地区或一个部门及行业)实施,作为评定同一商品品质的依据。在国际货物买卖中,人们也经常使用标准作为说明和评定商品品质的依据。例如,在买卖美国小麦时,经常使用的是美国农业部制定的小麦标准;而买卖泰国稻米时,经常使用泰国农业部门制定的稻米标准。

在我国,商品的标准分为国家标准和部颁(专业)标准。前者如《中华人民共和国药典》(简称C.P.);后者如中华人民共和国农业部标准《松香》(LY204-74)等。

在国外,商品的标准分为五类:①企业标准;②团体标准,如美国试验材料协会(ASTM)标准、英国劳氏船级社《船舶规范和条例》等;③国家标准,如美国国家标准(ANSI)、日本国家标准(JIS)等;④区域标准,如欧洲标准化协会(CEN)制定的标准;⑤国际标准,如国际标准化组织(ISO)所制定的标准等。

　　从法律角度看,目前世界上各种标准中,有些是有约束性的,品质不符合标准要求的商品不得进口或出口;但也有些标准不具有法律效力,仅供买卖双方参考,买卖双方可另行约定品质的具体要求。在国际贸易中,对一些已经有了被广泛接受的标准的商品,一般倾向于按该项标准进行交易,不另订规格。这样做的好处是手续简易,只需列明标准的名称和等级即可,例如美国二号冬小麦。另外,对许多工业品来说,这样做可以方便生产或加工,节约原材料、降低成本,买方也可争取到比较便宜的价格。

　　许多商品不仅有我国的标准,也有国际上的标准。在进行这些商品的交易时,可根据我国的标准进行买卖。但是,为了扩大出口,增加我国产品在国际市场上的适销程度,应根据需要和可能,采用国际上通行的标准。在进口方面,也可根据国外标准所体现出来的技术先进程度和我国的具体国情及经济上的利益,考虑按国外的标准订货。

　　商品的品质标准是随生产和技术的变化而不断修改和变动的。同一部门制定的某一种商品的标准,可能有不同年份的不同版本,版本不同,内容会有所不同。因此,在援引国外标准时,必须标明所援引标准的版本年份,以免引起纠纷。

　　除了等级和标准外,目前还有一些初级产品的交易,由于长期形成的习惯或出口的国家尚未对产品予以等级化或标准化,故采用下列两种方法说明其品质。

　　第一种,良好平均品质——FAQ(Fair Average Quality)。这一般是指中等货,它有以下几种含义:①指农产品的每个生产年度的中等货,即由生产国在农产品收获后经过对产品进行广泛抽样,从中制定出该年度的FAQ标准。②指某一季度或某一装船月份在装运地发运的同一种商品的平均品质,即从各批出运货物中抽样后进行综合评定,取其中者作为FAQ标准。在我国出口的农副产品中,也有用FAQ来说明品质的,但我们所说的FAQ一般是指大路货,是与"精选货"(Selected)相对而言的;而且除了在合同中标明大路货之外,还订有具体规格。例如,"东北大豆2001年产,大路货,含油量最低18%",在交货时,以合同规定的具体规格作为品质依据。

　　第二种,上好可销品质——GMQ(Good Merchantable Quality)。这是指品质上好,可以销售。在国际贸易中,有些商品没有公认的规格和等级,如冷冻鱼、冻虾等,有时卖方在交货时,只要保证所交的商品在品质上具有"商销性"即可。由于这种表示方法的含义笼统,难以掌握,履约时容易引起争议,故不宜采用。但是,如果卖方交货时因采用这一标准而发生争议,通常由同业公会以仲裁方式解决。

　　4.凭品牌或商标买卖(Sale by Brand or Trade Mark)。商品的品牌(Brand)是指厂商或销售商所生产或销售商品的牌号;商标(Trade Mark)则是品牌的图案化,是特定商品的标志。使用品牌与商标的主要目的是使之区别于其他同类商品,以利销售。

在国际交易中,在市场上行销已久、质量稳定、信誉良好的产品,其品牌或商标往往为买方或消费者所熟悉喜爱,生产厂商或销售商便可凭品牌或商标来规定商品的质量,与买方达成交易,这种方法即"凭品牌或商标买卖"。例如:红双喜乒乓球、蓝天牙膏、海尔冰箱等。

商品的品牌或商标不仅代表着一定的质量水平,而且能够诱发买方或消费者的购买欲望,成为强有力的竞销手段,因此,应当注意维护名牌商标的声誉。在"凭品牌或商标买卖"时,如果同一种品牌反映不同型号或规格的商品,则必须在合同中明确牌名或商标的同时,规定型号或规格。应当指出的是,品牌、商标属于工业产权,各国都制定了有关商标法加以保护,在凭品牌或商标交易时,生产厂商或销售商应注意有关国家的法律规定,在销往国办理登记注册手续,以维护商标专用权。

5. 凭产地名称买卖(Sale by Name of Origin)。有些产区的产品,尤其是一些传统农副产品,具有独特加工工艺并在国际市场上享有盛誉,对于这类商品的出口,可以采用产地名称或地理标志来表示其独特的品质。如东北大米、西湖龙井茶、绍兴花雕酒等,这些标志不仅标注了特定商品的产地,也对这些商品的特殊质量和品味提供了一定的保障。

6. 凭说明书和图样买卖(Sale by Description and Illustration)。在国际货物买卖中,有些机器、仪表、电器、大型设备、交通工具等技术密集型产品,由于其结构复杂、制作工艺不同,无法用样品或简单的几项指标来反映其质量全貌。对于这类商品,买卖双方除了要规定其名称、商标牌号、型号等外,通常还必须采用说明书来介绍该产品的构造、原材料、产品形状、性能、使用方法等,有时还附以图样、图片、设计图纸、性能分析表等来完整说明其具有的质量特征。例如,在合同中规定"品质和技术数据必须与卖方所提供的产品说明书严格相符"(Quality and technical data to be strictly in conformity with the illustration submitted by the seller)。

在国际货物买卖合同中,以说明书和图样表示商品品质时,卖方要承担所交货物的质量必须与说明书和图样完全相符的责任。

在实际业务中,用文字说明商品质量的方法常常与凭样品表示商品质量的方法结合使用。这时,卖方既要承担交货质量符合文字说明的规定,又要负有与样品质量完全一致的责任。在国际贸易中,有些特种商品,既无法用文字概括其质量,也没有质量完全相同的样品可以作为交易的质量依据,如珠宝、首饰、字画、特定工艺制品,对于这类具有独特性质的商品,买卖双方只能看货洽商,按货物的实际状况达成交易。

四、合同中的品质条款

在合同的品质条款中,一般需要写明商品的名称和具体的品质。但由于商品的品种不同,表示商品品质的方法也就不同,合同中商品条款的内容也不尽相同。

(一)合同中品质条款的基本内容

合同中的品质条款一定要列明商品的品名。在凭样品买卖时,除了要列明商品的名称外,还应订明确认样品的编号,以及确认日期。在凭文字说明买卖时,合同中应明确规定商品的名称、规格、等级、标准、品牌、商标或产地名称等内容。在以图样和说明书表示商品质量时,还应在合同中列明图样、说明书的名称、份数等内容。

【案例4-1】样品号 NT008　　长毛绒玩具熊　　尺码　　24英寸

Sample NT008　　Plush Toy Bear　　Size　　24"

海河牌婴儿奶粉

HaiHe Brand Infant Milk powder

柠檬酸钠　　规格:(1)符合1980年版英国药典标准

　　　　　　　　　(2)纯度:不低于99%

Sodium Citrate

Specifications:(1)In conformity with B. P. 1980

　　　　　　　　(2)Purity:Not less than 99%

国际货物买卖合同中的品名品质条款是买卖双方交接货物时的品质依据。卖方所交货物的品质如果与合同规定不符,卖方要承担违约的法律责任,买方则有权对因此而遭受的损失向卖方提出赔偿要求或解除合同。为了防止品质纠纷,合同中的品质条款应尽量明确具体,避免笼统含糊。在规定质量指标时不宜采用诸如"大约""左右""合理误差"等用语,所涉及的数据应力求明确,而且要切合实际,避免订得过高、过低、过繁、过细。

(二)品质机动幅度条款与品质公差

在国际贸易中,卖方交货品质必须严格与买卖合同规定的品质条款相符。但是,某些商品由于生产过程中存在自然损耗,以及受生产能力、商品本身特点等方面原因的影响,难以保证交货质量与合同规定的内容完全一致。对于这些商品,如果条款规定过死或把质量指标订得绝对化,必然会给卖方的顺利交货带来困难。

为此,订立合同时可在品名品质条款中规定一些灵活条款,卖方所交商品质量只要在这规定的灵活范围内,即可以认为交货质量与合同相符,买方无权拒收。常见的规定办法有以下两种。

1.品质机动幅度条款。品质机动幅度是指对特定质量指标规定在一定范围内的机动幅度。具体方法有规定范围、极限和上下差异三种。品质机动幅度主要适用于初级产品,以及某些工业制成品的质量指标。

(1)规定范围。规定范围是指对某项商品的主要质量指标,规定允许有一定机动的范围,例如:棉布宽度41/42″(Cotton Cloth Width 41/42″)。

(2)规定极限。规定极限是指对某些商品的品质规格,规定上下极限,如最大、最高、最多(maximum, or max.),最小、最低、最少(minimum, or min.)。例如,鱼粉:蛋白质55%以上;脂肪最高9%;水分最高11%;盐分最高4%;砂分最高4%。(Fish Meal:Protein 55% Min;Fat 9% Max;Moisture 11% Max;Salt 4% Max;Sand 4% Max.)

(3)规定上下差异。规定上下差异即指在规定某一具体质量指标的同时,规定必要的上下变化幅度。有时为了包装的需要,也可订立一些灵活办法。例如:灰鸭毛含绒量18%,允许上下1%(allowing 1% more or less)。

2.品质公差(Quality Tolerance)。品质公差是指允许交付货物的特定质量指标有公认的差异。在工业品生产过程中,对产品的质量指标产生一定的误差有时是难以避免的,如手表走时每天误差若干秒,这种误差若为某一国际同行业所公认,即成为"品质公差"。交货质量在此范围内即可认为与合同相符。

对于国际同行业有公认"品质公差"的,可以不在合同中明确规定。但如果国际同行业对特定指标并无公认的"品质公差",或者买卖双方对质量公差理解不一致,也会产生纠纷。因此,对于国际上无统一认可的品质公差,或由于生产原因,需要扩大公差范围时应在合同中具体规定品质公差的内容,即买卖双方共同认可的误差。

卖方交货质量在品质机动幅度或品质公差允许的范围内,一般均按合同单价计价,不再另作调整。但有些商品,也可按交货时的质量状况调整价格,这时须在合同中规定品质增减价条款。

第二节　商品的数量

商品的数量是国际货物买卖合同中不可缺少的主要条件之一。在国际贸易中买卖双方以一定数量的商品与一定金额的货款互换构成一笔交易。在交易中卖方的交货数量必须与合同的规定相符,否则买方有权提出索赔,甚至拒收货物。因此正确掌握好成交数量和订好合同中的数量条款,具有十分重要的意义。

一、数量的概念及其意义

商品的数量(Quantity of Goods)是指以一定的度量衡单位表示的商品的重量、个数、长度、面积、体积、容积等的量。在国际贸易中,合同中的数量条款是买卖双方交接货物的数量依据。不明确卖方应交付多少货物,不仅无法确定买方应该支付多少金额的货款,而且,不同的数量有时也会影响到价格以及其他的交易条件。

影响买卖双方成交数量的因素很多。商品的生产、供应能力,目标市场上的实际需要和销售情况,市场供求以及商品价格可能变动的趋势,客户或买方的资信及其经营实力,生产厂商或销售商的营销意图,商品的包装、运输条件,等等。以上这些都是卖方在确定具体销售量时要考虑的因素。如果卖方忽视对上述经济因素的分析,一味追求扩大销量,不仅会对卖方顺利履约、结汇产生负面作用,还有可能影响到卖方在目标市场上的份额及利润。买方在商订进口数量时,则要考虑适应当地市场的需求及需求的变化,并符合其实际的支付能力,等等。除此以外,买卖双方商品成交数量的多少,还常常受到各国政府进出口商品管理政策、产业政策等宏观经济因素的影响。有时还要受到进口国政府的某些限制,如配额制度的约束和限制。因此,正确把握成交数量,对于买卖双方顺利达成交易、履行合同以及今后交易的进一步发展,具有十分重要的意义。

另外,按照有些国家(如英国)的法律规定,买卖双方约定的数量是交接货物的依据。卖方所交货物的数量如果少于合同规定的数量,买方有权提出索赔,甚至拒收货物;卖方所交货物如果多于合同规定的数量,买方可以选择全部拒收或接受,或只拒收超出部分。《联合国国际货物销售合同公约》规定,买方可以收取也可以拒绝收取全部多交货物或部分多交货物。但如果卖方短交,可允许卖方在规定交货期届满之前补齐,但不得使买方遭受不合理的不便或承担不合理的开支,即使如此,买方也保留要求损害赔偿的权利。有些国家的海关规定,对所交的不符合合同规定数量的货物,特别是对那些会影响进口国国计民生的货物予以扣留和没收,合同中另有规定者除外。

二、常用的数量单位

商品的数量是通过一定的度量衡单位来表示的,国际贸易中使用的计量单位很多,究竟采用何种计量单位,需要买卖双方在合同中予以确定。

(一)计算数量的单位

根据国际货物买卖商品的种类和特点以及交易双方的意愿,合同中可以采用以下几种常用的计量单位。

1. 重量(Weight)单位。采用重量单位的商品一般为农矿初级产品以及部分工业制成品等,如粮食、棉花、谷物、煤炭、矿产品、钢材、水泥、化肥、盐等。常用计量单位为:公吨(Metric Ton,M/T)、千克(Kilogram,kg)、长吨(Long Ton,L/T)、短吨(Short Ton,S/T)、克(Gram)、公担(Quintal)、磅(Pound)、盎司(Ounce)。对黄金、白银等贵重商品,通常采用克或盎司来计量;钻石之类的商品,通常采用克拉做计量单位。

2. 数量(Number)单位。采用数量单位的商品一般为日用工业制品、消费品以及土产杂货类商品,如文具、纸张、食品、饮料、玩具、成衣、车辆、拖拉机、活牲畜等。常用计量单位有:只(Piece)、件(Package)、双(Pair)、套(Set)、打(Dozen,or Doz.)、罗(Gross)、大罗(Great Gross)、令(Ream)、卷(Roll)、辆(Unit)、头(Head)。有些商品也可按箱(Case)、捆(Bale)、袋(Bag)等计量。

3. 容积(Capacity)单位。采用容积单位的商品一般为部分谷物类以及流体、气体等物品,如小麦、玉米、煤油、酒精、啤酒、双氧水、天然瓦斯等。常用计量单位有:公升(Liter)、加仑(Gallon)、蒲式耳(Bushel)等。

4. 长度(Length)单位。采用长度单位的商品一般为纺织品、绳索、电线、电缆等商品。常用单位有:码(Yard)、米(Meter)、英尺(Foot)、厘米(Centimeter)。

5. 面积(Area)单位。采用面积单位的商品一般为皮制商品、塑料制品等,如塑料篷布、塑料地板、皮革、铁丝网等。常用单位有:平方码(Square Yard)、平方米(Square Meter)、平方英尺(Square Foot)、平方英寸(Square Inch)等。

6. 体积(Volume)单位。采用体积单位的商品一般为化学气体、木材、天然气等有限商品。常用单位有:立方码(Cubic Yard,yd^3)、立方米(Cubic Meter,m^3)、立方英尺(Cubic Foot,ft^3)、立方英寸(Cubic Inch)。

另外,有些国家对部分进出口商品有统一的规定,如花生、豆类的出油率等。有些国家对某些商品有自己习惯的或法定的计量单位。例如棉花,许多国家以"包"(Bale)为单位。但不同的国家每包棉花的重量却不同,如美国棉花每包净重480磅,巴西每包棉花净重396.8磅,埃及每包棉花净重730磅。在交易过程中一定要了解有关国家的具体规定。

（二）国际贸易中常用的度量衡制度

在国际货物买卖中，除了使用的计量方法不同和计量单位不同以外，各国使用的度量衡制度也不同。目前，国际贸易中通常使用的度量衡制度有四种：①公制（Metric System）；②美制（U.S. System）；③英制（British System）；④国际单位制（International System of Units SI）。因此，同一计量单位表示的实际数量有时会有很大不同。例如：重量单位吨有公吨、长吨、短吨之分。实行公制的国家一般采用公吨，每公吨等于 1 000 千克；实行英制的国家一般采用长吨，每长吨为 1 016 千克；实行美制的国家一般采用短吨，每一短吨为 907 千克。所以，了解和熟悉不同的度量衡制度关系到货物的计量单位是否符合进口国有关计量单位使用习惯和法律规定等问题。

目前，国际标准计量组织大会在 1960 年通过的在公制基础上发展起来的国际单位制，已为越来越多的国家所采用，有利于计量单位的统一，标志着计量制度的日趋国际化和标准化，从而对国际贸易的进一步发展起到推动作用。我国采用的是以国际单位制为基础的法定计量单位。《中华人民共和国计量法》第 3 条中明确规定："国家采用国际单位制。国际单位制计量单位和国家选定的其他计量单位为国家法定计量单位。"在外贸业务中，出口商品时，除合同规定需采用公制、英制或美制计量单位者外，应使用法定计量单位。一般不进口非法定计量单位的仪器设备。如有特殊需要，须经有关标准计量管理机构批准，才能使用非法定计量单位。

三、计算重量的方法

在国际货物买卖中，多数商品的数量是以重量来计量的，计算重量的方法通常有以下几种。

（一）毛重（Gross Weight）

毛重是指商品本身的重量加皮重（Tare），即商品本身连同包装的重量。有些单位价值不高的商品常常采用毛重计量，即以毛重作为计算价格和交付货物的计量基础。这种计重方法在国际贸易中被称为"以毛作净"（Gross for Net）。例如：Rice in Gunny Bags of 50 Kg gross for net.（大米 50 千克麻袋装"以毛作净"。）

（二）净重（Net Weight）

净重是指商品本身的重量，即毛重扣除皮重（包装）的重量。国际货物买卖中，凡按重量计量的商品采用以净重为准的计量方法最多。在采用按净重计算时，关键是如何计算皮重的重量,在国际贸易中去除皮重的方法有四种。

1. 按实际皮重(Real Tare , or Actual Tare),即将整批商品的包装逐一过秤,算出每一件包装的重量和总重量。

2. 按平均皮重(Average Tare),即从全部商品中抽取几件,称其包装的重量,除以抽取的件数,得出平均数,再以平均每件的皮重乘以总件数,算出全部包装重量。

3. 按习惯皮重(Customary Tare)。某些商品的包装比较规格化,已经形成一定的标准,即可按公认的标准单件包装重量乘以商品的总件数,得出全部包装重量。

4. 按约定皮重(Computed Tare)。买卖双方以事先约定的单件包装重量,乘以商品的总件数,求得该批商品的总皮重。

去除皮重的方法,依交易商品的特点以及商业习惯的不同,由买卖双方事先商定在买卖合同中作出具体规定。

(三)公量(Conditional Weight)

在计算货物重量时,使用科学仪器抽去商品中所含水分,再加标准水分重量,求得的重量称为公量。这种计重办法较为复杂、麻烦,主要使用于少数经济价值较高而水分含量极不稳定的商品,如羊毛、生丝、棉纱等。

公量的计算公式为:

$$公量 = \frac{实际重量 \times (1 + 标准回潮率)}{1 + 实际回潮率}$$

回潮率是指水分与干净重之比。标准回潮率是交易双方商定的商品中的水分与干净重之百分比;实际回潮率是指商品中的实际水分与干净重之百分比。

例如,出口羊毛 10 公吨,买卖双方约定标准回潮率为 11%。其实际回潮率则从 10 公吨货物中抽取部分样品进行测算。假设抽取 10 千克,然后用科学方法去掉 10 千克羊毛中的水分,若净剩 8 千克干羊毛,则实际回潮率 = 2/8 = 25%。将两种不同的回潮率代入上述公式,则:

$$公量 = \frac{10 \times (1 + 11\%)}{(1 + 25\%)} = 8.888(公吨)$$

即这批出口货物的实际交货重量是 8.888 公吨。目前,国际上公认的羊毛和生丝的标准回潮率一般为 11%。

(四)理论重量(Theoretical Weight)

理论重量适用于有固定规格和固定体积的商品。规格一致、体积相同的商品,每件重量也大致相等,根据件数即可算出其总重量,如马口铁、钢板等。

（五）法定重量（Legal Weight）和净净重（Net Net Weight）

法定重量是指商品的重量加上直接接触商品的包装物料的重量，如内包装等的重量，即为法定重量。法定重量是海关依法征收从量税时，作为征税基础的计量方法。而扣除这部分内包装的重量及其他包含杂物（如水分、尘芥）的重量，则为净净重，净净重的计量方法主要也为海关征税时使用。

在国际货物买卖合同中，如果货物是按重量计量或计价，而未明确规定采用何种方法计算重量和价格时，根据惯例，应按净重计量。

四、合同中的数量条款

合同中的数量条款，主要包括成交商品的数量和计量单位。按重量成交的商品，还需要订明计量重量的方法、重量的机动幅度等内容。

（一）基本内容

合同中数量条款的基本内容是成交商品的数字和计量单位，如焦炭 20 000 公吨。有的合同也可以规定确定数量的方法。

为了避免买卖双方日后发生争议，合同中的数量条款应当完整准确，对计量单位的实际含义双方应理解一致。采用对方习惯的计量单位时，要注意换算的准确性，以保证实际交货数量与合同数量一致。

（二）数量的机动幅度条款

在国际货物买卖中，有些商品是可以加以精确计量的，如金银、药品、生丝等。但在实际业务中，许多商品受本身特性、生产、运输或包装条件以及计量工具的限制，在交货时不易精确计算。比如：散装谷物、油类、水果、粮食、矿砂、钢料以及一般的工业制成品等，交货数量往往难以完全符合合同约定的某一具体数量。为了便于合同的顺利履行，减少争议，买卖双方通常都要在合同中规定数量的机动幅度条款，允许卖方交货数量可以在一定范围内灵活掌握。

买卖合同中的数量机动幅度条款通常有两种做法。

1. 溢短装条款（More or Less Clause）。所谓溢短装条款，就是在规定具体数量的同时，再在合同中规定允许多装或少装一定的百分比。卖方交货数量只要在允许增减的范围内，即为符合合同有关交货数量的规定。

例如：5 000 公吨，卖方可溢装或短装 5%（5000M/T，with 5% more or less at seller's option）。按此规定，卖方实际交货数量如果为 4 750M/T，或 5 250M/T，买

方不得提出异议。

溢短装条款也可称为增减条款(Plus or Minus Clause)。在使用时,可简单地在增减幅度前加上"±"符号,合同中规定有溢短装条款,具体伸缩量的掌握大都明确由卖方决定(at seller's option),但在由买方派船装运时,也可规定由买方决定(at buyer's option)。在采用程租船运输时,为了充分利用船舱容积,便于船长根据具体情况,例如轮船的运载能力等,考虑装量,也可授权船方掌握并决定装运增、减量,在此情况下买卖合同应明确由承运人决定伸缩幅度(at carrier's option, or at ship's option)。

2.约量条款(About/Approximately Clause)。为使装货数量可以有所机动,合同中对数量的规定为约数,即在某一具体数量前加一个"约"字(About 或 Approximately),从而使卖方交货的数量可以有一定范围的灵活性。例如,成交数量约 1 000 公吨(sale quantity about 1000M/T)。应该注意的是,目前在国际贸易中,对于"约""近似""大约"等用语尚缺乏统一的解释,有的人认为可以是 2%的伸缩,有的却解释为 5%,甚至 10%等,众说不一。不同行业、不同国家有不同解释,因此,履行起来易引起纠纷。所以,我国很少采用,即使采用,也必须由双方当事人就这种约量作出必要的约定。

但是,如果合同中采用信用证(Letter of Credit)支付方式,根据国际商会《跟单信用证统一惯例》第 600 号出版物(以下简称 UCP600)中第 30 条 A 款的规定,"'约''大约'用于信用证金额或信用证规定的数量或单价时,应解释为允许对有关金额或数量或单价有不超过 10%的增减幅度"。

如果在合同中没有明确规定机动幅度条款,那卖方交货的数量原则上应与合同规定的数量完全一致。但在采用信用证支付方式时,根据 UCP600 第 30 条 B 款的规定,"在信用证未以包装单位件数或货物自身件数的方式规定货物数量时,货物数量允许有 5%的增减幅度,只要总支取金额不超过信用证金额"。据此,信用证支付方式下散装货物的买卖,交货的数量可有 ±5%的机动幅度。

在规定的数量机动幅度范围内,多装或少装货物,一般都按合同价格结算货款,多交多收,少交少收。但是,由于数量是计算货款的基础,在一定程度上关系着买卖双方的商业利益。就卖方而言,在市场价格下跌时,大都按照最低约定数量交货,相反,在市场价格上涨时,则往往尽量争取多交货物,这样,可能会对买方不利。而如由买方决定时,根据市场价格情况,选择上限还是下限交货,往往又会对卖方不利。为了避免出现这些问题,买卖双方也可在合同中规定,多装少装数量的价款按装运日价格或到货日某指定市场价或某交易所收购价计算。

第三节　商品的包装

商品的包装是合同中重要的条款之一,它是实现商品的价值和使用价值的必备条件,是进出口合同得以顺利完成的重要保证。在国际贸易中,包装对商品的保护、储存、运输、宣传等起着非常重要的作用,尤其在国际市场激烈竞争的今天,商品的包装在市场销售中起着日益重要的作用。

一、商品包装的作用及其要求

商品的包装是为了有效地保护商品的品质完好和数量完整,根据商品的特性,使用适当的材料或容器,将商品加以包装进行装潢和加印一定标志的一种措施。商品包装在商品的生产和销售中起着非常重要的作用。

(一)商品包装的作用

第一,商品包装是商品生产的延续,绝大多数商品在进入流通和消费阶段前,都必须进行必要的包装;否则,生产过程不算完结。

第二,商品的包装是实现商品的价值和使用价值的必要条件。绝大多数商品生产出来后,只有进行必要的包装后,才能使其价值得以体现,甚至在某种意义上提高了商品的价值和使用价值。

第三,商品包装具有保护商品,便于储存、运输、销售和使用的作用。国际贸易商品运输路线长、流通环节多,在运输和流通过程中,这些商品容易受到一些自然因素,如天气变化、外力破坏等的影响,使商品品质受损。对商品进行包装可以使商品免遭温度、光线以及各种外力的损害。而且商品经过包装以后,使商品的外形具有一定的规律性,为商品的搬运、存放、销售以及使用提供了方便条件。

第四,商品的包装具有美化、宣传商品的作用。人们通过包装装潢的设计,利用结构造型、色彩、图案和文字来美化商品、宣传商品,增加了商品的销售陈列效果,使消费者通过商品包装达到了解商品、喜爱商品,并最终购买消费商品的效果。

第五,商品的包装还反映一个国家的科学技术、工业水平和文化艺术水平。同时包装的好坏也关系到生产国及其产品的声誉。

(二)我国对出口商品包装的要求

我国对出口商品包装的要求可体现为"科学、经济、牢固、美观、适销"十个字,具体地可以从以下几个方面去理解。

1.商品包装的科学性。商品包装的用料和设计必须科学、牢固,既符合商品的特性,又应适应对外贸易长途运输,适应各种不同的运输方式和沿途气温条件变化的要求,以保护商品的品质安全和数量完整。

2.商品包装的经济性。商品包装的用料和设计要力求适应国际市场的销售习惯和消费习惯,并且要符合进口国对于包装、装潢方面的有关规定,以利于扩大我国出口产品的销路,提高售价,提高我国出口产品的国际声誉。同时,包装的用料和设计要坚持节约的原则,做到既能保护商品,又能节约包装材料。

3.商品包装的牢固性。国际货物运输中的商品包装,要根据不同国家的地理位置、气候和自然环境以及运输方式等不同条件,采用不同的包装。例如,海洋货物运输要采用坚固的包装,航空运输采用轻便包装,无论什么样的包装,材料一定要经得起长途运输的搬运、颠簸等。

4.商品包装的美观性。在商品包装的装潢设计方面,既要能反映出我国商品包装的特点,又要科学地向国外介绍我国产品,使消费者充分了解我国商品。商品包装的装潢设计还应考虑艺术性,力求外形美观、醒目、有吸引力。实践表明,包装装潢美观可以大大提高出口商品的身价。

5.商品包装的实用性。商品包装的实用性是指出口企业应努力实现出口商品包装的机械化和标准化。实现商品包装机械化是指用机械包装代替手工包装。这样可以提高劳动生产率,节约包装用料,不仅降低了包装成本,也可提高包装质量,有利于出口贸易的发展。实现商品包装标准化主要是指对出口商品的包装实行统一用料、统一规格、统一容量、统一标记和统一封装方法。实现商品包装标准化可以简化包装容器规格,易于识别,易于计量,便于统一对外,同时还能节约包装用料,合理压缩体积,节省运费,并便于运输装卸,为集合包装和成组运输创造有利条件。

二、商品包装的种类

在国际贸易中依据是否需要加包装,货物可以分为散装货、裸装货和包装货三种类型。散装货(Bulk Cargo or Cargo in Bulk)是指无需包装,可散装于承载的运输工具上的货物,如煤炭、矿砂、食盐和粮食等。裸装货(Nude Cargo)是指没有包装或稍加捆扎即可自然成件的商品,如规格划一、不受外在因素影响的铁管、钢板、铝锭和木料等。包装货(Packed Cargo)是指在国际贸易交易中需要外加包装的货物。国际货物买卖中所交易的大部分货物都需外加包装,商品的包装在其流通过程中根据其货物包装作用的不同,可以分为运输包装和销售包装两大类。

（一）运输包装（**Transport /Outlet Packing**）

运输包装又称外包装或大包装，指在商品运输时，将一件或数件商品装入容器或以特定方式包扎的二次包装。运输包装必须牢固，它的作用在于保护商品品质完好和数量完整，便于运输、装卸、储存和计数。运输包装可分为单件运输包装和集合运输包装。

1. 单件运输包装。单件运输包装的材料有纸、塑料、木料、金属及陶瓷等，是指在运输过程中作为一个计量单位的包装。常用的单件运输包装有：箱（Cases），如木箱、纸箱、塑料箱等，有些贵重物品还可以使用金属箱；包（Bags），一般有棉布和麻布包，一些可以经压紧而品质不变的产品可用机压打包；桶（Drums），有木桶、铁桶和塑料桶等，用桶装的商品主要有流质、半流质及粉状的商品；袋（Bales），有棉布袋、麻袋、纸袋等，也有采用纸塑复合、多层塑料复合和塑料编织袋等。农产品和化学原料等商品常使用袋装。

2. 集合运输包装（或称成组化运输包装）。集合运输包装是指将若干单件运输包装组合成一件大包装或装入一个大的包装容器内。这种包装方法能够更有效地保护商品、节约费用，并能大幅度提高装卸效率。目前各国都在致力发展这种包装方式。常用的集合运输包装有下列几种。

（1）集装箱（Container）。集装箱一般是用金属材料制成的一种大型包装容器。它具有足够的强度，能反复使用，一般为长方形，可装 5—40 吨各种类别的商品。国际标准化组织先后制定了 3 个系列 13 种标准规格，当前使用最多的集装箱规格是 8 英尺宽、8 英尺高、20 或 40 英尺长的标准化集装箱。我们通常称 8×8×20 英尺的集装箱规格为一个"标准箱位"（Twenty-foot Equivalent Unit，TEU）。

按照集装箱的不同用途，其还可分为密封集装箱、冷藏集装箱、开顶集装箱、液体集装箱、特种集装箱等种类。使用集装箱运输时，需要有专用的船舶、码头，并配有一定的机械和设施。

（2）托盘（Pallet）。托盘是按一定规格制成的单层或双层平板装载工具，有可供铲车插入的插口，便于装卸和搬运。在平板上码放几吨重的单件包装的货物，再用箱板纸或塑料薄膜及金属绳索将货物连同托盘集合包装在一起，即组成一个运载单元或集合包装。由承运人提供的托盘，收货人在卸货后要按时退回，这种托盘可循环使用；由货方自备的托盘一般属于一次性的，收货人不予退回。根据托盘的制作材料不同可分为金属托、木托、塑料托、合成托等；根据托盘上层装置的不同，可分为平板托盘、箱形托盘、立柱式托盘等。

（3）集装袋（Flexible Container）。集装袋是用塑料重迭丝编织成的圆形大口袋或方形大包,其容量一般为1—4吨,最高可达13吨左右。集装袋一般用于包装那些用纸袋、塑料袋作为小包袋的商品,如面粉、大米、食糖以及化工原料等颗粒状或粉状品。

(二)销售包装(Small /Inner Packaging)

销售包装又称小包装或内包装,是随着商品进入零售环节与消费者直接见面的包装。销售包装除了要求具备保护商品的作用外,更重要的是要求具备适于销售的各项条件,在造型结构、装潢画面和文字说明等方面都有较高的要求。目前在国际货物买卖市场上流行着各种各样的销售包装,按其形式和作用,主要可分为以下几类。

1.便于陈列展销类。便于陈列展销类的包装常用的有两种。一种是堆叠式包装。堆叠式包装是指为使商品在货架上堆叠摆列时既平稳又节省空间,在包装的底部和顶部设有咬合部分,使商品上下堆叠时可以相互咬合,常见于罐装和盒装商品。另一种是挂式包装。挂式包装是为了便于商品悬挂于货架上展示,其包装设有吊带、吊钩、挂孔、网兜等悬挂结构。

2.便于识别商品类。便于识别商品类包装经常使用的也有两种。一种是透明或"拉盖"式包装。透明包装或"拉盖"包装是指容器全部或部分用透明材料制成的包装,或在容器上设有"开口"的包装。便于消费者直接观看商品的色形,增强吸引力。另一种是习惯式包装。习惯式包装指采用某些商品的惯常包装,使消费者从外包装上即可辨别商品的种类,常见于传统的出口商品。

3.便于消费者使用类。便于消费者使用类包装常用的如:软包装,即用化学合成和复合材料制成的包装袋来包装商品;便携式包装,即包装的造型上设有提手等装置,便于消费者携带;礼品包装,即专门作为送礼用的销售包装。这种包装很受消费者的欢迎,但设计包装时应注意考虑进口国的消费习惯和风俗习惯等因素。

三、商品的包装标志

在国际贸易中,为了在装卸及运输过程中和收货人收货时便于识别和操作,在商品的外包装上通常都刷写或压制用文字、图形和数字制作的特定记号和说明事项,称为包装标志,包装标志也是某些运输单证上不可缺少的内容。包装标志主要可分为运输标志、指示性标志和警告性标志。

(一)运输标志(Shipping Mark)

运输标志通常称为"唛头"(Marks),其作用是在装卸、运输、保管过程中,使有关部门便于识别货物防止错发错运,便于收货人收货,也利于运输、仓储、检验和海关查验。运输标志通常由以下几部分内容组成。

1. 收货人或发货人的简称或代号。国际货物运输过程中的商品外包装上,可用文字缩写、字母或图形等特殊的记号,作为运输标记。在该项下面,有的买方要求加上合同号或信用证号或进口许可证号码。

2. 目的港或目的地名称。标明目的地或目的港的名称是用来指示商品运往的指定目的地。运输过程中如果需要中转,有时也标明中转地的名称。

3. 包装的件号和批号。包装的件号和批号是指该批商品件数及其批次的编号,一般用分母表示该批货物的总件数,分子表示该批货物在整批货物中的编号。如 15/50,表示总共 50 件货物中的第 15 件。

4. 原产地标志。原产地标志通常是用来标明制造、生产或加工的国别,现在不少海关要求所有进口货物都必须标明原产国名称,否则拒绝进口。

5. 其他相关内容。如有的国家还要求将信用证号、进口许可证号、合同号,以及重量、体积等标志加入运输标志中。

以上运输标志中,收货人、目的地或目的港以及件号、批号是不可少的。

(二)指示性标志(Indicative Mark)

指示性标志是为了保护商品安全,指示运输、装卸、保管人员如何安全操作,刷制在商品外包装上的图像和文字记号。它主要是用来表示商品的特性或指示操作要求,如怕湿、易碎、小心轻放、由此吊起等。为了避免由于各国文字不同而造成的识别困难,在国际贸易长期实践中,形成了一套被普遍采用的指示性符号,即用简单的、醒目的图样来弥补文字标志的不足,同时加注英文。图 4-1 所示为国际标准化组织(ISO)核准的几个统一指示性标志。

Fragile, Handle With Care
(小心易碎)

Use No Hooks
(不得用钩)

Keep Dry
(保持干燥)

图 4-1　指示性标志

（三）警告性标志（Warning Mark）

警告性标志，又称危险品标志，是指对一些易燃品、爆炸品、有毒品、腐蚀性物品、放射性物品等危险品的运输包装上刷制的文字说明和图形。它是由文字和特定的图案组成的表明危险性的标志，以使有关人员加强防护措施，保护货物和人身安全。

我国对于危险标志已颁布了《包装储运指示标志》和《危险货物包装标志》。联合国海事协商组织也公布了《国际海运危险品标志》。我国出口商品一般既要刷上我国规定的标志，也要刷上国际海运危险标志，以免到国外后不准进入。图4-2所示为几个警告性标志。

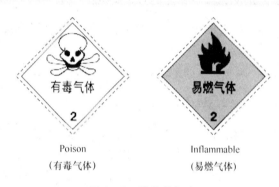

图4-2　警告性标志

（四）条形码标志

条形码是一种特殊代码，由一组宽窄间隔不等的平行线条及相应的字符组成。利用这些线条和间隙空间及其相应的数字表示一定的信息，通过光电扫描进入计算机，人们便可准确判断该商品的生产国别、生产厂商、规格质量以及价格等。

目前，几乎所有的商品都在内包装上使用条形码标志。条形码是商品能够流通于国际市场上的一种通用的国际语言和统一编号，是商品进入超级市场的先决条件，而且条形码标志大大方便了货物的储存和运输，便于分类和识别，实现自动化管理。

我国于1988年12月成立了中国物品编码中心，负责推广条形码技术，并于

1991 年 4 月 18 日代表我国正式加入国际物品编码协会（International Article Number Association），自同年 7 月 1 日起正式履行该协会会员的权利和义务。国际物品编码协会分配给我国的条形码代号为"690""691""692"，凡标有以上代号的，即表示是中国出口的产品。

四、中性包装和定牌

在国际货物买卖中，为了适应国际市场的特点和需求，以及为了尽量满足进口商的需要，还可以采用中性包装和定牌。

（一）中性包装（Neutral Packing）

中性包装是指在商品和商品的内包装和外包装上既不标明生产国别、地名、厂名也不标明商标与品牌的包装。国际贸易中的中性包装常常是为了打破进口国实行关税壁垒和非关税壁垒等歧视性措施，以及为了适应交易的特殊需要。国际上常见的中性包装有两种，即定牌中性包装和无牌中性包装。

1. 定牌中性包装。指商品的包装上标有买方指定的商标或牌号，但不注明生产国别，对于国外某些长期的稳定客户，可以接受此种方法。

2. 无牌中性包装。指包装上既无生产国别、厂名、地名，也无原商标或牌号，国际市场对某些低值商品或半制成品采用这种做法，主要是为了节省费用，降低生产和销售成本。

（二）定牌

定牌是指买方要求卖方在商品及包装上采用买方指定的商标或牌名，但均注明生产国别。在国际贸易中，有时为了利用买方的销售渠道和名牌的声誉，可以采用这种方法。但必须注意买方提供的商标或牌号不能是黄色的、反动的。

五、合同中的包装条款

国际货物买卖合同中的包装条款一般包括包装种类、包装材料和包装方式。包装种类列明系散装、裸装或须加包装。如果是包装货物则须订明包装方式及其使用的材料，有的尚需规定包装标志和包装费用的负担等内容。

（一）包装材料和包装方式的规定

买卖合同中就包装材料和包装方式通常有两种规定方法。一种是作具体规定，比如：桶装，每桶净重 175 千克（packing：iron drums of 175 kg net each）；纸箱装,每箱装 20 打(packing:in cartons containing 20 doz. each)。另一种使用含义笼统的术语,如"适合海运包装"(seaworthy packing)、"习惯包装"(customary packing)等。对于后者除非买卖双方就包装材料与包装方式事先已达成共识或另外订有协议,否则不宜采用,以免产生争议。

(二)包装标志的规定

商品包装上的标志包括指示性标志、危险品标志以及条形码标志等,一般在买卖合同中无需规定,而由卖方在对货物进行包装时,根据商品特性、行业惯例或法规要求及包装实际自行刷制。但倘若在交易磋商时买方就上述包装标志提出了特殊要求,也可在买卖合同中作出规定,并按此规定办理。

运输标志,按照国际贸易习惯,一般也由卖方决定,并无必要在买卖合同中作出具体规定。但如买方要求指定,就需在合同中具体规定唛头的式样和内容。如约定由买方在订约后装运前另行指定的,则需在合同中规定买方提供唛头式样和内容的最后期限,此项期限应早于合同规定的装运期限若干天,同时还需订明如到期尚未收到买方通知,即由卖方自行选定后告知买方,以免延误装运。

(三)包装费用的规定

包装费用一般已包含在商品货价之内,不另计收。但如买方要求特殊包装,则超出的包装费用由何方负担,应在买卖合同中作出具体的规定。如由买方负担则还应规定这部分费用的支付时间和方法。合同规定由买方提供全部或部分包装或者装潢的材料、装饰用品,就需在买卖合同中规定包装材料及装饰用品到达卖方的最迟时限以及逾期到达情况下买方应承担的责任。此项时限还应与合同规定的装运期限衔接,并留有适当余地。

以下是国际货物买卖合同中包装条款的两个实例:
- 纸箱装,每箱 60 听,每听 1 000 片。
  In cartons containing 60 tins of 1000 tab. each.
- 布包,每包 20 匹,每匹 42 码。
  In cloth bales each containing 20 pcs. of 42 yards.

练习与思考题

1.合同中规定商品品质的方法有哪些?分别说明其含义及其在使用时应注意的问题。

2. 什么是代表性样品、复样、封样、对等样品？它们各自的作用如何？

3. 凭卖方样品买卖时应注意哪些问题？

4. 订立品质机动幅度的方法有哪几种？

5. 在国际贸易中,计算重量的方法有哪几种？

6. 国际贸易中常用的度量衡制度有哪几种？我国《计量法》对我国所使用的计量单位有何规定？

7. 为什么要在合同中规定溢短装条款？通常情况下如何规定？

8. 包装在国际货物买卖中的作用怎样？我国对出口货物包装的要求如何？

9. 国际货物包装的类型有哪些？

10. 国际货物运输标志的含义、主要内容及其作用如何？

11. 合同中的包装条款一般包括哪些内容？在订立包装条款时应注意哪些问题？

商品的价格条款

• 学习要点与要求 •

商品的价格条款是买卖合同中的重要条款。国际货物交易中使用的价格条件与国内贸易有着很大的差别。国际贸易价格除了单价、单位和金额的表述外，更主要的是围绕交易的价格条件，明确买卖双方的责任和义务。本章重点介绍使用范围最广的国际商会《2010年国际贸易术语解释通则》（Incoterms 2010）的贸易术语，要求熟练掌握使用频率最高的几种贸易术语关于买卖双方各自应该承担的责任、权利与义务。同时，还就进出口商品的成本核算、价格因素中的佣金、折扣以及合同中的其他有关条款进行了分析与介绍。

通过学习，应该对国际货物交易中的价格条件有一个完整、系统地了解和认识。并能够根据不同的交易条件和销售意图，灵活地掌握和运用各种不同的贸易术语。

商品的价格是商品价值的货币表现。在国际贸易中，商品的价格是指商品单价和价格条件，它是买卖双方交易磋商的一项非常重要的内容。国际贸易中商品的价格，除一般意义理解的商品的"价钱"以外，还包含许多与买卖双方有着切身利害关系的重要因素，如进出口手续谁来办，必要的进出口单证谁来领，应缴的捐税和费用谁来支付，以及货物的风险和所有权在何时、何地转移、怎样转移等，这些都与价格条件有着密切的关系。于是，在长期国际贸易实践的基础上，形成了被大家所公认的贸易术语（Trade Terms），以及相关的解释通则。

第一节　贸易术语及国际惯例

一、贸易术语

在国际贸易的长期实践中，由于买卖双方分居两国、相距遥远，货物自卖方的供货地运到买方的目的地，要经过长途运输、储存和装卸等很多环节，要办理各种手续，如洽租运输工具、办理货物保险等；还需要支付各种费用，如运费、装卸费、保险费、关税及其他各种捐税和杂费等；此外还要处理货物在运输途中由于自然灾害和意外事故所遭受的各种损失等。所以买卖双方在价格洽谈中,要明确货物从卖方转移到买方的全部过程中,各种手续由谁办理、费用由谁负担、风险如何划分、货物所有权何时转移等问题,为了简化交易手续、缩短交易过程,利于双方当事人成交,买卖双方便采用了这种用来表示交易双方责任、费用与风险划分的专门用语——贸易术语,又称价格术语(Price Terms)。

贸易术语是进出口商品价格的一个重要组成部分,它是用一个简单的概念或英文缩写字母来表示商品的价格构成,买卖双方各自应办理的手续、承担的费用、风险和责任的划分以及货物所有权转移的界限等。

二、关于贸易术语的国际惯例

在长期国际贸易实践中,因各国的法律制度、贸易的习惯做法存在差异,对贸易术语的理解和运用方面也存在一定的差异。为了避免因贸易术语理解不当造成业务分歧和争议,国际组织及一些商业团体制定了相应的规则和解释,其中最有影响的有以下三种,而其中使用最为广泛的是国际商会的《国际贸易术语解释通则》。这里将其作为重点进行介绍。

(一)《1932 年华沙—牛津规则》(Warsaw–Oxford Rules 1931)

《华沙—牛津规则》由国际法协会(International Law Association)制定,共 21 条,主要说明 CIF 合同性质,具体规定了买卖双方所承担的费用、风险和责任,供买卖双方自愿采用。

该规则自 1932 年公布至今,仍是颇有影响的贸易术语惯例,因其在一定程度上反映了各国对 CIF 合同的一般解释;不仅如此,其中某些规定的原则也适用于其他合同,特别在买卖双方缺乏标准合同格式或共同交易的条件下,双方可约定采用此规则。

(二)《1941 年美国对外贸易定义修订本》

《1941 年美国对外贸易定义修订本》(Revised American Foreign Trade Definition 1941)是 1941 年 7 月由美国商会、美国进口商协会及全国对外贸易协会等九家著名的商业团体共同拟定的,在美洲国家影响较大,在与采用该惯例的国家贸易时,要特别注意与其他惯例的差别,双方应在合同中明确规定贸易术语所依据的惯例。

该定义规定了 Ex Point of Origin、FAS、FOB、C&F、CIF 和 Ex Dock 等六种贸易术语。值得注意的是该定义把 FOB 分为六种类型,其中只有第五种,即装运港船上交货(FOB Vessel),才同国际商会的《国际贸易术语解释通则》中的 FOB 的含义大体相同,而其余五种 FOB 的含义则完全不同。为了具体说明买卖双方在各种贸易术语下各自承担的义务,在所列各种贸易术语之后附有注释,这些注释是贸易术语定义不可分割的组成部分。

(三)国际商会2010年《国际贸易术语解释通则》

国际商会制定的《国际贸易术语解释通则》(International Rules for the Interpretation of Trade Terms,简称 Incoterms)于 1936 年制定,随后为适应国际贸易实践发展的需要,国际商会先后于 1953 年、1967 年、1976 年、1980 年、1990 年和 2000 年进行过多次修订和补充。最近的一次是 2010 年,其在 Incoterms 2000 的基础上进行了新的修订,并于 2011 年 1 月 1 日起正式在全球实施。该惯例是目前全球贸易使用最普遍的国际惯例。

Incoterms 2010 较 Incoterms 2000 更准确标明各方承担货物运输风险和费用的责任条款,令船舶管理公司更易理解货物买卖双方支付各种费用时的角色,有助于避免现时经常出现的码头处理费(THC)纠纷。此外,Incoterms 2010 亦增加大量指导性贸易解释和图示以及电子交易程序的适用方式。下面归纳 Incoterms 2010 与 Incoterms 2000 的主要区别。

1.贸易术语种类的变化。

(1)贸易术语的数量由原来的 13 种变为 11 种。

(2)原 D 组贸易术语变化最大。删除了 Incoterms 2000 的 D 组中的四个贸易术语,即未完税交货 DDU(Delivered Duty Unpaid)、边境交货 DAF(Delivered At Frontier)、船边交货 DES(Delivered Ex Ship)和码头交货 DEQ(Delivered Ex Quay);保留了一个,即完税后交货 DDP(Delivered Duty Paid);新增加两种贸易术语,即指定目的地交货 DAT(Delivered At Terminal)与指定地点交货 DAP(Delivered At Place)。

(3)原 E 组、F 组、C 组的贸易术语不变。

2.贸易术语分类的变化。由原来按字母分成四类,修改为按适应的运输方式分为两大类。

第一类指可以适用于任何运输方式中的一种或多种的术语,包括 EXW、FCA、CPT、CIP、DAT、DAP 和 DDP 七个术语。值得注意的是,这些术语仅适用于存在船只作为运输工具之一的情形。

第二类只适用于"海上或内陆水上运输"的术语。交货点和将货物送达买方的地点都是港口,包括 FAS、FOB、CFR 和 CIF。最后三个术语删除了以往规定以越过船舷为交货和风险划分的标准,而修改为"将货物装运上船"。这样更符合现代运输实际情况,也避免了风险划定在哪一垂线这一不确定的概念。

3. 该规则同样适用于国内贸易。以往的 Incoterms 一直被用于存在跨国、跨境运输的国际贸易合同中。然而,随着全球自由贸易区等一体化的发展,许多国家之间的贸易过境和过关手续已经没有那么复杂。因此,Incoterms 2010 正式认可该规则既可以适用于国际也可以适用于国内贸易销售合同。

除上述明显的变化外,在引言中以及关于电子通信、保险范围、安全清关、国际运费之外的运输费用的明确等,都进行了更加明确和详细的规定。贸易术语的具体规定将在下一节介绍。

需要指出的是,买卖交易磋商以及合同签订时,应该对适应的上述哪个国际惯例加以明确。即使已经修订并实施的新惯例并不意味着以前规则的无效,重要的是在合同中的适用性的规定和明确,以避免出现不必要的误解和纠纷。

第二节 Incoterms 2010 的主要贸易术语

Incoterms 2010 中的贸易术语共 11 种,但在实际业务中由于采用海洋运输货物的比重最大,所以适用于海上运输的 FOB、CFR 和 CIF 使用的最多。此外,随着国际贸易的发展,适用于多种运输方式的 FCA、CPT 和 CIP 又被认为是未来国际贸易中最常用的贸易术语。因此,下面就这六种贸易术语作一重点介绍。

一、适合水上运输的三种贸易术语

(一)装运港船上交货——FOB

FOB(Free On Board)"装运港船上交货"价,术语后应为指定装运港名称(. . . named port of shipment)。该术语适用于海运或内河运输。该术语是指卖方应按合同规定的时间将货物放置于指定装运港由买方指定的船上,或购买已如此交付的货物即为交货,当货物放置于该船舶上时风险即转移给买方,买方自该点起承担一切费用。

卖方的主要义务:一是交货,即负责办理出口清关手续,承担货物运上船舶前的一切风险和费用;货物装运后,及时向买方发出装运通知。二是交单,即准备并提交买方所需的出口单证。卖方没有义务签署运输契约和保险契约,除非应买方要求和商业习惯,在买方承担费用的情况下,协助买方办理租船订舱。

买方的主要义务:一是接货,要负责签订运输契约、支付运费,并及时将船期、船名通知卖方;办理投保手续和签订货物运输保险契约、支付保险费、承担货物装上船以后的责任、风险和费用;办理货物进口清关的一切手续,包括取得进口许可证及其他官方证件;接受卖方提交的符合要求的一切单据。二是支付货款、提取货物。

采用 FOB 贸易术语时,如果卖方将货物装上船后没有及时通知买方,由此造成买方未能及时投保而引起的风险和损失,应由卖方承担。如果买方指定了船只而没及时将船名、装运日期通知卖方或船只没能如期到达、或没能按时承载货物,由买方承担由此造成的一切风险和损失。除此之外,FOB 价格在具体使用时,还应该注意以下几方面的问题。

1. 关于风险界限问题。按照 FOB 的解释,卖方应"负担货物装上船前的一切费用和风险",而买方应"负担货物装上船后的一切费用和风险"。因此,FOB 不适于装上船之前转移风险的交货,如果卖方需要将货物交给承运人即希望交货,则最好使用"货交承运人"的方式。由于国际贸易中各国对所谓"装船"的概念不统一,因此对风险的划分和装船费用的划分就有不同的界限。

按照国际商会的解释,卖方在装运港将货物从岸上起吊,放到船上,才算交货。如果装船时货物跌落码头或海中所造成的损失,均由卖方承担。货物上船以后,包括在运输过程中所发生的损坏或丢失,则由买方承担。

而有些国家还有一些自己的规定,如科威特规定将货物装入船舱内才算装船;巴基斯坦、黎巴嫩等国家规定将货物运至供装船用的吊钩所及之处就算装船。这些对货物装船概念的不同理解,不仅涉及买卖双方风险界限的划分,往往还容易涉及买卖双方对装船后有关费用的分担问题。如越过船舷至船舱交货,就意味着卖方还要承担货物上船后的整理费用。这样一来,买卖双方承担的责任和费用的界限就不十分明确了。

2. 有关费用的负担问题。由于存在着上述对"装船"这一概念的不同理解,再加上各个国家的港口又按自己的装船习惯或港口规定的办法来装船,因而就出现了对装船时发生的有关费用(如平舱费、理舱费等)由谁负担的问题。因此,关于这些问题,买卖双方最好在合同中加以明确。如果采用班轮运输,船方负责装卸,装卸费用及平舱费、理舱费都计入班轮运费中。如果采用租船运输,根据国际航运惯例,船方一般不负担装卸费用,这就必须在合同中明确装船过程中的各项费用应由谁负担。FOB 合同,原则上卖方应负担的费用直至完成上述的交货义务为止。

为了更加明确买卖双方的责任及有关费用的负担问题,买卖双方在签订合同时,往往在 FOB 术语后加列各种附加条件,这就形成了 FOB 的几种变形。

(1)FOB Liner Terms(班轮条件),指装货费按照班轮的条件办理,即装货、卸货费用都包括在班轮运费之内,使用 FOB 贸易术语是买方负责租船订舱,支付运费,故卖方不予负担。

(2)FOB Under Tackle(吊钩下交货),指卖方仅将货物交到买方所派船舶吊钩所及之处,其他吊货入舱等费用由买方承担,卖方不予负担。

(3)FOBS (FOB Stowed,FOB 包括理舱费),指卖方负责将货物装入船舱并承担理舱费。理舱费即货物装入船舱后的整理安置费用。

(4)FOBT (FOB Trimmed,FOB 包括平舱费),指卖方负责将货物装入船舱并承担包括平舱费在内的装船费用。平舱费是指对装入船舱内的散装货物进行平整所需的费用。

(5)FOBST (FOB Stowed and Trimmed,FOB 包括平舱、理舱费),指卖方负责货物装船、理舱和平舱的费用。按一般惯例,凡 FOB 后未加"理舱"和"平舱"字样,卖方一律不负担平舱和理舱所需费用。

需要提起注意的是:上述 FOB 后附加各种条件,只是为了明确装货费用由谁负担,并不影响风险转移的界限。

3. 关于租船订舱问题。这个问题主要是指船货衔接问题及由此引发的一系列费用问题。按照 FOB 的含义,买方负责租船订舱,并在受载前一段时间内将船名、船期(预计到达装运港的日期)通知卖方,以便卖方作好装船准备;卖方要按合同规定的装运港以及期限,负责将合同要求的货装上买方指定的船只,装货完毕及时通知买方。因此,这里涉及一个船货衔接问题,处理不当会影响合同的顺利执行。按照有关惯例,如果买方所租船只未能按期到达,或提前到达装运港口,卖方都有权拒绝交货,由此造成的各种损失,如滞期费(Demurrage)、空舱费(Dead Freight)及卖方增加的仓储费等,均由买方负责。如果买方所租船只在规定的时间到达了装运港,而卖方因货未备妥影响装船,由此而造成的空舱费或滞期费应由卖方支付。

需要注意的是,按 FOB 价格成交的买卖合同对上述因船货衔接不当造成的责任问题应提前在合同中予以明确。例如:"如到期买方不派船,卖方有权撤销合同并要求赔偿损失";"如未经卖方同意,船舶比预定装船期提前到达,由此引起的空舱费或滞期费等,卖方不负担"等。

另外,在 FOB 条件货装集装箱条件下,大多数时候买方委托卖方代为办理订舱,若卖方表示同意,这仅仅是属于代办性质,其风险和费用仍由买方承担,如卖方租不到船只、订不到舱,卖方不承担后果,买方也无权撤销合同及向卖方索赔。

4. 关于办理出口许可证的责任问题。对于这个问题,各国的法律规定和惯例解释有所不同。按 Incoterms 2010 的解释,应由卖方负责申领出口许可证。国际商会规定:"当需要办理通关手续时,卖方必须自负风险与费用,以取得任何出口许可证或其他官方批准文件,并办理货物出口及其在交货前通过任何国家运送时所需的一切通关手续。"

但有些国家对此规定持不同意见。美、英、法等国家认为取得出口许可证是买方的责任。《1941年美国对外贸易定义修订本》规定:"卖方根据买方的请求,并在买方负担费用的前提下,协助买方取得为出口所需要的出口国证件。"该修订本还规定出口税及其因出口所需缴纳的各项费用也由买方支付。因此,采用FOB价格进口时,为避免日后在办理出口许可证问题上发生纠纷,合同中应订明"由卖方负责办理出口许可手续并负担费用"。

【案例5-1】某公司以FOB条件成交进口一批货物。在目的港卸货时,发现货物有两件外包装破裂,里面货物有被水浸痕迹。经查证,外包装是货物在装船时因吊钩不牢掉到船甲板上造成包装破裂,导致运输过程中里面货物被水浸泡。

问题:1. FOB条件成交意味着什么?

　　　2. 在这种情况下,买方能否以卖方没有完成交货义务为由向卖方索赔?

(二)成本加运费——CFR

CFR(Cost and Freight)"成本加运费"价,术语后应为指定目的港名称(. . . named port of destination)。该术语只适用于海路及内陆水运。卖方交付货物于船舶之上或采购已如此交付的货物,而货物损毁或灭失之风险从货物转移至船舶上起转移,卖方必须负担并支付必要的成本和运费以使货物运送至目的港。这里所指的成本相当于FOB价,故CFR可以理解为FOB加运费。

按照Incoterms 2010的解释,卖方的基本义务是:提供合同规定的货物,负责租船订舱和支付运费,按合同规定的时间在装运港将货物装上船,并于装船后及时通知买方;办理出口清关手续,并承担货物在装运港装船前的一切费用和风险;按合同规定,提供全部正式有效的提单、发票及其他有同等作用的电子凭证。

买方的基本义务是:承担货物在装运港装上船后直至抵达目的港期间由于自然灾害或意外事故引起的货物灭失或损坏的风险,以及由于货物装船后发生事件所引起的额外费用;并在合同规定的目的港受领货物、办理进口清关手续和缴纳进口税;同时,受领卖方提供的各种单证,按合同规定支付货款。

本术语有两个关键点,即风险转移地点和运输成本的转移地点,二者是不同的。尽管合同中通常会确认一个目的港,而不一定确认或未必指定装运港,即风险转移给买方的地方。如果装运港的确定关乎买方的特殊利益,建议双方在合同中尽可能精确的加以确认。

CFR价格下由于是卖方安排运输,而由买方办理货运保险,卖方在货物装船后就必须及时给买方发出装船通知,以便买方及时办理投保手续或通知保险公司。如果卖方没有及时发出装船通知,致使买方未能投保,货物在运输途中一旦出险遭受损失,则卖方必须承担责任。就此最好在买卖合同中明确规定,以免事后发生纠纷。因此,我国进口业务,如果是按 CFR 价格成交,鉴于由外商安排装运,由我方负责保险,故应对船舶提出适当要求,以防外商与船方勾结,出具假提单、租用不适航的船舶,或伪造品质证书与产地证明等欺诈行为,避免我方蒙受损失。

此外,还需特别指出的是,按 CFR 贸易术语成交的大宗商品,容易在卸货费用上引起争议。原因是大宗商品通常是使用租船运输,而在不少场合,船方按不负担装卸费条件出租船舶。为了明确责任,避免争议,买卖双方在签订合同时可在 CFR 术语后附加下列有关卸货费用由谁负担的具体条件。

(1)CFR 班轮条件(CFR Liner Terms)指卸货费用按班轮收费办法处理,由承担运费的一方负担,故买方不承担卸货费用。

(2)CFR 卸到岸上(CFR Landed)指由卖方负责承担卸货费用,包括驳运费在内。

(3)CFR 吊钩下交货 (CFR Ex Tackle)指卖方负责将货物从船舶吊起卸到船舶吊钩所及之处(码头上或驳船上)的费用。在船舶不能靠岸的情况下,租用驳船的费用和货物从驳船卸到岸上的费用,则由买方负担。

(4)CFR 舱底交货(CFR Ex Ship's Hold)指货物运到目的港后,由买方自行启舱,并负担货物由舱底卸到码头的费用。

注意:上述 CFR 术语后边的附加条件,只是为了进一步说明卸货费用由谁负担的问题,它并不改变交货地点和风险划分的界限。

(三)成本加保险费加运费——CIF

CIF(Cost Insurance and Freight)"成本加保险费加运费"价,术语后应明确指定目的港的名称(… named port of destination)。CIF 价格条件与 CFR 的含义基本相同,就是增加了负责将货物由约定的装运港运至目的港并办理保险手续及支付保险费。买卖双方风险划分的界限也同 FOB、CFR 一样。CIF 这一贸易术语使用历史悠久,也是当代国际贸易中应用最为普遍的一种。

CIF 条件下卖方的基本责任是:卖方须订立运输合同,支付将货物装运至指定目的港所需的运费和费用;须自付费用,按照投保保险条款中规定的最低保险险别投保;保险人应具有良好信誉,并保证买方或其他对货物具有保险利益的人有权直接向保险人索赔,如买方希望得到更为充分的保险保障,则需与卖方明确地达成协议或自行作出额外保险安排;负担货物装上船前的一切风险和费用;负责办理出口清关手续,提供出口国政府或有关方面签发的证件;负责提供合同规定的全部货运单据等。

买方的基本责任是:负责货物装上船以后的一切费用和风险及额外费用;接受由卖方提供的有关货运单据,并按合同规定支付货款;办理在目的港的进口清关手续和提取货物。

CIF 条件因风险和费用分别于不同地点转移而应注意两个关键问题:一是 CIF 合同会指定相应的目的港,但可能不会进一步详细指明装运港,即风险向买方转移的地点,所以应在合同中尽可能精确规定装运港;二是当事人最好尽可能确定在约定的目的港内的交货地点,卖方承担至交货地点的费用。因此,需要明确以下几个问题。

1. 关于运输合同。按 CIF 价格的含义:卖方负责订立运输合同并支付运费。除买卖双方另有约定外,对于买方提出的限制载运船舶的国籍、船名、船级等要求,卖方均有权拒绝。但在贸易实践中,为了促进出口业务,如果买方提出上述要求,在卖方能办到又不增加额外费用和风险的情况下,可给予通融。另外,卖方必须给予买方一切必要的通知,以便买方采取必要的措施来确保受领货物。

2. 关于保险问题。按 CIF 条件成交,卖方必须负责签订保险合同。由于货价因素中包括保险费,即买方负担保险费用,故卖方应买方的要求,按约定的险别投保货物运输险[如买卖双方没有约定具体险别,则卖方只需按照保险条款(如伦敦保险协议条款)投保最低限度的保险险别],并支付保险费和提交保险单。一般认为卖方办理投保,是为买方利益所投的保,属代办性质。货物在运输途中一旦遭遇风险而受到损失,是由买方向保险公司或轮船公司提出索赔,能否索赔到手,与卖方无关。只要卖方在约定的装运港按期将货物装到运往指定目的港的船上,同时办理了保险手续,并将约定的单证及时交给买方,就算完成了交货义务,即使卖方装船以后至交单这段时间内,货物发生损坏或灭失,只要卖方提供的单据符合要求,买方就不得拒收单据和拒付货款;反之,即使货物安全到达并符合要求,若单据不符合要求,买方仍有权拒付货款。同时,由于保险条款大多实行"仓至仓条款",卖方投保后货物从装船前的仓库发运到装上船这一段,卖方也是具有保险利益的。但是,如果卖方担心在货物发运仓库之前的运输仍存在风险,可以向保险公司投保商业利益险等。

还应特别注意的是:按 CIF 条件成交,虽然由卖方安排运输和办理货运保险,但卖方并不承担把货送到目的港的义务。因为,CIF 属于装运港交货的术语,而不是目的港交货的术语。CIF 价格风险划分与费用划分的界限是分离的:风险划分是以装运港装上船为界,故在划分风险的分界点之后要增加卖方的义务时,应当特别审慎;费用划分方面,卖方支付承运人从装运港到目的港的正常运费,而由于运输途中风险产生的额外费用则应由买方负担。

【案例 5-2】某外贸公司按 CIF 条件出口了一批货物,卖方按照合同规定装船完毕,并取得了全套合格的装运单据。但是载货的船舶在航行中遇到特大风暴,致使部分货物遭海水浸泡受损,买方闻讯后提出拒收单据、拒付货款。试问,按照《2010年国际贸易术语解释通则》的解释,卖方应如何处理该案?

3.关于卸货费用的问题。大宗商品按 CIF 条件成交时,也容易在卸货费用上引起争议。为了明确责任,买卖双方签订 CIF 合同时,也如同 CFR 合同一样,对卸货费究竟由何方负担,可通过在 CIF 价格后加列附加条件予以明确。这也导致了 CIF 价格的变形。同样,这些变形不改变交货地点和风险划分的界限。

(四)上述三种适用于水上运输术语的比较

以上我们所介绍的三种贸易术语 FOB、CFR 和 CIF,是国际贸易中最常用的术语。这三种术语在使用中,买卖双方的权利和义务既有许多相似之处,又有区别。

相同点是:这三种术语都在装运港交货,风险的划分都是以装运港装上船为界;同时,这三种价格术语都属于象征性交货,即是凭单据交货、凭单据付款;此外,这三种术语均不适用于货物在装上船之前就转交给承运人的情况,如集装箱运输方式应当适用于下文的三种术语。

主要区别在于:买卖双方所承担的责任和费用不同。使用 FOB 术语时,由买方办理租船订舱、办理保险并支付运费和保险费;使用 CFR 术语时,是卖方负责租船订舱,支付运费,而买方负责办理保险,支付保险费;使用 CIF 价格术语时,卖方负责租船订舱,办理保险,并支付运费和保险费。

FOB、CFR、CIF 三种传统的贸易术语,都仅适用于海洋货物运输及与之相接的内河运输。随着国际贸易的迅猛发展,货物运输量的不断增加,货物运输领域发生了深刻的变化。其中最引人注目的是集装箱运输方式在很大程度上代替了传统的运输方式,这一变化被称为"运输业上的革命"。

二、适用于各种运输方式以及多式联运方式的术语

集装箱运输方式适合多种运输方式同时使用(多式联运)的方式。这种多式联运方式必须是以集装箱为媒介,把海运、铁路运输、公路运输、航空运输以及内河运输等联结起来,使货物交换地点和方式发生了很大的变化,完全改变了传统的货物交换地点为"港—港"(即从装运港到目的港)的方式,使买卖双方的交换地点扩展到各自国家的内陆,进行"门—门"交接,即卖方可以从出口国内陆的工厂、仓库或起运地集装箱货运站(Container Freight Station)、集装箱堆场(Container Yard)直接运交到进口国内陆买方工厂、仓库或目的地的集装箱货运站或堆场。这种货物的交换地点从"港—港"方式发展到"门—门"方式,使得长期以来建立在"港—港"交接基础上的很多种贸易术语已不能适应现代化的多式联运发展的需要。

为了适应目前国际贸易中普遍使用集装箱、多式联运、滚装以及近海中采用铁路车皮摆渡等运输方式变化的新情况,国际商会在 Incoterms 2000 中就增加和补充修改了适合各种运输方式和多式运输方式同时使用的贸易术语的比重,Incoterms 2010 仍然沿用了 FCA、CPT、CIP 三种被认为是未来国际贸易中最有前途、最能适应现代化运输方式的贸易术语。该组贸易术语的适用范围很广,可以适用于各种运输方式,其中包括铁路运输、公路运输、内河运输、海上运输、航空运输、未指定运输工具以及上述运输方式联合使用的多式联运等。

(一)货交承运人——FCA

FCA(Free Carrier... named place)"货交承运人"价,是指卖方于其所在地或其他指定地点将货物交付给承运人或买方指定人,术语后面应为买方指定的交货地点。所以,当事人应尽可能清楚明确地说明指定交货的具体地点,因为风险将在该地点转移至买方。如买方未指明确切地点,卖方可在规定的交货地或范围内选择交货地点,并通知买方指定的承运人接货。这里所说的承运人,是指实际履行运输合同的承运人,既包括任何在运输合同中承诺通过铁路、公路、空运、海运、内河运输或上述运输的联合方式履行运输义务的承运人,也包括签订运输合同的运输代理人。如买方指定卖方将货物交给一个应是直接承担运输作业的运输商,当货物已被交由该人监管时,应视为卖方已履行其交货义务,在此之后的一切费用和风险即由卖方转移到买方。

需要特别说明的是,卖方交货的完成与选择的交货地点对于装货和卸货的义务会产生影响。"若指定的地点是卖方所在地,则卖方应负责装载于买方所提供的运输工具时"完成交货义务,即卖方负责装货;若买方指定的任何其他地点交货,"则装载于卖方的运输工具上的货物已达到卸货条件,且处于承运人或买方指定的其他人的处置之下时的任何其他情况",完成交货,即卖方不负责卸货。这一点在 Incoterms 2000 中就已经作出了规定。

为了便于买卖双方采用 FCA 术语,通则对该术语适用不同运输方式交货的做法,作出下列具体规定和解释。

第一,铁路运输方式下,如货物能装一整车或集装箱,卖方要负责装车或装箱,并交给铁路部门验收。如货物不够一整车或一整箱,卖方则应将货物交到铁路收货地点或装上铁路收货车,即完成交货。

第二,公路运输方式下,如要求在卖方所在地交货,则卖方应将货物交到买方指派的车辆上。如要求在承运人办公地点交货,则卖方应将货物交给公路承运人或其代理人。

第三,采用内河运输方式时,如在卖方所在地交货,卖方应将货物交到买方所指派的船上。如在承运人办公地点交货,卖方将货物交给承运人或其代理人即可。

第四,在海洋运输方式下,如果是整箱货(FCL),卖方将载货的集装箱交给海运承运人,即算完成了交货义务。如果是拼箱货(LCL)或者是非集装箱货物,卖方应将货物运到起运地,交给海运承运人或其代理人。

第五,采用航空运输方式时,卖方应将货物交给航空承运人或其代理人。

第六,在其他运输方式或多式联运方式下,卖方都应将货物交给第一承运人。

无论采用上述哪种运输方式,买卖双方各自承担的风险和费用均以"货交承运人"为界,即卖方承担货交承运人前的风险和费用,买方承担货交承运人以后的风险和费用,卖方在规定的时间、地点把货物交给买方指定的承运人并办理了出口清关手续后,就算完成了交货。从交货地点到目的地的一切责任、费用,包括办理进口报关的责任和费用均由买方承担。

在 FCA 条件下,卖方交货的地点可以是在出口国的内陆,也可以在其他地方,如边境地区的港口或车站等。无论在何处交货,卖方都要办理出口报关手续,提供有关的单据、发票、证件以及相应的电子数据等。

【案例 5-3】我某公司按 FCA 条件出口一批货物,合同规定 5 月份装运,但到了 5 月 30 日合同规定的期限届满时,买方仍未指定承运人。而我公司已按合同规定将该批货物存放于仓库准备出口。在此期间,仓库因火灾而焚毁。我方据此以Incoterms 2010 的相关规定,向买方提出索赔。试问,我方的要求是否合理? 为什么?

(二)运费付至——CPT

CPT(Carriage Paid to... named place of destination)"运费付至……(目的地指定地点)"价,指卖方在指定交货地向承运人或由其(卖方)指定的其他人交货并且其(卖方)须与承运人订立运输合同,载明并实际承担将货物运送至指定目的地所产生的必要费用。

按此术语成交,卖方应订立运输合同和支付正常的运费,承担货物交第一承运人接管前的一切费用和风险,办理出口清关手续,并提供约定的各项单证;买方则应承担货物在运输途中的灭失或损坏的风险以及从货物交由第一承运人接管时起所产生的一切额外费用,在目的地接受合同所规定的全部单证、支付货款、提取货物。

CPT 贸易术语,风险划分的规定与 FCA 相同,仍以货交承运人为界,货物自交货地点运至目的地运输途中的风险由买方承担,卖方只承担货物交给承运人控制之前的风险。CPT 术语因为风险和成本在不同的地方发生转移,因此需要明确两个关键点:一是风险转移给买方的交货地点。在多式联运情况下,涉及两个以上的承运人,则合同默认卖方承担的风险自货物交给第一承运人控制时即转移给买方。卖方对这一交货地点的选取具有排除买方控制的绝对选择权。二是卖方须在运输合同中载明指定的目的地。由于卖方承担将货物运至指定目的地的费用,因此合同中应尽可能准确地确定目的地的具体地点,且卖方须在运输合同中载明这一具体的交货地点。卖方基于其运输合同中在指定目的地卸货时,如果产生了相关费用,卖方无权向买方索要,除非双方有其他约定。

CPT 价格与 CFR 价格在使用中有相似之处。如卖方承担的风险都是随着交货义务的完成而转移;卖方都要负责安排货运并支付运费等。二者的区别在于:CFR 价格只适用于水上运输,因此交货地点只能是在装运港,CPT 适用于各种运输方式,交货地点根据双方约定;CFR 风险划分以装运港装上船为界,CPT 则以货交承运人为界。

(三)运费、保险费付至——CIP

CIP(Carriage Insurance Paid to... named place of destination)"运费、保险费付至……(目的地指定地点)"价,是指在约定的地方(如果该地在双方间达成一致)卖方向承运人或是卖方指定的另一个人发货,以及卖方必须签订运输合同和保险合同,并支付将货物运至目的地的运费和保险费。

该术语除了为买方办理货运保险、支付保险费外,与 CPT 术语规定的卖方义务基本相同。按 CIP 术语成交,卖方签订运输合同,把货物送交承运人,办理货运保险,并提供约定的单证,即履行合同的义务。买方在合同规定的地点受领货物、支付货款,并且负担除运费、保险费以外的货物自交货地点直至指定目的地为止的各项费用以及进口税。

CIP 术语与 CIF 术语有相同之处,它们的价格构成中都包括了运费和保险费,因此,按这两种贸易术语成交,卖方都要负责安排运输和保险并支付有关运费和保险费。CIP 术语与 CIF 术语也有明显的区别,主要是适用的运输方式的范围不同,CIP 适用于各种运输方式,CIF 仅适用于水上运输方式。采用不同运输方式时,其交货地点、风险划分界限以及有关责任和费用的划分自然也不相同。例如:CIP 条件下,卖方要办货运保险,支付保险费。如果是采用多式联运方式,货运保险要包括各种运输险,而 CIF 术语仅办理海上货物运输险即可。

第三节　Incoterms 2010 的其他贸易术语

Incoterms 2010 的 11 种贸易术语中,上节介绍的 6 种被理论界及商务界普遍认为是国际贸易交易中使用最为普遍的贸易术语。除此之外,还有 5 种贸易术语在实际业务中使用的相对较少,更适用于目前区域一体化国家间的贸易往来。

一、工厂交货——EXW

EXW(EX Works...named place)"工厂交货……(指定地点)"价,是指当卖方在其所在地或其他指定的地点[如工场、工厂(强调生产制造场所)或仓库等]将货物交给买方处置时,即完成交货。卖方不需将货物装上任何运输工具,亦不必为货物办理出口清关手续。买方则承担自卖方所在地将货物采用任何方式运至目的地所需的全部费用和风险。该术语适合各种运输方式或各种运输方式联合使用。

采用 EXW 术语成交时,卖方的基本责任是在合同规定的时间、地点,将符合合同要求的货物置于买方的处置之下,就算完成交货义务。卖方承担的风险也随着交货义务的完成而转移至买方。买方则要负责将货物装上运输工具,并将货物从交货地点运至最终目的地,并承担其间的全部责任、风险和费用,也包括货物出境、入境的全部手续和费用。

EXW 术语是卖方承担责任最小的一种,它应遵守以下使用规则:卖方没有义务为买方装载货物,即使在实际中由卖方装载货物可能更方便。若由卖方装载货物,相关风险和费用亦由买方承担。如果卖方在装载货物中处于优势地位,则使用由卖方承担装载费用与风险的 FCA 术语通常更合适。

二、装运港船边交货——FAS

FAS(Free Alongside Ship...named port of shipment)"装运港船边交货"价,术语后跟指定装运港名称。FAS 术语是指卖方在约定的日期或期限内在指定装运港将货物交到买方指定的船边(例如码头上或驳船上),即履行了其交货义务。买卖双方所承担的风险和费用,在卖方于船边履行了交货义务后,即由卖方转移到了买方。即刻起,货物灭失或损坏的风险发生转移,并且由买方承担所有费用。该术语仅适用于海运或内河运输。

卖方的义务包括:必须提供符合销售合同规定的货物和商业发票以及合同可能要求的、证明货物符合合同规定的其他任何凭证;自担风险和费用,取得任何出口许可证或其他官方许可,办理货物出口所需的一切海关手续;并给予买方关于货物已经交付或船舶未能在约定的时间内接收货物的充分通知。

买方的义务包括:必须给卖方关于船舶的名称、装船地点,以及如果有必要,在约定期限内选定的交付时间的充分通知;自行承担运费,订立自指定装运港运输货物的合同;必须按照销售合同规定在卖方交货时受领货物并支付货款。

FAS 术语在实际使用时,有几个问题需要特别注意。

第一,根据 Incoterms 2010 的解释,FAS 是指装运港船边交货价,只适用于包括海运在内的水上运输方式。而按照《1941 年美国对外贸易定义修订本》的解释,FAS 代表 Free Alongside...,即指交到各种运输工具旁,只有在 FAS 后边加上 Vessel 字样,才能表示"船边交货"。因此,与美国或美洲国家交易时,如果使用 FAS 应特别加以注意。

第二,使用 FAS 术语时,当事人应当尽可能明确在指定装运港指定的装货地点,因为到达该地点的费用与风险由卖方承担,并且根据港口交付惯例这些费用及相关的手续费可能会发生变化。当货物采用集装箱运输时,卖方通常在集装箱堆场将货物交给承运人,而不可能是在船边,所以这种情况下,船边交货规则不适用,应当采用 FCA 术语。

第三,卖方在船边交付货物或者获得已经交付装运的货物。这里"获得"迎合了链式销售,目前在货物贸易中十分普遍。

三、终点站交货——DAT

DAT(Delivered At Terminal... named terminal at port or place of destination)"终点站交货……"价,是指卖方在指定的目的港或目的地的指定的终点站卸货后将货物交给买方处置即完成交货。"终点站"包括任何地方,无论约定或者不约定,包括码头、仓库、集装箱堆场或公路、铁路或空运货站。卖方应承担将货物运至指定目的地和卸货所产生的一切风险和费用。该术语可用于选择的各种运输方式,也适用于选择的一个以上的运输方式。

卖方的主要义务有:必须自担风险和费用,在交货前取得任何出口许可证或其他官方许可,并且在需要办理海关手续时办理货物出口和从他国过境所需的一切海关手续;必须自付费用订立运输合同,将货物运至指定目的港或目的地的指定终点站,但没有为买方签订保险合同的义务;必须提供买方需要的任何通知,以便买方能够为受领货物而采取通常必要的措施;必须自付费用向买方提供提货单据,使买方能够按规定提取货物。

买方的主要义务有:负责在指定地点接收货物,承担交货后所发生的一切费用和风险;办理进口手续、支付进口税。

买卖双方费用和风险的划分,以指定目的地为界。但是,如当事各方希望卖方从交货工具上卸货并承担卸货的风险和费用,则应在销售合同中明确写明。这一术语更适用于两国接壤,并采用铁路或公路运输的交易。

使用该术语应该注意以下几点。

第一,当事人尽量明确地指定终点站,如果可能,指定在约定的目的港或目的地的终点站内的一个特定地点。因为货物到达该地点的风险是由卖方承担,建议卖方签订一份与这样一种选择准确契合的运输合同。

第二,若当事人希望卖方承担从终点站到另一地点的运输及管理货物所产生的风险和费用,那么此时 DAP(目的地交货)或 DDP(完税后交货)术语应该更适用。

第三,在必要的情况下,DAT 术语要求卖方办理货物出口清关手续。但是,卖方没有义务办理货物进口清关手续并支付任何进口税或办理任何进口报关手续。

四、目的地交货——DAP

DAP(Delivered at Place … named place of destination)"目的地交货"价,是指卖方在指定的交货地点,将仍处于交货的运输工具上尚未卸下的货物交给买方处置即完成交货。卖方须承担货物运至指定目的地的一切风险。

DAP 是 Incoterms 2010 新增的术语,取代了 Incoterms 2000 的 DAF、DES 和 DDU 三个术语。该术语的适用不考虑所选用的运输方式种类,同时在选用的运输方式不止一种的情形下也能适用。

卖方的主要义务有:必须自担风险和费用取得任何出口许可证或其他官方许可,并办理出口货物和交付前运输通过某国所必需的一切海关手续;必须自付费用订立运输合同,将货物运至指定的交货地点。如果未约定或按惯例也无法确定指定的交货地点,则卖方可在指定的交货地点选择最适合其目的的交货点;卖方无义务订立保险合同。

买方的义务有:买方须承担接货之后的风险和费用;无义务办理运输合同和保险合同;接受单据、受领货物、支付货款。

使用该术语需要注意以下几点。

第一,尽管卖方承担货物到达目的地前的风险,但建议双方将合意的交货目的地指定得尽量明确,并建议卖方签订恰好匹配该种选择的运输合同。如果卖方按照运输合同承受了货物在目的地的卸货费用,那么除非双方达成一致,卖方无权向买方追讨该笔费用。

第二,在办理海关手续时,DAP 术语要求应由卖方办理货物的出口清关手续,但卖方没有义务办理货物的进口清关手续、支付任何进口税或办理任何进口海关手续。如果当事人希望卖方办理货物的进口清关手续、支付任何进口税和办理任何进口海关手续,则应适用DDP术语。

五、完税后交货——DDP

DDP(Delivered Duty Paid … named place of destination)"完税后交货"价,是指卖方在指定的目的地,将货物交给买方处置,并办理进口清关手续,准备好将在交货运输工具上的货物卸下交与买方,完成交货。卖方承担货物运至指定的目的地的一切风险和费用,并有义务办理出口清关手续与进口清关手续,对进出口活动负责,以及办理一切海关手续。

DDP是卖方承担责任、费用、风险最大的术语,可以适用于任何一种运输方式,也可以适用于同时采用多种运输方式的情况。

DDP术语在采用时应注意的问题是:由于到达指定地点过程中的费用和风险都由卖方承担,双方当事人应尽可能地指定目的地;卖方签订的运输合同中的相关规定也最好符合上述选择的地点;如果为卖方原因导致在目的地卸载货物的成本低于运输合同的约定,则卖方无权收回成本,当事人之间另有约定的除外;如果卖方不能直接或间接取得进口许可证,则不宜使用DDP贸易术语。

第四节　出口商品的成本核算与报价

我国出口商品的价格是参照国际市场价格水平制定的,它一般与该商品国内市场价格无太直接的联系,也与该商品国内的生产成本无直接联系。但我们仍需对出口商品成本进行核算,目的在于掌握出口总成本、出口销售外汇收入和人民币收入的数据,计算和比较其出口盈亏情况,以便不断提高对外出口的经济效益。

一、出口商品总成本的构成

对外贸易是从事对外商品流通的活动。出口商品从生产、储存、运输到出口外销的流通过程中会发生各种费用,这些费用可分为"国内费用"和"国外费用"两部分。两者的划分是以"出口"(指货物离开出口口岸)为界限,因此,"出口"之前的费用为"国内费用";"出口"之后的费用(如运费、保险费、佣金费等)为国外费用。在出口商品总成本计算中,只考虑国内费用这部分。

出口营销企业所经营的出口商品,一般由出厂价款和商品的国内流通费用所构成。它相当于贸易术语CIF、CFR中的"C"(货值Cost),也就是FOB(出口总成本)。出口价款一般由产品的生产成本、利润、税捐等构成;商品流通费用是指发生在商品流通过程中的费用。对出口贸易企业来说,特指发生在出口商品出厂后至出口起运前这段商品流通过程中所发生的费用。按业务的需要,它包括以下几个主要项目:①运杂费,指出口商品出厂后至出口起运之前发生的国内运费、装卸费和其他有关运输的费用。②包装费,指出口商品的运输包装材料等费用。③仓储保管费,它包括仓租、委托保管、检查、整理、翻仓、挑选等费用,以及仓库内的搬运费、商品养护费等。④损耗费,指出口商品自进货到出口前整个储运过程中的一切自然损耗费用。⑤出口商品经营管理费和其他费用,如信贷利息、银行手续费、税款、检验费、托运费、报关、通信费等。对于一个独立的对外贸易企业,还应包括固定资产折旧费、修理费、职工工资福利费、企业管理费(含邮电费、广告费、样品宣传费、差旅费、水电费等)。

二、出口商品成本的核算

出口业务工作的基本任务是组织商品出口,换取外汇,因此应特别注意成本的核算。成本核算的方式主要有三种,即出口商品盈亏率、出口商品换汇成本及外汇增殖率的计算。

出口商品盈亏率和换汇成本都是对出口商品的"成本"和换取的外汇"收入"进行的经济比较。在具体计算时,必须把不同的成交价格统一在 FOB 条件下,即"成本"算到"出口"启用之前,称为"出口总成本";"收入"算到"离岸"的净收入(即 FOB 净收入),即"出口外汇净收入"。

(一)出口商品盈亏率

出口商品盈亏率是指出口商品的盈亏额占出口总成本的比率。盈亏额是指出口外汇净收入(折算成人民币),即出口商品销售人民币净收入与出口总成本的差额。如果出口净收入大于出口总成本即为赢利,求出它的百分率就是赢利率;反之,是亏损,求出它的百分率则是亏损率。其计算公式如下:

$$出口商品盈亏率 = \frac{出口商品销售人民币净收入 - 出口总成本}{出口总成本} \times 100\%$$

上式计算结果为正数,即赢利率;为负数,则是亏损率。

(二)换汇成本

换汇成本也是反映出口商品盈亏的一项指标。它是指某商品出口净收入 1 美元,所需人民币的总成本,即需要多少元人民币才能换回 1 美元。

根据换汇成本特定的计算条件,人民币成本统一以"出口总成本"为准计算,换回的外汇统一以"出口外汇净收入"为准计算,即以美元表示。如果是用美元以外的其他货币计算的外汇净收入,则要折算成美元。换汇成本计算公式如下:

$$换汇成本 = \frac{出口总成本(人民币表示)}{出口外汇净收入(美元表示)}$$

换汇成本计算是从商品出口换取外汇来考核经济效益的。它同出口商品盈亏率是有着内在联系的。出口商品换汇成本越高,亏损越大;反之,则赢利越大。为了降低成本、提高效益,企业一方面要尽可能降低总成本,减少生产成本,压缩商品流通费用;另一方面要寻找适销对路的商品市场,售出好价钱。

换汇成本的核算,对出口营销企业改善出口经营状况,提高出口创汇效果,有着十分重要的作用。它对不同种类出口商品换汇成本高低的分析比较,可作为企业调整出口结构的依据;对同一种类的商品,比较对不同国家或地区出口的换汇成本高低,可作为选择出口市场的依据;同一类商品,对不同时期的换汇成本进行比较和分析,可作为调整市场结构、改善经营状况的依据。

(三)外汇增值率

外汇增值率又称"创汇率",它是反映以外汇进口原材料加工成成品或半成品后再出口创汇的效果,即反映"以进养出"商品的创汇效果。

外汇增值率是指加工成成品后出口的外汇净收入与原料外汇成本的比率。其计算公式如下:

$$外汇增值率 = \frac{成品出口外汇净收入 - 原料外汇成本}{原料外汇成本} \times 100\%$$

该公式主要用于进料加工、考核进料加工的经济效益。在使用中需注意:原料全部进口,原料外汇成本按 CIF 价格计算;全部国产原料,外汇成本统一按 FOB 出口价格计算;部分国产、部分进口,国产按 FOB 出口价计算,进口按 CIF 进口价计算,两者相加即为原材料外汇成本。

第五节　常用贸易术语的价格换算

在国际贸易中,由于不同贸易术语反映出的价格构成内容不同,同一商品会反映出不同的价格水平,买卖双方基本的权利与义务也存在差异,因此,在确定进出口商品价格时,要求我们每一位从事国际贸易的人员必须能够根据不同的交易条件和销售意图,灵活地掌握和运用各种不同的贸易术语。

一、常用贸易术语的价格构成

如前面我们所介绍的,在进出口业务中,最常用的贸易术语是 FOB、CFR、CIF,被认为最有发展前途的常用术语是 FCA、CPT、CIP。在这些贸易术语的价格构成中,通常都包括三方面的内容,即进货成本、费用和净利润。其中,费用的计算最为复杂,它要包括国内费用和国外费用两部分。这六种贸易术语的价格构成我们可以用下列公式表述:

FOB 价 = 进货成本 + 国内费用 + 净利润

CFR 价 = 进货成本 + 国内费用 + 国外运费 + 净利润

CIF 价 = 进货成本 + 国内费用 + 国外运费 + 国外保险费 + 净利润

FCA 价 = 进货成本 + 国内费用 + 净利润

CPT 价 = 进货成本 + 国内费用 + 国外运费 + 净利润

CIP 价 = 进货成本 + 国内费用 + 国外运费 + 国外保险费 + 净利润

二、常用贸易术语的价格换算

在国际贸易具体交易中,由于双方交易条件的变化,其对外报价的贸易术语有时需要进行调整,这样就涉及如何在贸易术语之间进行换算的问题。

(一)FOB、CFR、CIF 之间的换算

1. FOB 和 CIF 价格换算成 CFR 价。FOB 价通常也称为出口总成本(Cost),CFR 价即成本加运费(Freight)价,因此,由 FOB 换算成 CFR 价的公式为:

CFR 价格 = FOB 价格 + 国外运费

如果已知 CIF 价格,现改报 CFR 价格,则 CFR 为:

CFR 价格 = CIF 价格 × (1 - 保险加成 × 保险费率)

2. FOB 和 CFR 价格换算为 CIF 价。我们知道 CIF 的价格构成是:FOB 价格 + 国外运费 + 国外保险费 。而国外的保险费都是以 CIF 价格为基础计算的,所以,CIF 价格如果写明保险费,其公式应该为:

CIF 价格 = FOB 价格 + CIF 价格 × 保险加成 × 保险费率 + 国外运费

如果已知 FOB 价格,现改报 CIF 价格,则 CIF 价格为:

$$CIF 价格 = \frac{FOB + 国外运费}{1 - 保险加成 \times 保险费率}$$

如果已知 CFR 价格,现改报 CIF 价格,则 CIF 价格为:

$$CIF 价格 = \frac{CFR 价格}{1 - 保险加成 \times 保险费率}$$

3. CIF、CFR 换算成 FOB 价。如果已知 CIF 价格,现改报 FOB 价格,则 FOB 价格为:

FOB 价格 = CIF 价格 ×(1 - 保险加成 × 保险费率)- 国外运费

如果已知 CFR 价格,现改报 FOB 价格,则 FOB 价格为:

FOB 价格 = CFR 价格 - 国外运费

(二)FCA、CPT 和 CIP 三种价格的换算

CIP 的价格构成应为:

CIP 价格 = FCA 价格 + 国外运费 + 国外保险费

需要注意的是,保险费应以 CIP 价格为基础进行计算,那么,CIP 价格如果写明保险费还可写成:

CIP 价格 = FCA 价格 + CIP 价格 × 保险加成 × 投保费率 + 国外运费

1. FCA 价格换算成 CPT 或 CIP 价。如果已知 FCA 价格,现改报 CPT 价格或 CIP 价格,则 CPT 价格和 CIP 价格分别为:

CPT 价格 = FCA 价格 + 国外运费

$$CIP 价格 = \frac{FCA 价格 + 国外运费}{1 - 保险加成 × 保险费率}$$

2. CIP 价格换算成 FCA 或 CPT 价格。如果已知 CIP 价格,现在改报 FCA 价格或 CPT 价格,则 FCA 价格和 CPT 价格分别为:

FCA 价格 = CIP 价格 ×(1 - 保险加成 × 保险费率)- 国外运费

CPT 价格 = CIP 价格 ×(1 - 保险加成 × 保险费率)

3. CPT 价格换算成 FCA 或 CIP 价格。如果已知 CPT 价格,现在改报 FCA 价格或 CIP 价格,则 FCA 价格和 CIP 价格分别为:

FCA 价格 = CPT 价格 - 国外运费

$$CIP 价格 = \frac{CPT 价格}{1 - 保险加成 × 保险费率}$$

第六节　佣金与折扣

佣金与折扣是价格构成因素之一。货价中是否包含佣金和折扣,以及佣金和折扣的比率大小,不仅直接影响到商品的价格,而且也影响买卖双方或第三方的经济利益。因此,正确运用佣金和折扣,有利于灵活掌握价格,调动外商的经营积极性。

一、佣金（Commission）

佣金又称手续费，是中间商因介绍交易或代为买卖商品而取得的报酬。在国际贸易中，有的交易是通过中间代理商进行的，这就需要向中间商支付一定的酬金，这个酬金可由卖方支付，也可由买方支付。如果卖方委托中间商推销商品，佣金则由卖方支付；当买方委托中间商采购商品时，佣金便由买方支付。有些中间商采用一定的手法（如暗佣），在一笔交易中同时从买卖双方获取佣金，人们习惯上称之为"双头佣"。

（一）佣金的表示方法

凡价格中含有佣金的叫"含佣价"。佣金有"明佣""暗佣"两种。凡明确表示佣金的百分比，叫作明佣；如不标明佣金的百分比，甚至连"佣金"字样也不表示出来，有关佣金问题，由双方另行约定，这种做法叫作暗佣。

明佣的表示方法有两种：一种方法是用文字说明。例如："USD 100 per M/T CIF London including 3% Commission"（每公吨 100 美元，CIF 伦敦包括 3% 佣金）。另一种方法是在贸易术语后边加注 Commission 的缩写字母"C"和所付佣金率。如上面的条件亦可写作"CIF C3% London USD 100 per M/T"。

暗佣的表示方法，从贸易条件本身看不出来，双方就具体内容可签订"付佣协议"或"代理协议"加以规定。为了明确区分净价和暗佣价，一般可在贸易术语后加注"净价"字样。

佣金的支付方法，一般是由卖方收到货款后，再另行付给中间商，也可以在付款中扣除。但暗佣的支付有所不同，一般情况下，暗佣是在卖方收到货款以后再另行支付，在所有的支付凭证中都不表明"暗佣"或"含佣"字样。

（二）佣金的计算

根据国际贸易的习惯做法，关于佣金的计算，有的是按买卖双方交易金额的百分比计算，有的是按交易双方成交的数量来计算。我国一般是以发票金额为基数计算佣金。

以买卖双方成交金额为基数计算佣金，其计算公式为：

佣金 ＝ 含佣价 × 佣金率

（三）含佣价的计算

在国际贸易交易过程中，买卖双方在商定好某种商品的成交价格后，又商定一定百分比的佣金由卖方支付。这时，就不能简单地用双方商定的价格直接求佣金，

而应将不含佣价变成含佣价,再求佣金。含佣价计算公式如下:

$$含佣价 = \frac{净价}{1 - 佣金率}$$

含佣价以什么价格为标准计算,国际上做法不一。习惯做法是按发票金额扣除保险费和运费的 FOB 价为基数计算。也有人主张以实际成交金额为基数计算,即以什么价格成交,就以什么价格为标准计算佣金。选择何种方法,需由双方达成一致。

二、折扣(Discount)

折扣是指卖方按原价给予买方的一定百分比的减让。货价中的折扣,一般应在合同中订明,这种明文表示价格折扣的做法,称为"明扣"。如果单价中没有表明折扣,而由买卖双方另行约定折扣的做法,称为"暗扣"。折扣的比率,一般是根据不同商品、不同市场和不同交易对象酌情确定的。

根据国际贸易中惯用的方法,折扣一般用文字来说明和表示。例如,"USD 30 per set FOB Tianjin less 2% Discount"(每套 30 美元,FOB 天津,折扣 2%)。价格中有折扣,按扣除了折扣后的折实售价计收货款。在国际贸易交易中,折扣以百分率表示,折实售价的计算方法是:

折实售价 = 原价 × (1 - 折扣)

在国际交易过程中,除了以上介绍的商品价格折扣外,还有运费折扣、保险费折扣等,其计算方式与商品价格折扣相同。

第七节　合同中价格条款的签订

价格条款是合同中的重要条款,它不仅涉及出口创汇的效果,还直接影响到买卖双方的经济利益。同时,价格条款还与合同中的其他条件密切相关。

一、价格条款的内容

进出口合同中的价格条款,通常包括单价和总值两项内容。一个完整的单价,必须由四部分组成,即贸易术语、计量单位、计价货币、单位价格金额,如"USD 100 per M/T CIF London"(每公吨 100 美元,CIF 伦敦)。这四部分内容位置没有统一要求,但缺一不可。在实际使用中,贸易术语后边根据不同要求要加注装运港、目的港、目的地或指定地点的名称。使用哪种度量衡制度的计量单位也要在合同中订明,以防日后出现贸易纠纷。

总值也称总价,是单价和数量的乘积,它表示一批货物的全部金额。总价使用的货币名称必须与单价的货币名称一致。

二、价格条款的制定方法

在制定国际贸易合同中的价格条款时,除应合理地制定成交价格,采用合适的贸易术语和选择有利的定价货币外,还必须根据不同情况,列明具体的作价方法。国际贸易中常用的作价方法有五种。

(一)固定价格

在买卖合同中订明具体价格,在合同有效期内不得变更。这是国际上常见的习惯做法。按此价格成交,买卖双方应按约定价格交货付款。即使约定价格与实际价格相差较大,任何一方也无权要求变更原价。这就意味着采用固定价格成交,对买卖双方都可能带来一定的风险。为了减少风险,采用此方法时,除必须对价格前景作出正确判断外,还应选择资信好的客户成交。

(二)灵活价格

买卖双方洽商交易时,如果对价格变动趋势难以判断,可签订活价合同,即只约定成交的品种、数量和交货期,而具体价格留待以后某个时期商定,或者在价格条款中把以后的作价时间、作价方法一并订明。按此办法成交,由于买卖双方都不承担价格变动的风险,故有利于交易顺利完成。

(三)部分固定价格、部分暂不定价

大宗交易和分批交货的情况下,买卖双方为避免风险,可在合同中规定,近期交货部分的商品价格采用固定作价的方法;远期交货部分的商品价格不采用固定作价的方法,而是根据市场变化按国际市场价格或双方另行协商议定的价格。

(四)暂定价格

买卖双方在合同中暂定一个商品价格,作为开立信用证和初步付款的依据,待双方确定正式价格后,再根据多退少补的原则进行最后清算。这种做法有利于促进交易,降低双方风险。

(五)滑动价格

某些生产周期长的机械设备和原材料商品交易中,买卖双方在约定初步价格的同时,还规定价格调整条款,即按原材料价格和工资变化来计算和确定最后价

格。另外,也有的应用物价指数的变动趋势作为价格调整的依据。

我国进出口贸易作价,一般都采用固定作价的办法,但根据不同商品的不同特点,有时也采用其他作价方法。

三、价格条款与合同中其他条款的关系

价格条款中贸易术语的含义规定了买卖双方承担的风险、责任和费用及双方应享有的权利和应尽的义务。法院和仲裁机构在受理交易中的争议时,首先要确定合同的性质,而合同的性质就是主要根据所使用的贸易术语来确定的。比如,按CIF 价格成交就叫 CIF 合同。如果合同中的其他条款加进了与 CIF 合同履行中相抵触的条款,比如,使用 CIF 合同,同时又在合同中规定"在货物实际交给买方之前的风险由卖方负担"的条款,该合同就不符合 CIF 合同的性质了。因此,确定一份合同的性质,不能单看它所采用的贸易术语,主要的要看全部内容是否符合所用贸易术语本身的含义。

练习与思考题

1. 什么是贸易术语? 贸易术语有哪些作用?

2. 关于贸易术语有哪些国际惯例?

3. 简述 FOB、CFR、CIF 三种术语的基本内容及其异同。

4. 为什么要在国际贸易中推广 FCA、CPT、CIP 三种贸易术语的运用?

5. 简述国际贸易中成本核算的方法及其主要内容。

6. 佣金和折扣有什么不同? 请写出它们各自的标准格式。

7. 价格条款的基本内容是什么? 在国际贸易中常用的作价方法有哪几种?

8. 已知某商品 CIF 香港价格为 2 000 港元,现港商要求改报 CIFC4 香港,并保持卖方的净收入不变,应报价多少?

9. 我某公司出口商品每吨 500 美元 CFRC2% 纽约。试计算 CFR 净价和佣金各为多少? 若客户要求将佣金提高至 5%,在保证出口净收入不减少的前提下,试问 CFRC5% 应报何价?

10. 某公司出口餐具,设进货价每打为 8.25 元人民币,出口价为 CIF×× 每打3.8 美元(已知每打运费为 0.35 美元,保险费为每打 0.02 美元)。试计算餐具的换汇成本是多少?

11. 某商品的进货价为人民币 27 000 元,出口后外汇净收入为 10 000 美元。问应如何计算该商品的赢利率或亏损率? (假设人民币兑美元的汇率为 6.147 5。)

第六章　国际货物运输条款

•学习要点与要求•

本章重点学习海洋运输的方式以及班轮运输的特点;掌握运费的计收标准及计算方法;掌握海运提单的性质、特点及提单种类;能够熟练运用和拟订装运条款,并了解其他运输方式及对应的运输单据。

第一节　国际货物运输方式

如果没有国际贸易运输,就不可能实现货物由卖方向买方的国际转移,便利和可靠的国际货物运输是有效保证国际贸易输入和输出的关键,国际货物运价是商品销售价格的重要组成部分。国际货物运输方式颇多,在实际业务中,选用何种运输方式需要综合考虑各种运输方式的特点、成交商品的种类及特点、成交商品数量的大小、成交商品的轻重缓急、运输距离的远近及货运安全等各种因素。

一、海上运输

（一）海上运输的特点

1. 海上运输的优点。与其他运输方式相比较而言,海上运输主要有以下几个优点。

（1）通过能力大。海洋约占地球总面积的71%,天然的航道四通八达,因此国际贸易2/3以上的货物要通过海上运输来完成。

（2）运量大。海上货轮小的能载几千吨,大的能载几万吨甚至几十万吨。一般杂货船可载1万—2万吨,集装箱的出现更大大提高了装载能力,集装箱船五代可以载重6万—7万吨,巨型油轮载重可达50万吨以上。其载重量远非铁路运输可以相比。

（3）运费低。海运的运载量大,因此分摊于每吨货物的运费自然就少。海运运费约为铁路运费的1/5,公路运费的1/10,航空运费的1/30。

（4）对货物适应性强。海上货物运输船舶可适应多种货物运输的需要。

2.海上运输的缺点。其缺点主要表现在以下几方面。

(1)运输速度慢。

(2)受气候和自然的影响较大,航期不易准确,且风险较大。

(二)海洋运输船舶的经营方式

按照海洋运输船舶经营方式的不同,可以分为班轮运输和租船运输。

1.班轮运输(Liner Transport)。班轮运输又称定期船运输,是指船舶在特定航线上和固定的港口之间按事先公布的船期表和运费率往返航行,从事客货运输业务的一种运输方式。

(1)班轮运输的特点。其特点主要如下。

①具有"四固定"的特点,即固定航线、固定港口、固定船期和相对固定的费率。这是班轮运输最基本的特征。

②船方管装管卸,装卸费包括在运费中。班轮运价内包括装卸费用,即货物由承运人负责配载装卸,承托双方不计滞期和速遣费。

③承托双方的权利义务和责任豁免以签发的提单条款为依据。

④班轮承运货物的品种、数量比较灵活,货运质量较有保证,且一般采取在码头仓库交接货物,故为货主提供了较便利的条件。

(2)班轮运费。关于班轮运费,主要有以下几方面内容。

①运价表。班轮运价是按照班轮运价表的规定计算的,为垄断性价格。不同的班轮公司或不同的轮船公司有不同的运价表,但它都是按照各种商品的不同积载系数、不同的性质和不同的价值结合不同的航线加已确定的。班轮运价表一般包括货物分级表、各航线运费率表、冷藏货及活牲畜费率表等。目前,我国业务中,等级运价表使用最多。该表将承运的货物分为若干等级,不同商品对应不同等级,每一等级都有一基本费率。等级运价表中一般分为20个等级,第一等级货物运费最低,第二十等级货物运费最高。在等级表后列有各航线的杂货与集装箱的费率(即等级费率和包箱费率),同时附有计收标准以及各种附加费的收取。

②班轮运费。班轮运费包括基本运费和附加费两部分。

其一,基本费率(Basic Rate),是指每一计费单位(如一运费吨)货物收取的基本运费。英文也可说成 Freight Unit Price,即航线内基本港之间对每种货物规定的必须收取的费率,也是其他一些按百分比收取的附加费的计算基础。基本费率有等级费率、货种费率、从价费率、特殊费率和均一费率之分。

知识链接

班轮运费计收标准

班轮运费的计收标准。根据不同商品,通常采用下列几种。

1. 按货物毛重计收运费,故称重量吨,运价表内用"W"表示。

2. 按货物的体积/容积计收,故称尺码吨,运价表中用"M"表示。重量吨和尺码吨统称运费吨。运费吨是指据以计收运费的吨数。

3. 按重量或体积计收,由船公司选择其中收费较多的作为计费吨,运价表中以"W/M"表示。

4. 按商品价格计收,即称从价运费,运价表内用"A. V"或"AD. VAL"表示。从价运费一般按货物的 FOB 价格的百分之几收取,贵重物品较多采用的是从价运费。

5. 在班轮运价表中还有下列标志:"W/M OR AD. VAL"及"W/M PLUS A. V.",前者表示运费按照货物重量、体积或价值三者较高的一种计收,后者表示先按货物重量或体积计收,然后另加一定百分比的从价运费。

6. 按货物的件数计收,一般只对包装固定,且包装内的数量、重量、体积也固定不变的货物,才按每箱、每捆或每件等特定的运费额计收。

7. 议价运费,由货主和船公司临时议定,这种方法通常是在承运粮食、豆类、矿石、煤炭等运量大、货价较低、装卸容易、装卸速度快的农副产品和矿产品时采用。

8. 起码运费,又称最低运费,是承运人办理一批货物所能接受的最低运费,如果承运人收取的运费低于起码运费,就不能弥补运送成本。

注意:不同商品混装在同一包装内,全部运费按其中较高者计收。

区别重货与轻货的临界标准:积载系数 = 体积/毛重;积载系数大于 1 为轻货,小于 1 为重货。

其二,附加费(Surcharges),为了保持在一定时期内基本费率的稳定,又能正确反映出各港的各种货物的航运成本,班轮公司在基本费率之外,为了弥补损失又规定了各种额外加收的费用。

知识链接

常见附加运费

附加运费主要有如下几种。

1.燃油附加费(Bunker Adjustment Factor, B. A. F.):在燃油价格突然变化时,船方所收取的反映燃料价格变化的附加费。随着燃油价格的变化,燃油附加费将相应上涨、下调或取消。

2.货币贬值附加费(Currency Adjustment Factor, C. A. F.):在货币贬值时,船方为实际收入不致减少,按基本运价的一定百分比加收的附加费。

3.转船附加费(Transshipment Surcharge):凡运往非基本港的货物,需转船运往目的港,船方收取的附加费,其中包括转船费和二程运费。

4.直航附加费(Direct Additional):当运往非基本港的货物达到一定的货量,船公司可安排直航该港而不转船时所加收的附加费。

5.超重附加费(Heavy Lift Additional)、超长附加费(Long Length Additional)和超大附加费(Surcharge of Bulky Cargo):当一件货物的毛重或长度或体积超过或达到运价本规定的数值时加收的附加费。

6.码头操作费(Terminal Handling Charges, T. H. C.):是付给承运人的,目的在于直观体现承运人因为承运集装箱而支付给码头公司或装卸公司的费用。

7.港口拥挤附加费(Port Congestion Surcharge):有些港口由于拥挤,船舶停泊时间增加而加收的附加费。

8.选港附加费(Optional Surcharge):货方托运时尚不能确定具体卸港,要求在预先提出的两个或两个以上港口中选择一港卸货,船方加收的附加费。

9.变更卸货港附加费(Alteration Charge):货主要求改变货物原来规定的卸货港,在有关当局(如海关)准许、船方又同意的情况下所加收的附加费。

10.绕航附加费(Deviation Surcharge):由于正常航道受阻不能通行,船舶必须绕道才能将货物运至目的港时,船方所加收的附加费。

(3)班轮运费的计算方法。班轮运费的计算包括以下几步。

首先,根据商品的英文名称在货物分级表中查出该商品所属等级及其计费标准。货物分级表是班轮运价表(Liner's Freight Tariff)的组成部分,它有"货名""计算标准"和"等级"三个项目。

其次,根据商品的等级和计费标准,在航线费率中查出这一商品的基本费率。

再次,查出该商品本身所经航线和港口的有关附加费率。

最后,商品的基本费率和附加费率之和即为该商品每一运费吨的单位运价。

班轮运费的公式为:

运费＝基本运费＋附加费＝运费吨×基本运费×（1＋附加费率）

【案例6-1】设由天津新港运往莫桑比克首都马普托门锁500箱,每箱体积为 0.025m^3 ,毛重为30kg,计收标准为W/M,去东非航线马普托每运费吨为450港元, 另收燃油附加费20%,港口附加费10%。问该批门锁的运费为多少?

解:W＝30 500/1 000＝15(运费吨)

M＝0.025×500＝7.5(运费吨)

因为W＞M,所以采用W计费。

运费＝基本运费率×(1＋附加费率)×运费吨

= 450×(1＋20%＋10%)×15

= 8 775(港元)

答:这批门锁的运费为8 775港元。

2.租船运输。租船运输又称不定期船(Tramp)运输,是指租船人向船主租赁 整条船舶进行货物运输。这种方式没有固定的航线、船期和固定挂靠的港口,可根 据运输需要安排。它最适合运输大宗货物,如工业原料、矿砂、石油、煤炭、水泥、食 糖、粮食、化学肥料和各种饲料等。租船运输的方式包括定程租船、定期租船和光 船租船等。就外贸企业来说,使用较多的租船方式是定程租船。

(1)租船运输的特点。租船运输主要具有以下几个特点。

①大宗货物,整船运输。租船主要是从事大宗低值货物的运输,如谷物、矿砂、 煤炭、木材等,它们都是整船装运。另外,租船有时也承运某些特种货物,如冷藏 货、危险品等,以及班轮不能或不愿承运的货物。

②运价不固定。租船运价的高低,经常随着国际租船市场上的实际船货供应 情况而定,有竞争性,运价波动有时变化很大。一般来说,租船运费比班轮运价低 廉些。

③按租船合同安排航行。租船合同是租船人和船东签订的,船舶没有预定的 船期表、航线和港口,航行时间也不固定。因此,船舶走什么航线、运什么货物,以 及航行时间等都按租船人的要求,由船东确认而定。

(2)租船运输的方式。租船运输主要包括定程租船、定期租船及光船租船。

①定程租船(Voyage Charter)。定程租船是指由船舶所有人负责提供船舶,在 指定港口之间进行一个航次或数个航次,承运指定货物的租船运输。船舶的营运

调度由船舶所有人负责,船舶的燃料费、物料费、修理费、港口费、淡水费等营运费用也由船舶所有人负担;船舶所有人负责配备船员,负担船员的工资、伙食费。航次租船的"租金"通常称为运费,运费按货物的数量及双方商定的费率计收。定程租船就其租赁方式的不同可分为单程租船、来回航次租船、连续航次租船等。

定程租船的特点是:无固定航线、固定装卸港口和固定航行船期,而是根据租船人(货主)的需要和船东的可能,经双方协商,在程租船合同中规定;程租船合同需规定装卸率和滞期、速遣费条款;运价受租船市场供需情况的影响较大;租船人和船东双方的其他权利、义务一并在程租船合同中规定。

知识链接

程租船装卸费的规定方法

程租船装卸费有如下五种规定方法。

1. 船方负担装卸费,与班轮一样,故也可称班轮条件(Gross Terms)。
2. 船方管装不管卸,FO(Free Out)。
3. 船方管卸不管装,FI(Free In)。
4. 船方装和卸均不管,FIO(Free In & Out)。
5. 船方不管装卸费、理舱费和平舱费,FIOST(Free In & Out,Stowed & Trimmed)。

②定期租船(Time Charter)。定期租船是指由船舶所有人将船舶出租给承租人,供其使用一定时期的租船运输。承租人也可将此期租船充作班轮或程租船使用。

定期租船的特点是由船舶出租人负责提供一艘船舶,并负责配备船长、船员,同时负担船长、船员的工资、航行补贴、伙食费等;承租人负责船舶的调度安排及营运工作,除船舶修理费、物料费、润滑油费、船舶折旧费、船舶保险费等由船舶出租人负担外,其他有关营运费用由承租人负担。租金率按船舶装载能力、租期长短以及航运市场价格等多方因素,在合同中约定。

知识链接

定程租船与定期租船的区别

1. 程租船是按航程租用船舶,而期租船则是按期限租用船舶。
2. 程租船的船方直接负责船舶的经营管理,他除负责船舶航行、驾驶和管理外,还应对货物运输负责。但期租船的船方,仅对船舶的维护、修理、机器正常运转和船员工资与给养负责;而船舶的调度、货物的运输、船舶在租期内的营运管理的日常开支,如船用燃料、港口费、税捐以及货物装卸、搬运、理舱、平舱等费用,均由租船方负责。

3. 程租船的租金或运费,一般按装运货物的数量计算;而期租船的租金一般是按租期每月每吨若干金额计算。

4. 采用程租船时要规定装卸期限和装卸率,凭以计算滞期费和速遣费;而采用期租船时,船、租双方不规定装卸率和滞期或速遣费。

③光船租船(Bareboat Charter)。光船租船又称船壳租船、净船期租船,这种租船不具有承揽运输性质,它只相当于一种财产租赁。光船租船是指船舶所有人将船舶出租给承租人使用一定期限,但船舶所有人提供的是空船,承租人要自己任命船长、配备船员,负责船员的给养和船舶经营管理所需的一切费用。也就是说,船舶所有人在租期内除了收取租金外,不再承担任何责任和费用。因此,一些不愿经营船舶运输业务,或者缺乏经营管理船舶经验的船舶所有人也可将自己的船舶以光船租船的方式出租,虽然这样做的利润不高,但船舶所有人可以取得固定的租金收入。

光船租船的特点是船舶所有人只提供一艘空船,全部船员由承租人配备并听从承租人的指挥,承租人负责船舶的经营及营运工作,并承担在租期内的时间损失,即承租人不能“停租”;除船舶的资本费用外,承租人承担船舶的全部固定的及变动的费用;租金按船舶的装载能力、租期及商定的租金率计算。光船租船是通过船舶所有人与承租人订立光船租船合同,由船舶所有人将船舶的占有权和使用权转移给承租人,船舶所有人仍然保留船舶的所有权。所以说,光船租船合同是财产租赁合同而不是海上运输合同。

知识链接

租船应注意的问题

1. 租船前必须熟悉贸易合同中的运输条款,使租船条款与之相衔接。

2. 租船前,应先考虑船东的资信和经营状况,以免上当受骗。

3. 要重视船舶规范,挑选船龄较小、质量较好的船。

4. 要弄清装卸港口的情况。

5. 要严格遵守我国外交和航运政策的有关规定,并密切注意各种法规的变化。

6. 熟悉了解租船市场行情和动态。

7. 一般通过代理人或经纪人进行。

二、铁路运输

铁路运输也是国际货物运输的重要方式之一。内地出口商品向港口转运要靠铁路,从港口向内地转运进口商品同样也需要铁路。铁路运输有许多优点:一般不受气候条件的影响,可保证全年的正常运输;速度快,运量较大,手续简单,有高度的连续性;运输过程中风险较小。因此铁路运输是一种仅次于海洋运输的主要运输方式。

目前国际贸易中利用铁路运输主要采用两种方式:国际铁路联运和国内铁路运输。

(一)国内铁路运输

国内铁路运输是指仅在本国范围内按《国内铁路货物运输规程》的规定办理的货物运输。我国出口货物经铁路运至港口装船及进口货物卸船后经铁路运往各地,均属国内铁路运输的范畴。供应我国港澳地区的物资经铁路运往香港、九龙,也属于国内铁路运输的范围。

1. 对香港的运输。对香港的铁路运输由大陆段和港九段两部分铁路运输组成。其特点是"两票运输、租车过轨"。也就是出口单位在始发站将货物托运至深圳北站,收货人为深圳外运公司。货到深圳北站后,由深圳外运作为各地出口单位的代理向铁路租车过轨,交付租车费(租金从车到深圳北站之日起至车从香港返回深圳之日止,按车上标定的吨位,每天每吨若干元人民币)并办理出口报关手续。经海关放行过轨后,由香港的"中国旅行社有限公司"(简称"中旅")作为深圳外运在港代理,由其在罗湖车站向港九铁路办理港段铁路运输的托运、报关工作,货到九龙站后由"中旅"负责卸货并交收货人。

2. 对澳门的运输。出口单位在发送地车站将货物托运至广州,整车到广州南站新风码头42道专用线,零担到广州南站,危险品零担到广州吉山站,集装箱和快件到广州车站,收货人均为广东省外运公司,货到广州后由广东省外运公司办理水路中转将货物运往澳门,货到澳门由南光集团的运输部负责接货并交付收货人。

(二)国际铁路联运

凡是使用一份统一的国际联运票据,由铁路负责经过两国或两国以上铁路的全程运送,并由一国铁路向另一国铁路移交货物时不需发货人和收货人参加,这种运输称为国际铁路货物联运。

采用国际铁路货物联运,有关当事国事先必须要有书面约定。我国从1954年

1 月起参加了由中国、朝鲜、苏联、阿尔巴尼亚、保加利亚、波兰、匈牙利、捷克等 12 个国家间签订的《国际铁路货物联运协定》(简称《国际货协》)。在欧洲,由德国、英国、南斯拉夫等 18 国签订了《国际铁路货物运送公约》(简称《国际货约》)。目前我国对朝鲜、独联体国家的大部分进出口货物以及东欧一些国家的部分进出口货物,都是采用国际铁路联运的方式运送的。按照《国际货协》或《国际货约》的规定,参加协约国与非协约国之间的运输可以办理联运。为了适应与东欧、北欧一些国家贸易的需要,1980 年我国成功地试办了通过西伯利亚大陆桥实行集装箱国际铁路联运。1992 年,又开通了东起我国连云港,途经陇海、兰新、北疆铁路,进入独联体直达荷兰鹿特丹的亚欧大陆桥运输。

知识链接

国际主要的铁路干线

1. 西伯利亚大铁路。
2. 加拿大的铁路:加拿大国家铁路、加拿大太平洋大铁路。
3. 美国的铁路:北太平洋铁路、南太平洋铁路、圣菲铁路、联合太平洋铁路。
4. 中东—欧洲铁路。
5. 我国与邻国的铁路线:
(1) 中俄:滨洲线、滨绥线。
(2) 中蒙:集二线。
(3) 中朝:沈丹线、长图线、梅集线。
(4) 中越:湘桂线、昆河线。
(5) 中哈:北疆铁路。
注意:中朝、中越铁路轨距相同,无须换装,可原车过轨。中俄、中蒙、中哈铁路轨距不同,货物需换装。

三、航空运输

航空运输是指利用飞机运送对外贸易货物。它是一种现代化的运输方式,其特点是交货速度快、时间短、安全性能高、货物破损率小、节省包装费、保险费和储存费,不受地面限制,可以四通八达通往世界各地。因此它最适宜运送急需物资、鲜活商品、精密仪器和贵重物品。

（一）航空运输的承运人

1.航空运输公司。航空运输公司是航空货物运输业务中的实际承运人,负责办理从启航机场至目的机场的运输,且对全程运输负责。

2.航空货运代理公司。航空货运代理公司既可以是货主的代理,也可以是航空公司的代理。作为前者,其负责办理航空货物运输的订舱,在始发机场和目的机场交接货物及办理进出口报关等事宜;作为后者,其负责办理接货并以航空承运人的身份签发航空运单,对运输过程负责。

（二）航空运输方式

1.班机运输(Scheduled Airline)。班机是指在固定时间、固定航线、固定始发站和目的站运输的飞机。通常班机是使用客货混合型飞机,一些大的航空公司也开辟有定期全货机航班。

2.包机运输(Chartered Carrier)。包机是指包租整架飞机或由几个发货人(或航空货运代理公司)联合包租一架飞机来运送货物。

3.集中托运(Consolidation)。集中托运是指航空货运公司把若干单独发运的货物(每一货主货物要出具一份航空运单)集中成一整批货物,用一份总运单(附分运单)整批发运到预定目的地,由航空公司在那里的代理人收货、报关、分拨后交给实际收货人。

4.航空急件传送方式(Air Express Service)。航空急件传送是目前国际航空运输中最快捷的运输方式,被称为"桌到桌运输"(Desk to Desk Service)。

（三）航空运价

航空运价是指从起运机场到目的机场的运价,不包括如提货、仓储等其他额外的费用。在计收时,运价一般是按重量(千克)或体积重量(6 000 立方厘米折合 1 千克)计算的,且以两者中高者为准。在运价标准上通常分为四类。

1.特种货物运价(Special Cargo Rate,SCR)。特种货物运价是指特定货物在特定航线上享有的特别优惠的运价。特种货物运价规定有起码重量(100 千克),达不到则不能按此运价计算。

2.等级货物运价(Class Cargo Rate,CCR)。等级货物运价仅适用于少数货物。通常在一般货物运价基础上加或减一定百分比计收,其起码重量为 5 千克。

3.一般货物运价(General Cargo Rate,GCR)。货物的种类不适用于上两种的,就必须按一般货物运价计收。以 45 千克为划分点,45 千克以上比 45 千克以下的运价低,即重量越大其运价越低。

4.起码运价(Minimum Rate,M)。起码运价又称最低运费,是航空公司根据办理一批货物,即使是一笔很小的货物,所必须产生的固定费用而制定的,当货物运价少于起码运费时,就要收起码运费。如果承运人收取的运费低于起码运费,就不能弥补运送成本。

知识链接

航空运价选择的原则

首先使用 SCR,其次是 CCR,最后是 GCR。但当使用 CCR 或 GCR 所产生的运费低于 SCR 时,那么就可以使用 CCR 或 GCR,即尽可能为发货人提供最低运价。

四、集合运输

(一) 托盘运输(Pallet Transport)

托盘运输是货物按一定要求成组装在一个标准托盘上组合成为一个运输单位,并便于利用铲车或托盘升降机进行装卸搬运和堆存的一种运输方式。它是成组运输的初级形态。

托盘是按一定规格形成的单层或双层平板载货工具,通常以木制,但也有用塑料、玻璃纤维或金属制成。其种类有平板托盘、箱形托盘、柱型托盘。

知识链接

托盘运输的优点、局限性及应注意的问题

托盘运输的优点:

1.搬运和出入库、场都可以用机械操作,有利于提高运输效率,缩短货运时间,降低劳动强度。

2.以托盘的运输单位,货物件数变少,体积重量变大,而且每个托盘所装数量相等。

3.投资比较小,收效比较快。

托盘运输的局限性:

1.托盘承运的货物范围有限。

2.托盘运输虽然设备费用减少,但要增加托盘费用。

---

3. 托盘运输是向成组运输前进了一步,但它的效果还不足以根本改变传统的流通方式。

采用托盘运输应注意的事项:

1. 装载托盘货物的范围有一定限制,不是所有货物都可以用托盘运输。

2. 必须符合托盘积载的规定。

3. 每一托盘载货,必须捆扎牢固,具有足够的强度和稳定平衡,既能承受一般海上风险,经受装卸操作和移动,也能承受其上面的一定压力。

4. 货物以托盘运输时,必须在所有运输单证上注明"托盘运输"字样。

(二)集装箱运输(Container Transport)

集装箱运输是指将货物装入标准规格的集装箱,利用陆、海或空运的运输工具成组化运送货物的一种方式。这是国际航运中一种新型的现代化运输方式。目前,我国和世界上许多国家都已采用这种运输方式。集装箱结构牢固,规格统一。除了适于杂货运输的干货集装箱外,还创造了运送各种商品的专用集装箱。

1. 集装箱的种类。国际标准化组织制定的集装箱标准规格有 13 种,最常见的有 20 英尺、40 英尺和 40 英尺高箱。集装箱按不同用途可分为杂货集装箱、冷藏集装箱、罐式集装箱、框架集装箱、敞顶集装箱等。一个 20 英尺集装箱被称为一个"标准箱",简称"TEU",规格为 8 英尺×8 英尺×20 英尺,最大载重 20 公吨,最大容积 31 立方米,一般可装 17 公吨或 26 立方米。一个 40 英尺集装箱在报关时按两个"TEU"计算,但在实务中,一个 40 英尺集装箱的实际载货量不能按照两个 20 英尺集装箱来计算,因为虽然 40 英尺集装箱的规格为 8 英尺×8 英尺×40 英尺,但 40 英尺集装箱的最大载重是 30 公吨,最大容积是 67 立方米,一般只能装 25 公吨或 57 立方米。在实务中,重货(毛重大于体积的货物)装 20 英尺集装箱,轻货(体积大于毛重的货物)装 40 英尺集装箱或 40 英尺高箱。

2. 集装箱运输的交接方式和交接地点。集装箱的托运方式分整箱(Full Container Load, FCL)和拼箱(Less Than Container Load, LCL)两种。凡装货量达到每个集装箱容积 75%或达到每个集装箱负荷量 95%的即为整箱货,由货主或货代在工厂或仓库自行装箱后直接运交集装箱堆场(Container Yard, CY),以箱为单位向承运人进行托运,货到目的地(港)后,收货人可直接从目的港(地)集装箱堆场提货;凡货量达不到上述整箱标准的,须按拼箱托运,即由货主或货代将货物送交集装箱货运站(Container Freight Station, CFS),货运站收货后,按货物的性质、目的地分类整理,而后将去同一目的地的货物拼装成整箱后再行发运,货到目的地(港)后,由承运人拆箱分拨给各收货人。

> **知识链接**
>
> ### 集装箱运输的优点
>
> 1.有利于提高装卸效率和加速船舶的周转。
> 2.有利于提高运输质量和减少货损货差。
> 3.有利于节省包装费用,降低货运成本。
> 4.有利于货物运输,简化货运手续,加速货物周转,缩短货运时间。
> 5.有利于实现门到门运输,从而促进了国际多式联运的发展。
> 6.有利于提前结汇,货物一交到集装箱场、站,即可凭联合运输单据结汇。

3.集装箱运输的费用。

(1)费用构成:内陆或装运港市内运输费、拼箱服务费、堆场服务费、海运服务费、集装箱及其设备使用费等。

(2)运费计收方法:按件杂货基本费率加附加费(每运费吨)、按包箱费率(以集装箱为计费单位)。

五、国际多式联运

(一)国际多式联运(Multi-model Transport)

国际多式联运是指按照多式联运合同,以至少两种不同的运输方式,由多式联运经营人把货物从一国境内接运货物的地点运至另一国境内指定交付货物的地点。

开展国际多式联运是实现"门到门"运输的有效途径,它简化了手续,减少了中间环节,加快了货运速度,降低了运输成本,并提高了货运质量。货物的交接地点也可以做到门到门、门到港站、港站到港站、港站到门等。

1.构成国际多式联运的条件。构成多式联运要满足一定的条件,主要如下。

(1)必须有一个多式联运合同。

(2)必须使用一份包括全程的多式联运单据。

(3)必须是国际的货物运输。

(4)必须至少是两种不同运输方式的连贯运输。

（5）必须由一个多式联运经营人对全程运输负总责。

（6）必须是全程单一运费率。

2. 多式联运经营人（Multi-model Transport Operator）。多式联运经营人是事主，而不是发货人的代理人或参加多式联运的承运人的代理人，并负有履行合同的责任。他可以是实际承运人，也可以是无船承运人（NVOCC）。

（二）大陆桥运输（Land Bridge Transport）

大陆桥运输是指使用横贯大陆的铁路（公路）运输系统作为中间桥梁，把大陆两端的海洋连接起来的集装箱连贯运输方式。

目前世界上最主要的大陆桥有美国大陆桥、加拿大大陆桥，这两条是平行的，统称为北美大陆桥。它们都是连接大西洋和太平洋的大陆通道，主要运送从远东国家经北美销往欧洲的货物，是世界上第一条大陆桥；另一条是连接太平洋和大西洋、波罗的海以及黑海的西伯利亚大陆桥。主要运送远东国家经西伯利亚到欧洲各国或亚洲的伊朗、阿富汗等国的物资，经过这条路线运往欧洲的货物要比经苏伊士运河缩短 8 000 公里，时间可节省 20 天左右。此外，1992 年，东起我国连云港，途经陇海、兰新、北疆铁路，进入独联体直达荷兰鹿特丹的亚欧大陆桥运输正式开运。

六、公路、内河运输

（一）公路运输（Road Transportation）

公路运输与铁路运输同为陆上运输的基本运输方式，公路运输是一种比较灵活、方便的运输方式，它除了适用于内地集散进出口货物外，还适用于邻国之间的进出口货物运输。我国同许多周边国家和地区的进出口货物是经由国境公路运输的，但公路运输载货量有限，运输成本较高，容易造成货损事故。

> **知识链接**
>
> ### 公路运输的特点
>
> 1. 公路运输在进出口货物的集散上起着重要的作用。
> 2. 公路运输有助于实现"门到门"的运输。
> 3. 公路运输也是我国边境地区与邻国物资交流的重要工具。

（二）内河运输（Inland Water Transportation）

内河运输是水上运输的重要组成部分,它是连接内陆腹地与沿海地区的纽带,在运输和集散进出口货物中起着重要的作用。我国不仅有四通八达的内河航运网,还同一些邻国有国际河流相连,这就为相互的进出口货物通过河流运输和集散提供了十分有利的条件。内河运输的特点是投资少、运量大、成本低。

七、邮包和管道运输

（一）邮包运输（Parcel Post Transport）

邮包运输是指通过邮局寄交国际贸易货物的一种运输方式。这种运输方式比较简便,只要卖方根据买卖合同中双方约定的条件和邮局的有关规定,向邮局办理寄送包裹手续,付清邮费,取得收据,就完成交货义务。手续简便,费用不高。但是,邮包运输对国际邮包的大小、重量有一定的限制。一般每件大小不超过 1 公尺,重量不超过 20 公斤,因而邮包运输适用于小型样品、医药、零件、贵重的精密仪器以及生产上急需的零星物资的投寄。邮包运输包括普通邮包和航空邮包两种。

知识链接

邮包运输的特点

1. 它是国际上最广泛的运输方式。
2. 它是一种国际多式联运性质的运输方式。
3. 具有"门到门"（Door to Door）运输的性质,是一种手续简便、费用不高的运输方式。

（二）管道运输（Pipeline Transportation）

管道运输是一种特殊的运输方式,与普通货物运输方式有很大的不同。它是货物在管道内借助高压气泵的压力输往目的地的一种运输方式。

管道运输就其运输对象可分为气体管道、液体管道、水浆管道(输送矿砂、煤粉的)和压缩空气管道(输送邮件、单证的)等。

世界上大的石油公司为了垄断石油的产、供、销,获取高额利润,往往自己投资建设本公司专用的石油管道,以运输自己的产品。

知识链接

管道运输的特点

1. 运输通道与运输工具合二为一。

2. 高度专业化。

3. 单方向的运输。

4. 固定投资大,建成后运输成本较低。

八、OCP 运输

OCP 称为内陆公共点或陆上公共点,英文全称为 Overland Common Points,其含义是使用两种或两种以上运输方式将卸至美国西海岸港口的货物通过铁路转运至美国的内陆公共点地区,并享有优惠运价。美国的 OCP 地区只限于美国的中部和东部各州,它以落基山脉为界,在其之东的各州均为 OCP 地区,在其之西的各州均为非 OCP 地区。

知识链接

使用 OCP 时应注意的问题

1. 在成交时应在运输条款中明确"自×××(装运港)至×××(美国或加拿大西部港口)OCP×××(内陆地点)"(Shipment from ×××to ×××OCP××)。

2. 提单上必须标明 OCP 字样,并且在提单卸货港一栏中除填明美国或加拿大西部海岸港口名称外,还要加注内陆地区的城市名称。

3. 在货物包装的运输唛头中也应在卸货港一项内刷注 OCP 字样,并将卸货港和最终目的地同时列明。例如"温哥华 OCP 蒙特利尔"(Vancouver OCP Montreal)。

4. 货物最终目的地必须属于 OCP 地区范围,货物必须经由美国或加拿大西海岸港口中转。

从远东至美国西岸港口,而后再向东运往 OCP 地区的货物,不仅其海运运费可享受优惠的 OCP Rate(每吨运费约低 3—4 美元),而且进口方支付的从西岸至

最终目的地的铁路（或公路）运费也较其本地运输费率低 3%—5%。因此,OCP 一词应被视为美国运输业划分业务地区和收取优惠费率的专有运输名词,而不是大陆桥运输。

第二节　合同运输条款的签订

在国际货物买卖合同中,买卖双方必须对交货时间、装运地、目的地、分批装运、转运、装运通知、滞期、速遣条款等内容作出具体的规定。明确合理的规定装运条款,是保证装运合同顺利履行的重要条件。

一、装运期与交货期

（一）装运期与交货期的含义及其区别

装运时间（Time of shipment）又称装运期,是指卖方将合同规定的货物装上运输工具或交给承运人的期限。交货时间（Time of Delivery）又称交货期,是指交付货物的时间。

装运时间与交货时间通常是一致的。在以 FOB、CFR、CIF 等贸易术语签订的装运合同中装运期与交货期是一致的,但在以 DAT、DAP、DDP 等贸易术语签订的到达合同中,装运期与交货期就是两个截然不同的概念。

（二）约定装运期与交货期的意义

根据国际贸易中有关法律与惯例的解释,装运期与交货期都是买卖合同中的主要条件,如合同一方当事人违反装运期或交货期,另一方当事人有权要求赔偿损失,甚至撤销合同。因此,进出口业务中,订好买卖合同中的装运期条款,使装运期规定合理和切实可行,对保证按时完成约定的装运任务有着十分重要的意义。

（三）约定装运期与交货期的方法

1. 规定明确、具体的装运时间。装运时间一般不确定在某一个日期上,而是确定在一段时间内,这种规定方法是在合同中订明某年某月装运、或某年跨月装运、或某年某季度装运等。例如:"Shipment during July/Aug/Sep."（7—9 月装运）,或"Shipment at or before the end of Sep."（9 月底或以前装运）等。

2. 规定收到信用证后若干天装运。如规定:"Shipment within 30 days after receipt of L/C"（收到信用证后 30 天内装运）。

以收到信用证为标准确定装运期主要适用于下列情况。

(1)按买方要求的花色、品种和规格或专为某一地区或某商号生产的商品,或者是一旦买方拒绝履约难以转售的商品,为了防止遭受经济上的损失,则可采用此种规定方式。

(2)在一些外汇管制较严的国家和地区,或实行进口许可证或进出口配额制的国家,为促成交易,有时也可采用这种方法。

(3)对某些信用较差的客户,为促使其按时开证,也可酌情采用这一方法。

上述规定方法的好处是,既能促使买方早开证或按时开证,以利卖方有计划地安排生产和组织货源,又能避免因买方拖延开证而引起的卖方加工、备货紧张或赶不上装运期的被动局面。但上述方法也有弊病,因为装运期的确定是以买方来证为前提条件的,所以如签订合同后市场价格出现对买方不利的变化,买方有可能拒不开证或拖延开证,装运期也就无法确定,从而使卖方处于无法安排装运的被动局面。

为了促使买方按时开证,在采用这类规定方法时,必须在合同中相应加列约束性的条款。例如:"The relevant L/C must reach the seller not later than. . . otherwise, the seller has the right to lodge a claim against the buyer"(买方必须最迟于某某日期将有关信用证开抵卖方,否则,卖方有权向买方提出索赔)。

3. 规定近期装运术语。如规定:"Immediate shipment"(立即装运)、"Prompt shipment"(即期装运)、"Shipment as soon as possible"(尽快装运)等。

由于这些术语在各国、各行业中解释不一,故不宜使用。国际商会制定的《跟单信用证统一惯例》也明确规定不宜使用此类词,如果使用,银行将不予置理。

(四)约定装运期与交货期的注意事项

1. 应考虑货源、运输和市场需求等实际情况。装运期规定的近远,应和生产、库存情况相适应。如现货或加工需时较短,装运期可以规定的近一些;加工费时较多,则远一些。在由我方负责租船订舱的条件下,对装运期的规定必须考虑有关的运输情况,还要注意市场的销售季节,装运时间如能赶在销售季节之前,将是我方争取好价的因素之一。

2. 对装运期的规定要明确。在买卖合同中,应明确规定装运或交货的具体期限,凡"立即装运""即期装运"和"尽速装运"之类规定方法,应尽量避免使用。

3. 装运期限应适当,并考虑开信用证日期的规定是否合理。装运期规定过短或过长都是不适当的。过短将给船货安排带来一定的困难;过长不但势必占压买方资金(开证占压的资金),影响买方订购的积极性,而且往往使卖方出口商品不能赶上有利的销售时机,从而削弱卖方出口商品的竞争能力。装运期或交货期与开证日期常常是相互关联的,为了保证按期装运和及时交货,在规定装运期或交货期的同时,还应明确合理地规定开证日期,并使二者互相衔接起来。一般地说,信用证至少应在装运期或交货期开始前 15 天开到卖方,以便卖方有必要的时间安排船货。

4.应结合考虑交货港、目的港的特殊季节因素。如北欧、加拿大东部港口冬季易封冻结冰,故装运时间不宜订在冰冻时期;反之,热带某些地区,则不宜订在雨季装运等。

二、装运港(地)和目的港(地)

(一)约定装运港(地)和目的港(地)的意义

装运港(Port of Shipment)是指货物起始装运的港口。装运港一般由出口方提出,经进口方同意后确定。

目的港(Port of Destination)是买卖合同中规定的最后卸货港口,目的港则由进口方提出,经出口方同意后确定。

在国际货物买卖合同中,约定装运港(地)和目的港(地),既有利于卖方按约定地点组织货源和发运货物,也有利于买方按约定地点接运或受领货物。

(二)约定装运港(地)与目的港(地)条款的方法

1.在一般情况下,装运港和目的港分别规定各为一个。比如:"Port of shipment:Shanghai"(装运港:上海),"Port of destination:London"(目的港:伦敦)。

2.有时按实际业务的需要,也可分别规定两个或两个以上的装运港或目的港。比如:"Port of shipment:Xingang/Shanghai"(装运港:新港/上海),"Port of destination:LONDON/LIVERPOOL"(目的港:伦敦/利物浦)。

3.在磋商交易时,如明确规定装运港或目的港有困难,可以采用选择港(Optional Ports)办法。规定选择港有两种方式:一种是两个或两个以上港口中选择一个,如"CIF London/Hamburg/Rotterdam"(CIF 伦敦/汉堡/鹿特丹);另一种是笼统规定某一航区为装运港或目的港,如:"EMP:European Main Port"(欧洲主要港口)。

(三)约定装运港(地)和目的港(地)的注意事项

1.规定国外装运港和目的港应注意的问题。

（1）对国外装运港或目的港的规定应力求具体明确；一般情况下，出口不能笼统地订为"欧洲主要港口""非洲主要港口"等。由于哪些是主要港并无统一解释，而且各港口距离远近不同，装卸条件、运费不一，极易发生纠纷。

但是在实际业务中，有时根据具体情况和需要，也可允许在同一航区规定两个或两个以上的邻近港口为装运港或目的港。例如，有些买方是中间商，他们在洽谈交易时明确指定具体目的港有困难，为了照顾买方的实际困难和促成交易起见，可允许买方在几个港口中任选其中一个港口作为目的港，但选择的目的港必须规定在同一航线。同时在合同中应明确规定：①如所选目的港要增加运费、附加费，应由买方负担；②买方应在开信用证的同时宣布最后目的港。

（2）不能接受内陆城市为装运港或目的港的条件。

（3）必须注意国外装卸港的具体运输和装卸条件。例如，有无直达班轮航线、港口装卸设备、码头泊位的深度、冰冻期、对船舶国籍有无限制、港口的规章制度，以及运费、附加费的水平等。

（4）应注意国外港口有无重名问题。例如，世界上维多利亚（Victoria）港就达12 个之多，波特兰（Portland）、波士顿（Boston）、的黎波里等有数个。为了防止发生差错，如有重名港，在买卖合同中要注明装卸港所在国家或地区的名称。

2. 规定国内装运港和目的港应注意的问题。

（1）在出口业务中，对装运港的规定主要应考虑货源比较接近的港口，同时也应考虑港口和国内运输的条件和费用水平。对统一对外成交而分口岸交货的某些商品，由于成交时还不能最后确定装运港，也可规定为"中国口岸"，或两个以上具体港口为装运港，这样比较灵活主动。

（2）在进口业务中，对国内卸货港的规定，一般要选择接近用户或用货单位的港口为宜。但是为了避免港口拥挤产生堵塞现象，卸货港也可规定为"中国口岸"。

三、分批装运和转运

在进出口业务中，各国对分批装运和转运的解释和运用不一。有些国家的法律规定：如合同未规定允许分批装运和转运，则不得分批装运和转运；而《跟单信用证统一惯例》2007 年修订本（国际商会第 600 号出版物，简称 UCP600）则规定："除非信用证中另有规定，允许分批装运和转运。"为了避免在履行合同时引起争议，交易双方应在买卖合同中订明是否允许分批装运和转运。若双方同意分批装运，应将批次和每批装运的具体时间与数量订明；若双方同意转运，应将转运的港口加以明确。

（一）分批装运（Partial Shipments）

1. 分批装运的含义。分批装运又称分期装运，是指一个合同项下的货物分若干批或若干期装运。买卖合同中作出这一规定时，称为分批装运条件。造成分批装运的原因是多方面的，如除了成交量较大外，运输工具的限制、目的港装卸条件差、船源紧张、市场销售的需要、一次备货有困难、期货成交后需逐批生产等。

2. 约定分批装运的方法。约定分批装运，有以下三种方式。

（1）只规定允许分批装运，但对时间、批次和每批的数量不作规定。

（2）在规定允许分批装运的同时，订立每批装运的时间和数量。

（3）规定不许分批装运。

3. 规定分批装运的注意事项。

（1）按照 UCP600 的规定，凡是信用证上没有明确规定不准分批装运和转运的，则一律视为允许分批装运和转运。

（2）运输单据表明货物是使用同一运输工具并经同一路线运输的，即使运输单据注明装运日期不同及（或）装运地（港）不同，只要目的地相同，也不视为分批装运。

（3）如信用证规定在指定的时间内分批装运，若其中任何一批未按约定的时间装运，则该批和以后各批均告失效。

（二）中途转运（Transshipment）

1. 转运的含义。转运是指货物没有直达船或一时无合适的船舶运输，而需通过中途港转运的货物运输。

2. 约定转运条款的原因。实务中约定转运的情况通常有两种。

（1）如驶往目的港没有直达船或船期不定或航次间隔太长，为了便于装运，则应在合同中订明"Transshipment to be allowed"（允许转船）。

（2）如某些货量较大的商品，需要运往条件较差的目的港口时，为了便于装运，则应该在合同中订明"Partial shipments and transshipment to be allowed"（允许分批和转船）。

3. 约定转运条款的注意事项。

（1）载明交易双方同意转运，并对转运的办法和转运费的负担作出明确具体的约定。

（2）转运条款通常是与装运时间结合起来规定的。

（3）合同中是否规定允许转运或不准转运条款，应视具体情况而定。

条款实例

合同中的分批、转运条款

1. "Shipment during May/June/July, with partial shipments and transshipment allowed."（5/6/7 月份装运,允许分批和转运。）

2. "During June/July in two shipments, transshipment is prohibited."（6/7 月份分两批装运,禁止转运。）

3. "During Nov./Dec. in two equal monthly shipments, to be transshipped at Hong Kong."（11/12 月份分两次平均装运,由香港转运。）

四、装运通知

装运通知是装运条款中不可缺少的一项重要内容。不论按哪种贸易术语成交,交易双方都要承担相互通知的义务。

装运通知(Shipping Advice)是在采用租船运送大宗进出口货物的情况下,在合同中加以约定的条款。规定这个条款的目的在于明确买卖双方的责任,促使买卖双方互相配合,共同做好船货衔接工作。如在 FOB 条件下,买方应按约定的时间将船名、船期等通知卖方,卖方装船后应及时通知买方以便其办理保险。而在以 DAT 和 DAP 条件成交时,为了便于买方及时提货,卖方应将交货日期、货物数量、载货船舶名称和预定到港日期等事先通知买方。

买卖双方约定装运通知有着重要的意义。就卖方而言,装运通知除便于交接货物外,主要表明其交付货物的运输风险已转由买方负担。就买方而言,装运通知则更具有多方面的意义:一是便于买方办理货运保险或进行追加保险;二是便于买方早日着手准备提货事宜;三是便于买方预售货物。

根据国际贸易惯例,如按 FOB、CFR、CIF 术语出口,卖方应在货物装船后,将货物的品名、件数、重量、发票金额、船名及装船日期等各项内容在约定的时间内电告对方;如按 FCA、CPT 和 CIP 术语出口,卖方应在把货物交付承运人后,将所交付货物的具体情况及交付时间告知买方,以便买方办理投保及进口报关手续,作好接卸货物的准备。

约定装运通知的注意事项包括:交易双方彼此都有相互通知的义务,明确装运通知的时间,酌情确定装运通知的内容。

五、装卸时间、装卸率和滞期、速遣条款

（一）装卸时间（Lay Time）

装卸时间是指允许完成装卸任务所约定的时间。由于装卸时间的长短和装卸效率的高低，直接关系到船方的利害得失，故船方出租船舶时，都要求在定程租船合同中规定装卸时间、装卸率，并规定延误装卸时间和提前完成装卸任务的罚款与奖励办法，以约束租船人。装卸时间一般以天数或小时来表示，其规定方法很多，其中主要有下列几种。

1. 日（Days）或连续日（Running Days，or Consecutive Days）。这是指午夜至午夜连续24小时的时间，也就是日历日数。这种规定，不论是实际不可能进行装卸作业的时间（如雨天、施工或其他不可抗力），还是周末或节假日，都应计为装卸时间，因此，对租船人很不利。

2. 累计24小时好天气工作日（Weather Working Days of 24 Hours）。这是指在好天气情况下，不论港口习惯作业为几小时，均以累计24小时作为一个工作日。如果港口规定每天作业8小时，则一个工作日便跨及几天的时间，这种规定对租船人有利。

3. 连续24小时好天气工作日（Weather Working Days of 24 Consecutive Hours）。这是指在好天气情况下，连续作业24小时算一个工作日，中间因坏天气影响而不能作业的时间应予扣除。此外，星期日和节假日也应除外。关于利用星期日和节假日作业是否计入装卸时间，国际上有不同的规定。因此，在工作日之后应补充订明"星期日和节假日除外""不用不算，用了要算"或"不用不算，即使用了也不算"。这种方法一般适用于昼夜作业的港口。当前，国际上采用这种规定的较为普遍，我国一般都采用此种规定办法。

上述装卸时间的起算和止算，应当在合同中订明。关于装卸时间的起算，一般规定在收到船长递交的"装卸准备就绪通知书"后，经过一定的规定时间后开始起算。关于装卸货物的止算时间，通常是指货物实际装卸完毕的时间。

（二）装卸率（Rate of Loading & Unloading）

装卸率是指每日装卸货物的数量。装卸率一般应按照港口习惯的正常装卸速度，本着实事求是的原则，具体确定装卸率。规定过高，完不成装卸任务，要承担滞期费；规定过低，虽能提前完成装卸任务，可得到船方的速遣费，但船方因装卸率低，船舶在港时间长而增加运费，致使租船人得不偿失，因此，装卸率的规定应当

适当。

（三）滞期费和速遣费（Demurrage and Dispatch Money）

1.滞期费是指在规定的装卸期限内,租船人未完成装卸作业,给船方造成经济损失,租船人对超过的时间应向船方支付的一定罚金;速遣费是指在规定的装卸期限内,租船人提前完成装卸作业,使船方节省了船舶在港的费用开支,船方应向租船人就可节省的时间支付一定的奖金。

按惯例,速遣费一般是滞期费的一半（Dispatch Half Demurrage,DHD）。在规定买卖合同的滞期、速遣费条款时,应注意内容与将要订立的租船合同的相应条款保持一致,以免造成不应有的损失。

2.滞期费和速遣费的计算。在程租船运输中,有可能涉及滞期费和速遣费的计算。计算速遣费时,计算节省的时间有两种方法。一是把到截止日为止的许可时间减去实际完成装卸时间,即为节省的全部时间（All Time Saved）。二是把节省的全部时间再减去其中星期日、假日等非工作日,剩下的时间就称为节省的工作时间（Working Time Saved）。

第三节　国际货物运输单据

运输单据是承运人收到承运货物后签发给托运人的证明文件,它是交接货物、处理索赔与理赔以及向银行结算货款或进行议付的重要单据。

一、海运提单（Ocean Bill of Lading，B/L）

（一）海运提单的含义

海运提单是由船长或承运人或其代理人签发的,证明收到特定的货物,允许将货物运至特定的目的地并交付于收货人的凭证。

提单的主要关系人是签订运输合同的双方:托运人和承运人。托运人即货方,承运人即船方。其他关系人有收货人和被通知人等。收货人通常是货物买卖合同中的买方,被通知人是承运人为了方便货主提货的通知对象,可能不是与货权有关的当事人。如果提单发生转让,则会出现受让人、持有人等提单关系人。

(二)海运提单的性质及作用

1.提单是货物收据(Receipt for the Goods)。证明承运人已经按提单的内容收到货物,对于将货物交给承运人运输的托运人,提单具有货物收据的功能。不仅对于已装船货物,承运人负有签发提单的义务,而且根据托运人的要求,即使货物尚未装船,只要货物已在承运人掌管之下,承运人也有签发一种被称为"收妥待运提单"的义务。所以,提单一经承运人签发,即表明承运人已将货物装上船舶或已确认接管。

提单作为货物收据,不仅证明收到货物的种类、数量、标志、外表状况,而且还证明收到货物的时间,即货物装船的时间。

签发提单时,只要能证明已收到货物和货物的状况即可,并不一定要求已将货物装船。但是,将货物装船象征卖方将货物交付给买方,于是装船时间也就意味着卖方的交货时间。而按时交货是履行合同的必要条件,因此,用提单来证明货物的装船时间是非常重要的。

2.提单是货权凭证(Documents of Title)。提单是承运人保证凭以交付货物和可以转让的物权凭证。对于合法取得提单的持有人,提单具有物权凭证的功能。提单的合法持有人有权在目的港以提单相交换来提取货物,而承运人只要出于善意,凭提单发货,即使持有人不是真正货主,承运人也无责任。而且,除非在提单中指明,提单可以不经承运人的同意而转让给第三者。提单的转移就意味着物权的转移,连续背书可以连续转让。提单的合法受让人或提单持有人就是提单上所记载货物的合法持有人。

提单所代表的物权可以随提单的转移而转移,提单中所规定的权利和义务也随着提单的转移而转移。即使货物在运输过程中遭受损坏或灭失,也因货物的风险已随提单的转移而由卖方转移给买方,只能由买方向承运人提出赔偿要求。

3.提单是承运人与托运人之间所订运输合同的证明(Evidence of the Contract of Carriage)。提单条款明确规定了承、托双方之间的权利和义务、责任与豁免,是处理承运人和货方运输方面争议、纠纷的法律依据。

提单上印就的条款规定了承运人与托运人之间的权利、义务,而且提单也是法律承认的处理有关货物运输的依据,因而常被人们认为提单本身就是运输合同。但是按照严格的法律概念,提单并不具备经济合同应具有的基本条件:它不是双方意思表示一致的产物,约束承托双方的提单条款是承运人单方拟定的;它履行在前,而签发在后,早在签发提单之前,承运人就开始接受托运人托运货物和将货物装船的有关货物运输的各项工作。所以,与其说提单本身就是运输合同,还不如说提单只是运输合同的证明更为合理。

如果在提单签发之前,承托双方之间已存在运输合同,则不论提单条款如何规定,双方都应按原先签订的合同约定行事;但如果事先没有任何约定,托运人接受提单时又未提出任何异议,这时提单就被视为合同本身。虽然由于海洋运输的特点,决定了托运人并未在提单上签字,但因提单毕竟不同于一般合同,所以不论提单持有人是否在提单上签字,提单条款对他们都具有约束力。

(三)提单的内容

1.提单的正面内容。通常提单正面都记载了有关货物和货物运输的事项,这些事项有的是有关提单的国内立法或国际公约规定的,作为运输合同必须记载的事项,如果漏记或错记,就可能影响提单的证明效力;有的则属于为了满足运输业务的需要而由承运人自行决定,或经承运人与托运人协议,认定应该在提单正面记载的事项。前者称为必要记载事项,后者称为任意记载事项。各国关于提单的法规都对提单的必要记载事项作出了规定,虽然有简有繁,但是,从提单的法律效力和业务需要考虑,各国对提单的必要记载事项规定是基本相同的。

《中华人民共和国海商法》第73条第1款规定,提单内容,包括下列各项(如单据附样6-1所示)。

(1)托运人(Shipper);

(2)收货人(Consignee);

(3)被通知人(Notify Party);

(4)收货地或装货港(Place of Receipt or Port of Loading);

(5)目的地或卸货港(Destination or Port of Discharge);

(6)船名及航次(Vessel's Name & Voyage Number);

(7)唛头及件号(Shipping Marks & Numbers);

(8)件数及货名(Number of Package & Description of Goods);

(9)重量和体积(Weight & Measurement);

(10)运费预付或运费到付(Freight Prepaid or Freight to Collect);

(11)正本提单的份数(Number of Original B/L);

(12)转船信息(Regarding Transshipment Information Please Contact);

(13)船公司或其代理人的签名(Name & Signature of the Carrier);

(14)签发提单的地点及日期(Place & Date of Issue)。

单据附样 6 – 1 海运提单

Shipper		B/L No.	
		SINOTRANS	
Consignee or Order		中 国 外 运 天 津 公 司 SINOTRANS TIANJIN COMPANY OCEAN BILL OF LADING	
Notify Address		SHIPPED on board in apparent good order and condition (unless otherwise indicated) the goods or packages specified herein and to be discharged at the mentioned port of discharge or as near thereto as the vessel may safely get and be always afloat.	
Pre-carriage by	Port of Loading	The weight, measure, marks and numbers, quality, contents and value, being particulars furnished by the Shipper, are not checked by the Carrier on loading.	
Vessel	Port of Transshipment	The Shipper, Consignee and the Holder of this Bill of Lading hereby expressly accept and agree to all printed, written or stamped provisions, exceptions and conditions of this Bill of Lading, including those on the back hereof.	
Port of Discharge	Final Destination	IN WITNESS whereof the number of original Bills of Lading stated below have been signed, one of which being accomplished the other(s) to be void.	
Container Seal No. or Marks and Nos.	Number and Kind of Package	Description of Goods	Gross Weight (kgs.)	Measurement (m³)
Freight and Charges		Regarding Transshipment Information Please Contact	
Ex. Rate	Prepaid at	Freight Payable at	Place and Date of Issue	
	Total Prepaid	Number of Original Bs/L	Signed for or on Behalf of the Master	
			As Agent	

2.提单的背面内容。在提单背面,通常都印就运输条款,这些条款是作为确定承运人与托运人之间以及承运人与收货人及提单持有人之间的权利和义务的主要依据。主要有适用法律条款、承运人责任和豁免条款、承运人责任期间条款、承运人赔偿责任限额条款、包装和标志条款、运费条款、托运人错误申报条款等内容。

国际上为了统一提单背面条款内容,达成了三个有关提单的国际公约。

(1)1924 年《关于统一提单的若干法律规则的国际公约》,简称《海牙规则》(The Hague Rules)。

(2)1968 年《布鲁塞尔议定书》,简称《维斯比规则》(The Visby Rules)。

(3)1978 年《联合国海上货物运输公约》,简称《汉堡规则》(The Hamburg Rules)。

(四)提单的种类

提单可以从不同的角度加以划分,主要有以下几类。

1. 按货物是否装船分类。

(1)已装船提单(On Board B/L 或 Shipped B/L)。已装船提单是指承运人已将货物全部装上指定船舶后签发的提单,提单上必须注明装运货物船舶的名称,明确表示货物已装船,并写明装运日期(即签发提单的日期)。在目前出口业务中所见到的信用证,除了集装箱运输使用运输单据以外,都要求提供已装船提单。这是因为,凡已装上船的货物既不会在装运港再卸下又不会改装其他船只,这样对收货人来说,有按时收货的保证。故而信用证中一般均规定提供已装船提单。

(2)备运提单(Received for Shipment B/L)。备运提单是指承运人收到托运货物等待装运期间应托运人的要求而签发的提单。由于备运提单表示货物尚未装船,能否按时装运及到货时间都没有保证,因此,买方一般不愿意接受备运提单。在信用证业务中,银行一般也不予接受。不过,当这种提单经承运人加注“已装船”字样,并注明船名和装运日期后,就成为“已装船提单”而为银行所接受。应该指出的是,当交易双方使用的是 FCA(货交承运人)或 CPT(运费付至)或 CIP(运保费付至)贸易术语,而买方开来的信用证中并未规定必须提交“已装船”提单时,则卖方提交备运提单应该是可以的,因为这三种贸易术语下,双方风险的划分是当货物交付承运人后风险即由卖方转移至买方。

2. 按货的外表状况有无不良批注分类。

(1)清洁提单(Clean B/L)。清洁提单是指货物装船时表面状况良好,一般未经过加添表示货物或其包装不良的批注,或虽然有批注,但不影响结汇的提单。国际航运公会于1951 年提出允许清洁提单上有下列三种内容的批注:一是不明白地表示货物或包装不能令人满意,例如,只在提单上批注"旧包装""旧麻袋"等;二是强调承运人对于货物或包装性质所引起的风险不负责任,如批注"对货物生锈免责"或"对货物或包装破碎免责"等;三是否认承运人知悉货物的内容、重量、容积、质量或技术规格。这三项内容,已被大多数国家或组织所接受。清洁提单是买方收到完好货物的保证,也是提单转让时必备的条件。

(2)不清洁提单(Unclean B/L 或 Foul B/L)。不清洁提单指承运人在提单上加注货物表面或包装状况有不良或存在缺陷等批注的提单。根据 UPC600,除非信用证明确规定可以接受不清洁提单,否则银行不接受不清洁提单。

知识链接

提单上常见的批注

在实际业务中如何把握清洁提单和不清洁提单的界限,这是一个很重要的问题。提单中常见的批注有如下几类。

1.对货物与包装状况的批注:

①One bag broken. (一包破。)

②One bale of rubber stained by water. (一包橡胶水渍。)

③All timber loaded wet. (全部木材装船水湿。)

④One carton No. 23 mildew stained. (第 23 号纸箱有霉迹。)

⑤Two boxes crashed, contents exposed. (两箱打碎,货物暴露。)

⑥One case broken, content exposed. (有一箱破损,内装货物暴露)。

⑦Three steel tubes bent. (三条钢管弯曲。)

⑧Damaged by vermin(rats). (有虫或被鼠咬。)

⑨Two drums, Nos. 3 & 5 badly dented N/R for condition of contents. (第 3、5 两桶严重碰凹,船方对其内容不负责。)

2.对附加费用的说明:

Port expenses at destination to be borne by the consignee. (目的港费用由收货人负担。)

3.免责批注:

①N/R for put refection. (船方不负货物腐烂之责。)

②N/R for number of pieces caused by bundles off. (散捆后船方对件数不负责。)

③S. T. C(said to contain)、SBS(Said by shipper)、SLAC(Shipper's load & count)、SLCAS(Shipper's load count & seal)(内容据托运人报称、内容据托运人计数等)。

④Charges additional to the freight.(运费之外的费用。)

4. 对运输的说明:

①Ship may discharge the goods at the nearest port if unable to reach the destination.(如不能进入目的港,船方可将货物在就近港口卸下。)

②Goods maybe loaded on deck.(货物有可能装舱面。)

5. 未明确表示货物与包装不良的批注:

①Second-hand gunny bags.(用过的／二手麻袋。)

②Used drums.(旧桶。)

6. 对货物包装是否适合海运等的判断:

Packing condition maybe not suitable for sea transport.(包装状况可能不适合海运航程。)

7. 对货物数量的批注:

①Short shipped/loaded one jar.(少装一坛。)

②Short out five cases.(少装五箱。)

8. 如果提单下没有出现"清洁"字样,或出现"清洁"字样但又被删除,并不视为有不清洁批注或不清洁。

在上述七类批注中,第1类批注的无疑是不清洁提单。第2类是说明费用的,除非信用证有相反规定,银行都会接受这种提单。第3和4类实际上是承运人认为需要时重申他的权利和责任,一般提单条款中已有类似说明,提单上加注这些内容,对收货人权益并无影响。第5类并没有明确表明货物与包装的缺陷。第6类说明货物包装可能不适宜海运要求,但没有明确说明不适宜海运。所以有第2、3、4、5和6这几类批注的都不属于不清洁提单。第7类说明了货物的短少。货物在装船时由于损坏等原因,出口商一时又不能补齐货物,承运人就在提单上加这类批注。提单上有这类批注时,托运人均按实际出运数来缮制发票收取货款,对收货人来说仍是货真价实,不会吃亏。所以一般说来进口商可以接受这类单据。第8类肯定是清洁提单。

3. 按提单抬头的不同分类。

(1)记名提单(Straight B/L)。记名提单是指在提单上的"收货人"一栏内具体填写某人或某企业名称,只能由该特定收货人提货的提单。由于这种提单不能通过背书方式转让给第三人,不能流通,故其在国际贸易中很少使用,只在卖方已收取货款,或信用证有要求时,托运人才会要求承运人签发此种提单。有时对于某些贵重货物或物资,为了保证货物所有权不丢失,也使用这种提单。按照某些国家的惯例,记名提单收货人不凭提单,只要在"到货通知书"上背书即可提货。

记名提单根据货物的运交对象,收货人可以填写为:

① Consigned to Buyer,即以购买人为抬头人;

② Unto issuing Bank 或 Consigned to Bank,即以开证行为抬头人,中南美洲国家开来的信用证中所规定的提单,很多是这种提单;

③ Unto Shipper's agent 或 Consigned to shipper's agent,即以托运人在目的港的代理人为抬头人。

(2)不记名提单(Blank B/L, Open B/L, Bearer's B/L)。不记名提单亦称空白提单,是指在"收货人"栏内不填写任何收货人,或仅填写"持有者"(Bearer)字样的提单。这种提单的转让,不需任何背书手续,提单的持有者仅凭提单即可要求承运人交货。因此,提单一旦遗失,货物可能会被人提走,即使货物未被提走,如果提单被转到第三者的手中,也势必会引起纠纷。故而这种提单在国际贸易中很少使用。

(3)指示提单(Order B/L)。指示提单是指在提单"收货人"一栏不注明限定某具体收货人提货,而是载明"指示"(Order)、"凭发货人指示"(Order of Shipper)、"凭××银行指示"(Order of ×× Bank)等字样。这种提单可经过背书转让,故其在国际贸易中广为使用。

指示提单中"收货人"抬头处一般有以下几种填写方法。

①"凭指示"(To Order/Order),指提单上所载货物的所有权只要有托运人(Shipper)的背书即可转让出去,此种方法采用最多,也为银行所欢迎。

②"凭发货人指示"(To Order/Order of Shipper)。与上项类似,信用证的受益人即为发货人,也就是"order"的意思。以上两种写法的含义基本上一样,但也有所区别。"凭指示"的含义是发货人基本上就是信用证上的受益人;"凭发货人指示"的含义是发货人可能是信用证上的受益人,也可能不是信用证上的受益人,如国外要求提供中立人提单或背对背信用证不需供货人的名字出现在提单上,在以上情况下,提单上的发货人便出现第三方的名字。

③"凭议付银行指示"(To Order/Order of Negotiating Bank),即提单须议付银行背书,才能将货物所有权转让给第三方。而托运人于货物装船时即失去了货物的所有权,因为已将所有权转让给银行,此种方法不常用。也有的来证规定"凭开

证行指示"(To Order of ×× Bank)的。

指示提单经过背书后才能提取货物或转让,背书的方法有两种。

其一,"记名背书"(Full Endorsement, Special Endorsement)。系指背书人除在提单的背面签字盖章外,还需列明被背书人的名称。例如,提单背面注明"货交××公司(买方)"(Cargo delivered to order of ×× Co.),然后背书人再签字盖章。

其二,"空白背书"(Blank Endorsement),指仅由背书人在提单的背面签字盖章。

4.按运输过程中是否需转运分类。

(1)直达运输提单(Direct B/L)。直达提单亦称为直航提单,系指货物从装运港装船后中途不经换船而直接驶达目的港卸货所签发的提单。直达提单内仅列有装运港和目的港港名,无"中途转船"或"在某港转船"等批注。如来证规定货物不准许转船,卖方必须取得承运人签发的直达提单,银行才接受办理议付货款。

(2)转船提单(Transshipment B/L)。转船提单是指从装运港装货的轮船,不直接驶往目的港,而需在中途港换装另外船舶所签发的提单。转船提单有的注明"在××港转船"(with transshipment at ××)字样,也有的仅注明"须经转船"(with transshipment)即可。

根据UCP600的规定,除非信用证禁止转运,银行将接受包括海运全程运输的转船提单。对于集装箱、拖车及/或子母船运输,即使信用证禁止转运,银行仍接受包括全程运输的转船提单;即使信用证禁止转运,含有承运人声明保留转运权利条款的提单,银行仍可接受。一般认为,印有承运人有权转船的"自由转船"条款的提单,仍属于直达提单。在实际业务中,由于中途转船会影响到货时间,增加费用和风险,故买方一般不愿转船,只有在无直达船或直达船较少时才订立此条款。因此,一般合同或信用证均规定不准转船。

(3)联运提单(Through B/L)。联运提单是指由承运人或其代理人在货物起运地签发的运往最终目的地并收取全程费用的提单。这种提单用于海陆联运、海河联运或海空联运。它如同转船提单一样,货物在中途转换运输工具,由第一程承运人或其代理人向下一程承运人办理。联运提单经第一程承运人签发后,以后其他的承运人只需按照此提单履行义务而不再另外签发提单。应当指出,联运提单虽签署全程运输,但签发联运提单的承运人一般都在提单中规定,只承担他负责运输的一段航程内的货损责任,货物从他的运输工具上卸下后,他按船舶经营性质分类的责任即告终止。

(4)多式联运提单(Multimodal Transport B/L)。多式联运提单是指承运人或多式联运经营人对采用多式联运方式的货物出具的提单。这主要用于集装箱运输,全程可涉及多种运输方式。

5. 按船舶经营性质分类。

(1)班轮提单(Liner B/L)。班轮提单是指经营班轮运输的轮船公司或其代理人出具的提单,提单上列有详细的运输条款。

(2)租船提单(Charter Party B /L)。租船提单是指船方根据租船合同签发的提单。提单上注有"一切条件、条款和免责事项按照某年某月某日的租船合同"或批注"根据××租船合同出立"(Subject to charter party...)字样。这种提单受租船合同条款的约束。银行或买方在接受这种提单时,通常要求卖方提供租船合同的副本,以了解提单和租船合同的全部情况。

6. 按提单的格式分类。

(1)全式提单(Long Form B/L)。全式提单也称繁式提单,是一种提单背面列有承运人和托运人权利、义务等详细条款的提单。这种提单在进出口业务中经常使用。

(2)简式提单(Short Form B/L)。简式提单也称略式提单,是指仅载明全式提单正面的必要项目,如船名、货名、标志、件数、重量、装卸港、托运人名称和签单日期等,而略去背面条款的提单。租船提单属于简式提单,由于它不是一个完整的独立文件,所以银行不愿意接受。班轮提单虽也属于简式提单,但这种提单是一个完整独立的文件,所以银行可以接受。简式提单在美国航运界已经普遍采用,但欧洲大陆则表示如无印就的背面条款,便无法提供足够的保证,故尚未予以接纳。

7. 按运费支付方式不同来划分。

(1)运费预付提单(Freight Prepaid B/L)。运费预付提单是指货物装船后立即支付运费的提单,因此,CIF、CFR 贸易术语下,卖方向银行提交的提单都是运费预付提单。

(2)运费到付提单(Freight to be Collected B/L)。运费到付提单是指货物到达目的港后,收货人提取货物时再支付运费的提单。此种提单在收货人付清运费前,船方可行使货物留置权。在 FOB 贸易术语下,卖方提供的多是运费到付提单。

8. 按提单使用效力分类。

(1)正本提单(Original B/L)。正本提单是指提单上有承运人、船长或其代理人签字盖章并注明签发日期的提单。这种提单在法律上和商业上都是公认有效的单证,提单上必须要标明"正本"字样。正本提单一般签发一式两份或三份,凭其中的任何一份提货后,其余的即作废。

(2)副本提单(Copy B/L)。副本提单是指提单上没有承运人、船长或其代理人签字盖章,而仅供工作上参考之用的提单。在副本提单上一般都有"COPY"或"NON NEGOTIABLE"(不作流通转让)字样。

9. 按提单签发人分类。

（1）船东提单（Master B/L）。船东提单指船公司签发的海运提单，又叫主单或海单，简称 M 单，可以签发给直接货主（此时货代不出提单），也可签发给货代（此时，货代给直接货主出货代提单）。

（2）货代提单（House B/L）。货代提单又称运输代理行提单，是指由货代或运输代理人签发的提单，它不是一种可以转让的物权凭证，只是运输代理人收到托运货物的收据，不能作为向承运人提货的凭证。

10. 其他种类的提单。

（1）预借提单（Advanced B/L）。预借提单指信用证规定的装船日期已到期或接近到期，而货主因故未能及时备妥货物装船或因船期延误影响货物装船，在这种情况下托运人要求承运人先行签发装船提单，以便结汇。这种在货物装船前或开始装船前已为托运人借走的提单，称为"预借提单"。虽然托运人在要求签发预借提单时，必须提供"保函"（Letter of Indemnity），以承担一切责任，但仍会给承运人带来风险，收货人可以向法院控告承运人的欺诈行为，而保函在法律上的有效性往往是不能成立的，因此，承运人应避免签发这种提单。

（2）倒签提单（Antedated B/L）。倒签提单指货物的实际装船日期迟于信用证规定，如仍按实际装船日期签署提单，势必影响结汇，为使签发提单日期与信用证规定日期相符，承运人应托运人的要求，在提单上仍按信用证所规定的装船日期填写。这种提单称为"倒签提单"。一般提单签发日期应为该批货物全部装船完毕的日期。但有时由于种种原因，不能在信用证规定的装船期内装运，又来不及修改信用证，为符合信用证规定，采用倒签日期的做法。这种提单与预借提单的签发均属不合法行为，承运人需承担由此产生的风险，特别是在货价下跌时，收货人可以"伪造提单"（False B/L）为理由，拒绝提货并向法院起诉，扣留船只，直到取得补偿或保证金为止。因此，不应使用倒签提单。

（3）舱面提单（On Deck B/L）。舱面提单即为甲板上的货物所签发的提单。这种提单应注明"在舱面"（On Deck）的字样。承运人在提单上一般加列不负责任的批注，如"Shipped on deck at shipper's risks"或"Cargo shipped on deck. Carrier not responsible for losses arising there from"。对于一般货物，由于装在舱面容易损失（如遭雨淋、水浸或卷入海中），对收货人不利，故而除非信用证另有规定，银行一般不接受舱面提单。由于集装箱货物多式联运的发展，情况有所变化。根据 UCP600 的规定，运输单据不得表明货物装于或者将装于舱面。声明货物可能被装于舱面的运输单据条款可以接受。

（4）过期提单（Stale B/L）。过期提单有两种，一种是指超过规定的交单日期的提单;第二种是晚于货物到达目的港的提单。前者,是指卖方超过信用证规定的交单日或在提单签发日期后 21 天才到银行议付的提单。按 UCP600 的规定:如信用证无特殊规定,银行将拒绝接受迟于提单装运日期 21 天才到银行议付的提单。后者,是在近洋运输时容易出现的情况。故在近洋国家间的贸易合同中,一般都订有"过期提单可以接受"的条款(Stale B/L is acceptable)。

(5)电放提单(Surrendered or Telex Release B/L)。电放提单是指船公司或其代理人签发的注有"Surrendered"或"Telex Release"的提单复本、复印件或传真件。电放是由托运人向船公司发出委托申请并提交保函后,将货物装船后承运人(或其代理人)所签发的全套正本 B/L 交回承运人(或其代理人),同时指定收货人(非记名 B/L 的情况下),承运人授权(通常以电传、电报等通信方式通知)其在卸货港的代理人,在收货人不出具正本提单(已收回)的情况下,可凭盖收货人公司章的电放提单换取提货单以清关提货的海运操作方式。

综上所述,提单的种类很多,买卖双方洽商交易时,究竟采用哪一种提单,应在合同或信用证中具体订明。

二、海运单(Sea Waybill)

(一)海运单的含义

海运单是证明海上运输合同和货物由承运人接管或装船,以及承运人保证据以将货物交付给单证所载明的收货人的一种不可流通的单证,因此又称"不可转让海运单"(Non-negotiable Sea Waybill)。

海运单不是物权凭证,故而不可转让。收货人不凭海运单提货,而是凭到货通知提货。因此,海运单收货人一栏应填写实际收货人的名称和地址,以便货物到达目的港后通知收货人提货。

(二)海运单的性质及作用

海运单的性质和作用包括三个方面。

(1)承运人收到由其照管的货物的收据。

(2)运输契约的证明。

(3)在解决经济纠纷时作为货物担保的基础,即海运单具有货物担保的作用。当承运人违约,如错交货物时,托运人可凭海运单对抗承运人,要求赔偿损失。

海运单有不可转让性,在实际业务中,相当于一个记名提单。

海运单虽然有不可转让性,在实际业务中,对于海运单所体现的托运人对承运人的一切权利与义务是可以转给海运单上所记载的收货人的。

(三)海运单流转程序

海运单作为运输契约的证明,是根据承托双方一致同意的条件来签发的,通常只签发一份正本运单。但是,如经托运人请求也可签发两份或两份以上正本。海运单的流转程序包括以下几步。

(1)船公司签发运单给托运人。

(2)为了通知运单上标明的具体收货人,船公司在船舶到卸货港前约一个星期发出到货通知。

(3)收货人签署完这个到货通知,并退还船代理。

(4)船代理据以签发提货单(Delivery Order)给收货人。

(5)船抵港后,收货人凭提货单提货。

知识链接

海运单与提单的区别

1.海运单不是物权凭证,不能背书或转让,而提单是物权凭证,可以背书或转让。

2.海运单上必须详尽标明收货人,一般情况下,除收货人以外,他人不得提货。而提单上不必标明确切的收货人名称。

3.海运单背面一般没有印上运输合同的条款,而提单背面印有运输合同条款。

三、电子提单(Electronic B/L)

(一)电子提单的含义

电子提单是一种利用 EDI 系统对海运途中货物支配权进行转让的数据。卖方、发货人、银行、买方和收货人均以承运人(或船舶)为中心,通过专有计算机密码通告运输途中货物支配权的转移时间和对象;在完成货物的运输过程中,通常情况下不出现任何书面文件;收货人提货,只要出示有效证件,证明身份,由船舶代理验明即可。

（二）电子提单的优点

电子提单转移不同于传统提单的转移是通过提单持有人的背书而实现的，它是利用 EDI 系统根据特定密码使用计算机进行的。因此它具有许多传统 B/L 无法比拟的优点。

（1）可快速、准确地实现货物支配权的转移。

（2）可方便海运单的使用。

（3）可防冒领和避免误交。

（三）电子提单的流转程序

电子提单的流转要经过以下几点。

（1）卖方向承运人订舱，承运人确认。

（2）承运人确认是否承运该批货物。

（3）卖方将货物交给承运人，承运人向买方发送一个收到该批货物，但同时可作某些保留的电讯。

（4）承运人将货物装船后通知卖方，同时通知银行。

（5）卖方凭信用证即可取款，货物支配权由卖方转移到银行，承运人销毁与卖方之间的通信密码，并向银行确认。

（6）卖方告诉银行谁是买主。

（7）买方支付货款并取得货物支配权后，银行则通知承运人货物权利的转移，承运人销毁与银行之间的密码，向买方确认其控制着货物，并给买方一个新的密码。

（8）船舶抵目的港后，承运人通知买方。

（9）收货人实际接收货物后通知承运人，买方对货物的支配权终止。承运人销毁与买方的密码。

四、铁路运单（Rail Waybill）

（一）承运货物收据（Cargo Receipt）

承运货物收据是在特定运输方式下所使用的一种运输单据，它既是承运人出具的货物收据，也是承运人与托运人签订的运输契约。我国内地在出口港澳地区时会使用承运货物收据。

承运货物收据的格式及内容和海运提单基本相同，主要区别是它只有第一联为正本。我国内地运往港、澳地区的出口货物运输经常使用,作为对外办理结汇的凭证,还是收货人凭以提货的凭证。它不仅适用于铁路运输,也可用于其他运输方式。

（二）国际铁路联运运单（International Through Rail Waybill）

国际铁路联运运单是国际铁路联运的主要运输单据,它是参加联运的发送铁路与发货人之间订立的运输契约,其中规定了参加联运的各国铁路和收、发货人的权利和义务。对收、发货人和铁路都具有法律约束力。

运单正本随同货物到达终到站,并交给收货人。它既是铁路承运货物出具的凭证,也是铁路与货主交接货物、核收运杂费和处理索赔与理赔的依据。运单副本于运输合同缔结后交给发货人,是卖方凭以向收货人结算货款的主要证件。

五、航空运单（Air Waybill）

航空运单是承运人与托运人之间签订的运输契约,也是承运人或其代理人签发的货物收据。航空运单还可作为承运人核收运费的依据和海关查验放行的基本单据。但航空运单不是代表货物所有权的凭证,也不能通过背书转让。收货人提货不是凭航空运单,而是凭航空公司的提货通知单。在航空运单的收货人栏内,必须详细填写收货人的全称和地址,而不能做成指示性抬头。

依签发人的不同,航空运单可分为以下两种。

（1）航空主运单（Master Air Waybill,MAWB）。凡由航空运输公司签发的航空运单就称为航空主运单。

（2）航空分运单（House Air Waybill,HAWB）。凡由航空货运代理人在办理集中托运业务时签发给每一发货人的运单即为航空分运单。

每份航空运单有3份正本和至少6份以上的副本。3份正本分别给发货人、承运人、收货人。

六、邮政收据（Parcel Post Receipt）

邮政收据是邮政运输的主要单据,它是邮局收到寄件人的邮包后所签发的凭证,也是收件人凭以提取邮件的凭证,当邮包发生损坏或丢失时,它还可以作为索赔和理赔的依据,但邮包收据不是物权凭证。

邮寄证明（Certificate of Posting）是邮政局出具的证明文件,据此证实所寄发的单据或邮包确已寄出和作为邮寄日期的证明。它可作为结汇的一种单据。

专递收据(Courier Receipt)是特快专递机构收到寄件人的邮件后签发的凭证。银行将接受由任何专递或快递机构开立的单据。

七、多式联运单据(MTD)

多式联运单据是多式联运合同的证明,也是多式联运经营人收到货物的收据和凭以交付货物的凭证。根据发货人的要求,它可以做成可转让的,也可以做成不可转让的。

多式联运单据如签发一套一份以上的正本单据,应注明份数,其中一份完成交货后,其余各份正本即失效。

即使信用证禁止转运,银行将接受表明可能转运或将要转运的多式联运单据,但同一多式联运单据须包括全程运输。

知识链接

多式联运单据与联运提单的区别

1. 两种运输单据的名称不同。根据《联合国国际货物多式联运公约》的规定,在多式联运方式下所使用的运输单据称为"多式联运单据";在联运方式下所使用的运输单据称为"联运提单",联运是指包括水运在内的两种以上运输方式的联合运输。

2. 两种运输单据的签发人不同。多式联运单据的签发人可以是不拥有运输工具,但有权控制运输并对全程运输负责的多式联运经营人或其授权的人;而联运提单由拥有运输工具的海上承运人或其代理人或船长签发。

3. 两种运输单据下签发人的责任不同。多式联运单据的签发人对货物负有全程运输的责任;而联运提单的签发人仅对自己的运输区段负责。

4. 两种运输单据签发时间和地点不同。在多式联运方式下,多式联运经营人或其代理人在内陆货运站、码头堆场、发货人的工厂或仓库接收货物后即可签发多式联运单据;而联运提单习惯上在装货港货物装上船舶后签发,属于已装船提单。

5. 两种运输单据适用的联运范围不同。多式联运单据可用于海运与其他运输方式的联运,又可用于不包括海运的其他运输方式的联运,但必须是由两种或两种以上不同运输方式的联运;联运提单限于由海运与其他运输方式所组成的联合运输时使用。

---

1. 班轮运输的运费应该包括哪些费用？

2. 某商品每箱毛重 40 千克，体积 0.05 立方米。在运费表中的计费标准为 W/M，每运费吨基本运费率为 200 美元，另加收燃油附加费 10%，计算每箱运费为多少？

3. 集装箱的标准箱位(TEU)指的集装箱尺寸是多少？

4. 什么是大陆桥运输？

5. 多式联运承运人对全程中货物的灭失、损坏、延迟交货等是否承担责任？为什么？

6. 我国拟出口某商品净重 10 公吨，对外原报价每公吨 1 500 港元 FOB 新加坡。国外要求改报 CFR 新加坡。设每箱装货 20 千克，箱重 5 千克，至新加坡每运费吨为 300 港元，则我方重新报价应报 CFR 新加坡多少？

7. 出口一批工具，共 19.6 公吨，14.892 立方米。由上海装船经香港转运至温哥华。经查，上海至香港，该货物计费标准为 W/M，8 级，基本运费率为每运费吨 20.5 美元；香港至温哥华，该货物计费标准为 W/M，8 级，基本运费率为每运费吨 60 美元，另收香港中转费，每运费吨 14 美元。计算该批货物的总运费。

8. 案例分析：一批货物由印度的马得拉斯港装船经新加坡转船运往温哥华，承运人签发了全程运输提单。在新加坡转船时，货物在码头等候装第二程时在露天仓库受雨遭损。货主向承运人索赔，船方以货物不在船上而是在陆地上受损，不属于海上运输为由拒赔。请分析，承运人拒赔理由是否充分？为什么？

9. 案例分析：我方向澳大利亚按 FOB 价格购进一批矿产品共 30 000 公吨。在贸易合同中规定卖方每天应负责装货 2 000 公吨，按晴天工作日计算。我方在运进这批货物的租船合同中规定每天装货 2 500 公吨，按连续工作日计算。在上述两个合同中滞期费每天均为 6 000 美元，速遣费每天均为 3 000 美元。结果卖方只用了 13 天(其中包括两个星期天)便将全部货物装完。问我方在签订上述两个合同时有何失误之处？

国际货物保险条款

● 学习要点与要求 ●

本章学习内容为国际货物运输面临的主要风险、内容及其合同保险条款的订立。其中海上货物运输保险是需要重点掌握的内容,包括我国货运保险条款规定和国际货运保险条款规定。此外,随着国际贸易的发展以及保险业务的拓展,与国际货物贸易有关的保险业务也不断发展,加之传统货物运输保险险别与相应的价格术语所规定的风险界限划分存在一些对买方或卖方无法涵盖的风险区间,因此,在订立保险条款的同时,还应掌握相关的国际货物买卖利益险;以及由于买卖双方距离相对遥远,货物的交割存在商业信用风险,需要掌握相应的出口信用风险等内容。

国际货物保险是国际贸易的重要组成部分。伴随着国际贸易的迅速发展,以及国际航运能力的提高,国际货物保险业务也得到了快速发展,反过来又进一步促进了国际贸易和国际航运事业的发展。国际贸易中货物的交割需要跨越时空来完成。首先,从空间的移动看,需要经过长途运输、多次装卸、搬运和存储过程,由于自然气候变化无常、地理环境各异、各国政治局势和社会稳定程度不同,因此,货物在运输途中可能会因各种自然或人为的风险而遭受损失,属于国际货物运输保险的范围。其次,以货物运输保险为基础,由于买卖双方在国际货物买卖中的风险、责任和费用的划分不同,从时间上存在国际货物运输险别所不能覆盖的风险,如卖方利益风险。最后,国际货物买卖中还存在着由于买卖双方信用而导致的买卖利益损失而产生的信用风险。因此,为了在遭受损失时能得到一定的经济补偿,货物的买方或卖方通常要向保险公司投保相应的保险险别,一旦受损可以得到相应的赔偿。

第一节 国际货物海上运输保险

所谓货物运输保险,是指投保人(或被保险人)在货物装运前,按照一定的投保金额,向承保人(或称保险人)投保一定的险别,并按照投保的保险金额、投保险别及保险费率向承保人交纳保险费从而取得保险凭证。承保人对被保险货物(保险标的物)在运输过程中遭受的承保范围内的损失,按投保金额及损失程度给予一定的经济补偿。

根据上述定义,从法律的观点来看,保险就是一种补偿性契约关系。它要求:一方面投保人必须要向承保人提供一定的对价;另一方面承保人应对投保人将来可能遭受的某些损失依合同的规定承担一定的经济赔偿责任。其实质是投保人将运输途中可能遇到的风险转移给了承保人,而承保人再将这些风险在投保人中间进行分摊,从而降低了所有投保人的风险。因此,保险对国际贸易和国际货物运输的发展起到了至关重要的作用。

一、海上保险的基本原则

保险的基本原则是投保人(被保险人)和承保人(保险人)签订保险合同,履行各自的义务,以及办理索赔和理赔工作所必须遵循的基本原则。英国《1906 年海上保险法》对海上保险的定义为:海上保险合同是保险人向被保险人承诺,于被保险人受到海上损失,即海事冒险所发生的损失时,应按照约定的方式和范围,赔偿被保险人的契约。[①]

(一)可保利益原则

海上保险属于财产保险范畴,是对自然灾害和意外事故所造成的财产损失的一种补偿方法,其根本目的是赔偿损失。要想达到该目的,关键问题是发生风险时要求被保险人对保险标的物必须具有合法的利害关系,即他将因该保险标的物发生灭失或损害而遭受损失,或因货物安全到达而能够从中获得应当享有的利益,或引起有关的责任。这种合法的利害关系就是可保利益,又称保险利益或可保权益:是指投保人或被保险人对于保险标的所具有的法律上承认的可以确定的经济利益。如果投保人对保险标的物不具有某种合法的利害关系,则他们同保险人所签订的保险合同就是非法的、无效的合同。只有对保险标的真正具有这种经济利益的人才能同保险人订立有效的保险合同,才有权在该标的物发生保险责任范围内的损失时向保险人提出索赔。因此,理解保险标的和可保利益之间的差别是非常重要的,即可保利益是投保人在保险标的方面获得的财务收益。货主的可保利益不是被保险货物(保险标的物),而是因货物所获得的财务收益。

可保利益是保险合同成立的前提条件,也是索赔的重要依据。但是国际货物

---

① 徐卓英译:英国《1906 年海上保险法》,对外贸易教育出版社,1988 年版。

运输保险不像其他保险那样要求被保险人在投保时便须具有可保利益,而仅要求他在保险标的物发生损失提出索赔时必须具有保险利益。如果被保险人在发生损失时对保险标的物尚未取得保险利益,就不能再以任何手段或方式取得保险利益。关于 CIF 合同投保的货物保险是以"灭失或未灭失"的条件为基础,意味着被保险人在保险标的发生实际损失后获得其利益,可获得任何损失的补偿。这种特殊性的规定是由国际贸易的特点所决定的。

(二)损失补偿原则

损失补偿原则是海上保险合同最基本的原则之一。保险的补偿原则,又称损害赔偿原则,是指当被保险人因保险标的发生保险责任范围内的损失时,保险人应按照保险合同条款的规定向被保险人履行赔偿责任,使被保险人得到相应的补偿。保险的目的是保护被保险人的可保利益。

保险的这一原则,虽然能使被保险人得到一定的补偿,但仅以返回到受损前的经济状况为准。这种赔偿的程度取决于损失发生之前被保险财产的价值,即可保价值。它的计算基础在英国《1906 年海上保险法》第 16 条中有详细的说明。它的赔偿基础是根据基本原则,让商品的出口商与假设货物从未离来他的仓库处于相同的地位,即通过保险,被保险人只能得到其实际损失的补偿,而不能得到超过损失的额外利益,补偿量不能大于损失量。

保险人在对被保险人理赔时,对补偿原则主要掌握的标准是:①被保险人确实受到损失时才能得到补偿;②赔偿金额既不能超过保险金额,也不能超过实际损失;③被保险人不能通过保险赔偿而得到额外利益。英国《1906 年海上保险法》第 1 条明确规定,海上保险合同,是指保险人按照约定的方式和程序,对被保险人遭受与海上风险有关的海上损失负责赔偿的合同。

(三)最大诚信原则

英国《1906 年海上保险法》规定,海上保险合同是建立在"最大诚信"基础上的,如果合同任何一方不遵守最大诚信,另一方可以宣告合同无效。因此投保人和承保人在签订保险合同以及在合同有效期内,必须保持最大限度的诚意,双方应恪守信用,互不隐瞒。承保人应当向投保人说明保险合同的条款内容,并可以就保险标的或者被保险人的有关情况提出询问,投保人则应当如实告知。

任何合同的签订都是以诚信作为基础的。保险合同作为一种补偿性合同,它所需要的诚信程度更甚于其他合同,特别是针对被保险人。因为,签订保险合同时,要求承保人审核被保险人提供的投保风险方面的所有信息的准确性或完整性是不实际的或是不可能的,因为承保人对保险标的的实际情况一无所知,也无法进行实地查看,仅凭投保人的申报来承保,所以必须依靠被保险人或其他当事人(如代理人等)的最大诚信。最大诚信原则的主要要求就是:①如实申报;②诚实回答;③信守保证。我国《海商法》有下列规定:如果被保险人故意未将重要情况如实告知保险人的,保险人有权解除合同,并且不退还保险费。合同解除前发生保险事故造成损失的,保险人不负赔偿责任。如果不是由于被保险人故意未将重要情况如实告知保险人的,保险人有权解除合同或者要求相应增加保险费。由保险人解除合同的,对于合同解除前发生保险事故所造成的损失,保险人应当负赔偿责任;但是未告知或者错误告知的重要情况对保险事故的发生有影响者除外。

(四)近因原则

近因原则是保险理赔工作中必须遵循的另一项基本原则,也是在保险标的发生损失时,用来确定保险标的所受损失是否能获得保险赔偿的一项重要依据。

根据英国《1906年海上保险法》第55条第1款规定:除本法或保险契约另有规定外,保险人对直接由于承保的风险所致之损害,均负赔偿责任;对于非直接由于承保的风险所致的任何损害,均不负赔偿责任。这一原则是指保险人只对承保风险与保险标的的损失之间有直接因果关系的损失负赔偿责任,而对保险责任范围外的风险造成的保险标的的损失,不承担赔偿责任。

按照该原则,承保保险责任并不一定是指在时间上或空间上最接近损失的原因,而是取决于导致保险损失的保险事故是否是在承保范围内具有支配力的、最重要的、最有影响的原因,亦即在效果上与损失最接近的原因。因此,近因原则是认定保险事故与保险损失之间是否存在因果关系的重要原则,对保险理赔工作中判定责任、履行义务和减少争议都具有重要的意义。

我国《保险法》《海商法》只是在相关条文中体现了近因原则的精神而无明文规定,我国司法实务界也注意到这一问题,在最高人民法院《关于审理保险纠纷案件若干问题的解释(征求意见稿)》第19条规定了"(近因)人民法院对保险人提出的其赔偿责任限于以承保风险为近因造成损失的主张应当支持。近因是指造成承保损失起决定性、有效性的原因"。

二、海上保险代位求偿权和委付

海上保险代位求偿权,是指在海上保险合同中,因第三人的原因导致保险合同标的发生保险责任范围内的损失,保险人向被保险人赔付后而自然取得的代位行使被保险人向该第三人要求赔偿损失的一种债权。这种债权包括代位求偿权和委付。英国《1906 年海上保险法》第 79 条规定:凡保险人给付全损的赔偿后,无论系保险货物的全部或按货物比例分配的部分,所有该受偿保险标的物任何剩余部分的一切利益即归保险人所有,并自造成损失的事故发生时起,保险人即取代被保险人对于标的物的一切权利。

(一) 代位求偿权

代位求偿权是赔偿的必然结果,它的申请可防止被保险人从多个当事人那里要求损失的赔偿,从而违反赔偿的原则。例如,保险标的由于承运人的过失装载而受到损失,被保险人在投保一切险的情况下,有权向其承保人要求赔偿,也拥有向承运人追索赔偿的权利。但是他不会从保险人和承运人双方都获得索赔金额,因为这样违反了赔偿的原则。因此,在被保险人向保险人索赔获得了相应的赔付时,代位求偿权转移到保险人,保险人可向承运人进一步追偿。在保险人进行全损的赔付后,保险人可以保留保险物品的所有权,并可以根据实际情况处理这些物品,从而保持可能的各种收益。

(二) 委付

委付是指被保险人在保险标的处于推定全损状态时,向保险人声明愿意将保险标的的一切权益以及一切由此而产生的权利与义务转让给保险人,而要求保险人按全损给予赔偿的一种行为。在发生推定全损时,被保险人可以要求保险公司按部分损失赔偿,也可以要求按全损赔偿。被保险人要想获得全损赔偿,必须及时向保险公司发出委付通知(Notice of Abandonment)。而委付的成立必须具备如下的条件。

(1)保险标的发生推定全损。

(2)被保险人应当在法定期间内向保险人提出书面的委付申请。

(3)被保险人必须将保险的一切权利转移给保险人,并且不得附加任何条件。

(4)委付必须经保险人承诺后才能生效。

(三) 代位追偿与委付的区别

代位追偿与委付是有区别的,主要包括:①代位追偿是保险人的权利;委付是单方法律行为,是被保险人的权利。②代位追偿适用于所有的损失;委付只能用于推定全损。③代位追偿是以保险赔款的支付为成立条件;委付则以保险人接受为成立条件。④代位追偿转让的是向第三者索赔的权利;委付所转让的是保险标的物的所有权和相关权利义务。

三、海上货物运输保险承保的范围

国际贸易货物在海上运输过程中,常常会遇到各种风险而遭受损失,但就保险而言,保险人并不是对所有的风险都予以承保,也不是对任何损失都予以补偿。为了明确责任,保险人一般都会对其所承保的范围加以明确的规定。就海上货物运输保险而言,保险人承保的范围主要包括风险、损失与费用。因此必须首先对保险人所承保的风险、损失和费用有准确的理解。

(一) 风险

在各种保险单中,"风险"一词常在承保范围条款中使用,它是指灾害事故发生的可能性以及人们对灾害事故的发生在认识上的不确定性。由于国际货物买卖大部分通过海洋运输,所以海洋运输货物保险在国际贸易中占有重要的地位。海洋运输货物保险的风险分海上风险和外来风险两类。

1. 海上风险(Perils of the Sea)。海上风险是保险业的专门术语,又称海难,是指被保险货物及船舶在海上运输中及随附海上运输所发生的风险。在现代保险业务中,保险人所承保的海上风险是有特定范围的。一方面它并不包括一切在海上发生的风险,另一方面它又不局限于航海中所发生的风险。

海上风险主要包括海上发生的自然灾害和意外事故。

(1) 自然灾害(Natural Calamity)。就一般意义上讲,自然灾害是指不以人们的意志为转移的自然界破坏力量所引起的灾害。它是客观存在的、人力不可抗拒的灾害事故。在海上保险业务中,它不是泛指一切由于自然界力量所造成的自然灾害。按照我国现行的《海洋运输货物保险条款》的规定,自然灾害仅指恶劣气候、雷电、海啸、地震、洪水等人力不可抗拒的灾害。

(2) 意外事故(Fortuitous Accidents)。它一般是指由于偶然的、非意料中的原因所造成的事故。按照我国《海洋运输货物保险条款》的规定,意外事故仅指运输工具遭受搁浅、触礁、沉没、互撞、与流冰或其他物体碰撞以及失火、爆炸等。

在上述自然灾害、意外事故中,有些实际上并不是真正发生在海上,而是发生在内陆或陆海、海河以及海轮与驳船相连接之处的风险。但对海上货物运输保险来说,由于这些风险是随附海上航行而产生的,并且危害性极大,为了适应被保险人的实际需要,在海上货物运输保险的长期实践中,逐渐地被人们列入海上货物运输保险承保的风险范围之内。

2. 外来风险(Extraneous Risks)。外来风险是指由于海上风险以外的其他外来原因所造成的风险。货物运输中所指的外来风险必须是意外的,事先难以预料的而不是必然发生的外来因素。外来风险又可分为一般外来风险和特殊外来风险。

（1）一般外来风险是专指由于偷窃、短量、提货不着、渗漏、碰损破碎、钩损、锈损、淡水雨淋、沾污混杂、受潮受热、串味等一般外来原因所引起的风险。

（2）特殊外来风险主要是指由于军事、政治、国家政策法令以及行政措施等特殊外来原因所造成的风险。常见的特殊外来风险有战争、罢工、交货不到、拒收等。

（二）损失

损失是指被保险货物在海上运输过程中，由于海上风险和外来风险所造成的损失或灭失。由海上风险引起的损失也叫海上损失。根据各国保险业的习惯，凡与海上运输相连接的陆上或内河运输中所发生的损失也属海上损失。

1.海上损失。海上损失，简称海损，可按损失的程度分为全部损失与部分损失。

（1）全部损失（Total Loss，TL），简称"全损"，是指被保险货物由于承保风险造成的整批货物的全部灭失或视同全部灭失的损害。全部损失，按损失情况的不同，又可分为实际全损和推定全损。

①实际全损（Actual Total Loss），是一种实质性或物质性的消失，又可称为绝对全损，是指被保险货物遭受完全灭失或完全变质，已失去原有的使用价值，或货物实际上已不可能归还被保险人所有等情形而言。

构成保险标的的实际全损有下列四种情况：被保险货物的实体在保险事故发生后已经完全灭失或损坏；被保险货物遭受严重损害，已丧失原有的形体、用途和价值；被保险人对被保险货物的所有权已无可挽回地被完全剥夺；载货船舶失踪达到一定时期仍无音讯。

②推定全损（Constructive Total Loss），也称商业全损，是指被保险货物在海上运输途中受损后，虽未达到完全灭失的状态，但是可以预见到它的全损将不可避免；或者为了避免全损，需要支付的抢救、修复或修理等费用加上继续将货物运抵目的地所需的费用之和将超过保险价值（英国现行保险条款规定为"将超过其到达目的地时的价值"）。

构成被保险货物"推定全损"有下列四种情况：被保险货物受损后，修理费用估计要超过货物修复后的价格；被保险货物受损后，整理和续运货物到目的地的费用，将超过货物到达目的地的价值；被保险货物的实际全损已经无法避免，或者为了避免实际全损需要施救等所花费用，将超过获救后该批货物的价值；被保险货物遭受保险责任范围内的事故，使被保险人失去对该批货物的所有权，而收回这一所有权所需花费的费用，将超过收回后该批货物的价值。

（2）部分损失（Partial Loss）。是指被保险货物的损失没有达到全部损失的程度。按照我国《海商法》的定义，不属于实际全损和推定全损的损失称为部分损失。部分损失，按损失的性质，又可分为共同海损和单独海损。

①共同海损（General Average）。共同海损是指载货运输的船舶在同一海上航程中遭遇自然灾害或意外事故或其他特殊情况，威胁到船、货等各方的共同安全，为了解除共同危险，维护各方的共同利益，或使航程继续完成，船方有意识地、合理地采取抢救措施所直接造成的某些特殊牺牲或支出的某些特殊费用。共同海损的损失包括两个部分：一是特殊牺牲；二是特殊费用。

共同海损的成立，必须具备下列条件：必须确实遭遇危难，即船方在采取紧急措施时，必须确实有危及船、货共同安全的危险存在，而不是主观臆测的；必须是自动地有意识地采取的合理措施；必须是为了船、货共同安全而采取的措施；所作的牺牲是特殊性质的，支出的费用是额外的；特殊的牺牲和费用的支出最终必须是有效果的。

共同海损是为了使船舶、货物和运费各方免于遭受损失和牺牲而支出的，因而应该由船舶、货物和运费各方按最后获救价值的多少，按比例进行分摊。这种分摊叫共同海损分摊（General Average Contribution）。保险人对于共同海损的损失以及保险标的物应承担的共同海损的分摊都应予以赔偿。

②单独海损（Particular Average）。它是指保险标的物由于保险事故所造成的、不属于共同海损的一种部分损失。简单地讲，就是指除共同海损以外的部分损失，即被保险货物遭遇海上风险受损后，其损失未达到全损程度，而且该损失仅由受损方单独承担的部分损失。

单独海损一般是意外发生的、不是人为的，而且只涉及航海中船货单独一方的利益遭受损失，与他方利益无关，因此，单独海损的理赔与共同海损不同。在保险业务中，保险人对于单独海损是否予以赔偿，须根据投保人投保的险别和保险条款的规定而定。

【案例7-1】一批货物在海上运输起航后不久，货舱起火，蔓延机舱。船长决定灌水灭火，火被扑灭，但主机受损，船无法航行，雇用一艘拖轮将船拖回起运港，检修后重新航行。事后调查出的损失有：①1 000箱货物烧毁；②600箱货由于灌水受损；③主机和部分甲板烧坏；④拖船费用；⑤额外增加的燃料和船长、船员工资。上述损失中哪几项属于单独海损，哪几项属于共同海损？说明理由？

分析：①和③都是由于承保范围的风险直接导致货、船受损，所以它们属于单独海损；②是为船、货的共同安全，解除或减轻风险，船方人为的、有意识的采取救助后造成的损失，属于共同海损；此外共同海损还包括为了确保船货共同安全而支出的特殊费用,所以④和⑤也属于共同海损。

2.外来损失。外来损失是指由海上风险以外的其他外来风险所造成的损失。按不同的原因,又可分为一般外来风险的损失和特殊外来风险的损失。

一般外来风险损失是由于偷窃、雨淋、短量、渗漏、破碎、受潮、受热、发霉、串味、玷污、钩损、锈损等外来原因所造成的损失。

特殊外来风险损失是指在运输过程中由于遭受战争、敌对行为、罢工、进口国拒绝进口或没收以及拒绝提货等特殊外来原因所造成的损失。

(三)费用

海上费用是指海上风险造成的费用损失。保险货物遭遇保险责任范围内的事故,除了会使被保险货物本身受到损毁导致经济损失外,还有因营救被保险货物而产生费用方面的损失,保险人对于这种由于营救而产生的费用支出也予以赔偿。保险公司负责赔偿的海上费用主要有施救费用和救助费用两种。

1.施救费用(Sue and Labor Charges)。施救费用是指当被保险货物遭遇保险责任范围内的灾害事故时,被保险人或其代理人、雇佣人员和保险单受让人等为防止损失扩大而采取施救措施所支出的费用。

2.救助费用(Salvage Charges)。救助费用是指保险标的遭遇保险责任范围内的灾害事故时,由保险人和被保险人以外的无契约关系的第三者采取救助行动,获得成功,被救方向救助的第三方支付的报酬。

知识链接

施救与救助费用的主要区别

1.主体不同。施救是由被保险人及其代理人等采取的行为;而救助是由与双方无任何契约关系的第三者采取的行为。

2.原则不同。施救是不论有无效果,都予赔偿;而救助通常采取"无效果,无报酬"。

3.赔偿责任不同。施救费用可在保险货物本身的保额以外,再赔一个保额;而救助费用的赔偿责任是以不超过获救财产的价值为限。

4.救助行为一般总是与共同海损联系在一起;而施救行为并非如此。

第二节　中国海洋运输货物保险条款

为了适应我国对外经济贸易发展的需要,中国人民保险公司根据我国保险业务的实际情况,并参照国际保险市场的习惯做法,分别制定了海洋、陆上、航空、邮包运输保险条款,以及适用于上述各种运输方式货物保险的各种附加险条款,总称为"中国保险条款"(China Insurance Clause,C. I. C.)。该条款规定了保险人的责任范围、除外责任、责任起讫、被保险人的义务和索赔期限等内容。中国人民保险公司《海洋运输货物保险条款》(1981 年 1 月 1 日修订),是我国进出口贸易中投保货物保险时的重要依据。

一、承保的责任范围

保险人承保责任范围的大小,取决于不同的保险险别。保险险别是保险人对海上风险和损失承保的责任范围,是确定保险人的承保范围和赔偿责任范围的依据,不同的险别有不同的保险费率,保险人承保的风险和责任范围也不同。各种险别的承保责任是通过不同的保险条款加以规定的。根据《海洋运输货物保险条款》的规定,我国的保险险别可分为基本险和附加险。

(一)基本险

基本险又称作主险,是可以独立承保的险别。主要承保海上风险(自然灾害和意外事故)所造成的货物损失。我国海洋运输货物保险的基本险包括平安险、水渍险和一切险三种。

1. 平安险(Free from Particular Average,F. P. A)。平安险是我国的习惯叫法。其含义是"单独海损不赔",这里的单独海损指的是部分损失。平安险承保的责任范围如下。

(1)被保险货物在运输途中由于恶劣气候、雷电、海啸、地震、洪水等自然灾害造成整批货物的全部损失或推定全损。如被保险货物是用驳船运往或运离海轮的,则每一驳船所装的货物可视作一个整批。

(2)由于运输工具遭受搁浅、触礁、沉没、互撞、与流冰或其他物体碰撞以及失火、爆炸等意外事故造成货物的全部或部分损失。

(3)在运输工具已经发生搁浅、触礁、沉没、焚毁意外事故的情况下,货物在此前后又在海上遭受恶劣天气、雷电、海啸等自然灾害所造成的部分损失。

(4)在装卸或转运时由于一件或数件整件货物落海造成的全部损失或部分

损失。

（5）被保险人对遭受承保责任内危险的货物采取抢救、防止或减少货损措施支付的合理费用，但以不超过该批被救货物的保险金额为限。

（6）运输工具遭遇海难后，在避难港由于卸货引起的损失以及在中途港、避难港由于卸货、存仓以及运送货物所产生的特别费用。

（7）共同海损的牺牲、分摊和救助费用。

（8）运输契约订有"船舶互撞条款"，根据该条款规定应由货方偿还船方的损失。

从上述平安险责任范围的具体内容来看，"平安险"或"单独海损不赔"的叫法都不能十分确切地反映出它的责任范围。平安险是保险人承保责任范围最小的一种。实际上，平安险并不是对所有单独海损都不负赔偿责任，而仅对由于自然灾害所造成的单独海损不赔，对于因搁浅、触礁等指定的几个意外事故所造成的单独海损还是要负责的。此外，如果在运输途中运输工具发生过搁浅、触礁、沉没、焚毁的意外事故，不论是在事故发生之前或之后由于自然灾害所造成的单独海损，保险人也要负责。

2. 水渍险（With Particular Average，W. A. 或 W. P. A.）。水渍险也是我国保险业沿用已久的名称，水渍险承保的责任范围，除包括上述平安险的各项责任外，还包括被保险货物由于恶劣天气、雷电、海啸、地震、洪水等自然灾害所造成的部分损失。

因此，水渍险的责任范围既包括了由于海上风险所造成的全部损失，也包括了由于海上风险所造成的部分损失。

3. 一切险（ALL Risks，A. R）。一切险的承保责任范围除包括平安险和水渍险的各项责任外，还包括被保险货物在运输途中由于一般外来原因所致的全部或部分损失。所以，一切险实际上是平安险、水渍险和一般附加险的总和。

（二）附加险

附加险是基本险的扩大和补充。附加险不能单独投保，只能在投保某一种基本险的基础上加保。加保的附加险可以是一种或几种，由被保险人根据需要选择确定。由于附加险所承保的是外来原因所致的损失，而外来原因又有一般外来原因与特殊外来原因之分，我国保险公司将附加险分为一般附加险、特别附加险与特殊附加险三类。

1. 一般附加险（General Additional Risk）。一般附加险是指由于一般外来风险所造成的损失，共有 11 种。

（1）偷窃、提货不着险（Theft, Pilferage and Non-delivery, T. P. N. D.），承保保险货物由于偷窃行为所致的损失和整件提货不着等损失。

（2）淡水雨淋险（Fresh Water &/or Rain Damage），货物由于雨淋或淡水所致的损失。

（3）短量险（Risk of Shortage），承保货物因外包装破裂或散装货物发生散失和实际重量短缺的损失。

（4）混杂、玷污险（Risk of Intermixture and Contamination），承保货物因混进杂质或被污染所致的损失。

（5）渗漏险（Risk of Leakage），承保流质或半流质货物由于容器破漏所致的损失，以及用液体储藏的货物因液体的渗漏而引起的货物腐败等损失。

（6）碰损、破碎险（Risk of Clash and Breakage），承保因震动、碰撞、受压造成的碰损和破碎损失。

（7）串味险（Risk of Odor），承担货物因受其他带异味货物的影响而引起的串味损失。

（8）受潮受热险（Damage Caused by Sweating and Heating），承保由于气温突然变化或船上通风设备失灵，使船舱内水蒸气凝结而引起货物受潮、受热的损失。

（9）钩损险（Hook Damage），承保袋装、捆装货物在装卸或搬运过程中，由于装卸或搬运人员操作不当，使用钩子将包装钩坏所致的损失。

（10）包装破裂险（Loss for Damage Caused by Breakage of Packing），承保由于装、卸不慎导致包装破裂所造成的损失，以及为继续运输安全需要而产生的修补包装或调换包装所支出的费用。

（11）锈损险（Risk of Rust），承保金属或金属制品在运输途中因生锈所致的损失。

2. 特别附加险（Special Additional Risks）。特别附加险是指承保一般附加险之外的不属一切险承保范围内的附加险。它所承保的险别大多同国家行政管理、政策措施、航运贸易习惯等因素有关，具体包括如下几种。

（1）交货不到险（Failure to Deliver），被保险货物不论由于任何原因，从装上船开始满6个月仍不能运到原定目的地交货的，保险人负责全部损失的赔付。

（2）进口关税险（Import Duty Risk），当货物遭受保险责任范围内的损失，而被保险人仍须按完好货物价值完税时，保险人对损失部分货物的进口关税负赔偿责任。

（3）舱面险（On Deck Risk），对于装载舱面的货物，保险人除按保险单所载条款负责外，还包括货物被抛弃或被风浪冲击落水的损失。

（4）拒收险（Rejection Risk），承保被保险货物在进口港由于各种原因被进口国有关当局拒绝进口或没收所产生的损失。

（5）黄曲霉素险（Aflatoxin Risk），承保被保险货物因所含黄曲霉素超过进口国的限制标准，被拒绝进口、没收或强制改变用途而致的损失。

（6）货物出口我国香港（包括九龙）或澳门存仓火险责任扩展条款（Fire Risk Extension Clause—for storage of cargo at destination Hong Kong, including Kowloon, or Macao），被保险货物到达目的地卸离运输工具后，如直接存放于保险单载明的过户银行所指定的仓库，保险单对存仓火险的责任，自运输责任终止时开始，直至银行收回押款解除货物的权益为止，或运输责任终止时起算满30天为止。

3.特殊附加险。特殊附加险是指承保由于特殊外来风险所造成的全部或部分损失。它主要承保战争和罢工的风险。特殊附加险包括战争险、战争险的附加费用险及罢工险。

（1）战争险（War Risk）。根据中国人民保险公司《海洋运输货物战争险条款》的规定，海运战争险的承保责任范围包括：

①直接由于战争、类似战争行为和敌对行为、武装冲突或海盗行为所致的损失；

②由于上述原因引起的捕获、拘留、扣留、禁制、扣押等所造成的损失；

③各种常规武器，包括水雷、鱼雷、炸弹等所造成的损失；

④由于本险责任范围所引起的共同海损的牺牲、分摊和救助费用。

（2）战争险的附加费用险。该险别主要承保由于战争所引起的附加费用。它的具体责任范围包括：发生战争险责任范围内的风险引起航程中断或挫折，以及由于承运人行使运输契约中有关战争险条款规定所赋予的权利，把货物卸在保险单规定以外的港口和地方，因而产生的应由被保险人负责的那部分附加的合理费用。这些费用包括卸货、上岸、存仓、转运、关税以及保险费等。

被保险人之所以需要投保此险别，原因是战争险只负责由于战争、类似战争行为所引起的损失，而不负责由于战争所引起的费用。

（3）罢工险（Strikes Risks）。根据中国人民保险公司《货物运输罢工险条款》的规定，罢工险的责任范围是：保险人对被保险货物由于罢工者、被迫停工工人或参加工潮、暴动、民众斗争的人员的行动，或任何人的恶意行为所造成的直接损失和上述行动或行为所引起的共同海损的牺牲、分摊和救助费用。罢工险负责的损失必须是直接损失，对间接损失保险人是不予负责的。在已投保战争险后另加保罢工险，保险公司不另收保险费。

二、除外责任

基本险的除外责任,是指保险人不负赔偿的损失或费用,即在投保基本险的情况下,对除外责任规定范围内的损失和费用不予赔偿。

(一)海运基本险除外责任

我国海洋运输货物保险条款中对基本险规定了下列除外责任:被保险人的故意行为或过失所造成的损失;属于发货人责任所引起的损失;在保险责任开始前,被保险货物已存在的品质不良或数量短差所造成的损失;被保险货物的自然损耗、本质缺陷、特性以及由于市价跌落、运输延迟所引起的损失或费用;战争险和罢工险条款规定的责任及其除外责任。

(二)海运战争险除外责任

我国海洋运输货物战争险条款中规定的除外责任有:由于敌对行为使用原子或热核制造的武器导致被保险货物的损失和费用;由于执政者、当权者或其他武装集团的扣押、拘留引起的承保航程的丧失和挫折所致的损失。

(三)罢工险除外责任

罢工险是以罢工引起的间接损失列为除外责任,即在罢工期间由于劳动力短缺或不能运用所造成的被保险货物的损失,包括因此而引起的动力或燃料缺乏使冷藏机停止工作所致的冷藏货物的损失。

三、承保责任的起讫期限

(一)基本险的责任起讫期限

中国人民保险公司的海洋运输货物保险条款规定的保险期限,是采用国际保险业中惯用的"仓至仓"条款(Warehouse to Warehouse Clause,W/W Clause),即指保险责任自被保险货物运离保险单所载明的起运地仓库或储存处所开始运输时生效,包括正常运输过程中的海上、陆上、内河和驳船运输在内,直至该项货物到达保险单所载明的目的地收货人的最后仓库或储存处所或被保险人用作分配、分派或非正常运输的其他储存处所为止。如未抵达上述仓库或储存处所,则以被保险货物在最后卸载港全部卸离海轮后满60天为止。如在上述60天内被保险货物需转运至非保险单所载明的目的地,则以该项货物开始转运时终止。

（二）海运战争险的责任起讫期限

海运战争险的责任起讫不采用"仓至仓"的原则，而是以水面危险为限，即以货物装上保险单所载明的起运港的海轮或驳船开始生效，直到到达保险单所载明的目的港卸离海轮或驳船时为止。如果货物不卸离海轮或驳船，则保险责任最长延至货物到达目的港之当日午夜起满 15 天为止。如果货物在中途转船，也不得超过 15 天。只有在此期限内装上续运海轮，保险责任才继续有效。

（三）罢工险的责任起讫期限

罢工险的责任起讫期限与基本险相同，采用"仓至仓"原则。

第三节　国际海洋运输货物保险条款

英国的保险业历史悠久并十分发达，其保险规章制度对世界各国产生了广泛的影响。在海运货物保险方面，目前世界上有 2/3 的国家采用伦敦保险协会制定的"协会货物条款"（Institute Cargo Clauses，简称 I. C. C），还有一些国家的保险条款是以"协会货物条款"为蓝本制定的。至今仍缺乏保险方面的国际公约，各国主要还是依靠国内法来调整。因此，在国际范围内伦敦海上保险条款已在很大程度上获得了普遍的认可。按照《2000 通则》的要求，如果合同中没有其他规定，则卖方应按伦敦协会货物条款规定的最低险别办理保险手续。

我国在新中国成立初期也没有本国的条款，使用的也是英国伦敦保险协会条款。1963 年我国建立了自己的保险条款，条款基本上沿用了伦敦保险协会条款关于一切险的提法和责任范围。目前大多数国家使用的是 1983 年 4 月 1 日起与新保险单配套使用的"协会货物条款"。

一、ICC 海运货物保险新条款的种类与特点

（一）新条款的种类

伦敦保险协会所修订的海运货物保险条款主要有以下六种。

(1)协会货物（A）险条款（Institute Cargo Clauses A）

(2)协会货物（B）险条款（Institute Cargo Clauses B）

(3)协会货物（C）险条款（Institute Cargo Clauses C）

(4)协会战争险条款（货物）（Institute War Clauses—Cargo）

(5)协会罢工险条款(货物)(Institute Strikes Clauses—Cargo)

(6)恶意损害险条款(Malicious Damage Clauses)

在上述六种险别条款中,除"恶意损害险条款"外,其余5种险别均包括下列8项内容:承保范围(Risks Covered)、除外责任(Exclusions)、保险期限(Duration)、索赔(Claims)、保险利益(Benefit of Insurance)、减少损失(Minimizing Losses)、防止延迟(Avoidance of Delay)和法律与惯例(Law and Practice),另外加一个备注(Note)。各个险别条款的结构统一、体系完整。

(二)新条款的特点

1.用英文字母表示原来各基本险别名称。新条款使用协会货物条款(A)(B)(C)来表示旧的一切险、水渍险和平安险,从而克服了旧条款的名称与内容不一致,易使人们产生误解的弊病。

2.消除了原险别之间的交叉和重叠。新条款只按投保标的物遭受损失的原因来确定其保险范围。凡是在每种险别承保范围内的风险所造成的损失,不论其损失程度如何,保险人都一律予以赔偿。

3.独立投保的保险条款。战争险或罢工险同协会货物条款(A)(B)(C)一样具有独立的结构和内容,可以作为独立的险别单独进行投保。

4.新条款增加了承保陆上风险的规定。如(B)(C)条款承保由于陆上运输工具的颠翻、出轨、碰撞引起的货损以及湖水、河水侵入船舶造成的损害。

二、ICC中主要险别的承保责任范围和除外责任

这里主要介绍协会货物条款(A)(B)(C)三种险别。在新的协会货物条款中,对承保风险的规定有两种方式:一种是"列明风险"的方式,亦即在条款的首部即开宗明义地把保险人所承保的风险——列出;另一种是"一切风险减除外责任"的方式,即保险人除了对"除外责任"项下所列风险所致损失不予负责外,对其他风险所致损失均予负责。

(一)协会货物(A)险条款

协会货物(A)险相当于原条款的"一切险",其承保风险是采用"一切风险减除外责任"的方式来表示,这主要是因为该险承保责任范围广,不便把全部承保风险一一列举。协会货物(A)险条款的除外责任包括两部分。

1.一般除外责任。一般除外责任包括:①因被保险人故意的不法行为造成的损失和费用;②保险标的的自然渗漏、自然损耗或自然磨损;③因包装或准备的不

足或不当所造成的损失或费用;④因保险标的的内在缺陷或特性所造成的损失或费用;⑤直接由于延迟所引起的损失或费用;⑥由于船舶所有人、经理人、租船人或经营破产或不履行债务所造成的损失或费用;⑦由于使用任何原子或热核武器等所造成的损失或费用。

2. 特殊除外责任。特殊除外责任包括:①不适航、不适货除外责任,主要是指被保险人在保险标的装船时,已知船舶不适航,以及船舶、运输工具、集装箱等不适货。②战争除外责任,指由于战争、内战、敌对行为等造成的损失或费用;由于捕获、拘留、扣留等(海盗除外)所造成的损失或费用;由于漂流水雷、鱼雷等造成的损失或费用。③罢工除外责任,指由于罢工者、被迫停工工人等造成的损失或费用;罢工、被迫停工造成的损失和费用;任何恐怖主义者或出于政治动机而行动的人所致的损失或费用。

(二)协会货物(B)险条款

协会货物(B)险,对应于原条款的"水渍险",其承保风险采用"列明风险"方式。这种规定方法十分明确、肯定。在保险标的遭损后,保险人对已列举的风险即按损害程度赔偿。协会货物(B)险承保的风险有如下 11 项。

(1)火灾、爆炸;

(2)船舶或驳船触礁、搁浅、沉没或倾覆;

(3)陆上运输工具倾覆或出轨;

(4)船舶、驳船或其他海上运输工具同水以外的外界物体碰撞;

(5)在避难港卸货;

(6)地震、火山爆发、雷电;

(7)共同海损牺牲;

(8)抛货;

(9)浪击落海;

(10)海水、湖水或河水进入船舶、驳船、运输工具、集装箱、大型海运箱或贮存处所;

(11)货物在装卸时落海或跌落造成整件的全损。

协会货物(B)险的除外责任,除了包括(A)险除外责任的规定以外,对"海盗行为"和恶意损害险的责任也不负责。

(三)协会货物(C)险条款

协会货物(C)险,对应于原条款的"平安险",其保险责任也采用"列明风险"

的方式。它仅承保"重大意外事故",而不承保自然灾害及非重大意外事故风险。协会货物(C)险承保的风险有如下几项。

(1)火灾、爆炸:

(2)船舶或驳船触礁、搁浅、沉没或倾覆;

(3)陆上运输工具倾覆或出轨;

(4)在避难港卸货;

(5)共同海损牺牲;

(6)抛货;

(7)船舶、驳船或运输工具同除水以外的任何外界物体碰撞。

协会货物(C)险的除外责任与协会货物(B)险完全相同。

综上所述,ICC(A)险的承保风险类似我国的一切险;ICC(B)险类似我国的水渍险;ICC(C)险类似我国的平安险,但比平安险的责任要小一些。

协会货物(A)(B)(C)三种险别是协会货物保险的三种主要险别。这三种险别的承保风险主要规定在各险的第一项承保范围的风险条款(Risks Clauses)、共同海损条款(General Average Clause)和船舶互有过失碰撞责任条款(Both to Blame Collision Clause)中。这三种险别对共同海损条款和船舶互有过失碰撞责任条款的承保责任相同,即三种险别均承保共同海损和救助费用以及根据运输合同中"船舶互撞责任"条款应由货方偿还船方的损失的内容。这三种险别的区别,主要反映在风险条款中。

三、ICC 的保险期限

(一)ICC(A)(B)(C)险条款的保险期限规定

协会货物(A)(B)(C)险保险期限的规定,主要反映在"运输条款"(Transit Clause)、"运输契约终止条款"(Termination of Contract of Carriage Clause)及"航程变更条款"(Change of Voyage Clause)三个条款之中。

1.运输条款规定保险人对被保险货物应负"仓至仓"的责任,在被保险人无法控制运输延迟、任何绕航、被迫卸货、重新装载、转运,以及船东或租船人行使运输契约赋予的权限所作的任何航海上的变更的情况下,保险仍继续有效。与中国人民保险公司的有关规定相比,ICC 的规定对被保险人更为有利,因为在被保险人无法控制的情况下所发生的运输延迟、绕道等,被保险人无须告知保险人和增缴保险费,保险仍继续有效。

2.运输契约终止条款规定,如由于被保险人无法控制的情况,致使运输契约在非保险单载明的目的地或港或处所终止,或者运输按上述规定交货前终止,保险亦应终止,除非被保险人立即通知保险人并提出续保要求,并在必要时加缴保险费的情况下,保险继续有效,直到货物在这个卸载港口或处所出售和交货。但最长时间以不超过货物到达该港口或处所满 60 天为止。

3. 变更航程条款规定在保险责任开始后,如被保险人变更目的地,则在立即通知保险人并经另行商定保险费和保险条件的情况下,保险继续有效。

(二)ICC 战争险保险期限的规定

协会货物战争险的保险期限与中国人民保险公司战争险的保险期限一样,都是仅负责"水面危险",即保险责任从货物装上海轮时开始生效,直至货物卸离海轮为止。如不从海轮上卸下货物,则于海轮到达最后港口或卸载港当日午夜起算 15 天期满失效。但是下列几点又与中国人民保险公司对于战争险保险期限的规定不同。

1. 对于需用驳船转运的货物,保险人对从海轮上卸入驳船的货物的承保期限为 60 天。而中国人民保险公司的规定是,如货物不卸离海轮或驳船,最长的期限为以海轮到达目的港的当日午夜起算满 15 天。

2. 如果海轮到达中间港或地点卸下保险标的,以便由海轮或飞机继续载运或在避难港卸货,在需要时加缴一定保险费后,保险责任展延到海轮到达中途港或地点当日午夜起算满 15 天终止。在这 15 天内,如果货物卸载后仍留在码头,只要存放的地点不超出转船的港口区域范围,保险继续有效。货物一经装上续运的船舶或飞机保险责任又重新开始。从上述规定中可以看出,对于中途转运的货物,即使离开水面卸于码头,保险仍然有效。这一点是对"仅负水面危险"的扩大。而中国人民保险公司的规定是:如在中途转船,不论货物在当地卸货与否,保险责任以海轮到达该港或卸货地点的当日午夜起算满 15 天为止,俟再装上续运海轮时恢复有效。

(三)ICC 罢工险保险期限的规定

协会海运货物罢工险的保险期间同(A)(B)(C)一样,采用"仓至仓"原则,保险人对货物从卖方仓库到买方仓库的整个运输期间负保险责任。

第四节　其他运输方式下的保险条款

国际贸易中除货物办理海洋运输保险外,陆上运输、航空运输、邮包运输的货物也都需要办理保险。由于陆运、空运、邮运货物保险都是在海洋运输货物保险的基础上发展起来的,所以其承保的风险也以海洋运输货物保险承保的基本险为基础,但因各险的运输方式不同,遭受危险的可能性不一样,因此,在制定各自的条款时,还考虑和反映了各自的特点。现根据中国人民保险公司制定的货物运输保险条款,将空运、陆运、邮包运输货物保险的主要内容分别加以介绍。

一、航空运输货物保险险别与条款

航空运输货物保险是以飞机为运输工具的货物运输保险。近年来航空运输货物保险业务有了迅速的发展,但由于其发展的历史不长,航空运输货物保险迄今尚未能像海上运输货物保险那样发展成为一个完整的体系。国际航空货物运输受到1929年《华沙公约》或1955年修订的《华沙公约》的限制,适用于哪一个公约取决于起运国和到达国认可哪个公约。根据中国人民保险公司1981年1月1日修订的《航空运输货物保险条款》的规定,航空运输货物保险的基本险有航空运输险和航空运输一切险两种,另外还有一种附加险,即航空运输货物战争险。

(一)航空运输险和航空运输一切险

1.航空运输险(Air Transportation Risks)。航空运输险的承保责任范围与海运货物保险条款中的"水渍险"大致相同。保险公司负责赔偿被保险货物在运输途中遭受雷电、火灾、爆炸或由于飞机遭受恶劣气候或其他危难事故而被抛弃,或由于飞机遭受碰撞、倾覆、坠落或失踪等自然灾害和意外事故所造成的全部或部分损失。

2.航空运输一切险(Air Transportation All Risks)。航空运输一切险的承保责任范围除包括上述航空运输险的全部责任外,保险公司还负责赔偿被保险货物由于一般外来原因所造成的全部损失或部分损失。

航空运输货物保险的两种基本险的保险责任起讫也采用"仓至仓"条款,但与海洋运输货物保险的"仓至仓"责任条款不同的是,如货物运达保险单所载明的目的地而未运抵保险单所载明的收货人仓库或储存处所,则以被保险货物在最后卸货地卸离飞机后满30天为止。如果在上述30天内被保险货物需转运到非保险单所载明的目的地时,则从该项货物开始转运时终止。

航空运输货物保险的两种基本险的除外责任与海运货物保险的基本险的除外责任基本相同。

（二）航空运输货物战争险

航空运输货物战争险（Air Transportation Cargo War Risks）是航空运输货物险的一种附加险，必须在投保基本险的基础上，经被保险人申请，并加缴保险费后承保。该险的承保责任范围是，在航空运输途中由于战争、类似战争、敌对行为或武装冲突，以及各种常规武器和炸弹所造成的货物损失，但不包括因使用原子或热核制造的武器所致的损失。

航空运输货物战争险的保险责任是自被保险货物装上保险单所载明的起运地的飞机开始，直到卸离保险单所载明的目的地的飞机时为止。如果被保险货物不卸离飞机，则从载货飞机到达目的地的当日午夜起计算满 15 天为止。如被保险货物在中途转运，保险责任从飞机到达转运地的当日午夜起算满 15 天为止，一俟装上续运的飞机，保险责任再恢复有效。

航空运输货物保险的附加险，除战争险外，还可加保罢工险，加保罢工险不另收费。如果仅要求加保罢工险，则按战争险费率收费。航空运输罢工险的责任范围与海运罢工险的责任范围相同。

二、陆上运输货物保险险别与条款

根据中国人民保险公司 1981 年 1 月 1 日修订的《陆上运输货物保险条款》的规定，陆上运输货物保险的基本险别分为陆运险和陆运一切险两种。此外，为适应陆运冷藏货物的需要而专设的陆上运输冷藏货物保险，也具有基本险性质。另外还有附加险、陆上运输货物战争险等，这与海洋运输货物保险的各种附加险是相同的。

根据国际惯例，中国人民保险公司陆上运输货物保险，只负责承保使用火车、汽车的运输，对使用其他运输工具进行运输者不予承保。

（一）陆运险与陆运一切险

1. 陆运险（Overland Transportation Risks）的承保责任范围与海运货物保险条款中的"水渍险"相似。

（1）负责赔偿被保险货物在运输途中遭受暴风、雷电、洪水、地震等自然灾害所造成的全部损失或部分损失；

（2）运输工具遭受碰撞、倾覆、出轨造成的全部损失或部分损失；

（3）在驳运过程中，因驳运工具遭受搁浅、触礁、沉没、碰撞所造成的全部损失或部分损失；

（4）由于遭受隧道坍塌、崖崩、失火、爆炸等意外事故所造成的全部损失或部分损失；

（5）负责赔偿被保险人对遭受承保责任内危险的货物采取抢救、防止或减少货损的措施而支付的合理费用，但以不超过该批被救货物的保险金额为限。

2. 陆运一切险（Overland Transportation All Risks）的承保责任范围与海运货物保险条款中的"一切险"相似。

保险公司除承担上述陆运险的赔偿责任外，还负责被保险货物在运输途中由于外来原因所致的全部损失或部分损失。以上责任范围均适用于火车和汽车运输，并以此为限。

3. 陆运险与陆运一切险的除外责任与海洋运输货物保险的除外责任基本相同。

4. 陆上运输货物保险的责任起讫也采用"仓至仓"责任条款。保险责任自被保货物运离保险单所载明的起运地仓库或储存处所开始运输时生效，包括正常运输过程中的陆上和与其有关的水上驳运在内，直至该项货物运达保险单所载目的地收货人的最后仓库或储存处所或被保险人用作分配、分派的其他储存处所为止。如未运抵上述仓库或储存处所，则以被保险货物运抵最后卸载的车站满 60 天为止。

陆上运输货物险的索赔时效为，从被保险货物在最后目的地车站全部卸离车辆后起算，最多不超过 2 年。

（二）陆上运输货物战争险

陆上运输货物战争险（Overland Transportation Cargo War Risks）是陆上运输货物险的一种附加险，只有在投保了基本险之后才能投保，目前仍仅限于火车运输。该险承保的范围包括火车运输途中由于战争、类似战争行为和敌对行为、武装冲突所致的损失，以及各种常规武器包括地雷、炸弹所致的损失。但是，由于敌对行为使用原子或热核武器所致的损失和费用，以及根据执政者、当权者或其他武装集团的扣押、拘留引起的承保运程的丧失和挫折而造成的损失除外。

陆上运输货物战争险的责任起讫与海运战争险相似，是以货物置于运输工具时为限，即自被保险货物装上保险单所载起运地的火车时开始，到卸离保险单所载目的地火车时为止。如果被保险货物不卸离火车，则从火车到达目的地的当日午夜起算满 48 小时为止；如在运输中途转车，不论货物在当地卸载与否，保险责任从火车到达该中途站的当日午夜起算满 10 天为止，如货物在此期限内再行装车续运，仍恢复有效。

同海洋运输货物保险一样,陆上运输货物可以在投保战争险的基础上加保罢工险,加保罢工险不另收费。但如单独要求加保罢工险,则按战争险收费。陆上运输罢工险的承保责任范围与海运货物罢工险的责任范围相同。

三、邮政包裹运输保险险别与条款

邮政包裹保险是承保通过邮局以邮包递运货物的一种保险。如果邮包在运送途中遭到自然灾害或意外事故造成的货物损失,保险人负赔偿责任。由于邮包的运送,海、陆、空三种运输工具都有,因此,在确定保险责任范围时,必须同时考虑到三种运输工具的出险因素。

根据中国人民保险公司 1981 年 1 月 1 日修订的邮包保险条款规定,邮包保险的基本险有邮包险和邮包一切险两种。另外还有附加险,即邮包战争险。

(一)邮包险和邮包一切险

1. 邮包险(Parcel Post Risks)。邮包险的承保责任范围是保险人负责赔偿被保险邮包在运输途中由于恶劣气候、雷电、海啸、地震、洪水、自然灾害,或由于运输工具搁浅、触礁、沉没、碰撞、出轨、倾覆、坠落失踪,或由于失火和爆炸意外事故所造成的全部或部分损失;另外还负责被保险人对遭受承保责任内危险的货物采取施救措施而支付的合理费用,但以不超过该批被救货物的保险金额为限。

2. 邮包一切险(Parcel Post All Risks)。邮包一切险的承保责任范围除包括上述邮包险的全部责任外,还负责被保险邮包在运输途中由于一般外来风险所致的全部或部分损失。

邮包险和邮包一切险的保险责任起讫是自被保险邮包离开保险单所载起运地点寄件人的处所运往邮局时开始生效,直至被保险邮包运达保险单所载明的目的地邮局,自邮局签发到货通知书当日午夜起算满 15 天为止,但在此期限内邮包一经递交收件人的处所时,保险责任即行终止。

(二)邮包战争险(Parcel Post War Risks)

邮包战争险是邮政包裹保险的一种附加险,该险的承保责任范围包括:在邮包运输过程中由于战争、敌对行为或武装冲突以及各种常规武器包括水雷、鱼雷、爆炸所造成的损失,但对使用原子或热核制造的武器所造成的损失不负责赔偿。

邮包战争险的保险责任是自被保险邮包经邮政机构收讫后自储存处所开始运送时生效,直至该邮包运达保险单所载明的目的地邮政机构送交收件人为止。

邮政包裹保险的附加险,除战争险外还有罢工险。邮政包裹罢工险的责任范围与海运罢工险的责任范围相同。

第五节 进出口货物运输保险投保与索赔

在国际贸易中,无论是进口或出口货物都需要办理保险。究竟由谁向保险公司办理保险和缴付保险费,是经过买卖双方协商后确定的。一般来讲,双方会在买卖合同中通过所选用的贸易术语来规定由哪一方承担投保责任;如果合同中没有作出具体规定,则按有关惯例办理保险。

一、货物运输保险的投保

如果出口商按 CIF、CIP 条件成交时,应根据合同或信用证的规定,在备妥货物并确定装运日期和运输工具后,向保险公司办理货物运输保险投保。按照保险的一般原则,投保人或被保险人对保险货物必须拥有可保利益,保险契约才有效,这是办理保险的前提条件。但在国际货物运输保险中,一般并不要求被保险人在投保时必须拥有可保利益,它仅要求在保险货物发生损失时必须具有可保利益。

投保时选择不同的险别,意味着货物运输中受损后得到保险公司赔偿的结果是不同的,投保人所要缴纳的保险费也是不同的。因此,需要投保人正确选择保险险别。选择保险险别的原则是:既要使货物的运输风险有保障,同时又要使保险费用的支出减少。

(一)选择投保险别的依据

由于保险人对不同的险别承保的责任范围不同,因此投保人在投保时必须选择适当的险别进行投保。选择什么险别,应视保险货物在运输途中可能遭遇的风险而定,一般应考虑下列因素。

1.货物的性质和特点。不同的货物其性质和特点不同,在运输途中遇到风险后遭致的损失和损失程度亦不相同,所以在投保时要根据各种风险对货物致损的影响程度选择适当的险别。例如:粮食、饲料类可以在投保水渍险的基础上加保短量险和受潮受热;羊毛、羊绒等易玷污,可以投保平安险或水渍险加保混杂、玷污险;家用电器和照相机等可以投保平安险或水渍险加保碰损、破碎险和偷窃、提货不着险。

2.运输路线和方式及港口情况。货物的运输路线会对货物的情况有不同程度的影响。如货物途经赤道地区就容易受潮受热;各国的港口设备、安全等情况也有很大差异,对货物的装卸安全会有不同程度的影响。运输方式不同,应投保相应的险别。海运货物投保海运险;陆运货物、空运货物则应分别投保陆运或空运险。

3. 国际政治与经济形势的变化。国际政治、经济形势的变化有时会直接影响运输货物的安全。尤其在局部地区发生战争或出现局势紧张的情况下,运往该地区的货物应考虑加保战争险。

(二)保险金额的计算

保险金额(Insured Amount)是被保险人对保险标的的实际投保金额,也是保险人依据保险合同所应承担的最高赔偿金额,是计收保险费的基础。在国际货物买卖中,如果买卖双方采用 CIF 或 CIP 贸易术语成交,买卖合同中应对保险金额作出规定,如未作明确规定,按照有关的国际贸易惯例,卖方应按 CIF 或 CIP 价格的总值加 10% 作为保险金额,增加的一成是买方进行这笔交易所支付的费用和预期利润。买方根据需要如果增加加成,在保险公司同意承保的情况下,卖方也可以接受,但因此而增加的保险费应由买方承担。

根据国际保险市场的习惯,保险金额的计算公式为:

保险金额 = CIF(或 CIP)价 ×(1 + 投保加成率)

从上述计算公式中可以看出,参加投保的不仅是货物本身的价值,运费和保险费也参加了投保。保险金额既然是以 CIF 货价为基础计算的,那么如果对外报价为 CFR(或 CPT)价格而国外客户要求改报 CIF(或 CIP)价格,应先把 CFR(或 CPT)转化为 CIF(或 CIP)价格再加成计算保险金额。因此,在仅有 CFR(或 CPT)价格的情况下,CIF(或 CIP)价格应使用下列公式计算:

$$\text{CIF(或 CIP)价} = \frac{\text{CFR(或 CPT)价}}{1 - \text{投保加成} \times \text{保险费率}}$$

另外,中国人民保险公司还制定了一份保险费率常数表。保险费率常数表是以 CFR(或 CPT)价计算 CIF(或 CIP)价的速算表,只需用 CFR(或 CPT)价格直接乘以表内所列常数,便可计算出 CIF(或 CIP)价格,目的是简化计算程序。

我国进口货物的保险金额原则上也是按进口货物的 CIF(或 CIP)价格计算的。但是,我国大部分进口合同是采用 FOB 或 CFR 贸易术语。为了简化手续、方便计算,各外贸企业与中国人民保险公司签订了预约保险合同,共同议订平均运费率和平均保险费率。

我国外贸企业如按 CFR、CPT 或 FOB、FCA 贸易术语签订进口合同,保险金额应按下列公式计算:

(1)进口 CFR 或 CPT 合同:

保险金额 = CFR(或 CPT)价格 ×(1 + 平均保险费率)

（2）进口 FOB 或 FCA 合同：

保险金额 = FOB（或 FCA）价格 ×（1 + 平均运费率 + 平均保险费率）

这样计算出的保险金额是估算出的 CIF 或 CIP 金额，而且不另加成。如投保人要求在 CIF 或 CIP 价格基础上加成投保，保险公司也可以接受。

（三）填写投保单和交付保险费

我国出口货物的投保，一般需要被保险人逐笔填写投保单，并交付保险费。投保单经保险公司接受后，保险即开始生效。

1. 填写投保单。保险公司出立保险单是以投保人的填报内容为依据的，所以投保人必须按规定的格式逐笔填制投保单。投保单的主要内容有：①投保人的名称；②标记；③包装数量；④货物名称；⑤保险金额；⑥船名或装运工具；⑦开航日期；⑧提单或运单号码；⑨航程或路程；⑩承保险别；⑪赔付地点；⑫投保日期。

投保人在投保时应注意以下事项。

（1）投保人申报的情况必须属实；

（2）投保单的内容必须与买卖合同及信用证上的有关规定相一致；

（3）在 CIF 条件下，出口货物应在运离装运地仓库进入码头准备装船前办理保险；

（4）在 CFR 或 FOB 条件下，货物在装运港装船前的保险仍需买方自行安排；

（5）要注意尽可能投保到内陆目的地。

2. 保险费的计算。投保人缴纳保险费（Premium），是保险合同生效的前提条件。保险费既是保险公司经营业务的基本收入，也是被保险人获得损失赔偿权的对价。

保险费率是保险人计算保险费的依据，是由保险人根据保险标的危险性大小、损失率高低、经营费用多少等因素，并按不同商品、不同目的地以及不同的投保险别加以规定的。一般情况下，损失率越高，保险费率越高。目前，中国人民保险公司出口货物保险费率分为"一般货物费率"和"指明货物费率"两大类。前者适用于所有货物，后者仅指特别订明的货物。保险公司收取保险费的计算方法是：

保险费 = 保险金额 × 保险费率

进口货物保险费率有"特约费率"和"进口货物保险费率"两种。特约费率是一种优惠的费率，主要适用于预约保险合同项下的进口货物。进口货物保险费率分"一般货物费率"和"指明货物加费费率"两项。

（四）保险单据

保险单据是保险公司与投保人之间订立保险合同的证明文件，它反映了保险人与投保人之间的权利和义务关系，也是保险公司对投保人出具的承保证明。当发生保险责任范围内的损失时，它又是保险索赔和理赔的主要依据。常用的保险单据有以下几种。

1.保险单（Insurance Policy）。保险单又称大保单，用于承保一个指定航程内某一批货物的运输保险。它是一种正式的保险契约的书面凭证，是使用最广的保险单据，具有法律上的效力，对双方当事人具有约束力。以中国人民保险公司的保险单为例，保险单有正面条款和背面条款，其正面的内容大致有下列几项：①保险人和被保险人的名称和地址；②证明双方当事人建立保险关系的文字，说明保险人根据被保险人的要求，由被保险人缴付约定的保险费，按照本保险单条件承保货物运输险；③保险标的物的情况；④保险金额、保险费率；⑤承保险别、保险赔付地点；⑥保险人签章。

保险单的背面条款包括三种基本险别的责任范围、除外责任、责任起讫、被保险人义务、索赔期限等。

保险单是保险人印制的固定格式表单。但在使用时还可以根据双方当事人的约定进行增删修改，以调整双方的权利与义务。

保险单据可以经背书后转让。保险单据的转让，事前和事后均无须通知保险人。保险单据的出单日期不得迟于运输单据所列货物装船发运或承运人接管的日期。

2.保险凭证（Insurance Certificate）。保险凭证又称小保单，是一种简化的保险单。这种凭证除背面不载明保险人与投保人的权利和义务条款外，其余内容与保险单相同。保险凭证与保险单具有同等效力。

3.预约保单（Open Policy）。预约保单又称预约保险合同，是经常有相同类型货物需要陆续分批装运时所采用的一种保险单。它是保险公司对投保人将要装运的属于约定范围内的一切货物自动承保的总合同。在我国，预约保单适用于我国自国外进口的货物。凡属预约保单规定范围内的进口货物，一经起运，中国人民保险公司即自动按预约保单所订立的条件承保。在这种情况下，被保险人在获悉每批货物起运时，必须及时将装运通知书（包括货物名称、数量、保险金额、船名或其他运输工具名称、航程起讫地点、开航或起运日期等）送交保险公司。

预约保险单属于长期性的合同，一般都没有保险期限的规定，但注有注销条款，订约的任何一方在规定期限内发出注销通知，都可注销合同。

4.批单(Endorsement)。保险单签发以后,投保人如果需要对保险单的内容进行变更或修改,可以根据保险公司的规定,以书面形式向保险公司提出申请。经保险公司同意后即另出一种凭证,注明更改或补充的内容,这种凭证称为批单。保险单一经批改,保险公司即按批改后的内容承担责任。批单原则上须粘贴在保险单上,并加盖骑缝章,作为保险单不可分割的一部分。

二、货物运输保险索赔和理赔

保险索赔是指进出口货物在保险责任有效期内发生属于保险责任范围内的损失,投保人按保险单的有关规定向保险公司要求赔偿损失的一种行为。

(一)索赔的程序和期限

1.索赔的程序。被保险人向保险人索赔的范围,限于被保险货物因保险人承保的风险的发生所遭受的损失,赔偿的最高限额一般不超过保险金额。

被保险人在货物到港时如发现货物受损或短量,应及时向保险单指定的检验机构或理赔代理人申请检验,并要求其出具检验报告,或向承运人或有关当局索取货损货差证明,以确定损失原因和损失程度。如果当地没有保险公司指定的代理人,可邀请当地有资格的保险机构进行检验定损,出具检验报告。需要指出的是:国外代理人或公证机构出具的检验报告,只能作为一种公证证明,不能最后决定保险责任。被保险人收到上述检验报告后,可连同有关单据向保险公司提赔。

2.提赔单证。被保险人向保险公司提赔时,一般应提交下列材料。

(1)货物检验报告或其他证明货损货差的文件;

(2)保险单正本、商业发票、货物运单、装箱单、重量单等;

(3)海事报告摘要;

(4)向承运人等第三者责任方请求赔偿的函电或其他单证和文件;

(5)其他有关证明和资料;

(6)索赔损失清单。

3.索赔期限。索赔期限也可称之为索赔时效,是被保险货物发生保险责任范围内的风险与损失时,被保险人向保险人提出索赔的有效期限。索赔期限一般都规定在保险条款中,保险人有权拒绝受理超过索赔期限的任何索赔申请。一般来讲,在保险条款中通常都要求被保险人应尽快通知保险事故并在规定的期限内提交损失证据。中国人民保险公司的保险条款规定的索赔期限为两年,自被保险货物在目的地(港、站)全部卸离运输工具之日起计算。但按我国1993年7月1日施行的海商法的规定,上述索赔时效是自保险事故发生之日起计算。

4.索赔应注意的问题。

(1)采取合理的施救、整理措施。被保险货物受损后,投保人除应迅速通知保险公司或其代理人外,还应采取必要合理的施救、整理措施,以防止损失的进一步扩大。如果保险公司对施救、整理提出要求,则投保人应按保险公司的要求去做。如果被保险人没有采取必要合理的施救、整理措施,致使货物的损失扩大,保险公司对扩大部分的损失不负赔偿责任。

(2)必要时保留追偿权利。如果涉及第三者责任,赔款一般先由保险人赔付,但被保险人应首先向责任方提出异议,以保留追偿权利。特别是货损货差涉及承运人、码头、装卸公司等方面的责任,应立即以书面向他们提出索赔,必要时申请延长索赔时效。因为按照运输合同及有关运输部门的规定,如果收货人不在当时提出异议索赔,即视为所交货物完好,事后不能再行提赔。

【案例7-2】我国某公司与外商签订了一份 CIF 出口合同,我国公司在中国人民保险公司办理了保险。货物发出后,银行议付了货款,但货到目的港后发现严重破损,而保险中没有投保破损险(因为买方没有指明),买方要求我国公司到保险公司办理索赔事宜。问:我方应否办理?

分析:买方要求不合理。此案涉及 CIF 合同的性质。首先,CIF 属于象征性交货术语,即卖方只要交出符合合同或信用证规定的正确完整的单据,就算完成了交货义务,而无须保证到货,所以不是真正意义上的"到岸价"。其次,CIF 虽然由卖方办理保险,但投保金额和险别必须事先约定,如果没有约定,只能按照国际惯例办理,即按 CIF 货价×(1+10%)投保平安险。最后,在 CIF 术语下,卖方办理保险仅为代理性质,应由买方处理索赔事宜。如果买方要求卖方代替办理索赔事宜,但责任和费用应由买方承担。因此,在本案例中,买方显然是在推卸责任,故我方不能答应对方要求。

(二)货物运输保险的理赔

保险理赔是指保险公司受理投保人提出的索赔要求,并对保险赔案进行处理的整个过程。

保险人在收到被保险人的提赔通知后,不是立即按被保险人提供的索赔清单给予赔偿,而是要对以下几个方面予以审定。

(1)提赔的被保险人是否具有可保利益。

(2)损失是否是由于保险人承保责任范围内的风险引起的直接损失。

(3)货损的确定。

(4)赔款的计算。

(5)代位追偿。如果保险货物的损失是由第三者的疏忽或过失造成的,被保险人从保险人处取得保险赔偿的同时,应把其对该第三者的损害赔偿请求权转让给保险人,由保险人代位行使被保险人的一切权利和追偿要求。

三、合同中的保险条款及其写法

保险条款是国际货物买卖合同中的重要条款之一,必须制订得明确、合理,此外,保险单据的内容要和商业发票、提单、合同以及信用证等的内容相一致。订立保险条款应注意明确以下的问题:①由谁办理保险;②按什么保险条款投保;③保险险别和保险金额是否加成;④是否需要加保附加险;⑤对保险的特殊要求以及增加的保费由谁来负担。

保险条款的内容常常会根据合同中采用的贸易术语不同而有所区别。

(1)采用 FOB、CFR 或 FCA、CPT 贸易术语成交的合同,买方承担货物在运输途中的风险,并负责办理投保、支付保险费,不涉及卖方利益,因此合同中的保险条款只需规定:"Insurance: To be covered by the buyer"(保险由买方自理)即可。如果卖方接受买方的请求代办保险,应在合同中明确代办保险的详细情况,特别是要明确保险费应由买方负担。

(2)采用 CIF 或 CIP 贸易术语达成的合同,买方承担运输途中的风险,而卖方负责办理投保手续、支付保险费。这样,保险涉及双方的利益。因此,在合同的保险条款中应明确规定下列四项内容:由谁办理保险、投保险别、保险金额、适用条款。

按照这四项内容,CIF 合同中的保险条款的具体写法可为:"Insurance: To be covered by the seller for ××% of total invoice value against W. P. A. including ××, as per and subject to the relevant Ocean Marine Cargo Clauses of the People's Insurance Company of China, dated 1/1/1981."(保险由卖方按发票金额的××%投保水渍险,加保××险,以中国人民保险公司 1981 年 1 月 1 日颁布的有关海洋运输货物保险条款为准。)

如果买方要求按伦敦保险协会条款投保,在 CIF 合同中的保险条款可以订为:"Insurance: To be covered by the seller for ××% of total invoice value against ××, as per Institute Cargo Clauses ×× dated 1/1/1982."(保险由卖方按发票金额的××%投保××险,按伦敦保险协会 1982 年 1 月 1 日货物××险条款负责。)

第六节　国际货物贸易的其他保险

一、卖方利益险

卖方利益险(Contingency Insurance—Cover Seller's Interest Only)是中国人民保险公司于 1978 年开始承保的一种特殊的独立险别,它是针对我国出口企业按 CFR 或 FOB 价格条件,或在无证托收或货到付款等商业信用为主的支付方式下出口,为保障卖方自身利益而投保的险别。

因为以 FOB 和 CFR 价格条款成交的合同,应由买方办理投保,货物的所有权和风险是从货物在装运港装上船以后由卖方转移给买方的,因此买方只对在装运港装船以后货物发生的损失负责。在这种情况下,被保险货物在从卖方工厂或仓库至装运港的运输途中发生风险时,虽然按照保险条款的"仓至仓条款"属于承保范围内的风险,但是由于该风险造成损失时卖方不具有可保利益,从而使得卖方无法从保险公司获得赔偿,从而使这一段成为保险的"盲区"。

在托收或货到付款的条件下,如果履约时行情对买方不利,买方拒绝接收货物,就有可能不办保险,这样一旦货物在途中出险就可能导致货款两空,这也是卖方的一段保险"盲区"。如果货物在运输途中发生了货物风险损失,而国外买方既不付款赎单,又拒绝支付货物受损部分的损失时,保险公司对买方拒绝赔付受损或灭失部分的损失负赔偿责任。在这些情况下,卖方应投保卖方利益险,并将其向买方或第三方追偿的权利转移给保险公司。卖方利益保险负责赔偿货物在遭受承保险别的条款责任范围内的卖方损失,但本保险仅在买方不支付该项受损货物部分的损失时才予赔偿。被保险人应将其向买方或第三者的权利转移给保险人。如卖方已将这种追偿的权利转让给其他方,则保险公司解除其应负的全部责任。

目前,我国对外贸易业务中用以确定交货条件所使用的贸易术语主要是装运港交货的 FOB、CIF 和 CFR 这三种。根据国际商会 20 世纪 90 年代末对 40 多个国家的调查统计,按使用的频繁程度,FOB 排在第一位。由于采用 FOB 条件成交时,卖方在装运港交货后,不负责安排运输和保险,也就不担心运价上涨的问题。而且在许多人中存在一种误解,即采用这三种常用术语成交,风险是完全相同的,都是以装上船为界转移风险,费用最后统归买方负担,只是责任有所不同。这种误解导致一些人在对外成交时忽略了对贸易术语的认真选择,最后造成意想不到的损失发生。其实,有关贸易术语的国际惯例《2000 通则》中所说的"以装上船为界"划分风险,只是用以确定货物在交接过程中损坏或灭失的后果由卖方还是买方承担的问题,而并不泛指所有的风险,特别是不涉及收汇的风险问题。

因此,卖方利益险与出口信用险不一样,前者所承保的不是卖方被拒付本身,而是货损。

二、出口信用保险

出口信用保险是指信用保险机构对企业投保的出口货物、服务、技术和资本的出口应收账款提供安全保障机制。

它是以出口贸易中国外买方信用风险为保险标的,保险人承保国内出口商在经营出口业务过程中因进口商方面的商业风险或进口国方面的政治风险而遭受的损失。在该项业务中,保险人将赔偿出口商因买方不能履行贸易合同规定支付到期的部分或全部债务而遭受的经济损失。

(一)出口信用保险的特点

出口信用保险是出口国政府鼓励发展出口贸易的重要措施之一,其目的在于承担国际贸易中各种支付方式的收汇风险,鼓励企业争取具有竞争性的成交条件,开拓国际市场,扩大出口,保障收汇安全。所以出口信用保险机构均由政府出资设立,并提供各项税收优惠政策,而且国家财政是风险的最终承担者。

出口信用保险承保被保险人在国际贸易中因境外原因导致的货物发运后无法收回账款的风险,包括政治风险和商业风险。

出口信用保险承保的是一般商业性保险机构不愿意或无力承保的业务,通常分为短期出口信用保险和中长期信用保险业务。

另外,出口信用保险通常与贸易融资结合在一起,构成了出口信贷融资中重要的组成部分。

(二)出口信用风险种类

出口信用保险主要承担被保险人在经营出口贸易中面临的来自进口国家或地区进口商的商业风险和进口国的政治风险。

1. 商业风险。商业风险又称为买家风险。具体包括:买方无偿付能力;在信用期限内或信用协定到期后,买方拖欠付款;在出口货物质量符合合同规定的情况下,买方不按时提货。

2. 政治风险。政治风险又称国家风险,其引起的损失范围比商业风险更加广泛。一般包括所有由国内法律或法规变化所引起的影响保险合同关系的政治事件。具体包括:进口国家或地区实行汇兑限制,如外汇转换风险和转让风险(前者是指从进口国家兑换支付货币或汇款的困难,后者是指一国能冻结资产和在另一国当地开设的账户);进口国家或地区实行贸易禁运、产品没收或征用、吊销进口许可证,以及公司和企业国有化等;进口国家或地区政府颁布对外延迟付款令;进口国家或地区发生战争、动乱等;此外还包括在合同签订后被保险人出口的信用证被取消或不可执行等。

(三)短期和中长期信用保险

1.短期出口信用保险。短期出口信用保险,从名称上可以看出,这是为出口商在与海外的进口商以时间相对较短(通常为 180 天/6 个月)的信用期限进行贸易所产生的风险投保。主要用于以付款交单(D/P)、承兑交单(D/A)和赊销(O/A)等商业信用风险为付款条件的出口保险。

我国出口信用保险公司目前短期出口信用保险的主要产品有综合保险、统保保险、信用证保险、特定买方保险、特定合同保险和买方违约保险等一系列产品。后又陆续增加了农产品特别保险、出口票据保险、出口劳务保险等。

(1)综合保险,承保出口企业所有支付方式(包括非信用证支付方式和信用证方式)出口的收汇风险。它补偿出口企业按照合同或信用证规定出口货物或提交单据后,因政治风险或商业风险发生而导致的出口收汇损失。其特点是保险金额高、承保范围大、保险费率低。

(2)统保保险,承保出口企业所有以非信用证方式为支付方式出口的收汇风险。承保企业按合同规定出口货物后因政治风险或商业风险发生所导致的不能如期收汇的损失。

统保保险的适用范围为:凡是有明确、规范的出口贸易合同的,包括货物、技术或服务从我国出口或转口;支付方式为付款交单(D/P)、承兑交单(D/A)和赊销(O/A);付款期限一般在 180 天以内,也可扩展至 360 天。

(3)信用证保险,承保出口企业以信用证支付方式出口的收汇风险,即保障承担出口企业作为信用证的受益人按照信用证的要求发货并向银行提交了单证相符、单单相符的单据后,由于政治风险或商业风险的发生导致不能如期收汇的损失。信用证保险费率较低。

(4)特定买方保险,承保出口企业对一个或几个特定买方以非信用证支付方式出口的收汇风险,其适用的保险条件与统保保险相同。

(5)特定合同保险,承保出口企业在某一特定出口合同项下的应收账款收汇风险,适用于金额较大的机电产品、成套设备等产品的出口。

(6)买方违约保险,承保出口企业以分期付款方式签订的商务合同项下因买方违约而遭受的出运前和出运后的收汇损失风险。它不仅适用于机电产品、成套设备出口,而且适用于对外工程承包和劳务合作。

2.中长期出口信用保险。中长期出口信用保险是随着世界经济的发展,在西方发达国家间信用体系不断完善基础上产生和发展起来的。从它产生之初就有着强烈的政府支持的色彩,或者说有明显的政策性。其承保的不是独立的商业行为,具有金额大、期限长、风险集中且相互关联、对风险进行度量和控制的难度较大等特点。风险所造成的损失是一般商业保险公司无力且不愿意承担,只有政府作为后盾才可能承担的。因其具有服务于一国政治、外交利益,以及对外贸、经济增长及就业的宏观促进作用而得到政府的支持,具有明显的出口融资贷款的特性。

中长期出口信用保险是承保信用期为1—10年(包括签订协议、特殊项目等),出口商或银行在对外经济活动中因境外政治或商业风险而遭受损失的信用保险,是出口国政府为了支持和鼓励本国和境外工程承包而开办的一种政策性保险业务。

中长期出口信用保险按不同的标准可以有以下几种分类。

(1)按保单责任开始时间的不同划分为出运前保险和出运后保险。

(2)按所保风险范围可分为单纯政治风险保险、单纯商业风险保险和政治、商业风险综合保险。

(3)按承保方式可分为额度保险和项目保险。

(4)按融资方式的不同分为出口买方信贷保险和出口卖方信贷保险。由融资方式不同还可派生出"福费廷保险"和"融资租赁保险"。

(四)出口信用保险的基本原则

出口信用保险是为货物和服务的出口商提供较高程度的财务安全保障,因此出口商可以接受更多新的客户和进入海外市场,其经营的基本原则有如下几个。

1.诚信原则。投保人有义务如实提供贸易活动中的有关情况和资料,如果隐瞒或虚报,保险公司可按规定不予赔偿。

2.风险共担原则。承保机构承担大部分责任,投保人也须承担少部分损失,这也可以避免商业欺诈行为的发生。

3.事先投保原则。在无法预知风险是否发生的前提下,要求在贸易合同生效前签订保险合同和办妥有关手续并交纳保险费。

4.债权不放弃原则。保险赔偿的前提条件是被保险人获取赔偿后,不得放弃应收账款的债权,而且被保险人在获得赔偿后还须将应收账款的权益转让给保险人,以便保险人行使代位追偿的权利。

5.等待赔偿原则。被保险人须在债务到期后一定时间方能获得保险人的赔付,这是国际上大多数信用保险机构通常的做法,这种机制可在一定程度上避免出口商和进口商的联手欺诈问题。

总之,出口信用保险由于具有强烈的政府支持特点,目前主要由各国政府出资成立有关的保险机构。当然国际上依然存在一些私人保险公司提供包括商业风险和政治风险在内的承保范围的保险,如劳合社(又称伦敦劳埃德保险社,Lloyd's of London)曾是国际保险私人市场上唯一提供政治风险的代表,其他如美国国际集团、丘博保险集团(Chubb)、UIC 保险集团、专业理赔机构和花旗集团等。

练习与思考题

1. 简述保险的基本原则。
2. 我国海运保险有哪几种基本险别? 各险别责任范围有什么不同?
3. 我国海运保险有哪些附加险?
4. 什么是共同海损? 构成共同海损的条件是什么?
5. 实际全损与推定全损有何区别?
6. 什么是"仓至仓"条款?
7. 试比较 CIC 和 ICC 的保险条款。
8. 什么是保险条款中的"除外责任"?
9. 什么叫"委付"? 委付的成立需符合哪些条件?
10. 被保险人向保险人提出索赔时,如涉及第三者责任,应如何处理?
11. 什么是出口信用保险? 其种类有哪些?

本章学习国际货物贸易中的收付方式和主要做法,涉及国际货物买卖价格如何计算和国际货款如何结算,以及在什么时间、地点、采用什么方式收付等。本章所述国际货款的收付,即国际货款的结算专指从事国际货物买卖活动的有关当事人,通过使用特定的支付工具和支付方式来完成国际债权债务关系的结算行为。支付工具包括货币和票据;支付方式主要包括汇付、托收和信用证等。

从事国际货物买卖必然产生国际货、款的交割,由于国际贸易买卖双方的距离遥远,货款的交割伴随着买卖双方权利、义务和责任的划分问题以及解决国与国之间的债权债务,因此需要国际使用共同的、特定的支付工具和支付方式来进行结算。它是整个国际货物买卖活动中的最后一个环节,也是最为关键的环节,是整个商事行为的最终归宿。国际货款的收付不是单纯的业务技术问题,还与货物、金融、外汇管理等法律规定有着密切关系。货款的收付条件不是孤立的,它和贸易术语以及买卖合同中规定的其他条件互相联系、互为补充,直接关系到有关当事人的切身利益。在我国的外贸实践中,除对极少数国家的交易仍保持根据政府间缔结的支付协定规定由双方国家银行相互开立账户记账清算外,对绝大部分国家的贸易都是通过银行采用现汇结算的方式。

国际贸易货款的收付远比国内贸易复杂,需要相当长的时间才能完成。这主要是由于交易双方当事人的营业地分处不同的国家或地区,各国或地区所使用的货币有所不同,而且在做法上也有很大的差异,同时还涉及不同国家的有关法律、国际贸易惯例和银行的习惯做法等。特别是自固定汇率制度崩溃以后,各国又重新从国际货币基金组织(IMF)收回了货币政策的制定权和汇率制度的选择权,从而使得这一领域的国际立法变得形同虚设。各国所采用的浮动汇率制,使得国际货币金融市场更加动荡,给国际货款的收付带来了许多不稳定因素,使得交易的当事人在支付工具和支付方式的选择上格外小心。因此,了解和正确选择支付工具和支付方式,是交易双方当事人实现其最终目的的关键所在。

第一节　国际结算工具

当前国际货物买卖中所使用的支付工具主要是货币和票据。货币可用于计价、结算和支付；而票据只能用于结算和支付。

由于各国国情不同，彼此间的经济和社会发展状况不平衡，各国的货币制度之间也就存在着差异。当商品的交换超出一个国家的国境而成为国际的商品交换时，有关交易的当事人首先就面临着货币选择的问题。目前各国有关当事人都是通过协商选择一种彼此共同认可的货币作为交易计价和结算的货币。

一、结算中的计价货币及其选择

由于国际货物买卖是跨越国界的商品交易，因此，交易的双方当事人所使用的货币属于外汇范畴，这些货币可以是出口国的货币，可以是进口国的货币，也可以是第三国的货币，由交易双方当事人按照自愿的原则协商确定。在国际贸易中选用哪一种货币计价、结算，既关系到买卖双方当事人的经济利益，也关系到有关国家的利益。选用结算货币，不仅要考虑金融外汇市场变动的因素，而且还要考虑到有关国家的货币金融法律制度。

（一）计价货币

在国际货物买卖中，计价货币是指双方当事人在合同中规定用来计算和清偿彼此债权债务的货币。一般来讲，计价货币与结算货币应为同一种货币，如果双方当事人在合同中只规定了计价货币，而没有规定结算货币，那么计价货币就是结算货币。在当前国际金融市场普遍实行浮动汇率制的情况下，交易双方当事人都要承担一定的汇率变化的风险，因此也可以规定计价货币是一种货币，而结算货币为另一种货币，甚至另几种货币。在这种情况下，交易的双方当事人就要在合同中规定不同货币的比值。因此买卖双方在选择使用何种货币时，既要考虑货币汇率的风险，又要结合自己的经营意图、市场供需和价格水平等情况作出综合性分析。

目前，我国常用的国际结算货币主要有：美元、英镑、欧元、日元和港元。以人民币作为计价或结算的货币，现在也有了很大的发展。人民币作为计价和结算的货币始自 1968 年，最初在我国港、澳地区试行，后来逐步推广到欧洲、日本、澳、新和美国等其他地区。随着我国加入 WTO 后改革开放步伐的加快，我国对外业务中以人民币计价结算对我国是有利的，而且外商也明确表示愿意接受。但我国金融管理规定对外使用人民币仅限于账面的收付，不能自由兑换和流动。另外，使用人民币进行国际结算还存在许多有待解决的问题,因此,目前一般多根据国际金融市场上货币汇率变动的情况和进口国家(地区)的习惯等,选用对方国(地区)货币或第三国货币。

(二)计价货币的选择

1.选择可自由兑换的货币。所谓的可自由兑换货币,是指对国际经常往来的付款和资金转移不施加限制、不施行歧视性货币措施或多种货币汇率,在另一国要求下随时有义务换回对方在经常往来中所结存的本国货币。使用可自由兑换货币,有利于调拨和运用,也有助于在必要时可转移货币汇价风险。当然,在使用可自由兑换货币时还要考虑其安全性和稳定性。

2.在出口业务中尽量争取采用硬通货。所谓的硬通货,是指从成交至收汇这段时期内汇价比较稳定且趋势呈上浮的货币。

3.在进口业务中,争取采用软通货。所谓软通货,是指从成交至付汇这段时期内汇价不稳定、疲软且趋势呈下浮的货币。

(三)计价与结算货币的保值

在国际货物买卖中,出口使用"硬通货"、进口使用"软通货"是一种可行而有效的办法。但有时双方当事人在货币选用上很难达成一致,为防止从成交至收汇期间由于计价货币币值的变动带来的损失,在以往的国际货物买卖中,当事人往往会采用一些相应的措施,避免因计价和结算货币的贬值而造成损失。此类措施即国际货款结算货币保值措施,主要有以下几种。

1.汇价加(减)值法。汇价加(减)值法,即把所选用的货币币值的变动幅度加入(减出)货价,根据币值变动的幅度来确定价格的调整幅度。

2.汇率保值法。汇率保值法,即合同金额以某种比较稳定的货币或综合货币单位保值,支付时按支付货币对保值货币的当时汇率加以调整。例如:①当合同的计价货币和支付货币均为同一种"软币"时,在合同中规定订约时这种货币与另一种"硬币"的汇率,并以"硬币"金额为基础,在买方支付货款时,按支付当日的汇率折算成原"软币"支付。②当合同的计价货币为"软币",支付货币为"硬币"时,将商品单价或总值按照计价货币与支付货币订约时的汇率折合成"硬币",按硬币支付。③采用"一揽子汇率保值",如使用"软币"计价,可以确定这一货币与另外几种货币的算术平均汇率,按支付当日与另几种货币的汇率变化作相应调整,折算成原货币支付。几种货币的综合汇率可有不同的计算方法,如简单的平均法、加权平均法等,可由双方当事人协商确定。在"一揽子汇率保值"中,当前使用较多的是以特别提款权(SDR)保值。在合同中可以订明,按订约日的伦敦金融时报所载支付货币(如美元)的特别提款权汇率折成若干特别提款权单位,同时规定付款时按付款日的特别提款权汇率折回到原支付货币予以支付。

二、国际货款结算中的票据

在国际货物买卖中,由于风险大、周转慢,所以国际货款收付一般都是使用信用工具或支付凭证,通过双方在银行开立账户进行冲销,即采用非现金结算的票据方式,以避免运送大量货币引起的各种风险和不便。因此,作为支付工具之一的票据是现代国际货款收付的主要工具。

(一)票据的概念和作用

1. 票据的概念。票据有广义和狭义之分。广义的票据是指一般的商业上的权利凭证,如提单、仓单、保险单等。狭义的票据是指以支付一定金额为目的、可以流通转让的证券。在我国,狭义的票据是专指于1995年5月10日第八届全国人民代表大会常务委员会第十三次会议上通过的,并于1996年1月1日起施行的《中华人民共和国票据法》中所涉及的汇票、本票和支票。这里所述的票据为狭义的票据,即由出票人签名于票据上面,无条件地约定自己或指定他人,以支付一定金额为目的的有价证券。

2. 票据的作用。作为支付工具的票据之所以能够被广泛地使用,是由于它在经济活动中具有独特的作用。概括起来,票据的主要作用体现在以下几个方面。

(1)支付和结算作用。在国际货物买卖中,票据代替了现金作为价款的支付和以现金为内容的结算,节约了国际通货的使用费用。

(2)信用和融资作用。票据并非商品,其本身无任何价值,但它是建立在信用基础上的书面支付凭证。由于有信用的介入,可转让的票据经背书等方式转让后可以流通。票据作为一种信用工具,简化了借贷手续,使得资金融通业务不断地扩大。

(3)资金和流通作用。由于票据具有的上述作用和特点,票据在一定程度上具有替代货币流通的功能,从这个意义上讲票据是资金工具和流通工具。

(二)票据的分类和内容

世界上的票据法大体分为大陆法系(亦即日内瓦法系)和英美法系。虽然不同国家的票据法对票据的分类有不同的规定,但是都将汇票、本票和支票作为国际商事活动中最主要的收付工具。在国际货款的收付中,主要使用汇票,有时也使用本票和支票。下面分别介绍汇票、本票和支票,其中汇票是国际货物买卖结算中最常用的票据。

1. 汇票。各国广泛引用或参照的《英国票据法》对汇票所下的定义是:"汇票是一人向另一人签发的,要求即期或定期或在可以确定的将来的时间,对某人或其指定人或持票人支付一定金额的无条件书面支付命令。"英国票据法的这一定义比较完善、准确地表述了汇票的含义或特征。我国《票据法》第19条对汇票所下的定义是:"汇票是出票人签发的,委托付款人在见票时或者在指定日期无条件支付确定的金额给收款人或者持票人的票据。"这一定义与《英国票据法》的定义的主要不同是,明确出票人不是付款人,汇票票款是由出票人委托付款人支付的。

(1)汇票的法定记载内容。根据《汇票与本票统一法》的规定,汇票必须具备完整、必要的内容,应包括:①写明"汇票"字样;②无条件地支付一定金额的命令;③付款人姓名;④付款日期与地点;⑤受款人姓名;⑥出票日期与地点;⑦出票人姓名;⑧汇票承兑人应负的义务;⑨汇票上各签字人要求返还票据的诉讼时效;⑩拒绝证书的形式和出具期限,适用该证书出具地法律。《汇票与本票统一法》对汇票的上述内容的要求缺一不可。

按照我国票据法的规定,汇票必须记载下列事项:①载明"汇票"字样;②无条件支付的委托;③确定的金额;④付款人名称;⑤收款人名称;⑥出票日期;⑦出票人签章。汇票上未记载上述事项的,汇票无效。我国票据法还规定,如果汇票上记载了付款期(我国票据法规定了四种付款期限的表达方式为见票即付、定日付款、出票后定期付款、见票后定期付款)、付款地、出票地等内容均应当清楚、明确。汇票上未记载付款日期的为即期汇票;如汇票上未记载付款地的,则付款人的营业场所、住所或经常居住地为付款地;如汇票上未记载出票地的,则出票人的营业场所、住所或经常居住地为出票地。汇票除了以上项目外,还可以根据需要记载其他事项,如"付一不付二""出票条款""禁止转让""免除做成拒绝证书""利息和利率"等,但这些事项不具有汇票上的法定效力。

(2)汇票的种类。目前国际货款收付中使用的汇票主要有以下几种。

①按照出票人的不同,汇票可分为商业汇票(Commercial Bill)和银行汇票(Banker's Bill)。商业汇票是由工商企业或个人开出的汇票,付款人可以是工商企业或个人,也可以是银行。商业汇票大都附有货运单据,属跟单汇票。银行汇票是由银行开出的汇票。银行汇票的出票人和付款人都是银行。这是银行汇票和商业汇票的主要区别。银行汇票一般为光票,不附有货运单据。

②按照使用时是否附有货运单据,汇票可分为光票(Clean Bill)和跟单汇票(Documentary Bill)。光票是指不附货运单据的汇票,银行汇票多为光票。跟单

汇票是指附有货运单据的汇票,商业汇票多为跟单汇票。

③按照付款时间的不同,汇票可分为即期汇票(Sight Draft)和远期汇票(Time/Usance Draft)。即期汇票,是指在持票人提示或付款人见票时应立即付款的汇票。远期汇票,是指付款人于一个指定的日期或在将来一个可以确定的日期付款的汇票。远期汇票付款期限的规定方法主要有下列几种。

第一,固定日付款,即在汇票上规定一个指定的付款日期,如:On 5th Nov.,2009;

第二,出票后若干天付款,如:at ×× days after date of draft;

第三,见票后若干天付款,如:at ×× days after sight;

第四,运输单据签发后若干天付款,如 at ××days after date of B/L。

④按照承兑人不同,汇票可分为商业承兑汇票(Commercial Acceptance Bill)和银行承兑汇票(Banker's Acceptance Bill)。商业承兑汇票,是指由企业或个人作为付款人并经其承兑的远期汇票。企业或个人承兑后即承担了汇票到期支付的法律责任,因而属商业信用。银行承兑汇票,是指由银行作为付款人并经其承兑的远期汇票。银行承兑后即承担了汇票到期支付的法律责任,因而属银行信用。

(3)汇票的使用程序。即期汇票属于见票即付,从出票到付款间隔时间短,手续简便,一般只需经过出票、提示、付款三个过程。远期汇票从出票到付款有一段较长的时间间隔,除了要经过以上程序外,还要经过背书、承兑等其他程序。

①出票(Issue;to Draw)。出票是发生票据权利义务关系的最重要的票据行为。出票是指出票人签发票据并将其交付给收款人的票据行为。我国票据法规定出票人必须与付款人具有真实的委托付款关系,并且具有支付汇票金额的可靠资金来源。出票人在签发汇票时,要在汇票上填写必要的内容,其中对收款人,即汇票的抬头人有三种不同的写法:

第一,限制性抬头,如"Pay ×× Co. only"(仅付××公司)或"Pay ×× Co. not transferable"(付给××公司,不准转让),这种抬头的汇票不能转让。

第二,指示式抬头,如"Pay ×× Co. or order""Pay to the order of ××Co."(付××公司或其指定人),这种抬头的汇票可以转让,但转让时须经过背书手续。

第三,持票人或来人抬头,如"Pay to bearer"(付给来人)或"Pay ×× or bearer"(付给××或来人),这种抬头的汇票无须由持票人背书即可转让。

②提示(Presentation)。提示是指持票人将汇票提交给付款人要求承兑或付款的行为。付款人看到汇票叫作见票。提示可分为两种:其一是承兑提示(Presentation for Acceptance),是指持票人在汇票到期日前向付款人出示汇票,并要求付款人承诺付款的行为,承兑提示只适用于远期汇票。其二是付款提示

(Presentation for Payment)，是指汇票的持票人向付款人(或远期汇票的承兑人)出示汇票要求付款人(或承兑人)付款的行为，付款提示适用于即期票据或已到期的远期票据。远期汇票的承兑提示和即期汇票的付款提示均应在法定期限内进行，各国票据法对此都作出了规定。英国票据法规定，即期汇票和见票后定期付款的汇票，应在合理的时间内提示汇票，远期汇票应在付款到期日当天作付款提示。根据我国票据法的规定，即期和见票后定期付款汇票自出票日后 1 个月；定日付款或出票后定期付款汇票应在到期日前向付款人提示承兑；已经承兑的远期汇票的提示付款期限为到期日起 10 日内。

③承兑(Acceptance)。承兑是指远期汇票的付款人承诺负担票据债务的行为。承兑是附属票据行为。但是，承兑后，承兑人就是汇票的主债务人，即使出票人的签字是伪造的、背书人无行为能力，承兑人也应对票据上的债务负责，而出票人则从主债务人转变为从债务人。我国《票据法》第 41 条规定，汇票付款人应当自收到提示承兑的汇票之日起 3 日内承兑或者拒绝承兑。

承兑分为普通承兑和保留承兑。承兑人不作任何保留，接受汇票文义内容为普通承兑；承兑人对汇票文义内容加以修改后接受为保留承兑。我国《票据法》第 43 条又规定：付款人承兑汇票，不能附有条件；承兑附有条件的，视为拒绝承兑。

承兑的手续是由付款人在汇票正面写上"承兑"(Accepted)字样，然后注明承兑的日期，并由付款人签名，交还给持票人。根据票据法的一般规则，仅有付款人签名而未写"承兑"字样，也构成承兑。按我国票据法的规定，未写明承兑日期的以付款人自收到提示承兑的汇票之日起的第 3 天为承兑日期。

④付款(Payment)。付款是指持票人或其委托人于付款到期日，向付款人或承兑人提示票据，要求支付票面金额的行为。提示是付款的必要程序。我国票据法规定，付款人必须在持票人提示付款当日足额付款。持票人获得付款后，应当在汇票上签收，并将汇票交给付款人。汇票一经付款，付款人在汇票上注明"收讫"字样，汇票的一切债务责任即告终结。持票人委托银行收款的，受托银行将代收的汇票金额转账收入持票人账户，视同签收。

⑤背书(Endorsement)。背书是使票据得以合法转让的手续，指持票人在汇票背面记载有关事项、签章并把汇票交给受让人的行为。经过背书，持票人可以将汇票权利转让给他人或将一定的汇票权利授予他人行使。汇票可以经过背书不断转让下去。对于受让人来说，所有在他以前的背书人以及原出票人都是他的"前手"；而对于出让人来说，所有在他出让后的受让人都是他的"后手"。前手对后手负有担保汇票必然会被承兑或付款的责任，后手对前手有追索权。汇票持有人转让汇票的目的是为了在汇票到期付款前先取得票款，受让人在受让时要按汇票的

票面金额扣除从转让日起至汇票付款日止的利息后,将票款付给出让人。这种行为又称"贴现"(Discount)。

背书的方式常见的有以下几种。

第一,空白背书(Blank Endorsement 或 Endorsement in Blank),又称不记名背书,是指在汇票背面只有背书人的签章,不写明受让人,经空白背书的汇票凭交付而转让。

第二,限定性背书(Restrictive Endorsement),是指汇票背面不仅有背书人的签章,还写明受让人,如"Pay...only"(仅付……)或"Pay...not transferable"(付给……不得转让)。

第三,特别背书(Special Endorsement),也称记名背书,是指背书人在汇票背面签章,并写明凭指定的受让人,如"Pay to the order of..."或"Pay...or order"(付给……的指定人)。经特别背书的汇票,被背书人(受让人)可以进一步背书转让。

⑥拒付(Dishonor)与追索(Recourse)。拒付也称退票,是指当持票人提示汇票要求承兑或付款时,付款人拒绝承兑或付款,或者由于付款人死亡、逃匿或被依法宣告破产,或者因违法被责令终止业务活动,以致付款已成为事实上的不可能,就构成付款人的拒付行为。就当事人的责任来说,汇票上记载的付款人之所以有履行付款的义务,并不是单纯由于出票人开立了以他为付款人的汇票,而是由于在出票之前他们之间已有债权债务契约,并事先约定采用汇票付款。因此,当付款人拒付汇票时,出票人要根据原契约而不是根据被拒付的汇票进行交涉。但是付款人一经在汇票上承兑,他就确认了债务人的身份,就要承担到期付款的责任。

如果汇票经过转让,持票人被拒付时,汇票的善意持有人有权向其前手进行追索,一直可以追索到出票人。我国票据法规定汇票到期被拒绝付款的,持票人可以对背书人、出票人以及汇票的其他债务人行使追索权。持票人行使追索权时,应当提供被拒绝承兑或被拒绝付款的有关证明,即拒绝证书。该证书应由拒绝承兑或付款的承兑人或付款人出具。如属承兑人或付款人死亡、逃匿或破产、责令停业等情况,不能取得拒绝证明的,可以依法取得有关证明,如法院的有关司法文书等。我国票据法还规定,持票人行使追索权时,应自收到拒付证明之日起 3 日内将被拒付事由通知其前手。汇票的出票人或背书人为了避免承担被追索的责任,可以在出票或背书时加注"不受追索"(without recourse)字样,但是有这样批注的汇票就很难在市场上流通转让。

2. 本票(Promissory Note)。《英国票据法》给本票下的定义是:"本票是一人向另一人签发的,保证即期或定期或在可以确定的将来的时间,对某人或其指定人或持票人支付一定金额的无条件书面承诺。"简言之,本票是出票人对持票人承诺无条件支付一定金额的票据。

我国《票据法》对本票下的定义是:"本票是出票人签发的,承诺自己在见票时无条件支付确定的金额给收款人或持票人的票据。"

(1)本票的内容。根据我国票据法的规定,本票必须记载下列内容:①表明"本票"字样;②无条件支付的承诺;③确定的金额;④收款人名称;⑤出票日期;⑥出票人签章。这些内容必须齐全,否则本票无效。至于付款地、出票地,如有记载应当清楚、明确;如未记载,则出票人的营业场所为付款地、出票地。

(2)本票的种类。我国票据法规定,本票仅限于由中国人民银行审定的银行或其他金融机构签发的银行本票。银行本票均为见票即付的即期票据。但在国际上,许多国家的票据法规定,除银行签发即期本票外,也允许工商企业签发本票,这种由工商企业签发的本票称为一般本票或商业本票。一般本票既可以是即期的,也可以是远期的。

(3)本票与汇票的区别。本票与汇票除它们的含义不同外,主要还有以下几点区别:①本票的当事人有两个,即出票人和收款人,本票的出票人就是付款人;而汇票的当事人是三个,即出票人、付款人和收款人。②本票签发的份数只能是一式一份;而汇票可以签发一套,即一式两份或一式多份(银行汇票除外)。③远期本票不需要承兑,因为本票的出票人就是付款人。出票人签发的远期本票,他自己承诺到期付款,所以无须承兑。而远期汇票则需由付款人承兑。承兑前汇票的主债务人是出票人,即出票人要对汇票负责;承兑后汇票的主债务人是承兑人,承兑人要对汇票负有到期付款的绝对责任。

3.支票(Cheque,Check)。在国际贸易中,支票常常代替现钞被作为一种支付工具而加以使用。英国票据法关于支票的定义是:"支票是以银行为付款人的即期汇票。它是银行存款人(出票人)对银行(付款人)签发的授权银行对某人或其指定人或持票人即期支付一定金额的无条件书面背书命令。"

我国票据法给支票下的定义是:"支票是出票人签发的,委托办理支票存款业务的银行或者其他金融机构在见票时无条件支付确定的金额给收款人或者持票人的票据。"

(1)支票的内容。我国票据法规定,支票必须记载下列内容:①表明"支票"字样;②无条件支付委托;③确定的金额;④付款人名称;⑤出票日期;⑥出票人签章。缺少上述任何一项的,支票无效。支票上未记载收款人名称的,经出票人授权,可以补记。出票人所签发的支票金额不得超过其在付款人处实有的存款金额,如超过为空头支票。签发空头支票的出票人要承担法律责任。此外,根据《日内瓦统一法》的规定,支票除具备上述内容外,还应具备:①出票地点;②付款地点;③写明

"即期"字样;④受款人或其指定人名称等内容。

（2）支票的种类。支票按抬头的不同性质,可分为记名支票、不记名支票;按支票的签发人不同,可分为银行支票、商业支票;按支票本身的基本特征又可分为多种,如保付支票、空头支票等。

我国票据法规定了普通支票、转账支票和现金支票三种不同类型的支票。在支票上印有"现金"字样的为现金支票;在支票上印有"转账"字样的为转账支票;支票上未印有"现金"或者"转账"字样的为普通支票。

根据我国票据法规定,现金支票只能用于支取现金;转账支票只能用于通过银行或其他金融机构转账结算。普通支票可以支取现金,也可以转账,但用于转账时,应当在支票正面注明。但普通支票用于转账时如何注明,在票据法上未明确规定;而在中国人民银行《支付结算办法》中则规定,以划线的方式来表明该支票为何种支票,即在普通支票左上角划两条平行线,使普通支票成为划线支票,划线支票只能用于转账,不能支取现金。这一做法实际上承认了划线支票的效力,与《日内瓦统一法》中的有关支票规则取得了一致,也符合国际上支票使用的一般习惯。

在国际上,支票是支取现金还是转账由持票人或收款人自主选择。但一经划线只能通过银行转账,而不能支取现金。所以又分为"划线支票"和"未划线支票"。划线支票通常也是在支票的左上角划上两道平行线。可以由出票人划线,也可以由收款人或代收银行划线。对于未划线支票,收款人既可通过自己的往来银行代向付款银行收款,存入自己的账户,也可以径自到付款银行提取现款。但如果是划线支票,或原是未划线支票,经收款人自己加上划线后,则只能通过往来银行代为收款入账。

根据我国票据法的规定,支票限于见票即付,不得另行记载付款日期,另行记载付款日期的,该记载无效。就是说支票只有即期,没有远期。在实际业务中,如果需要延期支付,可将支票的出票日期按需要往后填。但这种支票仍是见票即付的即期支票。

（3）支票与汇票的主要区别。支票是一种即期付款的票据,不得进行承兑。有承兑记载的,视为无记载。

支票必须以银行或者其他金融机构为付款人。支票的出票人必须按照签发的支票金额承担保证向该持票人付款的责任。除另有约定外,出票人签发的支票数额不得超出其实有的存款数额,且必须对银行的存款有任意处置的权利。

第二节　国际货款的支付方式——汇付与托收

国际贸易中使用的支付方式是在长期的国际贸易实践中产生和发展起来的。在国际贸易中,由于买卖双方当事人处于不同的国家或地区,使得他们之间应收和应付的金额在时间上统一起来是相当困难的,所以往往要银行介入,通过买卖票据、提供信用、融通资金等行为来完成国际货款的结算,从而产生了汇付、托收和信用证的支付方式,即收付货款的方式。货款收付方式不同,对安全收汇和资金周转的速度有很大影响。国际货款的收付方式涉及当事人信用、付款的时间和地点、支付工具的传送和资金的流动等问题。因此支付方式中根据资金的流动方向和支付工具的传递方向,可分为顺汇和逆汇。顺汇是指资金的流动方向与支付工具的传递方向相同,如汇付方式即是顺汇。逆汇是指资金的流动方向与支付工具的传递方向相反,如托收和信用证方式属于逆汇。

汇付和托收是国际货款收付中常用的属于商业信用的支付方式,也是本节重点介绍的内容。

一、汇付(Remittance)

国际货物贸易中,买卖双方在合同中约定采用预付货款、到付货款或赊销等方式大多通过汇付的方式完成款项的交付。汇付又称汇款,是指汇款人通过当地银行将款项汇入收款人所在地银行,由该银行将款项解付给收款人的支付方式。

(一)汇付方式的基本当事人

1. 汇款人(Remitter),汇出款项的人。在进出口业务中,汇款人通常是进口人。

2. 收款人(Payee or Beneficiary),收取款项的人。在进出口交易中收款人通常是出口人。

3. 汇出行(Remitting Bank),受汇款人的委托,汇出款项的银行。通常是进口人所在地银行。

4. 汇入行(Paying Bank),受汇出行委托解付汇款的银行,又称解付行。通常是出口人所在地银行。

上述汇款人与收款人之间因为国际货物买卖而产生债权债务关系,通过汇付这种支付方式结算他们之间的债权债务;汇款人委托汇出行汇交应付款项,汇出行受汇款人的委托,通过与其有业务关系的汇入行将有关款项付给收款人。

（二）汇付的种类

根据汇出行向汇入行传达付款通知的方式不同,汇付可分为信汇、电汇和票汇三种。

1. 信汇（Mail Transfer）。信汇简称 M/T,是指汇出行应汇款人的申请,将信汇委托书通过邮局寄给汇入行,授权汇入行解付一定金额给收款人的汇款方式。信汇委托书不加密押,汇入行应核对汇出行在信汇委托书上的签章无误后才能解付。信汇的费用比较低。

2. 电汇（Telegraphic Transfer）。电汇简称 T/T,是指汇出行应汇款人的申请,拍发加押电报或电传通知汇入行,委托汇入行解付一定金额给收款人的一种汇付方式。汇出行在发给汇入行的电报或电传中须加注密押（Test Key）,以便汇入行核对金额,确保委托付款的真实性。采用电汇,费用较信汇高,但收款人可以迅速收到汇款。

3. 票汇（Demand Draft）。票汇简称 D/D,是指汇款人向汇出行购买银行即期汇票（Banker's Demand Draft）,自行寄给收款人,收款人凭以向汇票上指定的银行取款的一种汇款方式。收款人持汇票向汇入行提示付款时,汇入行应当适当地审核该银行汇票。

使用汇付方式时,信汇和电汇的汇入行通常须向收款人发出通知,由收款人到汇入行取款,收款人也可委托其往来银行代收,记入其存款账户内,但是收款人不能将收款权转让。票汇的汇入行则无须通知收款人,而是由收款人持票登门取款。除另有限制转让和流通的规定外,收款人可经背书转让汇票。

（三）汇付方式的性质及在国际贸易中的应用

在国际贸易中,汇付属商业信用。常用于预付货款（Payment in Advance）、随订单付现（Cash with Order）、交货付现（Cash on Delivery）和赊销（Open Account, O/A）以及预交订金、汇付佣金、代垫费用、支付索赔款等业务。采用预付货款或随订单付现,买方要提前垫付资金,承担卖方可能不按时交货或不交货的风险,所以除某些小额交易外,不易被买方接受。而对于卖方来说,就是先收款后交货,对卖方是有利的。反之,在采用货到付款或赊销方式时,卖方先交货后收款,既要占压资金而且还要承担买方不付款的风险。因此,汇付方式的采用完全凭借买卖双方的商业信用而作出选择。在合同中的汇付条款一般可作如下规定:

（1）"The buyer shall pay the total value (or ××% of the total value) to the seller in advance by T/T (or M/T or D/D)before ×××."［买方应于×年×月×日前,

将全部货款(或××%的货款)用电汇(或信汇/票汇)方式预付给卖方。]

(2)"The buyer should pay the total invoice value to the seller by T/T（M/T or D/D）within ××days after arrival of goods."[买方必须在货物到达后××天内,将发票金额用电汇(或信汇/票汇)汇付卖方。]

二、托收（Collection）

托收是指出口方根据发票金额开出以进口商为付款人的汇票,委托出口地银行(托收行),并通过其在进口地的分行或代理行(代收行)向进口商收取货款的行为。在国际贸易支付中,已形成了有关托收的习惯做法,这些习惯做法经国际商会编纂、整理形成了为各国商业企业和银行普遍采用的惯例。

（一）托收方式遵循的国际惯例

在托收业务中,由于各国银行间对银行与委托人之间、托收行与代理行之间就各自的权利、义务及责任有着不同的解释,为调和各有关当事人之间的矛盾,以利于商业和金融活动的开展,国际商会曾于1958年草拟了一套《商业单据托收统一规则》,建议各国银行采用,其目的在于规范托收业务的做法。1967年国际商会以第254号出版物公布了这一惯例。1978年国际商会在总结了10年来国际贸易实践中发生的变化的情况下,对该规则进行了修订,并定名为《托收统一规则》(Uniform Rules for Collection,国际商会第322号出版物)。目前使用的是1995年修订、1996年1月1日生效的版本,即国际商会第522号出版物(以下简称URC522)。该规则具有国际惯例的效力,在当事人自愿采用或没有明示排除时对当事人有法律的拘束力,目前它在国际贸易中已经得到广泛的承认和使用。我国银行在进出口业务中使用托收方式时,也参照这个规则的解释办事。

该规则共分7个部分26条,主要内容简述如下。

(1)委托人应受国外法律和惯例规定的义务和责任约束,并对银行承担该项义务和责任,承担赔偿责任。

(2)银行必须核实所收到的单据在表面上与托收指示书所列一致,发现不一致应立即通知其委托人。除此之外,银行对单据没有其他义务。银行对单据的形式、完整性、准确性、真实性或法律效力及单据上规定的或附加的一般或特殊条件概不负责。

(3)除非事先征得银行同意,货物不能直接发给银行或以银行为收货人。如果未经同意就将货物发给银行或以银行为收货人,银行无义务提取货物,货物的风险和责任仍由发货人承担。

（4）跟单托收使用远期汇票时，在托收委托书中必须指明单据是凭承兑还是凭付款交付。如无此项指明，银行按付款交单处理。

（5）当汇票遭到拒付时，代收行应及时通知托收行转告委托人，而托收行应在合理的时间内作出进一步处理单据的指示。如代理行发出拒付通知90天内未接到任何指示，可将单据退回托收行。

（6）托收委托书应明确且完整地注明，在付款人拒付时委托人在进口地的代理权限；没注明的，银行将不接受该代理人的任何指示。

（二）托收方式的当事人及其关系

URC522第三条规定了托收中的当事人主要有四个。

（1）委托人（Principal），是指委托银行办理托收业务的客户，如出票人和收款人，通常是卖方。

（2）托收行（Remitting Bank），是指接受委托人的委托，办理托收业务的银行，通常与卖方同地。

（3）代收行（Collecting Bank），是指除托收行之外，参与办理托收指示的任何银行，常为托收行的分行或代理行，根据其代理的具体业务不同又可分为付款行和提示行。

（4）付款人（Drawee），是指根据托收指示书，银行向其作出提示的人，一般就是应履行付款或承兑的买方。

上述当事人中，委托人与托收行之间、托收行与代收行之间的关系都是委托代理关系，代收行与付款人之间不存在任何法律关系，付款人是根据买卖合同付款的。所以，委托人（卖方）能否收到货款，完全取决于付款人（买方）信用的好坏，托收行与代收行均不承担保证付款人一定付款的责任，对于汇票及随附单据的遗失、延误等也不负责任。但是托收行和代收行有义务按委托人的指示办事。根据代理法的一般原则，在委托人与代收行之间没有合同关系。因此，如果代收行违反托收指示书行事致使委托人遭受损失时，委托人不能直接对代收行起诉，各国法律基本上都肯定这一原则。

按照国际上的习惯做法，委托人在向托收行办理委托时，要填写一份托收申请书（Collection Application Form），又称为托收委托书（Collection Order），具体规定托收的指示内容及双方的责任。这项申请书就构成双方的代理合同，双方的权利义务以托收委托书为准。托收行与代收行之间亦是委托—代理关系，他们之间的代理合同由托收行向代收行发出的托收指示书（Collection Advice）以及双方事先签订的业务协议等构成。通常他们之间已建立代理关系，对双方相互委托代办的业务范围和事项已有约定。但是对于每一笔委托业务的具体事项,仍须根据托收行向代收行发出的托收指示书办理。托收指示书中的指示应与委托人办理的托收申请书中的指示相一致。

既然上述两个银行及其买卖当事人之间皆是代理关系,他们的权利义务就应受代理法一般原则的支配,特别是委托人应补偿代理人的开支,向其支付报酬,而代理人则应尽职尽责完成代理事务并不得越权。这两个原则在 URC522 中都得到了体现。该规则第 1 条规定:"银行只被允许按照托收指示书中的规定和根据本规则行事。如由于某种原因,某一银行不能执行它所收到的托收指示书的规定时,必须立即通知发出托收指示书的一方。"如果代理人违反了上述原则,则应赔偿由此给委托人造成的损失。除上述原则之外,URC522 还规定托收行对委托人、代收行对托收行负有完成下列具体代理行为的义务:①负有及时提示义务。遇有即期汇票应毫无延误地作付款提示;对远期汇票则必须不迟于规定的到期日作付款提示。当远期汇票必须承兑时应毫无延误地作承兑提示。②保证单据(包括汇票和装运单据)与托收指示书的表面一致。银行必须核实所收到的单据在表面上与托收指示书所列一致,如发现任何单据有遗漏,应即通知发出指示书的一方。③收到的款项在扣除必要的手续费和其他费用后必须按照指示书的规定无迟延地解交委托人。④无延误地通知托收结果,包括付款、承兑、拒绝承兑或拒绝付款、拒付的理由等。

除上述基本当事人外,在托收业务中,有时会有另外两个当事人:其一是提示行(Presenting Bank),是指在跟单托收方式下向付款人提示汇票和单据的银行。一般情况下,由代收行自行向付款人提示汇票和单据,即由代收行兼任提示行。但有时代收行也可以委托与付款人有往来账户关系的银行作为提示行。其二是需要时的代理(Customer's Representative in Case-of-need),是指委托人指定的在付款地代为照料货物存仓、转售、运回等事宜的代理人。委托人如指定需要时的代理人,必须在托收委托书上写明此代理人的权限。

(三)跟单托收的种类及程序

跟单托收(Documentary Bill of Collection)是指委托人开具或不开具汇票连同货运单据一起交银行委托代收。根据交单条件的不同,跟单托收又分为付款交单和承兑交单。

1. 付款交单(Documents against Payment,D/P)。付款交单是指出口人的交单是以进口人的付款为条件,即被委托的代收银行必须在进口人付清票款之后,才将货运单据交给进口人。付款交单按支付时间的不同,又分为即期付款交单和远期付款交单。

（1）即期付款交单（D/P at sight），是指由出口人开具即期汇票（或不开汇票）连同货运单据通过托收银行寄到进口地代收银行，由代收银行向进口人提示，进口人见票后立即付款。进口人在付清款项后，向代收银行领取有关的货运单据。这种票款和单据两讫的手续，就进口商来说，也称付款赎单。具体程序如图8-1所示。

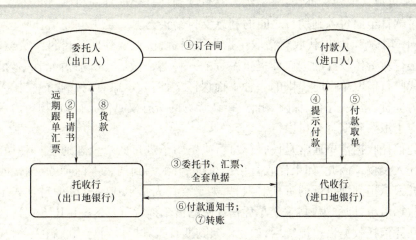

图8-1   即期付款交单业务流程

即期付款交单步骤说明：

①进出口双方在合同中，规定用即期付款交单方式收付货款。

②出口人按合同规定装运货物后，填写托收申请书，开具即期汇票连同货运单据交托收行，委托代收货款。

③托收行根据托收申请书缮制托收委托书，连同汇票、货运单据寄交进口地代收银行委托代收货款。

④代收行按照托收委托书的指示向进口商提示汇票与单据。

⑤进口人付清货款。

⑥代收行将单据交给进口商。

⑦代收行办理转账并通知托收行款已收妥。

⑧托收行将货款交给出口人。

（2）远期付款交单（D/P at ××days after sight），是指出口商发货后开具远期汇票连同货运单据通过托收行寄到进口地代收行，由代收行向进口商作承兑提示，在进口商审核单据无误后即在汇票上承兑,于汇票到期日付清货款后再领取货运单据。

在远期付款交单的条件下,买方在承兑汇票之后,付清货款之前,是不能取得商业单据的。因此,在远期付款交单方式下,如果付款日期和实际到货日期基本一致,进口人可以不必在到货之前付款,对买方资金的周转非常有利。但是如果汇票的付款日期晚于到货日期,买方为了抓住有利时机,早日提取货物进行转售或使用,通常可以采取两种办法:一是买方在付款到期日之前提前付款赎单,银行应将提前付款日至原付款到期日之间的利息支付给买方。二是买方凭信托收据(Trust Receipt,简称T/R)向代收行借取单据先行提货,俟汇票到期日再付清货款,这是各国银行对资信较好的进口商提供融资的一种通常做法。所谓信托收据,是进口人向代收行借取单据时提供的一种书面保证文件,表示愿意以代收行受托人的身份代为提货、报关、存仓、保险、出售,承认货物的所有权属代收行,货物售出后所得款项应于汇票到期日交付银行。

凭信托收据借单通常是代收行自行决定给予进口商资金融通的一种做法,并非委托人授权。因此,如果代收行借出单据后,汇票到期收不回货款,则代收行应对委托人承担到期付款的责任。但是,如是委托人指示代收行可凭付款人出具的信托收据借单,即称为"付款交单凭信托收据借单提货"(D/P·T/R方式),此时进口商在凭信托收据借单提货后,如在汇票到期日买方拒付则与代收行无关,应由委托人自行承担收汇的风险。具体程序如图8-2所示。

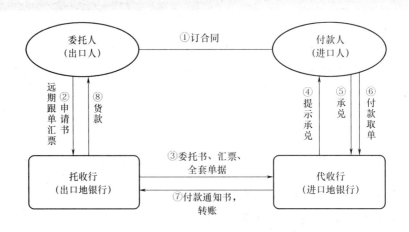

图8-2 远期付款交单业务流程

远期付款交单步骤说明：

①进出口双方当事人在合同中规定采用远期付款交单的收付方式。

②出口人按照合同规定装运货物后，填写托收申请书，开立远期汇票连同货运单据交托收行委托代收货款。

③托收行根据托收申请书缮制托收委托书，连同远期汇票、货运单据寄交进口地代收行，委托代收行向进口商收取货款。

④代收行按照托收委托书的指示向进口商提示远期汇票与单据，即向进口商作承兑提示。

⑤进口商在汇票上作出承兑后，并将已承兑的远期汇票和单据交回给代收行。

⑥在汇票到期日，代收行向进口商作付款提示。进口商向代收行付款，并取得全套货运单据。

⑦代收行办理转账并通知托收行款已收妥。

⑧托收行将货款交给出口商。

【案例8-1】我国某外贸公司与新加坡A厂商签订一份出口合同，付款条件为D/P见票后45天付款。当汇票及所附单据通过托收行寄达进口地代收行后，A厂商及时在汇票上履行了承兑手续。待货抵目的港后，为了提前提货以利用有利行市，A厂商出具信托收据向代收行借单提货。汇票到期时，A厂商因经营不善失去偿付能力，代收行以汇票付款人拒付为由通知托收行，并建议由我外贸公司直接向A厂商收取货款。对此，你认为我国外贸公司应如何处理？

2. 承兑交单（Documents Against Acceptance，D/A）。承兑交单是指出口商的交单是以进口商在远期汇票上承兑为条件，即进口商在汇票上履行承兑手续后，代收行就将货运单据交给进口商，进口商于汇票到期时再履行付款义务。采用承兑交单方式，进口商在承兑汇票后就能够取得货运单据并凭此提货。而对出口人来说，虽然进口人已承诺了到期付款，但已交出了单据，就失去了货物所有权，其收款的保障只有依赖于进口商的信用。一旦进口人到期不付款，出口人便会遭受货、款两空的损失，具体程序如图8-3所示。

承兑交单步骤说明：

①进出口双方当事人在合同中规定采用承兑交单方式收付货款。

②出口商按合同规定装运货物后，填写托收申请书，开立远期汇票连同货运单据交托收行，委托代收货款。

③托收行根据托收申请书缮制托收委托书，连同远期汇票、货运单据寄交进口地代收行，委托代收行收取货款。

④代收行按照托收委托书的指示，向进口商提示远期汇票和单据。

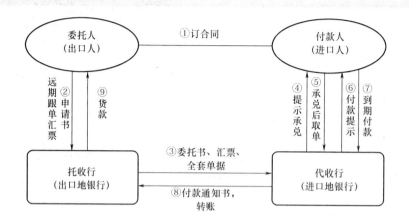

图 8-3　承兑交单业务流程

⑤进口商在汇票上作出承兑后,取得全套货运单据,并将已承兑的汇票交还给代收行。

⑥在汇票到期日代收行再作付款提示。

⑦进口商付清货款。

⑧代收行办理转账并通知托收行款已收妥。

⑨托收行将货款交给出口商。

(四)托收的性质及其在国际贸易中的运用

根据URC522的规定,从各当事人之间的关系上来看,托收行和代收行的职责只是按照委托人的指示办事,及时向付款人提示汇票,将收到的货款及时转交给委托人;或在汇票遭拒付时,及时通知委托人,由委托人自己出面向付款人追偿。从信用性质上来看,托收和汇付一样都属于商业信用。银行在托收业务中,只提供服务,不提供信用。既不保证付款人必然付款的责任,也无检查审核货运单据是否符合买卖合同的义务。当进口商拒绝付款赎单时,除非事先接受托收行的委托,代收行也无义务代为提货、保管货物。出口商发货后能否安全及时地收回货款,完全取决于进口商的信用。从托收当事人的职责来看,托收的一个重要特点是银行的地位严格地限于作为代理人。这一特点在URC522中已清楚地显示出来。URC522为了加强和突出银行的地位,还规定了许多银行不承担责任的情况,包括如下几类。

(1)银行只需核实单据在表面上与托收委托书一致,除此之外没有进一步检验单据的义务。代收行对承兑人签名的真实性或签名人是否有签署承兑的权限概不负责。

(2)与托收有关的银行,对由于任何通知、信件或单据在寄送途中发生延误或失落所造成的一切后果,或电报、电传、电子传送系统在传送中发生延误、残缺或其他错误,或对专门性术语在翻译上和解释上的错误,概不承担义务和负责。

(3)与托收有关的银行,对由于天灾、暴动、骚乱、叛乱、战争或银行本身无法控制的任何其他原因,或对由于罢工或停工致使银行营业间断所造成的一切后果,概不承担义务和负责。

(4)除非事先征得银行同意,货物不应直接运交银行或以银行为收货人,否则银行无义务提取货物。银行对于跟单托收项下的货物无义务采取任何措施。然而,无论是否得到指示,如银行对货物采取了保护措施,它们不对货物的状况负责,也不对任何受委托看管和保护货物的第三者的行为和不行为负责,但代收行应立即就采取的措施发出通知。

(5)在汇票被拒绝承兑或拒绝付款时,若托收指示书上无特别指示,银行没有做出拒绝证书的义务。

在使用托收方式时,出口商是先发货后收款,在一定程度上失去了对货物和货款的主动权,因此托收方式对出口商风险较大。从付款交单和承兑交单两种方式的比较来看,承兑交单对卖方造成的风险更大。这表现在:买方虽有偿付能力,但不讲信用拒不付款赎单;买方于到期日或之前被宣告破产或开始破产程序;买方出售货物后携款潜逃,不知下落。而付款交单方式,如果买方不付款,至少卖方手中还掌握着代表货物所有权的提单等单据。卖方除可根据合同与买方交涉外,还可以把货物另行处理或运回以减少损失。当然卖方需要承担降价或由此产生的额外费用等风险。跟单托收对出口人虽有一定的风险,但对进口人来说,可以减少费用支出,而且有利于资金融通和周转。因此在出口业务中采用托收方式,有利于调动进口商的积极性,从而有利于促进成交和扩大出口。所以许多出口商都把采用托收方式作为加强对外竞销的手段。

(五)使用托收方式时应注意的问题

从托收方式在国际贸易的应用中可以看出,这对于进口商比较有利,进口商在见单前不用垫付任何资金;而对于出口商能否安全收汇则有一定的风险。因此,在出口贸易中采用托收方式时,应注意下列问题。

1.要事先调查和考查国外进口商的资信情况和经营作风,了解有关商品的市场动态,成交金额不要超过进口商的信用额度,成交数量不要超过进口地市场的容纳量。

2.要了解进口国的贸易和外汇管制制度。对于贸易管制和外汇管制比较严格的国家,使用托收方式要慎重,以免货到目的地后,由于不准进口或收不到外汇而蒙受损失。例如,有的国家规定凭进口许可证进口,我方在发货前必须确认进口商已申领到进口许可证;又如有的国家规定在向进口商提示汇票时,可以先用当地货币支付,存放在代收银行,待中央银行批准后,才能兑换成外汇向国外出口商付款等。

3.要了解一些国家的银行对托收业务的一些习惯和特殊做法,以避免由于这些习惯做法与国际惯例的差异而可能给出口商带来的损失。例如:有些拉美国家不分即期汇票还是远期汇票,均要等货物到达目的港后才办理付款或承兑手续,甚至把远期付款交单按承兑交单处理。

4.出口合同尽量争取按 CIF 或 CIP 条件成交,由出口商办理投保手续。这种合同项下的货物如果在运输途中遭遇保险责任范围内的损失,进口方因此而不付款赎单,出口方可凭保险单向保险公司索赔。如果争取不到 CIF 或 CIP 条件,只能按 CFR、CPT 或 FOB、FCA 条件成交时,出口方应投保"卖方利益险"(Contingency Insurance Clause for Sellers' Interest)。投保此险后,一旦货物在运输途中遭遇保险范围内的损失,进口方因此而拒付时,出口方可凭保险单向保险公司索赔。

5.等进口商回签销货合同或销货确认书后,再办理装运货物的手续,一旦发生争议,有双方签字的合同为依据,责任明确。同时要注意严格按照合同发货和提供货运单据,以免给进口商拒绝付款或拖延付款找到借口。

6.预先在进口地找到可靠的"需要时代理",一旦发生进口商拒付的情况,可由该代理出面照料货物,即代为办理存仓、转售或运回等事宜。

7.对采用托收方式收付货款的合同,要注意定期检查,及时催收清理,发现问题应迅速采取适当措施,以避免或减少可能发生的损失。

条款示例

合同中的托收条款

1. 即期付款交单："Upon first presentation, the buyers shall pay against documentary draft drawn by the sellers at sight. The shipping documents are to be delivered against payment only."（买方应凭卖方开具的即期跟单汇票,于第一次见票时立即付款,付款后交单。）

2. 远期付款交单："The buyers shall duly accept the documentary draft drawn by the sellers at ×× days sight upon first presentation and make payment on its maturity. The shipping documents are to be delivered against payment only."（买方对卖方开具的见票后××天付款的跟单汇票,于第一次提示时予以承兑,并应于汇票到期日予以付款,付款后交单。）

3. 承兑交单："The buyers shall duly accept the documentary draft drawn by the Sellers at ×× days sight upon first presentation and make payment on its maturity. The shipping documents are to be delivered against acceptance."（买方对卖方开具的见票后××天付款的跟单汇票,于第一次提示时即予以承兑,并应于汇票到期日予以付款,承兑后交单。）

第三节　国际货款的支付方式——信用证

信用证支付方式是资本主义信用危机的产物,是随着国际贸易的发展,在银行参与国际贸易结算的过程中逐步形成和完善起来的。随着商业信用危机的不断加深,进出口商都担心对方不履行义务而使自己一方遭受损失,使原来建立在商业信用基础上的汇付和托收方式不能完全适应国际贸易发展的需要。在这种情况下,为了保障买卖双方当事人的利益,需要一个为双方当事人信得过、在资信上更为强有力的第三者来承担起担保作用。银行充当了这一角色,从仅提供服务逐步转变到既提供服务,又提供信用和资金融通。以银行的信用保证来代替商人的信用保证,这样就产生了银行保证付款的信用证支付方式。信用证支付方式一经出现,很快得到了国际贸易界的重视,并在国际贸易中被广泛应用,发展成为国际贸易交易中又一种被普遍采用的支付方式。

一、信用证应用所遵循的国际惯例及其概念

《跟单信用证统一惯例》（Uniform Customs and Practice for Documentary Credits, UCP），是迄今为止业界自律性惯例中最负盛名的典范。自 1929 年 UCP 问世以来不断面对各方的挑战而不断地调整，大约每 10 年修订一次，以适应新形势下国际贸易发展的需要。因此，该惯例经过了 80 多年漫长的、不断实践和修改的过程后，得到各国银行业及贸易界的普遍接受和支持。

（一）UCP 的确立与发展

信用证是商业习惯的产物而不是法律的创造物。在 20 世纪初信用证方式已成为国际贸易中被普遍采用的一种支付方式。但由于各国法律不同，各国银行往往各行其是、解释各异。除了美国在《统一商法典》中专设一编（第五编）对信用证作了规定但不详尽完善外，各国的现行法律对信用证基本上没有作专门的规定。随着国际贸易的发展，国际上对跟单信用证有关当事人的权利、责任、条款的定义和术语等缺乏统一的解释和公认的准则，因此，信用证的各有关当事人之间的争议和纠纷经常发生。

为了统一各国对跟单信用证条款的解释和做法，明确各有关当事人的权利与义务，减少因解释不同而引起的不必要的争端，使信用证成为国际通行的贸易工具，1926 年美国银行委员会提出了要求统一商业信用证的建议。据此建议，国际商会在 1929 年拟订和发布了《商业跟单信用证统一规则》（Uniform Regulations for Commercial Documentary Credit）第一版，即国际商会第 74 号出版物。1933 年第一次修订并更名为《商业跟单信用证统一惯例》（Uniform Customs and Practice for Commercial Documentary Credits），即国际商会第 82 号出版物。1951 年的第 151 号出版物为第二次修改本；1962 年颁布第三个修订本，出版物编号为第 222 号，改称为《跟单信用证统一惯例》（Uniform Customs and Practice for Documentary Credit，简称 UCP）。以后又先后于 1974 年和 1983 年分别以第 290 号和第 400 号两个出版物颁布第四个和第五个修订本。第 400 号实施以来，随着 EDI 的广泛使用和运输技术、运输方式的发展，通信工具的电子化、网络化，国际贸易、金融、保险、单据处理等也发生了巨大变化，为了适应新形势发展的需要，国际商会于 1993 年又再次着手对第 400 号进行修订，称为国际商会《跟单信用证统一惯例》第 500 号出版物，并于 1994 年 1 月 1 日起实施（以下简称 UCP500）。UCP500 对信用证的概念增加了银行可自己主动开证，即信用证的基本当事人只有开证行和受益人，而没有开证申请人，这类信用证又称双名信用证。主要适用于备用信用证，其作用是为国际金

融市场增添了一种融资工具。

（二）UCP600 的调整与实施

1.UCP600 修订背景。国际商会于 2002 年初萌发修订 UCP500 的动议并成立 UCP 修订工作小组。一致同意首先对自 UCP500 生效以来产生争议最多的以下 7 个条款进行评议。

第 09 条:开证行与保兑行的责任(共 26 次);

第 13 条:审核单据的标准(共 34 次);

第 14 条:不符点单据与通知(共 60 次);

第 21 条:对单据出单人或单据内容未作规定(共 29 次);

第 23 条:海运提单(共 47 次);

第 37 条:商业发票(共 26 次);

第 48 条:可转让信用证(共 31 次)。

2003 年 5 月进一步提出了 UCP500 全部条款的分析报告,确定了修订工作的基本思路及框架,从而正式拉开了 UCP500 修订工作的帷幕。2003 年 8 月成立了由来自 26 个国家的 41 位专家组成的顾问小组(Consulting Group),对来自各国家委员会的修订意见进行筛选后提交起草小组(Drafting Group)。此后起草小组与顾问小组以及各国家委员会将 UCP500 的 49 个条款按类别分块进行,不断交换意见并作相应的改进。2004 年 1 月 8 日,中国银行作为国际商会的会员也提出了"ICC 贸易规则应与时俱进"的要求。

2005 年 11 月,起草小组提出了第一个完整版本的修订稿,各国家委员会也陆续提交各自的修改意见和立场。对为数不多的未决问题进行磋商,如议付的定义、延期付款信用证、开证申请人与受益人的地址等,提交到 2006 年 10 月国际商会的年会上,年会通过了 UCP600 的最终文本,其后空出一段时间作为新规则的推广期。UCP600 已于 2007 年 7 月 1 日正式生效。

2.UCP600 的结构变化和内容的调整。UCP600 较上一版本主要有以下几方面的变化。

首先,是条文内容结构上的变化。一是条文编排参照了 ISP98 的格式,对 UCP500 的 49 个条款进行了大幅度的调整及增删,变成现在的 39 条。二是条文主要按业务环节的先后作归纳和编排,把原来 UCP500 中规定的通知、修改、审单、偿付、拒付等环节涉及的条款分别集中,使得对上述这些问题的规定更加清晰和系统化,方便银行和进出口商的理解,也使得惯例的整体结构显得更加完整。

其次,是对条文内容的修订。一个最明显的变化是在第二、三两个条款中归结了有关定义和一些词语在本惯例下的特定解释,把原来散落在各个条款中的解释、定义归集在一起,使概念变得更清晰。比 UCP500 在个别用词上更加清晰和简洁,并补充了一些 UCP500 中未加以明确的定义,便于应用中更准确地把握信用证下各当事人的权利、义务,更好地保护自身利益。二是将 UCP500 原有条文重新整合、删除或增加新条款,同时将现行 ISBP 的规定引入新惯例,并用更直接和简捷的英语表达,使条文更清晰。

目前,UCP600 已为世界上 170 多个国家和地区的银行接受,成为重要的国际贸易惯例之一。在我国的进口业务中采用信用证支付方式,信用证中大多列明"除另有规定外,本证根据国际商会《跟单信用证统一惯例》(2007 年修订本)即国际商会第 600 号出版物办理"[Unless otherwise expressly stated, this credit is subject to Uniform Customs and Practice for Documentary Credit (2007 Revision) International Chamber of Commerce Publication No. 600]。有的国家的法院则把 UCP 作为裁决跨国跟单信用证纠纷的"法律准则"。

(三)信用证的概念

根据 UCP600 的定义:信用证(Letter of Credit,L/C)是指一项约定,无论其名称或描述如何,该约定不可撤销并因此构成开证行对于相符交单予以兑付的确定承诺。

信用证的定义包括三层含义。

(1)开证银行签发给受益人的一项不可撤销(Irrevocable)的约定;即使信用证对此未作表示,也是不可撤销的。摈弃了 UCP500 中对信用证定义中有可撤销信用证的解释。

(2)受益人依此约定取得信用证项下要求付款的权利,但这种权利实现的条件是受益人必须满足信用证所规定的相符交单(Complying Presentation)要求。强调要与信用证条款、本惯例的相关适应条款以及国际银行标准实务相符的交单。这里的国际标准银行实务是个广义的范畴,并不局限于国际商会第 645 号出版物 ISBP 的规定。

(3)如果受益人满足了该项要求,开证行应首先依约向受益人承付(Honor)约定的金额。"承付"是指:对于即期付款信用证即期付款;对于延期付款信用证发出延期付款承诺并到期付款;对于承兑信用证承兑由受益人出具的汇票并到期付款。这进一步强调了银行在信用证下的义务是同一性质的,对受益人而言无疑是有利的。

二、信用证的当事人及其基本运作程序

（一）信用证的当事人

信用证的当事人因具体交易情况的不同而有所不同,但基本当事人有四个。

1. 开证申请人(Applicant)。开证申请人又称开证人(Opener),是指向银行要求开立信用证的一方,一般是进口商或中间商。申请人申请开立信用证的内容应以合同为基础,如有与合同不符之处,受益人有提出修改的权利。申请人在接到受益人的要求修改通知时,有对信用证进行必要修改的义务。申请人在付款前有权检验单据,如果单据与信用证相符必须向开证行付款;如单证不符,申请人有权拒付并于信用证到期时收回押金。

2. 受益人(Beneficiary)。受益人指接受信用证并享受其利益的一方,一般为出口商。受益人收到信用证后,在审核信用证无误后,要按照信用证规定装运货物,在信用证有效期限内向议付行提交正确的单据;如果受益人发货后,尚未收回货款,而开证银行已倒闭,受益人有要求进口人付款的权利。

3. 开证行(Issuing Bank)。开证行指应申请人要求或者代表自己开出信用证的银行。开证行一般是开证申请人所在地银行。开证行在接受了开证申请后,通过开证承担了根据受益人提交的正确单据付款的第一性付款责任。

4. 通知行(Advising Bank)。通知行是指应开证行的要求通知信用证的银行。开证行一般在出口商所在地选择一家它的代理行作为通知行。通知行有义务证实信用证的表面真实性,并通知受益人信用证的到达,以便受益人根据信用证规定办理装运和制单工作。

上述是信用证交易涉及的最基本当事人,此外,应开证行或受益人等的要求还可能涉及的其他当事人如下。

5. 议付行(Negotiating Bank)。议付行是指被授权买入或贴现受益人交来的跟单汇票的银行,可以是通知行,也可以是其他指定银行。UCP600 中规定:"指定银行"是指信用证可在其处兑用的银行,如信用证可在任一银行兑用,则任何银行均为指定银行。"议付"是指定银行在相符交单下,在其应获偿付的银行工作日当天或之前向受益人预付或者同意预付款项,从而购买汇票(其付款人为指定银行以外的其他银行)及/或单据的行为。

如果信用证规定可以由任何一家银行议付信用证项下受益人的单据和汇票,称为非限制议付或自由议付;如果开证行指定银行,则为限制议付。跟单汇票一经议付,议付行就成为汇票的合法持票人,享受票据法对合法持票人的保护,并对出

票人有追索权。

6.保兑行(Confirming Bank)。保兑行是指根据开证行的授权或要求对信用证加具保兑的银行。"保兑"是指保兑行在开证行承诺之外作出的承付或议付相符交单的确定承诺。

保兑行通常可以是通知行或信用证的指定银行。一旦通知行作为保兑行,它不仅负有把信用证通知受益人的责任,而且承担了首先付款的义务。保兑行具有与开证行相同的责任,对受益人独立负责,即对正确的单据必须承担付款或议付的责任。在已经付款或议付之后,即使开证行倒闭或无理拒付,保兑行均无权向受益人追索。

【案例8-2】我国某出口企业收到国外开来不可撤销、跟单L/C,由设在我国境内某外资银行通知并加以保兑。我出口企业在货物装运后,正拟将单据提交该银行办理议付时,忽接该行通知称:由于开证行已宣布破产,该行不再承担对该信用证的议付或付款责任,但可接受我出口企业委托向买方收取货款的义务。对此你认为我方应如何处理为好?说明理由。

7.付款行(Paying Bank/Drawee Bank)。付款行是指履行付款责任或充当汇票付款人的指定银行。通常为开证行或其指定银行,要根据信用证的规定判断。被开证行指定的银行是根据它与开证行的代理合同来履行付款责任。付款行一经付款,就不得对受款人进行追索,即使事后发现单据有误也是一样。

8.偿付行(Reimbursing Bank)。偿付行又称清算银行,是指接受开证行的指示或授权,对信用证上指定的议付行或代付行进行偿付的银行。偿付行也是开证行的指定银行,开证行应及时向其提供照付该索偿的适当指示或授权,并且不应以索偿行向偿付行证实符合信用证条款作为先决条件。即偿付行受开证行的委托代开证行付款,不负责审单,单据仍然是寄给开证行,只凭开证行的授权(Authorization)和议付行或付款行的"索汇指示"而付款。如果偿付行未能进行偿付,开证行不能解除其自行偿付的义务。

(二)信用证的基本运作程序

由于信用证种类不同,信用证条款的规定各异,其业务环节和手续也不尽相同,但是从信用证方式支付的一般运作程序来看,主要经过以下基本环节(见图8-4)。

信用证支付的程序说明如下。

①进出口双方签订买卖合同,合同中规定采用信用证方式收付货款。

②开证申请人向当地银行提出开证申请。按照合同的各项规定填写开证申请书,并交纳押金或提供其他担保,要求开证行向受益人开出信用证。

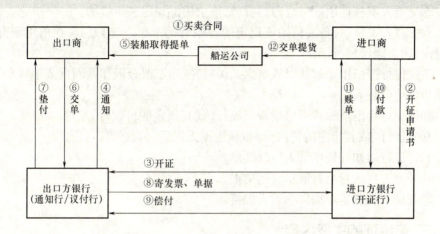

图8－4　信用证支付的一般程序

③开证行根据开证申请书的内容,向受益人开出信用证,寄交给出口人所在地的通知行,由其传递或通知受益人。

知识链接

信用证的开证方式

　　信用证的开证方式主要有信开(Open by Airmail)和电开(Open by Telecommunication)两种。其中,信开是指开证行采用印刷的信函格式开立正本一份和副本若干份,航空邮寄通知行;电开是指开证行将信用证内容加密押后,通过电报或电传等电讯工具传达给通知行,由其通知受益人。电开有简电和全电之分。简电只是将信用证的一些主要内容预先通知,只供受益人备货、订舱时参考,不能作为议付的凭证。简电一般会注明"详情见后"等类似词语,开证行必须不延误地向通知行寄送有效的信用证文本。全电是开证行把信用证的全部条款传达通知行通知受益人,它是有效的信用证文件,一般来讲,开证行不再寄证实书,如果寄证实书,该证实书无效。此外,还有采用SWIFT系统开出的信用证,这种信用证具有标准化和格式化的特点,而且传送速度快、成本低。有人将这种电开本称作SWIFT信用证。

④通知行核对印鉴无误后,将信用证转递或通知受益人。

⑤受益人审核信用证与合同相符后,按信用证规定装运货物。

⑥受益人发货后,备妥信用证规定的各项货运单据,开出汇票,在信用证有效期限内,送当地议付行议付。

⑦议付行按信用证条款审核单据无误后,按照汇票金额扣除利息或手续费,将货款垫付给受益人。

⑧议付行将汇票和货运单据寄开证行(或其指定的付款行)索偿。

⑨开证行(或其指定的付款行)审核单据无误后,付款给议付行。

⑩开证行通知开证申请人付款赎单。

⑪开证人付清货款并取得货运单据。

⑫开证人凭货运单据向承运人提货。

三、信用证的主要内容

对于信用证国际商会曾先后设计并介绍过几种不同的标准格式,但在实际业务中,有些银行采用的是在本身原用格式基础上参照标准格式略加修改的格式。在 UCP600 开始实施后,大多数国家采用 SWIFT 格式,就此国际商会发布了 UCP516 号出版物,即"新的标准跟单信用证格式",所拟定的信用证内容和格式主要包括如下几项。

(一)关于信用证本身的说明

1. 信用证的当事人。主要是开证行、通知行、开证申请人和受益人的名称和地址。

2. 信用证的种类。表明是否为跟单的、可保兑的信用证、可转让信用证、循环信用证等。

3. 信用证金额。主要规定该信用证项下的最高金额,并注明小写金额和大写金额。如果金额前有"约、大概、大约"等类似的词语,则金额可允许有上下 10% 的增减幅度。

4. 信用证的截止期和交单地点。关于信用证的截止期和交单地区,UCP600 有如下规定。

UCP600 第 6 条 d 款规定:①信用证必须规定一个交单的截止日。规定的承付或议付的截止日将被视为交单的截止日;②可在其处兑用信用证的银行所在地即为交单地点。可在任一银行兑用的信用证其交单地点为任一银行所在地。除规定的交单地点外,开证行所在地也是交单地点。

　　所有信用证均须规定一个付款、承兑或议付交单的到期日和地点。截止日即信用证规定要求付款、承兑或交单议付的到期日。信用证的截止日是银行承担付款、承兑、议付货款的最后期限，也是约束受益人交单议付的期限。凡晚于截止日提交的单据，银行有权拒绝接受、拒付货款。此外，信用证的交单地点应有明确规定，否则应通过通知行要求开证行澄清。一般应规定在受益人所在地到期，否则出口人无法掌握邮递单据的时间，而容易造成信用证过期。

（二）关于装运货物的说明

　　1.有关货物的描述。信用证中对货物的描述应与合同规定相符。货物的说明要完整、明确，并力求简洁，不要加入过多的细节。

　　2.有关货物数量的增减幅度。关于货物数量的增减，UCP600有如下规定。

　　根据UCP600第30条a款规定："约"或"大约"用于信用证金额或信用证规定的数量或单价时，应解释为允许有关金额或数量或单价有不超过10%的增减幅度。

　　b款规定：在信用证未以包装单位件数或货物自身件数的方式规定数量时，货物数量允许有5%的增减幅度，只要总支取金额不超过信用证金额。

　　如果货物是包装货物，有明确的包装单位数量，则必须按照约定的数量交货，不允许有增减；如果不是包装货物，即使合同没有规定数量的伸缩幅度或溢短装条款，装货的数量也允许在规定货物数量上下5%浮动，前提是计算后的金额不能超过信用证规定的总金额。

　　c款规定：如果信用证规定了货物数量，而该数量已全部发运，及如果信用证规定了单价，且该单价未降低，或当第30条b款不适用时，则即使不允许部分装运，也允许支取的金额有5%的减幅。若信用证规定有特定的增减幅度或使用第30条a款提到的用语限定数量，则该减幅不适用。

　　【案例8-3】中方某公司与美国某公司达成一项出口交易。后我方收到美国花旗银行开来的信用证，信用证规定最高金额为150 000美元，但我方在装运出口时，实装不同规格、不同单价的货品的总金额为150 042美元，超出了信用证允许的最大金额，议付行不同意接受。而中方公司经办人员以该外商资信较好，且认为仅差区区小数对方不会计较为由，出具保函请银行寄单，后果由出口人负责。结果遭到开证行的拒付。请问，本项交易中我方应吸取什么教训？

（三）关于装运条件的说明

　　1.装运日期。UCP600对于履行信用证的时间规定在第3条进行了统一的解

释,适用于信用证中相应的时间规定。其中规定:

除非要求在单据中使用,否则诸如"迅速地""立刻地"或"尽快地"等词语将被不予理会。

"于或约于"(on or about)或类似用语将被视为规定事件发生在指定日期前后 5 个日历日之间,起讫日期计算在内。例如,信用证规定:"Shipment on or about Feb. 10th"(约于 2 月 10 日装运),则从 2 月 5 日起至 2 月 15 日这 11 天内装运货物,即为符合要求。

此外还规定,"至"(to)、"直至"(until or till)、"从……开始"(from)及"在……之间"(between)等词用于确定信用证装运日期时包含提及的日期;使用"在……之前"(before)及"在……以后"(after)时则不包含提及的日期。

"上半月"(first half month)及"下半月"(second half month)分别指一个月的第一日到第十五日及第十六日到该月的最后一日,起讫日期计算在内。一个月的"开始"(beginning)、"中间"(middle)和"末尾"(end)分别指第一到第十日、第十一日到第二十日及第二十一日到该月最后一日,起讫日期计算在内。

2. 可否允许分批装运和转运。UCP600 第 32 条规定:如信用证规定在指定的时间段内分期支款或分期发运,任何一期未按信用证规定期限支取或发运时,信用证对该期及以后各期均告失效。

(四)关于单据条款

UCP600 第 2 条规定,用诸如"第一流的""著名的""合格的""独立的""正式的""有资格的"或"本地的"等词语描述单据的出单人时,允许除受益人之外的任何人出具该单据。

UCP600 分别说明了主要单据的要求,包括商业发票、运输单据(涵盖至少两种不同的运输方式的运输单据、提单、不可转让海运单、租船合同提单、空运单据、公路/铁路或内陆水运单、快递收据、邮政收据或投邮证明、清洁运输单据等)、保险单据及其他单据。

1. 关于商业发票,UCP600 第 18 条规定:①商业发票必须看似由受益人出具;必须以开证申请人为抬头;必须与信用证的货币相同;不需要签署。②按指定行事的指定银行、保兑行(如有的话)或开证行可以接受金额大于信用证允许金额的商业发票,其决定对有关各方均有约束力,只要该银行对超过信用证允许金额的部分未作承付或议付。③商业发票上的货物、服务或履约行为的描述应该与信用证中的描述一致。

2. 关于运输单据,UCP600 的第 19 条至第 27 条是对各种运输单据的具体规定,包括涵盖至少两种不同运输方式的运输单据、提单、不可转让海运单、租船合约提单、空运单据、公路和铁路或内陆水运运输单据、快邮和邮寄收据等单据以及什么是舱面提单、清洁运输单据等。

3.关于保险单据,UCP600 第 28 条规定了单据及保险范围。保险单据必须看似由保险公司或承保人或其代理人或代表出具并签署;如果保险单据表明其以多份正本出具,所有正本必须提交;暂保单将不被接受;可以接受保险单代预约保险项下的保险证明书或声明书;除非保险单据表明保险责任不迟于发运日生效,保险单据日期不得晚于发运日期;等等。

此外,UCP600 第 14 条关于"单据审核标准"中规定,如果信用证要求提交运输单据、保险单据或者商业发票以外的其他单据,却未规定出单人或其数据内容,则只要提交的单据内容看似满足所要求单据的功能,且其他方面符合第 14 条 d 款规定,银行将接受该单据。

4.有关信用证项下各种单据的出单日期。根据 UCP600 第 14 条 i 款规定,单据日期可以早于信用证的开立日期,但不得晚于交单日期。由于当今的国际贸易方式多种多样,为适应国际贸易发展的需要,凡不接受出单日期早于信用证日期的应在信用证中明确表明,否则银行应接受该类单据。

(五)特殊(别)条款

信用证根据进口国政治、经济情况或每一笔具体业务的要求会加列一些特殊(别)条款,例如,限装运某国籍船只条款、限制航线和港口等。但是,该类条款要注意分清是单据条款还是非单据化条款,从而采取相应的行为。所谓非单据化条款,按照 UCP600 第 14 条 h 款:如果信用证含有一项条件,但未规定用以表明该条件得到满足的单据,银行将视为未作规定并不予理会。

信用证最后通常包括开证行签章、开证行对受益人、汇票持有人保证付款的责任文句以及表明适用的国际惯例等说明(见信用证示例)。

信用证示例

──── SWIFT ────

Sequence of Total:	*27:	1/2
Form of Doc. Credit:	*40 A:	DOCUMEANTARY
Doc. Credit Number:	*20:	LC200901 – 1398
Date of Issue:	*31 C:	20090417
Date and Place of Expiry:	*31 D:	Date 20090925 Place BENEFICIARY'S COUNTRY

Issuing Bank:	52 A: BANK OF NAGOYA,LTD. , THE NAGOYA
Applicant:	*50: MARUBENI CORPORATION
	2 - 4 NISHIKI 2 - CHOME, NAKA - KU,
	NAGOYA, JAPAN E841
Beneficiary:	*59: MAPLELEAF MOUNT (TIANJIN)INTERNATIONAL
	TRADING CO. , LTD.
	NO.5 YOU YI ROAD, HEXI DISTRICT,TIANJIN,
	CHINA
Currency Code, Amount:	*32 B:USD100,500(US DOLLARS ONE HUNDRED THOUSAND
	FIVE HUNDRED ONLY) NOT EXCEEDING
Available with/by:	*41 D: ANY BANK BY NEGOTIATION
Drafts at:	*42 C: SIGHT FOR FULL INVOICE VALUE
Drawee:	*42 D: SARKURA BANK LTD. ,
	TOKYO, JAPAN
Partial Shipment:	*43 P: ALLOWED
Transshipment:	*43 T: PROHIBITED
Loading in Charge:	*44 A:
	TIANJIN, CHINA
For Transport to... :	*44 B:
	KOBE, JAPAN
Latest date of Shipment:	*44 C: 20090810
Description of Goods:	*45 A:

COTTON 80 PERCENT, POLYESTER 10 PERCENT, POLYURETANE 10
PERCENT,CHILDREN GARMENTS
(TOTAL 15,000 PCS)   USD6. 70/PC
PACKING IN CARTONS, CIF KOBE JAPAN

Documents Required: *46 A:

+ SIGNED COMMERCIAL INVOICE IN TRIPLICATE INDICATING UNDER P/O NO.
  MC98034 AND APPLICANT'S STYLES NUMBER GW090
+ INSURANCE POLICY OR CERTIFICATE IN DUPLICATE BLANK ENDORSED
  WITH CLAIMS PAYABLE IN JAPAN IN CURRENCY OF THE DRAFT, FOR 110%
  OF THE INVOICE VALUE, COVERING INSTITUTE CARGO CLAUSES (ALL
  RISK), INSTITUTE WAR CLAUSE, INSTITUTE STRIKES RIOTS AND CIVIL
  COMMOTIONS CLAUSES

———————— SWIFT ————————

Sequence of Total： ＊27 ：2/2

Form of Doc. Credit： ＊40 A：DOCUMENTARY

Doc. Credit Number： ＊20 ：LC200901 – 1398

+ 2/3 SET OF CLEAN ON BOARD OCEAN BILLS OF LADING MADE OUT TO ORDER OF THE SHIPPER, BLANK ENDORSED, MARKED "FREIGHT PREPAID" AND NOTIFY APPLICANT

+ PACKING LIST IN TRIPLICATE

+ BENEFICIRY'S CERTIFICATE STATING THAT ONE SET OF ORIGINAL B/L AND SHIPPING DOCUMENTS HAS BEEN SENT TO THE APPLICANT BY REGISTERED AIRMAIL

Additional Cond. 47 A：

+ ANY DRAWING AMOUNTS MUST BE ENDORSED ON THE REVERSE OF ORIGINAL L/C

+ REIMBURSEMENT BY TELECOMMUNICATION IS PROHIBITED

Details of Charges 71 B：ALL BANKING CHARGES OUTSIDE JAPAN INCLUDING REIMBURSEMENT COMMISSION ARE FOR ACCOUNT OF BENEFICIARY

Presentation Period 48： DOCUMENTS TO BE PRESENTED WITHIN 15 DAYS AFTER THE DATE OF SHIPMENT BUT WITHIN THE VALIDITY OF THE CREDIT

Confirmation ＊49： WITHOUT

Instructions 76：

THE NEGOTIATING BANK MUST REGISTER – AIRMAIL THE DRAFTS AND ALL DOCUMENTS DIRECTLY TO US (19 – 17 NISHIKI 3 – CHOME, NAKN – KU, NABOYA, 460 – 0003 JAPAN) IN ONE LOT

IN REIMBURSEMENT, WE SHALL REMIT THE PROCEEDS ACCORDING TO THE NEGOTIATING BANK'S INSTRUCTIONS

SUBJECT TO UNIFORM CUSTOMS AND PRACTICE 2007 REVISION

ICC PUBLICATION NO. 600

THIS CREDIT IS OPERATIVE AND NO CONFIRMATION WILL FOLLOW

"Advise Through" 57 B ： /YR TIANJIN FREE TRADE ZONE BR. ,

Trailer Order is〈MAC；〉〈CHK；〉

MAC：89B057A0

CHK：8245SD7178B1

四、信用证的特点与作用

(一)信用证的特点

信用证支付方式是开证行以自己的信用作出的有条件的付款保证,因此,与建立在商业信用基础上的汇付、托收相比,具有以下的特点。

1.信用证是一项不可撤销的业务安排。UCP600 第 2 条对信用证的定义及第 3 条的解释中,修改了以往惯例中对信用证可以是撤销的也可以是不可撤销的这一规定。明确了银行一旦开立信用证即不可撤销,无论该信用证的名称或描述如何,也不管信用证是否说明了这一点。这样进一步强调了信用证是银行作出的一项确定的、有条件的承诺。

2.信用证是银行作出的一项有条件的付款承诺。在强调信用证不可撤销性的同时,又说明了对信用证付款的承诺是有条件的,条件就是相符交单(Complying Presentation),即受益人提交了与信用证条款、本惯例的相关适用条款以及国际标准银行实务一致的单据后,银行则履行其承诺的付款义务。

同时,该条明确了保兑行与开证行的责任相同。保兑行的保兑,"指保兑行在开证行承诺之外作出的承付或议付相符交单的确定承诺"。

因此,开证行或保兑行按此约定,在受益人提交的约定单据符合信用证条款的情况下,开证银行向受益人或其指定人进行付款、承兑或议付。因此,开证行或保兑行(如果受益人提交给他)负第一付款人责任。

3.信用证与合同彼此独立。UCP600 第 4 条 a 款明确了信用证与合同的关系。强调信用证的开立是以买卖合同为依据的,在内容上反映了买卖合同的内容。但是信用证一经开立,即"与可能作为其开立基础的销售合同或其他合同是相互独立的交易,即使信用证中含有对此类合同的任何援引,银行也与该合同无关,且不受其约束"。

买卖合同是进出口人之间的契约,只对进出口双方具有约束力。而在信用证业务中,银行的权利与义务仅限于信用证的规定,并不受买卖合同的约束,也不过问是否有合同存在与合同的履行情况。银行"关于承付、议付或履行信用证项下其他义务的承诺,不受申请人与开证行或与受益人之间的关系而产生的任何请求或抗辩的影响"。所以,信用证是独立于销售合同以外的契约,开证银行和参与信用证业务的其他银行只按信用证的规定办事。即使在信用证中援引了合同的内容,银行可以不予理会。为此,UCP600 第 4 条 b 款规定:"开证行应劝阻申请人试图将基础合同、形式发票等文件作为信用证组成部分的做法。"

4.信用证体现了凭单付款的原则。UCP600 第 5 条规定,在信用证业务中,"银行处理的只是单据,而不是单据可能涉及的货物、服务或履约行为"。所以,信用证业务体现了国际贸易中的单据买卖特点。只要受益人或其指定人提交符合信用证规定的单据(即相符交单),开证行必须承付。同时,UCP600 第 14 条 a 款规定:按指定行事的指定银行、保兑行(如有的话)及开证行须审核交单,并仅基于单据本身确定其是否在表面上构成相符交单。

因此,开证行只凭表面上符合信用证条款的单据付款。单据符合的要求十分严格,也就是通常所说的"严格符合原则"。即不仅要求"单、证"一致,受益人提交的单据在表面上要与信用证规定的条款一致,还要做到"单、单"一致,即受益人提交的各种单据之间表面上一致。

【案例 8-4】我国 H 公司与国外 B 公司就某项商品签订销售合同。合同中规定:"唛头"由卖方决定(Shipping Marks for seller's option)。但收到 B 商开来信用证后,经审核发现,信用证内又规定了唛头,且与我方已刷妥之唛头不同。此时,根据距离装运期远近的不同,H 公司应如何处理?

(二)信用证的作用

信用证的作用主要表现在两个方面:一方面是银行在一定程度上起到了对进出口商货、款的安全保障作用;另一方面信用证可以为进出口双方提供资金融通的便利。当然,信用证支付方式对于进出口双方的安全保障也是相对而言的,对外交易中还是应注意调查对方的资信情况和经营作风,注意了解开证银行的资信状况和偿付能力,以确保安全收汇。

1.对出口商的作用。信用证对于出口商的作用主要有如下几方面。

(1)保证出口商凭单取款。信用证支付所遵循的原则是单证严格相符,出口商提交的单据只要做到与信用证规定相符,银行就保证支付货款。在信用证支付方式下,出口商交货后不必担心进口商到时不付款,而是由银行承担付款责任,这种银行信用要比商业信用可靠。因此,信用证支付为出口商收取货款提供了较为安全的保障。

(2)保证出口商得到外汇。在严格实行外汇管制和进口管制的国家里,进口商要申请开立信用证,首先就要得到本国外汇管理当局的批准,只有得到批准后,方能向银行提出开证的申请。这样,出口商如能按时收到信用证,就说明进口商已获得相关的外汇。因此,可以保证出口商履约后进口商有外汇可以支付。

(3)可以取得资金融通。在出口商资金周转困难时,可凭进口商开来的信用证作抵押,向出口地银行申请打包贷款(Packing Credit),用以收购、加工、生产出口货物和打包装船;或出口商在收到信用证后,按规定办理货物出运,并将汇票和信用证规定的各种单据提交议付行,通过议付或押汇可提前取得货款。这是出口地银行对出口商提供的资金融通,从而有利于资金周转,扩大出口。

2. 对进口商的作用。信用证对于进口商的作用体现在如下几方面。

(1)保证取得代表货物所有权的单据。在信用证方式下,无论是开证行、付款行、保兑行的付款,还是议付行的议付货款都要对有关单据表面的真伪进行审核,只有单证相符、单单相符才履行付款义务。因此,可以保证进口商交付货款后,取得代表货物所有权的单据,特别是提单。

(2)保证按时、按质、按量收到货物。进口商可以通过信用证条款来控制和约束出口商交货的时间、交货的品质和数量,如在信用证中规定最迟的装运期限以及要求出口商提交由信誉良好的公证机构出具的品质、数量或重量证明书等,保证进口商收货的时间和按质、按量收到货物。

(3)提供资金融通。进口商在申请开证时,只需要交纳少量的押金,有些国家的银行对信誉良好的开证人还可免收押金,待单据到达后再行支付全部货款,这样就减少了资金的占用。如采用远期信用证时,进口商还可以凭信托收据(Trust Receipt)向银行借单,先行提货、转售、使用,到期时再向开证行支付货款,这就为进口商提供了资金融通的便利。

3. 对银行的作用。开证行接受开证申请人的开证申请后,即承担了开立信用证和履行付款的责任,这是银行以自己的信用作出的保证,是一种银行信用。信用证结算的款项是通过账面的划拨实现的。因此,开证行实际贷出的只是信用而不是资金,加上开证申请人在申请开证时要向银行交付一定的押金或担保品,为银行利用资金提供了便利。在跟单汇票偿付前,已经掌握了代表货物所有权的单据,因此,并无太大风险。至于出口地的议付行,议付出口商提交的汇票及/或单据有开证行担保,可从中获得利息、手续费等收入。此外,在信用证业务中,银行每提供一项服务均可取得一定的收益,如开证费、通知费、议付费、保兑费、修改费等。

五、信用证的种类

在国际贸易中所使用的信用证种类繁多,可以从不同的角度作不同的划分,其中比较常见的有如下几种。

(一)按汇票是否附货运单据分类

根据信用证项下的汇票是否附有货运单据,分为跟单信用证和光票信用证。

1. 跟单信用证(Documentary Credit)。跟单信用证是指开证行凭跟单汇票或仅凭单据付款的信用证。付款行凭信用证规定的单据支付信用证项下的款项。这里的"单据"是指代表货物所有权的单据。跟单信用证主要用于贸易结算,是当前国际贸易支付的主要方式。

2. 光票信用证(Clean Credit)。光票信用证是指开证行仅凭不附单据的汇票付款的信用证或要求汇票附有非货运单据,如发票、垫款清单等的信用证。因此很少作为国际贸易支付方式使用。

(二)按是否保兑分类

根据有无另一家银行在信用证上加以保兑,分为保兑信用证和不保兑信用证。

1. 保兑信用证(Confirmed Letter of Credit)。保兑信用证是指开证行开出信用证并委托另一家银行对符合信用证条款规定的单据履行付款义务的信用证。根据开证行的授权或要求对信用证加具保兑的银行叫作保兑行(Confirming bank)。保兑行通常是由开证行指定的银行担任,可以是出口地的其他银行或第三国银行。保兑行一经在信用证上加具保兑,就和开证行一样承担第一性的付款责任,即付款后对其前手或受益人无追索权。这种信用证是由两家银行对受益人作出承付的承诺,所以这种有双重保障的信用证对出口人最有利。保兑手续一般是由保兑行在信用证上加列保兑文句。

2. 不保兑信用证(Unconfirmed Letter of Credit)。不保兑信用证是指开证行开出的信用证未经另一家银行保兑的信用证。当开证行资信好时,一般都使用这种不保兑信用证。

(三)按付款时间不同分类

根据付款时间的不同,可分为即期信用证和远期信用证。

1. 即期信用证(Sight Letter of Credit)。即期信用证是指开证行或开证行指定的付款行收到符合信用证条款的跟单汇票或装运单据后,立即履行付款义务的信用证。在即期信用证中,为了加速收汇时间,有时还加列电汇索偿条款(T/T Reimbursement Clause),即指开证行允许议付行在审核各种单据与信用证相符后,可以用电报或电传通知开证行或指定付款行,说明单证相符并要求付款。开证行或其指定付款行接到电报或电传通知后,有义务立即用电汇将货款拨交议付行。

2. 远期信用证(Usance Letter of Credit)。远期信用证是指开证行或付款行收到信用证项下的单据时,不立即付款,而是在规定的期限内履行付款义务的信用证。远期信用证又分为下列几种。

(1)银行承兑远期信用证(Banker's Acceptance Letter of Credit),是指以开证

行作为远期汇票付款人的信用证。这种信用证项下的汇票在承兑前,银行对受益人的权利义务以信用证为准;在承兑后,银行作为汇票的承兑人,则应对出票人、背书人、持票人承担付款责任。采用银行承兑远期信用证收付货款,在受益人装运货物后,开立以开证行为付款人的远期汇票,连同有关单据交议付行。议付行审单无误后,将汇票、单据寄交其在进口地的代理行或分行,委托其向开证行提示汇票要求承兑,或议付行直接将跟单汇票寄交开证行要求承兑。开证行审单无误后履行承兑手续并将单据留下,向议付行寄出"承兑书",或将已承兑的汇票退给议付行在进口地的代理行保存,后者待汇票到期时再向开证行作付款提示要求付款。货款收妥后汇交出口商。出口商也可以要求议付行在进口地的代理行于汇票提示承兑后,将汇票送交贴现公司办理贴现,再将由贴现公司扣除贴现利息后的净款拨交议付行,转交出口商。

(2)延期付款信用证(Deferred Payment Letter of Credit),是指开证行在信用证中规定,开证行收单后若干天,或提单日期后若干天付款的信用证。这种信用证不需受益人开立汇票,所以出口商不能利用贴现市场的资金,只能自行垫款或向银行借款。

3.假远期信用证(Usance Letter of Credit Payable at Sight),也称买方远期信用证(Buyer's Usance Letter of Credit),是指信用证中规定受益人开立远期汇票,由付款行负责贴现,一切利息和费用由开证申请人负担。使用这种信用证,对受益人来说可以即期收到十足的货款,但要承担远期汇票到期遭到拒付时被追索的风险。对开证申请人来说,待远期汇票到期时才向付款行付款。因此,这种信用证是进口商利用开证行或其指定的付款行提供的资金融通。

(四)按可否转让分类

根据受益人对信用证的权利可否转让,分为可转让信用证和不可转让信用证。

1.可转让信用证(Transferable Letter of Credit),是指特别注明"可转让"(transferable)字样的信用证,是应信用证的受益人(第一受益人)的要求转为全部或部分由另一受益人(第二受益人)兑用。转让行是指办理信用证转让的指定银行,或当信用证规定可在任何银行兑用时,开证行特别如此授权并实际办理转让的银行。开证行也可以担任转让行。

UCP600第38条c款规定:"除非转让时另有约定,有关转让的所有费用(如佣金、手续费、成本或开支)须由第一受益人支付。"d款规定:"只要信用证允许部分支款或部分发运,信用证可以分部分转让给数名第二受益人;已转让信用证不得应第二受益人的要求转让给任何其后受益人,第一受益人不视为其后受益人。"也就是信用证只能转让一次,且可以同时转让给多个第二受益人,但第二受益人不得将信用证转让给其后的第三受益人。而再转让给第一受益人,不属被禁止转让的范畴。

上述惯例还规定,信用证只能按原证中规定的条款转让,但信用证金额、单价、到期日、交单日期、装运期限等内容可以减少或缩短;可用第一受益人的名称替换原证中的开证申请人名称;第一受益人有权以自己的发票(和汇票)替换第二受益人提交的发票(和汇票),其金额不得超过原信用证金额。经过替换后,第一受益人可以在原信用证下支取自己发票与第二受益人发票间可能产生的差额。

2. 不可转让信用证(Non‑Transferable Letter of Credit),是指受益人不能将信用证的权利转让给他人的信用证。凡信用证中未注明"可转让"字样的,就是不可转让信用证。

此外,在贸易实践中,信用证业务出现很多具体的做法,虽然 UCP600 并未有明确的规定,下面一些信用证已经形成了规范的做法。

(五)循环信用证(Revolving Letter of Credit)

循环信用证是指信用证被受益人全部或部分利用后,其金额又重新恢复到原金额,可再次使用,直至达到规定的次数或规定的总金额为止。循环信用证按循环计算方式不同,可分为按时间循环和按金额循环两种。

1. 按时间循环(Revolving around Time)。按时间循环信用证是指受益人在一定的时间内可多次支取信用证规定的金额。例如信用证规定每个月支用的金额不得超过 10 000 美元,可循环使用的时间为 8 个月,当第一个月的金额用完后,以后每个月的第一天就可以恢复至原金额再被使用,直至 8 个月届满为止。

2. 按金额循环(Revolving around Value)。按金额循环信用证是指信用证金额议付后,仍恢复到原金额可再度使用,直至用完规定的总金额为止。按金额循环的信用证根据恢复方式不同分为:①自动循环(Automatic Revolving),即受益人在规定时间装货议付后,无须等待开证行通知,即可自动恢复到原金额,可再次使用。②非自动循环(Non‑Automatic Revolving),即受益人在规定时间装货议付后,必须等待开证行的通知到达后,才能恢复至原金额继续使用。③半自动循环(Semi‑Automatic Revolving),即受益人在规定时间装货议付后,在若干天内开证行未提出不能恢复原金额的通知,即自动恢复到原金额。

此外,循环信用证又可从另一角度分为可累积使用(cumulative)和不可累积使用(non‑cumulative)两种。前者允许受益人在一批货物因故未交时,可在下一批补交,并可连同下一批货物一起议付;后者是指受益人因故未完成某一批货物的交货,该批即被取消,因故未能及时装出的部分以及原来规定的以后各批,未经开证行修改信用证,均不能再装运。循环信用证的特点是可以多次循环使用,它通常用于商品数量大,需要在较长的一段时间内分期、分批交货的交易。进口人可以不必多次开证从而节省开证费用,同时出口人也可免去多次审证的麻烦。

(六)对开信用证(Reciprocal Letter of Credit)

对开信用证是指两张信用证的开证申请人互以对方为受益人而开立的信用证。对开信用证的特点是,两张信用证是相互联系、互相约束、互为条件的。其特点是:第一张信用证的通知行,通常就是第二张信用证的开证行;第一张信用证的开证申请人和受益人,就是第二张信用证的受益人和开证申请人;两张信用证可以同时生效,即第一张信用证被受益人接受,此时尚不生效,待第二张信用证(回头证)也被受益人接受时,才通知对方银行两证同时生效,但也可以先后生效。对开信用证多用于交易双方互有进、出和互有关联的对等或基本对等的交易中,如易货交易、来料加工和补偿贸易中。

(七)背对背信用证(Back to Back Letter of Credit)

背对背信用证是指受益人要求原证的通知行或其他银行以原证为基础,另开一张内容相似的信用证给第三者,另开的新证称为背对背信用证,又称转开信用证。背对背信用证的受益人可以是国外的,也可以是国内的。背对背信用证的内容除开证申请人、受益人、金额、单价、装运期限、有效期限等可以变动外,其他条款一般与原证相同。由于背对背信用证的条款修改时,新证的开证申请人需征得原证开证申请人的同意,所以修改比较困难,所需时间也较长。背对背信用证多用于中间商转售他人货物从中谋利,或两国不能直接进行进出口贸易,而需通过第三者沟通时使用。

(八)预支信用证(Anticipatory Letter of Credit)

预支信用证是指开证行授权代付行(通常是通知行)向受益人预付信用证金额的全部或一部分,由开证行保证偿还并负担利息。预支信用证与远期信用证相反,是由开证申请人付款在先,受益人交单在后。预支信用证凭受益人的光票付款,也有要求受益人附一份负责补交信用证规定单据的声明书的。如果受益人以后不交单,开证行和代付行并不承担责任。在部分预支的情况下,当货运单据交到后,代付行在付给余下部分货款时,将扣除预支货款的利息。为引人注目,这种预支货款的条款,过去常用红字打出,故习惯上称为"红条款信用证"(Red Clause

Letter of Credit)。虽然现今这种预支条款并非都用红字打出,但效力相同。

(九)议付信用证(Negotiable Letter of Credit)

UCP600 定义中对议付的概念进行了明确,是指指定银行在相符交单下,在其应获偿付的银行工作日当天或之前向受益人预付或同意预付款项,从而购买汇票(其付款人为指定银行以外的其他银行)及/或单据的行为。

议付信用证是指开证行允许受益人向某一指定银行或任何银行交单议付的信用证。议付强调了,一必须符合"相符交单";二议付是购买汇票及单据的行为,指议付行对汇票和(或)单据付出对价,只审核单据而不支付对价,不能构成议付。

在实践中,通常按信用证中是否限定议付行分为两种:①限制议付信用证(Restricted Negotiation Letter of Credit),是指开证行指定某一银行或开证行自己进行议付的信用证。②公开议付信用证(Open Negotiation Letter of Credit),又称自由议付信用证(Freely Negotiation Letter of Credit),如信用证示例中的 * 41 D 项"Available with /by: any bank by negotiation",即指任何银行均可按信用证条款自由议付的信用证。

(十)备用信用证(Standby Letter of Credit)

备用信用证又称商业票据信用证(Commercial Paper Letter of Credit)、担保信用证或保证信用证(Guarantee Letter of Credit)。国际商会在《跟单信用证统一惯例》1983 年修订本(UCP500)中,首次明确规定该惯例适用于备用信用证。UCP600 修订后在第 1 条适用范围中,明确了该规则同样"适用于所有的其文本中明确表明受本惯例约束的跟单信用证(在其可适用的范围内,包括备用信用证)。除非信用证明确修改或排除,本惯例各条文对信用证所有当事人均具有约束力"。

备用信用证虽然是信用证中的一种,但它与跟单信用证又有不同之处,一般更多地用于投标、还款或履约保证。具体表现在:①跟单信用证一般只适用于货物买卖的支付,而备用信用证可用于投标、借贷、履行合约等违约行为的偿付。②跟单信用证的受益人只要根据信用证规定提交货运单据,开证行就会据以付款,而备用信用证是开证行凭受益人出具的说明开证申请人未能履行其义务的证明文件来保证付款。③跟单信用证的受益人只要履行信用证条件,即可向开证行要求付款,而备用信用证的受益人只有在开证申请人未履行其义务时,才能使用该证要求开证行付款。如果开证申请人按期履行其义务,受益人就无须使用备用信用证了。

备用信用证是第二次世界大战后在美国首先发展起来的一种信用工具,在融资业务中主要是因为美国法律禁止银行作为担保人,美国银行用它作为提供银行担保的一种替代形式。国际商会认识到备用信用证业务在国际经贸活动中日益重要,组织专门的工作组参与《国际备用证惯例》(ISP98)的制定,最后由国际商会的银行技术与惯例委员会于 1998 年 4 月 6 日批准该惯例,于 1999 年 1 月 1 日生效,为备用信用证提供了单独的规则。

备用信用证是指开证行应开证申请人的要求,对受益人开立的承诺承担某项义务的凭证,即开证行保证在开证申请人未能履行其应履行的义务时,受益人只要按备用信用证的规定,向开证行开立汇票(或不开汇票)并提交开证申请人未履行义务的声明或证明文件,即可取得开证行的偿付。

备用信用证的运作程序是:开证行根据开证申请人的请求向受益人开出备用信用证。开证申请人按照合同履行其义务。若开证申请人根据合同的规定履行了其应尽的义务,备用信用证便自动失效,此时全部交易即告结束。如若开证申请人未能根据合同的规定履行其应尽的义务,受益人可按照备用信用证的规定向开出备用信用证的银行提出索赔要求,通常是提交一份开证申请人未履行合同义务的声明。开证行经审查如认为受益人所提交的声明符合备用信用证的规定,即按约定向受益人支付信用证金额,并从开证申请人处获得偿付。

六、合同中的信用证条款

在国际货物买卖业务中,如买卖双方在合同中约定采用信用证方式收付货款,则应在合同的支付条款中订明以下内容。

(一)开证时间

信用证的开证时间,合同中的条款应该予以规定。一般规定的方法有以下几种。

(1)在签订合同后××天内开到卖方。

(2)在装运月份前××天开到卖方。

(3)最迟在×年×月×日前开到卖方。

(4)在接到卖方备货通知书后××天内开到卖方。

除规定开证日期外,还可在合同中加列"因买方不能按时开证而导致卖方不能按规定装运,卖方不负责任并有权撤销合同和向买方提出索赔"的条款,以约束买方按期开证。

(二)信用证种类

在国际货物交易过程中,交易双方应根据具体情况,规定所使用信用证的类别。在一般情况下,主要使用跟单的、即期或远期信用证。

(三)汇票的付款日期

信用证上汇票的付款日期关系着受益人收汇的早晚,汇票的付款日期必须与合同中的规定相符。在买方承担迟付货款利息的情况下,应在合同中明确规定利息条款。

(四)信用证金额

信用证的金额,一般规定为发票金额的100%。合同中规定有溢短装条款时,对总金额和总数量也应规定相应的增减幅度。在预计履约时可能发生的额外费用需在信用证金额外支付时,须在合同和信用证中规定允许凭证明超额支付的条款。比如,在合同中定明:“买方应在信用证中规定,在装运时如有港口拥挤费,由开证申请人负担,可凭受益人开具的发票和船舶公司表明实际已付附加费的正本收据,在信用证金额外支付给受益人。”

(五)有效期和到期地点

信用证的议付有效期一般在装运期限后的15天左右,以便装运后有充分的时间制作单据。如果信用证规定的有效期和装运有效期是同一个时间,被称为“双效期”,受益人应提前安排发货,抓紧做好议付准备工作。总之,信用证有效期的规定应能使受益人有足够的时间作好议付前的准备工作,并注意议付到期的地点应订明在出口方所在地。

第四节　国际货款收付方式之保付代理

上述三种传统的国际贸易支付方式中,汇付和托收属于商业信用,银行不承担进口商必然付款的义务。出口商能否按时收进全额货款完全取决于进口商的信誉。这两种支付方式对出口商较为不利,而对进口商较为有利。信用证这种支付方式虽属银行信用,对出口商收取货款给予了一定的银行信用保障,但给进口商带来了不便。进口商在申请开立信用证时,不仅要缴纳银行手续费,而且为了开证需垫付相当数额的保证金,占去其相当部分的资金,影响了进口商的资金周转,同时也势必会削弱其筹款能力,影响其业务扩展。随着国际贸易买方市场的普遍形成,贸易竞争已由商品质量等发展到了付款条件方面,越来越多的进口商都拒绝使用信用证方式,而要求出口商接纳承兑交单(D/A)或赊销(Open Account,O/A)等建立在买卖双方商业信用基础上的方式。在以托收和赊销方式结算货款的比重和绝对金额逐渐提高和发展的情况下,出口商就需要一种既能降低收汇风险、获得资金融通、增强竞争能力,又能给予进口商一定方便的具有出口竞争力的国际支付方式。一种新的与融通资金结合的收付方式——国际保付代理便由此而产生。

一、国际保付代理的概念、内容和特点

(一) 国际保付代理的概念

国际保付代理(International Factoring),即国际保理,其概念在国际贸易界和金融界尚未统一。较有代表性的有以下两种。

1. 美国的《商业律师》一书中对保理业务作了限制性很强的定义:在保理商和以赊销方式销售货物或提供服务的供货商之间存在持续有效的安排,根据这一安排,保理商对通过销售货物或提供服务所产生的应收账款应提供下述服务:①现金收购所有的应收账款;②保留销售分户账并提供有关应收账的其他账务服务;③收取应收账款;④承担因债务人清偿能力不足而产生的坏账损失。该定义还规定,保理商只有在提供至少两项上述服务时才被视为是保理业务。

2.《简明牛津词典》对保理业务所下的定义是:以贴现方式买入属于他人的债权以便通过收取货款获利。

上述两个定义的特点是,美国的《商业律师》的定义对保理业务的限制性很强,而《简明牛津词典》的定义所包括的业务范围很广,也未说明卖方出售债权的目的和动机。因此,不妨把国际保付代理定义为:国际贸易中以托收、赊账等商业信用方式结算货款的情况下,保理公司接受出口商的委托,借助计算机、电子通信等现代信息技术,向出口商提供包括进口商的资信、信用风险担保、应收账款管理和贸易融资等综合性服务于一体的支付方式。

(二) 国际保付代理的内容和特点

出售债权以获取融资是保理业务的核心内容,这种古老的商业行为可以追溯到5 000年前的古巴比伦时代,但真正的保理业务却起源于19世纪。现代国际保理最初是由美国近代商务代理活动发展演变而形成的;20世纪60年代逐渐传入欧洲;70年代中期开始在亚太地区的一些国家,如日本、新加坡出现,但是当时尚未被大多数人所接受;直到80年代后期,现代国际保理才在许多国家飞速发展。综合而言,国际保理具有以下的内容和特点。

1. 资信调查。出卖应收债权的出口商,多为中小企业,对国际市场了解不深,

保理公司可受其之托,负责对进口商的信用程度进行调查和评估,确定进口商的信用额度,并承担托收货款的任务。有时他们还要求出口商交出与进口商进行交易磋商的全套记录,以了解进口商的负债状况及偿还能力。大型保付代理都具有一定的国际影响与声誉,并对进口商进行了深入的调查;在托收业务中,一般进口商也能如期支付货款,以保持其社会地位与声誉。

2. 风险担保。国际保付代理为出口商承担了百分之百的国外进口商信用风险,出口商将单据卖断给国际保理。这就是说,如果国外进口商拒付货款或不按期付款等,保付代理在接受了无追索权的保理业务后要承担全部的信贷风险和汇价风险,不能向出口商追索。这是保付代理业务的最主要特点和内容。

一般来讲,保付代理都设有专门部门,有条件对进口商的资信情况进行调查,并在此基础上决定是否接受保理业务。只要得到保理公司的确认,出口商就可以赊销方式出售商品,并能避免货款收不到的风险。

3. 管理服务。保付代理承担资信调查、托收、催收账款,甚至还代办会计处理手续。一些具有季节性的出口企业,每年出口时间相对集中,为减少人员开支,有时还委托保理公司代其办理会计处理手续等。所以,保付代理业务的内容是广泛的、综合的服务,不同于议付业务,也不同于贴现业务。这是承购应收账款业务的另一个主要内容与特点。

4. 融资服务。出口商在出卖单据后可提出融资要求。典型的保理业务一般都能满足出口商的要求,由保理公司负责贴现出口商所提交的单据,以保证出口商能立即收到现款,得到资金融通。贴现额一般为发票金额的80%—90%,贴现率一般为伦敦银行间同业拆放利率再加2%左右。这是保理业务的第三个主要内容与特点。但是,如果出口商资金雄厚,有时也可在票据到期后再向保理公司索要货款;有时保理公司也在票据到期日以前先向出口商支付80%的出口货款,其余20%俟票据到期进口商付款后再给予支付。

由此可见,国际保付代理的特点是出口贸易所涉及的资信调查、资金融通、信贷管理、资金风险的全部责任都由保理公司承担,即保理公司承担第一性付款责任,并提供多项综合服务项目。在这里,保理公司不仅取代了银行的中介地位和作用,而且还将其中介业务专业化,并承担全部风险。

二、国际保付代理的性质和作用

(一) 国际保付代理的性质

从以上所介绍的国际保理的特点来看,保理的性质比较复杂。归纳起来它主要具有如下的性质。

1.保理具有代理性质。保理公司以自己的名义作出法律行为,由自己承担法律行为的后果,这与民事代理不同,而与大陆法的"缔约代理"和英美法的"隐名代理"相似。此外,保理公司的某些义务与民事代理又相同,如有时保理公司以卖方的名义向买方追讨货款。

2.保理具有买卖性质。保理的核心内容是应收款项的转让,实际上就是卖方将其对买方的应收货款即债权转让给保理公司;卖方从保理公司取得货款,保理公司从卖方取得对买方的债权,而保理的其他业务,是附随该债权的产物。但保理并非完全意义上的买卖,因为保理公司一般只给予卖方80%的货款,且在某些情况下对卖方有追索权。

3.保理具有信贷性质。保理合同签订后,卖方将有关单据提交保理公司,则可以从保理公司取得80%以上的货款。但是,保理又不是完全的信贷,在有追索权的保理中,保理公司若不能从买方得到货款,则可向卖方追索其已支出的款项,因而信贷的性质明显;在无追索权的保理中,保理公司无权向卖方追索,此时保理就不具有完全的信贷性质。

从上述国际保理的性质来看,作为国际支付方式之一的国际保理最适用于以下几种情形的出口商。

(1)双方当事人不能就支付方式达成协议。出口商有良好的出口机会,但进口商拒绝或不愿意采用信用证作为支付方式。如不能满足进口商的要求,出口商就会丧失出口的机会。

(2)出口商有融资的要求。出口商接受以 D/A 或 O/A 信用付款条件向欧盟国家、美国、新加坡、日本、加拿大、澳大利亚等地出口,为避免收汇风险,希望某一机构给予融资。

(3)出口商有意增大出口量。出口商希望开拓新市场或扩大出口市场,同时也希望将风险降到最低的限度。

(4)出口商希望减少库存、降低订单成本。

(5)出口商希望解除账务管理和应收款追收的烦恼,避免坏账损失。

(6)出口商希望与进口商建立长期的贸易往来关系。

(二)国际保理的作用

国际保理作为国际贸易的一种既原始又新型的支付方式,之所以能在20世纪80年代后迅速崛起,从其他支付方式中脱颖而出,并非出于偶然,其优势主要是源于它对风险的分担能力、对支付程序的简化功能和对支付费用节省的效能等方面的原因。作为一种综合性的业务形式,国际保付代理能够从各方面给买卖双方当事人带来好处。更主要的是,它顺应了国际市场竞争的发展趋势,促进了国际贸易的发展和创新。

具体来说,开展国际保理业务给贸易双方当事人带来的好处主要有以下几点。

1. 可以增加买卖双方的贸易机会和营业额。卖方通过采取保理方式,向买方提供了具有极强吸引力的付款条件,极易获得国外订单,从而增强在国际市场上的竞争力,增加出口收汇总额;买方以 O/A 或 D/A 或 D/P 方式与卖方签订货物买卖合同,可以省去开证费用和信用证押金,很好地解决了资金紧张问题,从而扩大了其购买力。

2. 买卖双方的信用风险得到保证。出口方由于有保理公司批准的信用额度作保证,可以免除对进口方无理拒付货款或因财政困难、倒闭破产而蒙受损失的担忧,使收汇有保障,减少了出口逾期付款,防止了坏账;由保理公司负责当地买主的资信调查,可以减少卖方进行资信调查的费用,还可以放心地结识新客户,开拓新市场,从而扩大业务量和业务范围;同时,进口方也可凭借自身良好的信誉和财务报表获得保理公司信用额度以外的信用担保,这样就可以利用超出流动资金很多的信用担保,来扩大自己的营业额。

3. 节省费用和成本。保理业务虽然比信用证业务收费高一些,但由于收款有保障,就可避免因进口方延期付款而蒙受的利息损失和因进口方倒闭而产生的坏账。同时,由于给予了买方优惠的付款条件,卖方可考虑由买方承担保理费用或双方共同承担,也可在原有信用证出口价格基础上提高销售价格,从而将费用转嫁到买方头上。另一方面,买方在保理业务中不使用银行信用额度,不需缴纳保证金和其他结算费用(如通知费、修改费、担保费等),从而节省了费用,降低了成本。

4. 简化进出口贸易手续。使用国际保理业务,可以有效地简化进出口业务手续,节省时间,提高效率,迅速适应国际市场多变的需要。出口方可免除烦琐的单证手续和信用证条款的约束,避免因单证不符而造成的买方拒付,随时可根据买方的需要和运输情况办理发货,不必为催证或改证浪费时间,从而错过销售时机;进口方在收到单据时即可提货,在交易过程中简化了购买手续,节省了购货时间,不用大批量进货而增加库存积压,能及时将适销商品投入市场,适应市场多变的需要。特别是保理公司提供簿记理账等财务服务,使买卖双方可以将更多的时间、人力、物力、财力等投入到产品质量的提高、销售业务的扩大中去,从而从整体上增加全球贸易额和提高世界经济水平。

5. 可以扩大买卖双方的利润。利润随交易额的增加、成本和风险的控制而稳步增长。卖方在提高出口产品竞争力的同时,可以利用保理业务提供的融资便利,提前获得货款用于扩大再生产,获得规模效益;买方由于增加了营业额,降低了成本,减少了库存积压,必然会扩大其利润总额。

三、国际保理业务的当事人及基本运作程序

(一)国际保理业务的当事人

在国际保理业务中,首先要明确保理业务的主体,即当事人。根据国际保理联合会制定的《国际保理通则》的规定,参与国际保理业务的各方当事人有如下四个。

1. 出口商。出口商即卖方或被保理人,是指对所提供的货物或劳务出具发票,其应收账款由出口保理公司作保理的当事人。其与进口商之间存在国际货物买卖合同关系,而他与出口保理公司之间的权利义务关系由国际保理合同加以规定。出口商的义务有:转让应收账款给出口保理公司并接受保理公司的再转让,向出口保理公司支付约定的费用和贴息。

2. 进口商。进口商是指对由提供货物或劳务所产生的应收账款负有付款责任的当事人,他根据其与出口商之间的货物买卖合同直接向进口保理公司付款。

3. 出口保理公司。出口保理公司是对销售的应收账款承作保理业务的当事人。出口保理公司根据他与出口商之间的国际保理合同向出口商承担信用销售控制、贸易融资、销售账务管理、坏账担保、交付货款等义务。而根据其与进口保理公司之间的保理代理合同,出口保理公司必须将信用额度申请表等有关文件传递给进口保理公司并将应收账款转让给它。

4. 进口保理公司。进口保理公司是同意代收由出口商出具发票表示的并转让给出口保理公司的应收账款,并依照国际保理通则对已承担信用风险的受让应收账款有义务支付的当事人。进口保理公司一般承担资信调查、评估的义务,同时承担坏账风险并转交货款。

(二)国际保理业务的基本运作程序

国际保理业务种类繁多,且各个国家或地区的具体做法亦有所不同,但就其所涉及的当事人来说,绝大多数属于双保理商保理方式。双保理商保理方式的基本运作程序如图8-5所示。

国际保理的业务流程说明如下。

(1)出口商在与进口商签订以赊销或托收方式支付货款的销售合同之前,先将进口商的有关情况及该笔交易资料等提交给出口保理公司,并要求出口保理公

司为该笔交易提供信用担保。

（2）出口商与出口保理公司签订保理合同（协议）。其主要内容包括：①双方遵循的惯例；②保理业务范围；③信用额度的申请、通知和取消；④服务费用比例；⑤融资；⑥单据；⑦出口商和出口保理公司各自的责任；⑧协议的有效期限；⑨协议的修改与解除；⑩争议与仲裁；等等。

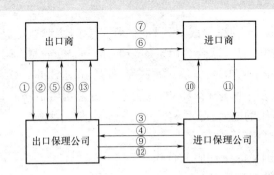

图8-5　国际保理业务流程

（3）出口保理公司将有关资料整理后转送给与其互有代理关系的进口保理公司。

（4）进口保理公司对进口商的资信情况进行调查和评估，根据进口商的资信情况确定进口商的信用担保额度，并将对进口商资信的调查结果及可提供的信用额度告知出口保理公司。

（5）出口保理公司转通知出口商。如果该进口商资信可靠，出口保理公司对进出口双方间的交易加以确认。

（6）出口商与进口商签订销售合同。

（7）出口商按合同规定发运货物，并将有关单据送交进口商。

（8）出口商同时将一份发票副本交给出口保理公司。保理公司可按出口商的要求预付约80%的货款；或采用买断票据形式，按票据金额扣除利息等各项费用后无追索权地付给出口商。

（9）出口保理公司将发票副本转交进口保理公司，后者将发票入账。

（10）进口保理公司负责定期向进口商催收账款。

（11）进口商在付款到期日向进口保理公司支付全部货款。

（12）进口保理公司将收进的货款划拨给出口保理公司。

（13）出口保理公司扣除预付货款、保理费、银行转账及其他费用后,将余款交给出口商。

四、与保付代理有关的国际组织与国际规则

（一）国际保理组织

随着国际保理公司的纷纷成立,目前国际上专门协调这些公司业务的保理组织主要有三个:①国际保理联合会(Factors Chain International, FCI);②国际保理协会(International Factors, IF);③海勒尔海外公司 (Heller Oversea Corporation, HOC)。其中由 60 多个国家和地区的百余家会员公司组成、总部设在荷兰阿姆斯特丹、成立于 1968 年的国际保理联合会规模最大、最具影响力。

国际保理联合会有三项宗旨。

（1）扩大跨越国境的保理服务合作;

（2）开发统一的保理服务技术;

（3）协调解决国际保理服务的法律和技术问题,以及其他直接或间接与保理服务有关的问题。

国际保理联合会是一个开放式组织,允许一个国家有多家保理公司参加,其目的是为会员公司提供国际保理服务的统一标准、程序、法律依据和规章制度,负责组织协调和技术培训。

我国政府继 1958 年 5 月派出代表参加了在加拿大渥太华举行的国际保付代理规则的会议后,中国银行与国际保理联合会一直保持着密切的联系。目前我国的中国银行除与芬兰,还与美国、英国、德国、意大利、瑞典等国银行和保理公司签署了国际保理协议。1993 年 3 月中国银行已加入国际保理联合会。

国际保理协会和海勒尔海外公司都是封闭式的,每个国家只允许一个公司参加,影响和业务规模都不如国际保理联合会。

（二）国际规则

1.《国际保付代理公约》。《国际保付代理公约》是国际统一司法协会从 1974 年开始起草,于 1987 年 4 月通过的。1988 年 5 月在有 55 个国家代表参加的渥太华外交会议上正式审议通过。《国际保付代理公约》是目前规范国际保理活动的唯一的法律规范。

（1）《国际保付代理公约》(简称《公约》)的主要内容是:①适用范围和一般条

款。公约适用于所规定的保理合同及应收账款的转让。保理合同应具备的条件为:供应商可向保理人转让其与客户订立的货物买卖合同(或劳务合同)产生的应收账款,但债务人因个人和家庭使用而购买商品所引起的应收账款除外;保理人必须履行融资、管账、收账和信用风险中至少两项义务;合同须规定将转让通知债务人。《公约》规定只要货物销售合同的买卖双方位于不同国家或销售合同和保理合同的准据法都在缔约国,公约就可以适用,但同时规定当事人可明示将公约整体排除适用。②有关当事人的权利和义务。③再转让问题。公约规定关于当事人权利义务的条款适用于应收账款的再转让,再转让的受让人应视为保理人,但如果保理合同禁止应收账款的再转让,则公约不予适用。

中国1987年曾派代表参加公约的讨论,并在公约上签字,但未批准公约。主要原因是中国法律规定合同转让应经当事对方同意,有的还需批准。而公约第6(1)条规定,即使国际货物买卖合同的双方当事人订有协议禁止转让应收款项,卖方向保理人转让应收款项的行为仍然有效。不过公约第18条规定可以保留。

(2)根据《公约》的精神,使用保理业务时应注意以下两点:①国际保理的主要作用是提供信用风险保障。凡因货物质量、数量和交货期等不符合合同规定的违约行为所引起的损失,保理公司不予担保。②保理公司仅承担信用额度内的风险担保。由于保理公司只承担信用额度内的风险,因此出口商必须严格遵守合同的规定,对超出信用额度的损失应自担风险。

2.《国际保理惯例通则》。《国际保理惯例通则》(简称《通则》)是国际保理联合会制定的保理业务的惯例,经当事人采用有效。《通则》经国际保理联合会多次修订,现行的为1990年修订本。

《国际保理惯例通则》的主要内容包括如下几项。

(1)当事人、保理范围、保理人之间的仲裁;

(2)进口保理人承担信用风险的条件及权利义务、出口保理人的义务和应收账款转让,及相关单据、额度以外与核准交易无关的应收账款的处理;

(3)承担信用风险后的付款义务、付款期限及未付款的责任、争议处理;

(4)进口和出口保理人的代表、保证及其他责任;

(5)应收账款转让的效力和适用的法律;

(6)出口保理人应支付的费用及在何种情况下补偿进口保理人的损失;

(7)出口保理人可将部分应收账款转让给进口保理人的情况;

(8)期限的计算方法;

(9)进口保理人提交会计报表的义务和有权收取的佣金等。

目前,中国在保理业务上基本趋向于采用《通则》来调整当事人之间的权利义务关系。

五、国际保理与托收和信用证的主要区别

(一)付款责任不同

在托收方式下,买卖双方受合同约束,进口人是唯一承担付款责任的人。银行在办理托收业务时,只是按委托人的指示办事,并不承担付款人必然付款的义务。在信用证方式下,买卖双方既受合同约束,又受信用证约束,但合同和信用证是相互独立的文件,开证行承担有条件的独立的付款责任。只要受益人(出口人)提交符合信用证规定的单据,银行就保证付款。在保理业务中,买卖双方既受合同约束,又有保理公司的付款担保,而且两者是紧密联系的,即只有出口商按合同发货,保理商的担保才能成立。

(二)潜在的风险不同

托收使用的是商业信用,出口人发货后,如进口人借故不付款赎单,则出口人要承担较大风险。在信用证方式下,也存在进口人不按时开证、开证行倒闭、单证不符、进口人拒付或迟付的风险,对进口人来说也存在实际货物不符要求、出口商制造假单据进行欺诈等风险。而国际保理业务则是对赊销和托收支付方式风险的一种消除手段。只要出口人提供的货物与合同相符,如果遇上进口人资金周转不灵或倒闭,进口保理公司将负责付款,承担100%坏账担保。

(三)融资方式不同

在托收业务中,可以采取托收出口押汇、凭信托收据借单提货进行融资,但由于银行承担的风险大,因此控制很严,而且银行对客户有追索权。在信用证业务中,议付行对出口商的融资方式主要有:打包放款、押汇、贴现等,开证银行对进口商融资的方式主要有:开证额度、提货担保等;保理业务一般是在发货之后才申请融资。进口商是在收到货物后一段时间内才付款,这是出口商对进口商提供的融资;而出口商为了解决资金周转的困难,可以从保理公司得到不超过发票金额80%无追索权的预付款融资。无追索权的融资是保理业务融资的特点。

第五节　国际货款收付方式之银行保证书

一、银行保证书的含义及其性质

银行保证书(Letter of Guarantee,L/G),又称银行保函,是银行应委托人的请求作为担保人向受益人开立的保证文件,保证在委托人未向受益人履行某项义务时,担保银行承担保证书中所规定的付款责任。

银行保证书根据受益人要求保证行偿付的索偿条件的不同,分为见索即付保函(First Demand Guarantee)和有条件保函(Conditioned Letter of Guarantee)。见索即付保函,也称无条件保函,是指保证人以书面形式表示在交来符合保函条件的索赔书或保函中规定的其他文件时,承担付款责任的承诺文件。见索即付保函的担保人承担的是第一性的、直接的付款责任。有条件保函是指保证行向受益人付款是有条件的,只有在符合保函规定的条件下,保证行才予以付款,因此这种保函的保证行承担的付款责任是第二性的、附属的付款责任。

银行保函是由银行开立的承担付款责任的一种担保凭证,银行根据保函的规定承担绝对付款责任,所以,银行保函大多属于见索即付保函。根据《见索即付保函统一规则》(国际商会第 458 号出版物,简称 URDG458)的规定,保函与其可能依据的合约或投标条件分属不同的交易,即使在保函中提及或援引该合约或投标条件,担保人也与该合约或投标条件完全无关。由此可引出,见索即付保函与基础合同相互独立,是一种脱离于基础合同的独立性担保文件,受益人的权利与担保人的义务完全以保函所载内容为准,不受基础合同的约束。

二、银行保证书的当事人

银行保证书的基本当事人主要有三个。

(1)委托人(Principal),又称申请人,即要求银行开立保证书的人。通常是与受益人订立合同的执行人和债务人。

(2)受益人(Beneficiary),即有权凭收到的保证书向银行索偿的人。

(3)保证人(Guarantor),也称担保人,即保证书的开立人。保证人根据委托人的申请,在由委托人提供一定担保的条件下,向受益人开具保证书。

除上述三个基本当事人外,银行保证书有时还出现以下几个当事人。

(1)转递行(Transmitting Bank),即指根据开立保证书的银行的要求,将保证书转递给受益人的银行。一般情况下,转递行对保证书只负责核对印鉴或密押,不负任何经济责任。按规定转递行可收取一定的转递手续费。

(2)保兑行(Confirming Bank),即指在保证书上加保兑的银行。保兑行只有在保证人不按保证书规定履行赔付义务时,才向受益人赔付。受益人可得到双重担保。

(3)转开行(Reissuing Bank),即指接受担保银行的要求,向受益人开出保函的银行。这种保函发生赔付时,受益人只能向转开行要求赔付。

三、银行保证书的主要内容

银行保证书因其种类不同,内容也不尽相同。由于银行保证书使用范围的不断扩大,国际商会在1978年制定了《合约保证书统一规则》,即第325号出版物;1982年制定了《开立合约保证书模范格式》,即第406号出版物;1992年公布《见索即付保函统一规则》,即第458号出版物。这些惯例是供各国银行在开立银行保证书时参考和推荐使用的。根据上述惯例,银行保证书的基本内容应该包括如下几项。

(1)有关当事人。银行保证书中应表明主要当事人,即委托人、受益人、保证人的名称和地址。

(2)责任条款,即保证人承诺承担的责任,这是银行保函的主体。保证人向受益人承担的责任以保函内所列的条款为限。

(3)保证金额,即受益人可以索偿的金额。可以是一个具体金额,也可以是有关合同金额的一个百分率。

(4)有效期限,即指受益人根据保函提出索赔要求的最后期限。

四、银行保证书的种类

银行保证书的使用范围较广,它不仅适用于货物买卖,而且广泛应用于其他领域。根据银行保证书的不同用途,它可分为许多种,最常见的主要有下列几种。

(一)投标保证书(Tender Guarantee)

投标保证书是指银行(保证人)根据投标人(委托人)的申请向招标人(受益人)开立的保函。该保函主要担保投标人在开标前不撤销投标和片面修改投标条件,中标后要保证签约和交付履约金,否则银行负责赔偿招标人的损失。

(二)履约保证书(Performance Guarantee)

履约保证书是指银行(保证人)应货物买卖、劳务合作或其他经济合同当事人(委托人)的申请向合同的另一方当事人(受益人)开立的保函,担保当委托人未及时按合同条款履行其义务时,对受益人支付一定金额限度以内的款项或根据保函条款采取措施履行合同义务。用于进出口贸易的履约保证书分为两种,即①进口履约保证书,是指保证人(银行)应进口人的申请开给出口人(受益人)的保证书,保证书规定:如出口人按合同交货后,进口人未能按期付款,由银行负责偿还;②出口履约保证书,是指保证人(银行)应出口人的申请开给进口人(受益人)的保证书,保证书规定:如出口人未能按期交货,银行负责赔偿进口人的损失。

(三)还款保证书(Repayment Guarantee)

还款保证书是指保证人(银行或其他金融机构)应货物买卖、劳务合作、资金借贷或其他经济合同当事人(委托人)的申请向合同另一方当事人(受益人)开立的保证书。保证书规定:若委托人不履行其与受益人订立的合同规定的义务,比如没有将受益人预付、支付或贷放给委托人的款项退还或还款给受益人时,应由保证银行向受益人支付一定金额限度内的款项。

第六节　各种支付方式的结合使用

在国际贸易中,一笔交易经双方协商通常采用上述介绍的一种支付方式,但有时为了促进交易的达成,也可以将两种或多种支付方式结合使用。常见的有如下几种。

一、信用证与汇付相结合

信用证与汇付相结合是指部分货款用信用证方式支付,余款用汇付方式支付。这种结合通常有两种情况。

(一)先汇付后信用证

先汇付后信用证,即先由进口商以汇付的方式向出口商支付一定的资金,充作定金或部分预付款,其余货款在货物装运后,由出口商凭信用证和规定的单据索取。

(二)先信用证后汇付

先信用证后汇付,即大部分货款在货物装运后,由出口商凭信用证及规定的单据收取,余款在货物抵达目的地后,通过检验最后确定品质、数量或重量后再行汇付。采用这种方式时,应明确规定使用何种信用证、何种汇付方式以及采用信用证支付金额的比例等,以防出现争议。

二、信用证和托收相结合

信用证与托收相结合又称"部分信用证、部分托收",即指一笔交易的货款部分用信用证支付,其余部分用托收方式结算。具体做法通常是信用证规定受益人(出口人)开立两张汇票,属于信用证部分的货款凭光票付款,而全套货运单据则附在托收汇票项下,按即期或远期付款交单托收。为了防止信用证项下的部分货款收取后,进口人拒付托收款项而单据已被取走的风险,在出口合同中支付条款应作如下规定:"Payment by Irrevocable Letter of Credit to reach the sellers × × days before the month of shipment stipulating that × ×% of the invoice value available against clean draft, while the remaining × ×% against the draft (at sight or at × × days after sight)on collection basis. The full set of shipping documents shall accompany the collection draft and shall only be released after full payment of the invoice value. If the buyers fail to pay the full invoice value, the shipping documents shall be held by the issuing bank at the seller's disposal."[买方须在装运月份前××天送达卖方不可撤销信用证,规定××%发票金额凭即期光票支付,其余××%金额用跟单托收方式(即期或远期)付款交单。全套货运单据附于托收项下,在买方付清发票的全部金额后交单。如买方不能付清全部发票金额,则货运单据须由开证行掌握,凭卖方指示处理。]同时在合同中还要规定买方在信用证中应列入上述条款,如"The above terms should be explicitly included in the establishing Letter of Credit."

三、托收与汇付相结合

托收与汇付相结合一般是指在跟单托收方式下,出口商要求进口商以汇付方式支付一定的押金或预付款。在货物出运后,出口商可从货款中扣除已预付的款项,余款通过银行托收。如托收金额被拒付,出口商可以押金或预付款来抵偿自己的损失。

四、汇付、备用信用证或银行保函相结合

汇付、备用信用证或银行保函相结合一般用于成套设备、大型机械、运输工具等生产周期较长的商品交易中。由于金额大、交货时间长,买方一时难以付清全部货款,故可采用按工程进度和交货进度分若干期付清货款,即分期付款和延期付款

的方法。采用这种方式,通常是与其他方式结合在一起使用。

(一)分期付款(Pay by Installments)

分期付款是指买方可采用汇付方式,先交部分货款作为定金,买方在付出定金前,一般要求卖方向买方提供出口许可证影印本和银行保函或备用信用证。其余货款可按不同阶段分期支付,买方开立不可撤销信用证,即期付款。最后一笔货款一般在交货或卖方承担质量保证期满时付清。货物所有权在付清最后一笔货款时转移。在分期付款条件下,货款在交货时付清或基本付清,因此,按分期付款条件所签订的合同是一种即期合同。

(二)延期付款(Deferred Payment)

延期付款是指买方在预付一部分货款作为定金后,大部分货款在交货后若干年内分期摊付,一般采用远期信用证支付。延期付款是一种赊销性质,实际上是卖方向买方提供的商业信贷,因此,买方应承担延期付款的利息。在延期付款条件下,货物所有权一般在交货时转移。

知识链接

分期付款与延期付款的区别

分期付款与延期付款在具体做法上虽然有相似之处,但二者仍然存在着很明显的区别。

1. 货款清偿程度不同。采用分期付款,货款是在交货时付清或基本付清;而采用延期付款,大部分货款是在交货后一个相当长的时间内分期摊付。

2. 货物所有权转移的时间不同。采用分期付款时,只要付清最后一笔货款,货物所有权即行转移;而采用延期付款时,货物所有权一般在交货时转移。

3. 利息、费用的承担不同。采用分期付款方式,买方没有利用卖方的资金,因而不存在利息问题;而采用延期付款是买方利用卖方的资金,所以买方需向卖方支付利息。

综上所述,延期付款是买方利用外资的一种形式,一般来讲货价较高。在采用延期付款条件签订合同时,应结合利息、费用和价格等因素进行全面考虑。

练习与思考题

1. 汇票、本票和支票的含义是什么？简述它们之间的主要区别。

2. 托收的含义和特点是什么？出口采用托收方式时应注意哪些问题？

3. 为什么在采用托收时，一般应争取选用 CIF 或 CIP 贸易术语？

4. 简述信用证的含义、性质和特点。

5. 简述信用证支付方式的基本运作程序。

6. 信用证有哪些种类？试简述其含义和使用条件。

7. 什么是备用信用证？它与跟单信用证有何不同？

8. 什么是银行保证书？它与信用证有何区别？

9. 什么是国际保付代理？试简述其性质和作用？

贸易合同一般条款及其签订

- 商品检验检疫条款
- 合同的违约与处理

• 学习要点与要求 •

本章主要讲述出入境商品检验检疫的基本概念、制度以及国际贸易合同中检验检疫条款的订立。通过对本章内容的学习,应了解出入境商品检验与检疫的重要性与必要性;出入境商品检验与检疫的含义与内容;熟悉检验证书的种类、检验机构和检验标准;掌握商检时间和地点的具体规定方法;明确贸易合同中商品检验检疫条款的订立规则。

第一节　国际商品的检验与检疫

在国际贸易业务中,由于交易双方距离遥远,出口方所生产货物的质和量是否符合买卖合同相关条款的规定,除了凭借出口商自身良好的信誉外,为避免事后对货物质量产生异议,货物装运出口前往往需要第三方权威机构对商品实施检验并出具相关证明文件。此外,交易货物往往需要长途运输,运输途中受天气、运输条件、工人操作等各类因素影响,难免发生货损货差,此时,货损、货差甚至货物灭失等现象的责任认定与归属也需要具有一定专业知识的权威第三方对货物进行检验或者鉴定,进而保证交易的顺利开展。再者,为保护本国居民、资源环境等安全,也有必要对进境货物进行检验检疫。因此,货物的检验检疫工作是国际贸易业务中的重要一环,检验检疫条款也是国际货物买卖合同中的一项重要条款。

一、出入境检验检疫制度概述

(一)出入境检验检疫的概念

出入境商品检验检疫是指在国际货物买卖过程中,由具有权威的检验检疫机构依照法律、行政法规和国际惯例等的要求依法对出入境货物、交通运输工具和人员等进行的检验与检疫、认证及签发检验检疫证明等监督管理工作。具体可分为出入境商品检验、出入境动植物检疫和卫生检疫。

(二)出入境检验检疫的目的

出入境检验检疫的目的主要有三个。

首先,是为了保障对外经济贸易的顺利发展。对出入境商品进行检验和鉴定,依法判定出入境商品是否符合有关质量、标准或合同规定要求,可依法维护交易双方的合法权益,并保证对外经贸业务往来的顺利开展。

其次,是为了保护人民生命和生活环境的安全与健康。对出入境动植物及其产品,以及运输工具、货品包装材料等实施检疫和监督管理,可实现对本国农、林、牧、渔业生产的保护。

最后,是为了有效保护人类健康,防止有害病毒、传染病菌、疫情以出入境渠道传播。卫生检疫对出入境人员、运输设备、交通工具、出入境人员随身携带或托运的行李物品和国际邮递包裹等进行检验检疫和灭菌等处理,可防止传染病由国外传入或由国内传出危害人民群众健康。

二、出入境商品检验检疫的作用与意义

自中华人民共和国成立伊始,党和政府一直重视出入境商品检验检疫工作的重要性。组建了我国出入境检验检疫机构,制定并完善有关出入境检验检疫法律、法规和规章制度。伴随着我国改革开放政策的实施和加入世界贸易组织成为其成员,我国对外贸易额不断攀升,出入境检验检疫制度在对外贸易监督、管理和促进上都发挥着重要作用,并有着重要的意义。

(一)充分体现国家主权

我国的出入境检验检疫机构按照《中华人民共和国进出口商品检验法》(以下简称《商检法》)规定,依法对出入境货物、运输工具、人员等进行检验、检疫和监督管理。为维护国家信誉、人民健康和财产安全,对列入《实施检验检疫的进出口商品目录》(以下简称《法检目录》)的出入境商品必须由检验检疫机构实施检验检疫,未经检验或检验不合格的商品不准进境或出境。

(二)保障我国对外贸易顺利进行和健康发展

通过对出入境商品的检验检疫监管,有助于保证我国出口商品的质量。同世界其他国家一样,我国政府为保障国民健康和本国消费者权益,相继制定并完善了有关食品、药品、化妆品、医疗器械等产品的检验检疫法规,检验检疫机构依法开展监督管理活动,有效保证我国出口企业的产品质量并提升企业出口产品竞争力。

利用商品检验检疫制度,加强对进口产品的检验检疫,利用合法、合理的技术规范措施保护本国相关产业,这是符合国际通行的技术贸易壁垒的做法,对我国国民经济的健康、稳定发展以及我国消费者、相关行业生产者权益起到了较好的保护作用。

(三)为对外贸易交易双方提供公正、权威凭证

在对外贸易的合同履行过程中,双方依据合同规定分别履行各自的权利和义务,其中出口方负有交货义务,而进口方负有付款义务。在这一过程中,由于双方地处两个不同的国家或地区,因此往往涉及与货物有关的运输、保险、报检、通关等诸多环节。上述环节各方往往需要官方或权威机构的非当事人出具有关货物质量、数量、包装、运输条件等检验证书、文件,凭以进行交货、计费、计税、结算、索赔或理赔等业务。这些活动的开展需要提供有效法律凭证,而出入境检验检疫鉴定证明恰恰可作为重要的证明材料。

综上所述,出入境检验检疫对国民经济发展和人民权益保护、技术贸易壁垒突破等发挥着非常重要的作用。随着我国对外经贸活动的日益频繁,交易金额的不断扩大,出入境检验检疫作为"国门卫士"的作用也将日益重要。

三、出入境检验检疫机构及其业务范围

在国际货物买卖交易中,除进出口双方对货物进行的检验外,有时根据合同需要或者法律规定还要委托权威的第三方机构对货物进行检验。对于法律所规定必须接受检验的商品,无论合同中是否注明检验条款,都必须按照有关程序,经由指定机构进行检验,并在检验合格后才可继续办理进境或出境手续。对于非法律所规定必须接受检验的商品则取决于贸易双方当事人的要求或客户的委托,这类检验一般都是围绕鉴定业务而展开的。一般而言,从事检验、鉴定、认证的机构就是出入境检验检疫机构。

(一)检验检疫机构的种类

国际上的商品检验机构名称各异,有的称公证行(Authentic Surveyor)、宣誓衡量人(Sworn Measurer),还有的称作实验室(Laboratory)等,但大致可分为三种,即官方检验机构、半官方检验机构和非官方检验机构。

1.官方检验机构。官方检验机构是指由国家或地方政府出资,依据国家有关法律、法规对出入境商品实行强制性检验以及监督管理的机构。如美国食品药物管理局(FDA)、美国食品安全检验局(FSIS)、美国国家海洋大气管理局(NOAA)、

美国消费品安全委员会（CPSC）、美国联邦航空管理局（FAA）、英国标准协会（BSI）、日本通商产业省检验所等。

2. 半官方检验机构。半官方检验机构是指由国家政府授权、代表政府行使某项商品检验或某一方面检验管理工作的具有一定权威性的民间机构。如美国保险人实验室（Underwriter Laboratories Inc. 简称 UL）。

3. 非官方检验机构。非官方检验机构是指由私人创办、具有专业检验、鉴定技术能力的公证行或检验公司。如英国劳合社公证行（Lloyd's Surveyor）、瑞士日内瓦通用公证行（Societe Generate de Surveillance，SGS）等。

（二）国外著名检验机构及其业务范围

1. 瑞士通用公证行（SGS）。瑞士通用公证行是目前世界上最大的专门从事国际商品检验、测试和认证的集团公司，是一个在国际贸易中有影响的民间独立检验机构。SGS 创建于 1878 年，其总部设在日内瓦，据 1994 年资料称，SGS 在世界上 142 个国家设有 274 个分支机构、1 150 多个办事处及 291 个实验室，年商品检验业务量占世界贸易总量的 5%。SGS 是一个综合性的检验机构，可进行各种物理、化学和冶金分析，包括进行破坏性和非破坏性试验，向委托人提供一套完整的数量和质量检验以及有关的技术服务，提供装运前的检验服务，提供各种与国际贸易有关的诸如商品技术、运输、仓储等方面的服务。SGS 在中国的业务由香港 SGS 中国事务部承担。SGS 与我国国家技术监督局合资开办"通标标准技术服务有限公司"，取"通用公证行"和"标准计量局"首字之意，主要办理 CISS[①] 业务。

2. 英国英之杰检验集团（IITS）。英之杰检验集团（Inchcape Inspection and Testing Services）是一个国际性的商品检验组织，总部设在伦敦。为了加强其在世界贸易领域中的竞争地位，IITS 通过购买世界上有名望、有实力的检验机构，组建自己的检验集团。IITS 集团中包括嘉碧集团、天祥国际公司、安那实验室、英之杰劳埃德代理公司（汉基国际集团、马修斯但尼尔公司）、英特泰克服务公司及英特泰克国际服务有限公司等。这些附属机构独立经营，各机构均有自己的专业技术人员和设备，以自身名义提供服务，财务由英之杰总部协调。IITS 各集团、公司与其分支机构在世界上 90 多个国家与地区设有办事机构与实验室。IITS 与中国进

---

① CISS（Comprehensive Import Supervision Scheme），即进口全面监管安排，习惯上又称为装运前检验。它是指一些发展中国家政府与世界上一些较大的公证鉴定机构签订委托协议，委托这些公证鉴定机构对其进口商品的品质、数量和价格等在实际装船前检验并出具清洁报告书，并凭此办理银行结汇和海关放行手续。

出口商品检验总公司(CICC)有多年的友好往来,并签订有委托检验协议。

3.美国保险人实验室(UL)。美国保险人实验室,又称为美国安全实验所,始建于1894年,总部设在伊利诺伊州的诺伊布鲁克,在纽约长岛、佛罗里达州的坦帕、加利福尼亚州的桑塔克莱拉等地设有分支机构,是美国最具权威的民间机构,也是世界上从事安全实验和鉴定的具有较大规模的专业机构。根据美国政府的规定,凡是进口与防盗信号、化学危险品有关的以及与电器、供暖、防水等有关的产品必须经过UL检验机构的安全检验和鉴定,认证合格加贴该实验室"UL"标志后方可进入美国市场。UL公司除在美国本土设有分支机构外,还与加拿大、德国、瑞典、英国、日本、中国、中国香港等的检验机构建立了业务关系。UL在中国的业务由中国进出口商品检验总公司(CCIC)承办。

4.日本海事检定协会(NKKK)。日本海事检定协会(Japan Marine Surveyors & Sworn Measurer's Association)创立于1913年,是日本最大的综合性商品检验鉴定机构。该协会是一个社团法人检验协会,主要为社会公共利益服务。总部设在东京,除在本国各主要港口设有检验所外,还在泰国、新加坡、马来西亚、菲律宾和印度尼西亚等国设有海外事务所。目前,NKKK在国内外设立的分支机构有70多个,主要检验项目有:舱口检视、积载鉴定、状态检验、残损鉴定、水尺计重、液体计量、衡重衡量及理化检验等,还接受从厂家到装船或从卸货到用户之间的连续检验。多年来,NKKK与中国检验认证集团签订长期委托检验协议,双方有着密切的相互委托检验业务,并共同组建了日中商品检查株式会社从事鉴定业务。

5.加拿大标准协会(CSA)。加拿大标准协会(Canadian Standards Association)成立于1919年,其目的是在工业界建立规则,负责制定电气领域里自愿采用的标准。加拿大标准协会实验室负责设备标准试验和认证。CSA制定的用于安全认证的标准,适用于各种各样的电气设备,从工业用设备、商业用设备到家用电器等。

6.国际羊毛局(IWS)。国际羊毛局(International Wool Secretariat)成立于1937年,是一个非营利性机构。总部设在伦敦,其产品开发和市场服务中心设在伦敦的依其利。国际羊毛局在世界上34个最重要的羊毛市场上设有分支机构,组成了一个国际性的服务网。国际羊毛局本身并不制造和销售羊毛制品,但它在建立羊毛需求的过程中,经常与纺织工业各层次的单位保持密切的联系,包括为零售商和羊毛纺织工业生产单位提供原毛挑选、加工工艺、产品开发、款式设计、品质控制、产品推广等方面的协助和支持,并与他们联合进行宣传活动,如推行世界知名的纯羊毛标志。国际羊毛局中国分局设在香港九龙。

（三）我国的商品检验机构

1. 中华人民共和国国家质量监督检验检疫总局（AQSIQ）及其分支机构。中华人民共和国国家质量监督检验检疫总局（General Administration of Quality Supervision, Inspection and Quarantine of the People's Republic of China，以下简称国家质检总局）组建于 2001 年，是我国正部级国务院直属机构，主管全国质量、计量、出入境商品检验、出入境卫生检疫、出入境动植物检疫、进出口食品安全和认证认可、标准化等工作，并依法行使行政执法职能。一般进出口商品的检验工作主要是由国家质检总局直属的各地出入境检验检疫局（EEIQB）及其在各省、自治区、直辖市及进出口口岸、进出口商品集散地设立的分支机构来承担的。

2. 中国检验认证集团（CCIC）。中国检验认证集团（简称中检集团，CCIC）是经国家质量监督检验检疫总局（AQSIQ）许可、国家认证认可监督管理委员会（CNCA）资质认定、中国合格评定国家认可委员会（CNAS）认可，以"检验、鉴定、认证、测试"为主业的独立的第三方检验认证机构。

中国检验认证集团在国内设有 40 家一级子公司、113 家二级公司和办事处及 5 家合资公司，国外设有 24 家公司和代表处，运营网络遍布全球重要港口、城市及货物集散地。与全球 60 多个国家和地区的 120 多个检验认证机构建立了良好的合作关系，如：国际知名的 UL（美国安全检测实验所）、CSA（加拿大标准协会）、TUV Rheinland（德国莱茵技术监护顾问有限公司）、SGS（瑞士通用公证行）、ITS（天祥公证行）、KEMA（荷兰电工材料能源研究院）、JET（日本电气安全环境研究所）等。服务对象包括企业、机构、政府及个人，服务范围涵盖石油、化矿、农产品、工业品、消费品、食品、汽车、建筑，以及物流、零售等重要行业。

3. 其他机构。我国一些专业部门，如交通部的中国船级社，中华人民共和国药品检验所、食品卫生检验所等，依据各自的专业特征，也承担着对出入境货物的专业检验工作。

第二节　我国出入境商品检验

按照国家法律、法规的规定，检验检疫机构对出入境货物进行检验检疫、鉴定和监督管理，具体涉及的内容角度、工作程序和流程比较复杂，因此，作为对外贸易工作者，不仅需要掌握有关检验检疫法律、法规和规定，也要熟悉检验检疫工作程序和流程。

一、我国出入境商品检验的业务范围

(一)出入境商品检验

出入境商品检验是指出入境检验检疫机构依《商检法》对列入我国《实施检验检疫的进出口商品目录》(以下简称《法检目录》)的出入境商品进行强制检验。对于进境商品,应验而未验或检验不合格的,不准销售和使用;对于出境商品,未经检验合格不准出口。

(二)进境商品认证管理

我国自 2002 年 5 月起,对凡是列入《强制性产品认证的产品目录》内的商品必须经指定认证机构认证合格后方可进口。

(三)进境废物原料装运前检验

我国对进口废物原料实行自动、限制和禁止三类管理,对于自动和限制类的可用作原料的废物实行装运前检验。

(四)出境商品运输包装检验

对列入《法检目录》中的和其他法律法规所规定的出境商品运输包装要进行包装性能鉴定,例如,对危险货物的包装性能鉴定和使用鉴定等。未经检验或者检验不合格的包装将不允许承装商品出口。

(五)货物残损鉴定

对于已到岸货物,如有进口方需要,可向当地检验检疫机构申请对海运、空运等方式进口货物进行海损、残损鉴定。

二、关于报检和报检单位

(一)报检的含义

出入境商品报检,是指出入境货物的收发货人或其代理人依据《商检法》及有关法律法规的规定,向出入境检验检疫机构申报,申请对其出入境货物实施法定检验。

（二）报检的基本依据

出入境货物检验检疫依据如下法律法规:《中华人民共和国进出口商品检验法》及实施条例;《中华人民共和国出入境动植物检疫法》及实施条例;《中华人民共和国卫生检疫法》及实施细则;《中华人民共和国食品卫生法》;其他有关法规。

（三）报检单位类型

企业开展报检业务前,必须获得报检资格成为报检单位。报检资格的取得需通过企业向其工商注册所在地辖区出入境检验检疫机构申请办理,检验检疫机构对企业资格进行审查合格后,作出允许企业办理报检备案登记手续的行政决定,并分配企业报检单位代码,至此企业成为报检单位,具备报检资格。

出入境检验检疫机构注册的报检单位有两类,分别是自理报检单位和代理报检单位。其中:自理报检单位是指专为本企业办理报检手续的企业法人或组织,如进出口公司、贸易公司等;代理报检单位是指受出入境货物收发货人或货主的委托,依法为其代办报检手续的企业法人或组织,如货代公司、船代公司等。

三、合同中检验的时间与地点的规定

关于出入境商品检验时间的确定,实质是关于贸易双方检验权归属的确认。所谓检验权,是指贸易双方有权对成交货物依据检验标准进行检验,检验结果将作为货物交付与接受的依据。在开展业务过程中,检验时间与地点的确定,决定这一权利的行使方,谁拥有检验权,相当于享有了对成交货物质量、数量、重量、包装等方面内容进行评价的最终权利。因此,在国际贸易业务中,如何确定检验权所涉及的检验时间和地点尤为重要。依据国际贸易惯例、国际贸易习惯做法和我国有关业务实践,关于检验时间与地点的规定一般有如下四种。

（一）在出口国检验

在出口国检验又包括产地(工厂)检验和装运港/地检验两种。

1. 产地(工厂)检验。产地(工厂)检验是指货物出厂或者发运前,由产地或工厂的检验部门进行检验或买方的验收人员进行验收。依据贸易合同中约定的检验检疫机构出具的检验证书,作为卖方所交货物的品质、数量等项内容的最后依据。以这种方式成交,卖方只承担货物离开产地或工厂前的责任,对于货物在运输途中所发生的一切变化,卖方概不负责。

2. 装运港(地)检验。装运港(地)检验又称"离岸品质、离岸重量",是指货物在装运港或装运地交货前,由买卖合同中规定的检验机构对货物的品质、重量(数量)等项内容进行检验鉴定,并以该检验机构出具的检验证书作为最后依据。卖方对交货后货物所发生的变化不承担责任。

采用上述两种规定办法时,即使买方在货物到达目的港或目的地后自行委托检验机构对货物进行复验,也无权对商品的品质或重量(数量)向卖方提出异议,除非买方能证明所收到的与合同规定不符的货物,是由于卖方的违约或货物的固有瑕疵所造成的。可见,这两种规定办法,从根本上否定了买方的复验权,对买方极为不利。

(二)在进口国检验

在进口国检验是指在进口国目的港或将货物运至买方营业处所或最终用户所在地进行检验。此种方法又分为目的港(地)检验和买方营业处所(最终用户所在地)检验。

1.目的港(地)检验。这种规定检验时间和地点的方法经常被称为"到岸品质和到岸重量",是指货物运达目的港或目的地时,由合同规定的检验机构对货物的品质、重量(数量)、包装进行检验,并出具相应的检验证书,作为决定货物品质和重量的最后依据。采用这种方法时,买方有权根据货物运抵目的港或目的地时的检验结果,对属于卖方责任的品质、重量(数量)不符点,向卖方索赔。

2.买方营业处所(最终用户所在地)检验。对于一些因使用前不便拆开包装或因不具备检验条件而不能在目的港或目的地检验的货物,如密封包装货物、精密仪器等,通常都是在买方营业处所或最终用户所在地,由合同规定的检验机构在规定的时间内进行检验,并以该机构出具的检验证书作为判断卖方交货品质、数量等是否符合合同规定的最终依据。

采取这两种方式约定检验时间和地点时,卖方必须保证货物到达目的港时的品质、重量(数量)、包装与合同规定相符。如果货物在品质、重量(数量)等方面存在的不符点属卖方责任所致,买方则有权凭货物在目的港、目的地或买方营业处所或最终用户所在地的检验机构出具的检验证书,向卖方提出索赔,卖方不得拒绝。显然,这两种规定方法对卖方很不利。

(三)出口国检验、进口国复验

出口国检验、进口国复验是指卖方在出口国装运货物时,以合同规定的装运港或装运地检验机构出具的检验证书,作为卖方向银行收取货款的凭证之一,货物运抵目的港或目的地后,由双方约定的检验机构在规定的地点和期限内对货物进行复验。复验后,如果货物与合同规定不符,而且属于卖方责任所致,买方有权凭检验机构出具的检验证书,在合同规定的期限内向卖方索赔。由于这种规定方式比较公平合理,在国际贸易中被广泛采用,也是我国进出口业务中最常用的一种方法。

(四)装运港(地)检验重量、目的港(地)检验品质

在大宗商品的交易中,为了调和买卖双方在商品检验问题上存在的矛盾,有时对商品的重量检验和品质检验分别进行。这种做法通常以装运港或装运地检验机构出具的重量检验证书,作为卖方所交货物重量的最后依据;以目的港或目的地检验机构出具的品质检验证书,作为品质的最后依据。货物到达目的港或目的地后,如果货物在品质方面与合同规定不符,而且该不符点是卖方责任所致,则买方可凭品质检验证书向卖方提出索赔,但买方无权对货物的重量提出异议。这种对检验时间与地点的规定方法也可称为"离岸重量和到岸品质"。

【案例9-1】我方向国外出口纯毛纺织品数批,买方收货后未提出任何异议。但数月后买方寄来服装一批,声称是用我方面料制作,服装有严重的色差,难以销售,要求赔偿。问:我方应如何处理?

案例分析:按合同中的检验条款关于检验时间、检验地点、检验方法以及索赔时间等内容去处理。该是谁的责任就由谁来承担。一般来说,纺织品的检验是货到目的港或目的地或用户所在地检验,其实买方收货就是等于对货物进行了检验,如果对方没有提出异议,只能说明买方丧失了索赔权,我方可以不予理睬。当然为了今后继续贸易合作,也可予以补救。

四、检验证书的种类

国际货物买卖中的检验证书种类繁多,卖方究竟需要提供哪种证书,要根据商品的特性、种类、贸易习惯以及政府的有关法令而定,并在合同中或履行合同时的信用证或往来函电中作出规定。常见的检验证书主要有以下几种。

(1)品质检验证书(Inspection Certificate of Quality)。证明进出口商品品质、规格的证书。

(2)数量检验证书(Inspection Certificate of Quantity)。证明进出口商品实际数量的书面证明文件。

(3)重量检验证书(Inspection Certificate of Weight)。证明进出口商品重量的证书。

(4)价值检验证书(Inspection Certificate of Value)。证明出口商品价值的证

书,通常用于证明发货人发票所载的商品价值正确、属实。

(5)产地检验证书（Inspection Certificate of Origin）。用于证明出口商品原生产地的证书，通常包括一般产地证、普惠制产地证、野生动物产地证等。

(6)卫生检验证书（Sanitary Inspection Certificate）。证明食用动物产品、食品在出口前已经过卫生检验、可供食用的证书。

(7)兽医检验证书（Veterinary Inspection Certificate）。证明动物产品在出口前已经过兽医检验、符合检疫要求的证书。

(8)消毒检验证书（Disinfection Inspection Certificate）。证明动物产品在出口前已经过消毒处理、符合安全及卫生要求的证书。

(9)验残检验证书（Inspection Certificate on Damaged Cargo）。证明进口商品残损情况、估算残损贬值程度、判定致损原因的证书。

(10)熏蒸证书（Inspection Certificate of Fumigation）。证明其货物或其包装材料经过检疫熏蒸处理,已经消灭其中危险的检疫性有害生物,如一些检疫性害虫和病菌等。

第三节　商品原产地检验

一、商品原产地规则的含义

原产地是指商品的来源地、由来的地方。因此,商品的原产地是指货物或产品的最初来源,即产品的生产地。进出口商品的原产地是指作为商品而进入国际贸易流通的货物的来源,即商品的产生地、生产地、制造或产生实质改变的加工地。货物的原产地往往也被形象地称为商品"经济国籍"。

通常,在确认商品或货物的原产地时,应遵循一定规则,这一规则即是原产地规则。原产地规则也称"货物原产国规则",指一国根据国家法令或国际协定确定的原则制定并实施的,以确定生产或制造货物的国家或地区的具体规定。采用这一规则的目的是为了实施关税的优惠或差别待遇、数量限制或与贸易有关的其他措施。通常贸易国家的海关需根据原产地规则的标准来确定进口货物的原产国,给予相应的进出口关税待遇。因此,原产地规则在国际贸易中具有非常重要的作用。

二、原产地规则的分类

（一）按货物的流向划分

按货物的流向分为：进口原产地规则和出口原产地规则。也有些国家把进出口原产地规则合二为一。我国香港作为自由贸易区，没有制定进口原产地规则，但为了取得进口国的国别配额，制定了出口原产地规则。

（二）按适用区域划分

按适用区域分为：单一国家原产地规则和区域性的原产地规则。大部分为单一国家的原产地规则，而在自由贸易区或关税同盟各成员国之间采用统一的优惠性原产地规则。

（三）按适用范畴划分

按适用范畴分为：优惠性原产地规则和非优惠性原产地规则。为了使出口货物获得进口国的优惠待遇（如普惠制）或区域性经济集团的成员之间获得互惠性的优惠待遇而制定的原产地规则，称之为"优惠性原产地规则"。

普惠制（GSP）是世界上众多的发展中国家经过长期艰难的谈判斗争才获得的普遍的、无歧视的、单向的关税优惠待遇，各给惠国（发达国家）都分别制订了普惠制实施方案，而普惠制原产地规则是各实施方案的核心内容。这些规则严格而烦琐，实际上已成为发达国家在普惠制突破其关税壁垒后设置的又一道"栅栏"。

（四）按货物的组成成分划分

按货物的组成成分分为：完全原产地规则和部分原产地规则。"完全原产"（Wholly Obtained）产品一般是指在一国生长、开采、收获或利用该国自然出产的原料在该国加工制成的产品。即使含有微小的进口原料（如家具的上光蜡）也将被视为部分原产产品。对在公海捕捞而得的水产，有的国家的原产地规则甚至对捕渔船的船籍和登记国还有限制。由此可见，"完全原产"的界定是十分严苛的。对于含有进口成分的产品，则制定了部分原产地规则。进口的成分（原材料、部件等）必须经过"实质性改变"（Substantial Transformation）。

三、原产地证书

原产地证书是国际贸易中用来证明货物产地来源的证明文书，它是货物的来源地"护照"和"国籍"凭证。由于它往往是被进口国用来实行差别关税待遇和实施国别贸易政策管理的重要依据,因此,它就具有了特定的法律效力和经济效用。在国际贸易中常见的原产地证书主要有以下几种。

(一)一般原产地证书(Certificate of Origin,CO)

一般原产地证明书(简称一般产地证),是出口国(地区)根据一定的原产地规则签发的证明货物原产地的证明文书,是证明货物原产国(例如,中国)或原产地区(例如,澳门)或原产区域集团(例如,欧盟)、具有法律效力的证明文件。

1.证书签发机构。在我国,一般产地证是指《中华人民共和国出口货物原产地证明书》,由各地出入境检验检疫局(官方签证机构)或各地国际贸易促进委员会(民间签证机构),依据国务院常务会议通过的《中华人民共和国出口货物原产地规则》及商务部制定的《中华人民共和国出口货物原产地规则实施办法》的规定审核并签发。

2.一般原产地证的作用。对进口国而言,出口国签发的一般产地证的作用主要有以下五点。

(1)确定税率待遇的依据。现在各国基本上都采取多种税率,各国海关在对进口货物征收进口关税时,常常依据原产地证来确定按何种税率征税。一般来说,订有双边或多边贸易协议的国家,对持有一般产地证的货物按正常税率(最惠国税率)征税。

(2)进行贸易统计的依据。各国海关都承担对出入境货物进行统计的职责,海关统计是对进出口贸易活动进行的国家统计。海关统计对于各国政府研究国家的对外经济活动,指导国家的经济政策和外交活动,制定和调整对外贸易政策,有着重要的作用。原产地证则是海关借以对进口货物进行统计的重要依据之一。

(3)实施进口数量控制、反倾销、反补贴等外贸措施的依据。为了保护本国生产者的利益,各国都或多或少地制定了一些进口货物数量控制措施,例如:进口配额、许可制度,反倾销、反补贴制度。为实行这些控制制度,首先需确定进口的这批货物是来自哪个国家,确切地说,是哪个国家的产品,然后确定这批货物是否受到进口数量限制,是否需持有进口许可证,是否要冲销配额,是否需征收反倾销税、反补贴税等。一般产地证为进口国实施进口国别政策、进口数量限制等提供了证明货物原产地(国)的依据。

(4)控制从特定国家进口货物,确定是否准予放行的依据。有些国家出于政治或其他特殊的目的,禁止进口某国的产品。在这种情况下,原产地证明书是有关国家海关确定货物能否准予放行的重要依据。

（5）证明商品内在品质或结汇的依据。就商业行为而言,对于国家的传统商品,一般产地证还在贸易活动中起到证明商品内在品质的作用,提高商品的竞争力。例如:持有中国原产地证的丝绸比持有其他不产丝绸国家产地证的丝绸更能卖好价。此外,一般产地证有时还是贸易双方进行交接、结汇的必备单据。

（二）普惠制（Generalized System of Preferences,GSP）原产地证明书

普惠制原产地证明书是指受惠国根据给惠国方案中的原产地规则签发的证明货物原产地为受惠国的、可享受关税优惠待遇的证明文件,是针对发达国家给予发展中国家或地区在经济、贸易方面的一种非互利的特别优惠待遇的证明,即发展中国家向发达国家出口制成品或半制成品时,发达国家对发展中国家予以免征或减征关税。目前使用较为广泛的为"普惠制原产地证书格式 A",又称"G.S.P Form A"。

1.证书签发机构。在我国,普惠制原产地证明书的签证工作由国家出入境检验检疫局负责统一管理,设在各地的出入境检验检疫机构是我国政府授权的唯一的普惠制产地证明书格式 A(以下简称 Form A)的签发机构,按照《中华人民共和国普遍优惠制原产地证明书签证管理办法》和《中华人民共和国普遍优惠制原产地证明书签证管理办法实施细则》进行签发和管理。

2.普惠制原产地证明书的作用。普惠制原产地证明书是具有法律效力的我国出口产品在给惠国享受在最惠国税率基础上进一步减免进口关税的官方凭证。这一制度的实施,对于发展中国家而言,可以扩大出口、多创外汇,加速经济基础发展、促进产业工业化。

目前要求出具 Form A 的一共有 42 个国家和地区,包括欧盟 25 国(英国、法国、意大利、奥地利、比利时、丹麦、芬兰、德国、希腊、爱尔兰、卢森堡、荷兰、葡萄牙、西班牙、瑞典、捷克、斯洛伐克、斯洛文尼亚、塞浦路斯、爱沙尼亚、拉脱维亚、立陶宛共和国、匈牙利、马耳他和波兰),及挪威、瑞士、日本、澳大利亚、新西兰、加拿大、土耳其、俄罗斯、白俄罗斯、哈萨克斯坦、乌克兰、格鲁吉亚、克罗地亚、保加利亚、阿塞拜疆、亚美尼亚、罗马尼亚。

（三）加工装配证明书（Certificate of Processing）

加工装配证明书是指对全部或部分使用了进口原料或零部件而在中国进行了加工、装配的出口货物,当其不符合中国出口货物原产地标准、未能取得原产地证书时,由签证机构根据申请单位的申请所签发的证明中国为出口货物加工、装配地

的一种证明文件。

加工装配证明书由中国国际贸易促进委员会(简称中国贸促会,Council for the Promotion of International Trade,CCPIT)办理签发。

(四)其他原产地证明书

1.纺织品配额原产地证明书。纺织品配额原产地证明书是指对于纺织品设置数量限制的国家为进行配额管理而要求出口国出具的产地证书。

2.区域性经济集团成员国之间的产地证书。区域性经济集团成员国之间的产地证书是指区域范围内(关税同盟、自由贸易区等)的国家为享受互惠减免关税而出具的产地证明书。

3.手工制品原产地证明书。手工制品原产地证明书是用来证明货物的加工和制造是全人工的而非机械生产的一种加工证书。

4.濒危动植物原产地证明书。濒危动植物原产地证明书里用于证明加工成货物的动物或植物来自饲养的而非野生的濒危动植物(或在数量限制以内)的证明书。

第四节　合同中商品检验条款的订立

一、检验条款的主要内容

国际货物买卖合同中的检验条款,主要包括检验时间、检验地点、检验机构、检验证书、检验依据与检验方法、商品的复验等。

(一)检验时间与地点

在国际货物买卖合同中,关于商品检验的时间和地点有各种不同的规定办法,通常有以下几种。

1.出口国工厂检验。此类情况,由出口国工厂的质检人员会同买方验收人员待货物在工厂发货前进行检验,卖方承担货物离厂前的责任。此时,贸易合同的检验条款中可规定:"Buyers or its agent inspection at factory to be final."(以买方或其代理人在工厂的检验为准。)

2.装船前或装船时在装运港检验。在装运港装船前,以双方约定的商检机构对拟出口货物验货后出具的品质、重量(数量)和包装等检验证明作为决定商品品质和重量的最后依据,这叫作离岸品质和离岸重量(Shipping Quality and Shipping

Weight)。此时,贸易合同的检验条款中可规定:"Seller shall present the Inspection Certificate of Quality and Certificate of Quantity that is issued by × × Entry – Exit Inspection and Quarantine Bureau, proofing that Shipping Quality and Shipping Weight of goods they shipped are according with the contract. The seller shall undertake the risk and responsibility only before the shipment and then the buyer take over the risk."(卖方需提交××检验检疫局出具质量证明和数量证明作为其所交货物的品质、数量等内容的最后依据。卖方承担货物装船前的风险和责任,对于货物在运输途中所发生的一切损失,卖方不承担责任)。

3. 目的港卸货后检验。货到目的港卸船后,由双方约定的目的港商检机构验货并出具品质、重量(数量)检验证明作为最后依据,这叫作到岸品质和到岸重量(Landed Quality and Landed Weight)。此时,贸易合同中检验条款中可规定:"The quality and the weight of the goods under the contract should be inspected at the port of discharge, based on the Inspection Certificate of Quality and Certificate of Weight issued by the × × Entry – Exit Inspection and Quarantine Bureau. The buyer has the right to take exception at the quality and the weight of the goods on the basis of these Certificates."(合同项下商品的品质、重量,应在目的港卸货后进行检验,以目的港的商检机构签发的品质、重量证明书为准。买方可据此向卖方提出品质或数量上的任何异议)。

4. 出口国装运港检验,进口国目的港复验。出口国装运港商检机构验货后出具检验证明,作为卖方向银行议付货款的单据之一。待货到目的港后由双方约定的检验机构在规定的时间内复验。此时,如发现货物的品质、重量(数量)与合同规定不符而责任属于卖方时,买方可根据检验机构出具的复验证明,向卖方提出异议与索赔。这种检验办法对买卖双方都有好处,且比较公平合理,因而在国际贸易中应用很广泛。此时,贸易合同中的检验条款中可规定:"Before delivery the manufacturer should make a precise and overall inspection of the goods regarding quality, quantity, specification and performance and issue the certificate indicating the goods in conformity with the stipulation of the contract. The certificates are one part of the documents presented to the bank for negotiation of the payment and should not be considered as final regarding quality, quantity, specification and performance. The manufacturer should include the inspection written report in the Inspection Certificate of Quality, stating the inspection particulars."(在交货前制造商应就订货的质量、数量、规格、性能作出准确全面的检验,并出具货物与本合同相符的检验证书。该证书为议付货款时向银行提交单据的一部分,但不得作为货物质量、数量、规格、性能的最

后依据,制造商应将记载检验细节的书面报告附在品质检验书内。)

(二)检验依据

在进行商品检验时主要是以买卖合同中约定的检验标准和国家的法律、法规所规定的强制性的检验标准为依据。在具有不同的检验标准的情况下,按照我国《商检法实施条例》的规定,商检机构对进出口商品的检验标准采用"从严检验"的原则,具体规定如下。

1.法律、法规规定有强制性检验标准,或其他必须执行的检验标准的,按规定的标准实施检验。

2.法律、法规没有规定的,按对外贸易合同约定的检验标准检验;凭样品成交的,应当按照样品检验。

3.法律、法规规定的强制性检验标准,低于合同约定的标准,按约定的检验标准实施检验。

4.法律、法规未规定有强制性检验标准,对外贸易合同也没有约定检验标准或约定不明确的,按照生产国标准、有关国际标准或者国家商检机构指定的标准检验。

(三)复验的期限、地点和机构

买卖合同要明确规定复验的期限和地点。复验期限,实际上就是索赔期限,复验期一过,买方就失去了索赔权。为此,应结合商品的性质和港口等因素综合考虑,明确规定复验期限。

【案例 9-2】我方售货给加拿大的甲商,甲商又将货物转售给英国的乙商。货抵加拿大后,甲商已发现货物存在质量问题,但仍将原货运往英国,乙商收到货物后,除发现货物质量问题外,还发现有80包货物包装破损,货物短少严重,因而向甲商索赔,甲商又向我方提出索赔。问:我方是否应负责赔偿? 为什么?

案例分析:我方可不予赔偿。因为甲商在接受货物时已发现货物存在瑕疵,按规定,若货物存在质量问题,买方需于合同约定的检验期限内或者法律规定的期间通知我方,如已超过通知时效,则视为买方承认货物无瑕疵,接收货物。此案中,甲商并未在有效时间内提出有关货物品质的异议,而是直接将货物发售给第三方(乙商),显然甲商已放弃对我方就货物品质提出异议的权利。甲商在明知货物有瑕疵的情况下依旧出售与乙商,构成对乙商的隐瞒。因此,乙商有权在有效时间内向甲商提出异议与索赔,而甲商则无权向我方提出索赔。

（四）检验证书的种类

商检证书,是各种进出口商品检验证书、鉴定证书和其他证明书的统称,是对外贸易有关各方履行契约义务、处理索赔争议和仲裁、诉讼举证的具有法律依据的有效证件,也是海关验放、征收关税和优惠减免关税的必要证明。签发证书的种类与合同标的以及业务需要有关,具体可包括以下证明书的一种或多种,如品质检验证书、重量或数量检验证书、产地证明书、价值证明书、消毒检验证书、熏蒸证书、残损检验证书、卫生/健康证书、兽医检验证书、积载鉴定证书、财产价值鉴定证书、船舱检验证书、生丝品级及公量检验证书、舱口检视证书、监视装/卸载证书、舱口封识证书、油温空距证书、集装箱监装/拆证书、货载衡量检验证书等。

二、订立商品检验条款时应注意的问题

（一）检验条款与贸易合同的其他条款应相互联系

贸易合同中所订立的商品检验条款应与其他条款相互衔接、联系,不能产生矛盾。例如:某笔业务进口合同采用 CIF 价格术语成交,检验条款就不能订为"以到岸品质与数量为依据,买方验货后付款"等类似条款。

（二）明确检验标准和检验方法

合同中的检验条款应明确规定其采用的检验标准和方法。由于不同国家对于商品的标准和等级的规定往往存在差异,而且对于同一种商品不同年份所颁布的标准有时也是有差别的,所以在业务中,关于检验标准的规定需要明确说明依据哪个国家、在何时间、由哪一部门所颁布的标准,最好标明标准的号码。此外,即使标准相同但采用的检验方法不同有时也会造成检验结果的差别,因此检验方法也需明确说明。

（三）明确规定复验期限

复验期的确定应结合商品的性质和港口等因素综合考虑,复验期一过,买方就失去了索赔权,因此,一般说来,较易变质和损坏的货物,可订得短一些;不易变质和损坏的货物,可订得长一些。需要安装、调试的机械设备,可长至安装、调试所需要的合理期限。

【案例 9－3】2013 年 11 月,内地某公司与香港一公司签订了一个进口香烟生产线合同。设备是二手货,共 18 条生产线,由 A 国某公司出售,价值 100 多万美

元。合同规定,出售商保证设备在拆卸之前均在正常运转,否则更换或退货。设备运抵目的地后发现,这些设备在拆运前早已停止使用,在目的地装配后也因设备损坏、缺件根本无法马上投产使用。但是,由于合同规定如要索赔需商检部门在"货到现场后 14 天内"出证,而实际上货物运抵工厂并进行装配就已经超过 14 天,无法在这个期限内向外索赔。这样,工厂只能依靠自己的力量进行加工维修。经过半年多时间,花了大量人力物力,也只开出了 4 条生产线。

(四)明确规定复验地点

复验地点的选择与时间也有密切关系,地点选择不恰当,实际检验的时间就得不到保证。考虑复验地点的选择,商检条款一般订为以货到目的港卸货后或货物运抵目的地收货人的最后仓库之日起若干天内向卖方提出索赔。一般不要把条款订成"从进口之日起计算"或"到岸之日起计算"。

练习与思考题

1. 简述商品检验在对外贸易中的作用。
2. 我国进出口商品检验的范围如何?
3. 简述进出口商品检验工作的程序。
4. 简述我国商检机构的主要工作。
5. 法定检验与公证鉴定的主要区别是什么?
6. 为什么"装运港检验,目的港复验"在进出口业务中应用较广?
7. 在国际货物买卖合同中,对货物检验的时间和地点有哪几种规定方法? 哪一种方法容易被买卖双方所接受? 为什么?

第十章　合同的违约与处理

●学习要点与要求●

　　本章主要讲述国际贸易业务中所涉及的合同违约以及对违约的处理。要求了解合同违约的含义以及不同法系国家对于合同违约的规定;熟悉实践中对于争议解决的四类方式;明确索赔的依据、索赔的期限、索赔的办法;掌握国际贸易合同中索赔条款、仲裁条款和不可抗力的订立规则;熟知不可抗力、仲裁、运用定金条款的注意事项。

　　在国际货物贸易中,交易双方从市场寻求、交易磋商、签订合同到实际履行合同往往相隔较长时间,而在此期间存在市场情况变化莫测、商品价格瞬息万变的风险。由于贸易双方距离遥远,国际贸易业务中间环节较多,当市场行情发生对一方当事人不利的变化时,就有可能出现该当事人不履约或违约的情况,对另一方当事人造成损害,进而导致索赔事件的发生,甚至引起贸易纠纷,买卖双方为权利、义务关系的争议在所难免。此外,受政治经济形势变化和自然条件的影响,在履约过程中,有可能发生并非当事人过失或者主观故意所造成的意外事件致使合同无法按期履行或无法履行的情况。因此,为了预防、减少贸易纠纷,在签订贸易合同时就要注意对容易发生争议的条款对双方权利义务作出明确规定,以防止争议发生;同时,还应将争议发生后的索赔、仲裁和不可抗力等合同条款在合同中予以明确规定。

第一节　合同的违约与索赔

一、合同的违约

(一)违约的含义

　　违约是指合同的一方当事人没有履行或没有完全履行其合同规定的义务的行为。例如,在合同成立后,卖方不按合同规定的时间和地点交付货物,或交付了不符合合同规定的货物,或者买方不按合同规定的时间支付货款等都属于违约行为。

除合同或法律上所规定的属于不可抗力原因造成外,违约一方都要承担违约责任;另一方当事人也有权依据合同或有关法律规定向违约方提出违约赔偿。

(二)违约的构成条件

各国法律关于违约的构成条件要求不同。

大陆法规定:"以过失责任作为一项基本原则。"大陆法将违约分为不履行债务和延迟履行债务。所谓不履行债务,也称为给付不能(Impossibility of Performance),是指债务人由于种种原因不可能履行其合同义务;延迟履行债务,也称为给付延迟(Payment Lag),是指债务人履行期已届满,而且是可能履行的,但债务人没有按期履行其合同义务。违约方是否要承担违约责任,要看是否有归责于他的过失。如果有过失,违约方才承担违约的责任。

英美法则规定:"一切合同都是'担保',债务人不能达到担保的结果,就构成违约,应当负责赔偿损失。"《英国货物买卖法》将违约的形式划分为违反要件和违反担保。所谓违反要件(Breach of Condition),是指合同当事人违反合同中重要的、带有根本性的条款。按英国法律,买卖合同中关于履约的时间、货物的品质和数量等条款都属于合同的要件。违反担保(Breach of Warranty),是指当事人违反合同中次要的、从属于合同的条款。美国法律中将违约划分为轻微的违约和重大的违约。其中,轻微的违约(Minor Breach of Contract),是指债务人在履约中尽管存在一些缺陷,但债权人已经从合同履行中得到了该交易的主要利益。例如履行的时间略有延迟,交付的货物数量和品质与合同略有出入等。重大的违约(Material Breach of Contract),是指由于债务人没有履行合同或履行合同有缺陷致使债权人不能得到该项交易的主要利益。在重大违约情况下,受损的一方可以解除合同,同时还可以要求赔偿全部损失。

《联合国国际货物销售合同公约》(以下简称《公约》)第25条中规定:"只要当事人违反合同的行为的结果,使另一方蒙受损害,就构成违约,当事人就要承担违约的责任。"《公约》中将违约划分为根本性违约和非根本性违约。根本性违约(Fundamental Breach of Contract):"一方当事人违反合同的结果,如使另一方当事人蒙受损害,以至于实际上剥夺了他根据合同有权期待得到的东西,即为根本性违反合同,除非违反合同的一方并不预知而且同样一个通情达理的人处于相同情况中也没有理由预知会发生这种结果。"非根本性违约(Non-fundamental Breach of Contract)即不构成根本性违约的情况。从法律结果看,《公约》认为,构成根本性违约,受害方可解除合同,否则只能请求损害赔偿。

二、有关违约的救济方法

救济方法(Remedies)是指一个人的合法权利被他人侵害时,法律上给予受损害一方的补偿方法。纵观各国法律规定的基本救济方法,可概括为三种:实际履行、损害赔偿和解除合同。

(一)实际履行

1. 基本含义。实际履行有两重含义:一是指一方当事人未履行合同义务,另一方当事人有权要求他按合同规定完整地履行合同义务,而不能用其他的补偿手段(例如用资金来代替);另一重含义是指一方当事人未履行合同义务,另一方当事人有权向法院提起实际履行之诉,由法院强制违约当事人按照合同规定履行他的义务。

2. 不同法系之规定。大陆法、英美法、《公约》等对实际履行作了不同的规定,具体如下。

大陆法将实际履行作为一种主要的救济方法。按照大陆法的原则,债权人可以请求法院判令债务人实际履行合同,但是,法院只有在债务人履行合同尚属可能时,才能作出实际履行的判决。如果出现实际履行不可能的情况,如买卖的特定物已被烧毁,法院就不会作出实际履行的判决。在实践中,当事人提起实际履行之诉的情况并不多见。

英美法将实际履行作为例外的、辅助性的救济方法。强制债务人具体履行某种人身性质的义务,是对"个人自由"原则的过分干预,是违反宪法精神的,故英美法中并未规定这种实际履行的救济方法。但在司法实践中,实际履行只被视为一种例外的救济方法。法院对是否判令实际履行有自由裁量权,仅作为例外的、辅助性的救济方法。

我国《合同法》明确规定实际履行可以作为一种救济方法。"当事人一方不履行非金钱债务或者履行非金钱债务不符合约定的,对方可以要求履行。"这里指的就是实际履行。只要根据具体情况,采用实际履行的措施是合理的,当事人可以要求实际履行,法院和仲裁院也可作出实际履行的判定。

《公约》并不给予法院依据《公约》作出实际履行判决的权利。"如果按《公约》的规定,当事人有权要求他方履行某项义务,法院没有义务作出判决要求实际履行此项义务,除非法院依照其本身的法律对不受本《公约》支配的类似买卖合同可以这样做。"

（二）损害赔偿

1. 基本含义。损害赔偿(Damages)是指违约方用金钱来补偿另一方由于其违约所遭受到的损失。损害赔偿是一种比较重要且使用广泛的救济方法。实践中往往涉及赔偿责任的成立、赔偿范围、赔偿办法三方面的问题。

2. 损害赔偿责任的成立。各法系对损害赔偿的责任成立规定不同,具体如下。

大陆法认为,损害赔偿责任的成立,必须具备以下三个条件:第一,必须要有损害的事实。此条主要基于如果根本没有发生损害,就不存在赔偿的问题。至于发生损害的事实,则一般须由请求损害赔偿的一方出具证明。第二,必须有归责于债务人的原因。这是大陆法规定承担违约责任的基本原则和前提条件。第三,损害发生的原因与损害之间必须有因果关系,即损害是由于债务人应予负责的原因造成的。

英美法则不同于大陆法,根据英美法的解释,只要一方违约就足以构成对方可以提起损害赔偿之诉。至于违约一方有无过失,是否发生实际损害,并不是损害赔偿责任成立的前提。如果守约方没有遭到实际损失、或无法证明、或不能确定损失的基础,他就无权要求实质性的损害赔偿。

《公约》认为,损害赔偿是一种主要的救济方法。一方违反合同,只要使另一方蒙受损失,受害方就有权向对方提出损害赔偿,而且要求损害赔偿并不因采取了其他救济方法而丧失。因此,《公约》关于损害赔偿责任的成立主要考虑到买卖双方的实际利益。

3. 赔偿方法。损害赔偿的方法有两种:恢复原状和金钱赔偿。恢复原状是指用实物赔偿损失,使其恢复到损害发生前的原状,例如把损坏的物品加以修复、或用同种类货物替换等。金钱赔偿就是用支付一定金额的货币来弥补对方所遭到的损害。

德国法以"恢复原状"为损害赔偿的原则,以金钱赔偿为例外。法国法与德国法不同,法国法以金钱赔偿为原则,以恢复原状为例外。

英美法采用金钱上的赔偿方法。英美法认为,损害赔偿的目的,就是在金钱可能做到的范围内,使权利受到损害的一方处于该项权利得到遵守时同样的地位。所以,英美法院对任何损害一般都判令债务人支付金钱赔偿。这项原则又称为"金钱上的恢复原状"。

4. 赔偿范围。损害赔偿的范围是指,在发生违约以后,当事人在要求损害赔偿时,其金额应包括哪些方面、按什么原则来确定。一般有两种情况:一种是约定的损害赔偿,即由当事人自行约定损害赔偿的金额或计算原则;另一种是法定的损害赔偿,即在当事人没有约定的情况下,由法律予以确定损害赔偿的金额。

5. 合同中的损害赔偿条款的约定。约定的损害赔偿,通常情况下是订立违约金条款(Liquidated Damages),事先约定一方违反合同,应向对方支付一定额度的金钱。不同国家法律规定各异,如德国法认为,违约金具有惩罚的性质,它是对债务人不履行合同的一种制裁;法国法认为,违约金的性质是属于约定的损害赔偿金额。这一点与德国法的规定恰恰相反。英美法的违约金按两种不同性质划分:一种性质是属于约定的损害赔偿金额,一种性质是属于罚款。违约金可以是约定的损害赔偿金额(如果违约金与损失相当的话),也可能是一定数额明显的罚款(如果违约金额大大超过了违约带来的损失)。中国《合同法》第114条规定,违约金具有"赔偿"和"惩罚"的双重性质。

法定的损害赔偿:如果合同未作规定,当事人只能依据法律规定来计算或确定损害赔偿的金额。《德国民法典》中规定:损害赔偿的范围应包括违约所造成的实际损失和所失利益两个方面。实际损失是指一方违约给对方造成的现实的损害,即指按合同规定的合法利益遭受到的损失。所失利益是指,如果债务人不违反合同,债权人本应能够取得、但因债务人违约而丧失了的利益。

英美法规定:损害赔偿的范围是使由于债务人违约而蒙受损害的一方,在经济上能处于该合同得到履行时的同等地位。法院掌握两个原则:一是这种损失必须是依据一般正常情况下直接或必然会引起的估定的损失;二是这种损失必须是当事人在订立合同时,对于违约可能产生的后果能合理地预见到的。如果有关货物存在一个可以利用的市场,则赔偿金额初步断定应按合同价格与约定的履行日期的市场价格两者之间的差额计算。

中国《合同法》规定,在确定损害赔偿金额时,要遵循两个原则:首先,当事人赔偿责任应相当于另一方所受到的损失;其次,赔偿责任不得超过违约方在订立合同时应当预见到的因违反合同可能造成的损失。由此可见,在订立合同时,要注意一方有必要让对方知道违约会给他带来严重的损失。

《公约》对损害赔偿的范围作了两项原则性的规定:首先,一方当事人违反合同应负的损害赔偿额应与另一方当事人因他违反合同而遭受的包括利润在内的损失额相等。这是确定损害赔偿范围的总原则。其次,守约方可以得到的损害赔偿"不得超过违反合同一方在订立合同时,按照他当时已知道或理应知道的事实和情况,对违反合同预料到或理应预料到的可能损失。"

(三)解除合同

解除合同(Rescission)指合同当事人免除或中止履行合同义务的行为。

大陆法规定:只要合同一方当事人不履行其合同义务,对方就有权解除合同。债务人不履行合同包括拒绝给付、全部给付不能和部分给付不能、给付迟延、不完全给付。在拒绝给付和给付不能两种情况下,债权人有权立即解除合同。而在给付迟延和不完全给付的情况下,需要先经催告,通知对方履行,在催告的期限内,债务人仍未完全履行时,债权人也可以解除合同。

英国法规定:一方违约构成违反要件,对方才可要求解除合同;如果一方仅仅是违反担保,对方只能请求损害赔偿。要件是涉及合同本质的那些条款,它既可以是明示的,也可以是默示的。

美国法规定:只有一方违约构成重大违约时,对方才可以要求解除合同;如果是轻微的违约,只能请求损害赔偿,不能要求解除合同。

中国《合同法》规定两种情况可以要求解除合同:一是违约必须导致不能实现合同的目的,即违约必须造成严重的后果,使对方期望的目的不能实现。二是如果一方延迟履行合同,经催告后在合理期限内仍未履行,则守约方可要求解除合同义务。这一条与大陆法中实行的催告制度有相似之处。

《公约》规定:合同一方不履行义务构成根本性违约时,另一方有权解除合同。《公约》还规定,可以规定一段合理的额外时限,让违约方履行义务。如果在这一段时间内,违约方仍未履行合同,那么守约方可以根据违约情况,宣告合同无效。解除合同并不意味着他就丧失了可以采取其他的救济方法。

三、关于违约金与定金

在国际货物买卖合同中,交易双方往往约定了违约金与定金条款。从事国际货物贸易业务的有关人员应对违约金与定金的含义、违约金与定金条款的约定及运用问题了解并熟悉,以便正确订立并履行贸易合同和有效处理合同争议。

(一)违约金

交易双方为了确保其订立的合同能得到切实有效的履行,在其签署的进出口合同特别是在大宗商品和机械设备进出口合同中,往往约定了违约金条款。

1.违约金的含义及其性质。违约金是指一方当事人违反合同,依据约定或法律规定向另一方当事人支付一定数额的金钱的责任。它是违约责任中一种常见的责任形式。违约金有约定和法定之分,在国际货物贸易中,违约金通常多由合同当事人约定。

按违约金的性质,有惩罚性违约金和补偿性违约金之分,世界上大多数国家以违约金的补偿性为原则,以惩罚性为例外。区分违约金性质的意义在于:如属惩罚性违约金,债权人除请求违约金以外,还可请求强制履行主债务或请求损害赔偿;如属补偿性违约金,则在违约金之外不得再请求强制履行主债务或额外请求损害赔偿。根据我国《合同法》第114条的规定,当事人可以约定一方违约时,应当根据违约情况向对方支付一定数额的违约金。只要一方违约,不论是否给守约方造成损失,违约方都应支付约定的违约金。由此可见,违约金既具有补偿性,也具有惩罚性。具体地说,在一方违约而未给对方造成损失时,违约金是对违约方的惩罚;当一方违约给对方造成的损失超过约定的违约金时,则违约金实际起了一定的补偿作用;当约定的违约金超过守约方所遭受的实际损失时,违约金则同时具有补偿性和惩罚性。

2.违约金条款的内容及应注意事项。违约金条款的内容,主要包括交易双方协商确定的违约金数额,并写明履约过程中若出现当事人违约情况,则违约方应向对方支付约定的违约金数额。有时,其至因违约产生的损失赔偿额的计算方法,在签约时即已由双方当事人约定。在订立违约金条款时,双方应注意以下几点。

(1)违约金数额的确定应当合理。《国际统一私法协会国际商事合同通则》第7章第4条第13款规定:"如合同规定不履行方当事人应支付受损害方当事人一笔约定的金额,则受损害方当事人有权获得该笔金额,不管其实际损失如何。但是,如约定金额大大超过因不履行以及其他情况造成的损害,则可将该约定金额减少至一个合理的数目,而不考虑任何与此相反的约定。"由此可见,交易双方应根据公平合理的原则,实事求是地约定一个合理的违约金数额,防止估计过高或过低情况发生。因为,估计过高,无异于加重对违约方的惩罚;估计过低,则不仅对当事人不能起到有效的约束作用,甚至可能出现对违约所造成的实际损失也难以弥补,这与违约金一般以补偿性为原则的做法不符。

(2)违约金条款应明确具体。为便于执行有关违约金的约定,其条款内容不能含糊或笼统,以免引起争议。在国际货物贸易中,有些公司在约定违约金条款方面积累了实践经验。例如,一份买卖粮食的CIF合同中规定:"装运期为4月份,如卖方迟延装运,每迟延10天,应向买方支付相当于合同总金额1%的违约金,迟延时间不足10天者,按10天计。违约金累计不得超过合同总金额的5%。如卖方逾期2个月仍未装运,则买方有权终止合同。"上述规定是可取的,其内容不仅明确具体、易于执行,而且还体现了合同的严肃性。

(二)定金

定金是指合同一方当事人按合同约定预先付给另一方当事人一定数额的金钱,以保证合同的订立与合同的成立、担保合同的履行和保留合同的解除权,它是作为债权的担保而存在的。定金与预付款有别,定金是对履约作出的具体担保,而预付款则是对合同义务的预先履行。

根据我国《合同法》第115条的规定,若付给定金的一方履行合同义务后,定金应当抵作价款或者收回;反之,若付给定金的一方不履行合同义务,则无权要求返回定金。根据对等原则,若收受定金的一方不履行合同义务,则应当双倍返还定金。在合同中有定金条款的情况下,无论哪一方当事人不履行合同义务,都要损失与定金数额相等的金钱,这就有利于促使合同双方当事人自觉地履行合同义务。

1.定金条款的内容。定金条款由合同双方当事人约定,内容如下。

(1)定金的数额及支付定金的时间与方式。

(2)付给定金的一方履行合同义务后,是收回定金还是抵作价款。

(3)定金罚则。支付定金的一方不履行合同义务的,即丧失定金的所有权,因而无权请求返还定金;收受定金的一方不履行合同义务的,则应双倍返还定金。

2.约定定金条款的注意事项。

(1)定金条款的约定,由双方当事人根据经营意图自愿酌情商定,任何一方不得强迫对方接受定金条款。

(2)定金条款的内容应当明确具体,以利于合同的履行。

(3)在合同中同时有违约金与定金条款的情况下,一方违约时,另一方可以选择适用违约金条款或定金条款,即只能选择其中之一适用,不能二者同时适用。

【案例10-1】我公司以CIF条件从美国进口一套设备,合同总价款为800万美元。合同中规定,如果合同一方违约,另一方有权向违约方索赔,违约方需向对方支付1 200万美元的违约金。合同订立后,我公司迟迟收不到货,因而影响到自己的生产、经营。故此,我公司在索赔期内向美方提出索赔,而美方却向当地法院提起诉讼。在这种情况下,美国法院将如何判决?

分析:美国法院有可能判定合同中规定的违约金为罚金,并宣布对合同中规定的1 200万美元的违约规定不予承认。原因是:美国属英美法系的国家,而英美法系把违约金严格地区分为"罚金"和"预约赔偿金"。认为前者是无效的,不可强制执行;后者是有效的,可以强制执行。至于二者之间怎样区分,要以当事人订立合同时的真实意图而定。如果当事人的意图是要惩戒或预防违约的发生,则违约金就是"罚金";如果当事人是为减少将来计算违约损害的麻烦而规定的,即属于"预约赔偿金"。

就本案例来讲,由于合同中只简单订明如果一方违约,需向对方支付违约金,易让人理解为这是为了预防违约而制定的。另外,合同中规定的违约金额较高,超出合同价款的一半,也易让人理解为这笔违约金具有惩戒性质,即为"罚金"。如果我方公司不能提供自己因卖方延迟交货而遭受的损失与这1 200万美元的违约金大体一致的充足证明,法院就会因其过高而将此违约金判定为"罚金"而不予承认。

四、索赔

国际货物贸易涉及的面很广、情况复杂多变,在履约过程中任何环节出问题都可能导致一方当事人违约或毁约,而给另一方当事人造成损害。受损害的一方为了维护自身权益,便向违约方提出异议,并要求赔偿损失,继而发生索赔。索赔(Claims)是指国际贸易业务的一方违反合同的规定,直接或间接地给另一方造成损害,受损方向违约方提出损害赔偿要求。与其相对应的概念为理赔。所谓理赔(Settlement of Claims),是指违约方受理受损方提出的赔偿要求。可见,索赔和理赔是同一个问题的两个方面。

(一)索赔的原因

1.买卖双方之间的贸易索赔,原因具体包括以下三方面。

(1)买方违约。比如不按时开立信用证,以及故意开立不完全的信用证或过高要求的信用证,致使卖方无法履行合同;不按时付款赎单;无理拒收货物;或在买方负责运输的情况下不按时派船接货,或不按时签订运输契约、指定交货地点等。

(2)卖方违约。比如不按时交货;不按合同规定的品质、规格、包装、数量、重量交货;不提供合同、信用证规定的合适单证等。

(3)合同条款不够明确,以致买卖双方对合同条款的理解或解释不一致引起争议索赔。

2.向承运人的运输索赔(装运索赔)具体包括以下几类。

(1)货物短卸,即货物未卸净,或货物误卸在其他港口造成短卸。

(2)货物在运输过程中被盗窃,或因破损撒漏而致货物短少。

(3)属于承运人责任的货物损毁,包括破损、毁坏、水渍、污染等。

3.向保险人的保险索赔。属于保险单内规定范围的有关损失,应向保险公司索赔。

(二)索赔程序

1.向卖方的索赔程序。首先,买方在收到货物后需进行索赔声明,即买方发现问题后应在合同索赔期内通知对方,并声明保留索赔权利,与此同时还需准备好索赔时务必提供的证明文件。准备工作完成即可发出索赔函电,提出正式索赔。若货物短少或短交时,可请求补运;货物的品质不符或规格不符,可请求调换;机器发生故障或损坏时,可要求修理;如交货延迟、品质不佳,皆可要求减价或贬值折让。此外,还可拒收货物请求退还货款,并赔偿损失。具体可通过和解、调节、仲裁或诉讼等方式解决。

2. 向承运人的索赔。由于货物遗失(Missing)、搬运不当(Improper Handling)、堆积不当(Improper Storage)、偷窃(Theft Pilferage)、海水侵害(Sea Water Damage)、船舶无适航能力(Unseaworthiness)、雨中强行装卸、到货迟延等原因造成的损失可向承运人进行索赔。但须注意,索赔的期限有着严格的规定:如果提货前发现货物损坏,则需立即发出索赔通知;如果提货后发现货物损坏,则需于提货日起三日内发出通知。另外,货主的损害赔偿请求权期限为一年。

3. 向保险公司的索赔。当事人向保险公司索赔需满足:一是要签有保险合同;二是要有损害发生;三是所发生事故为保险合同中所承保风险范围以内。当被保险人发现保险标的物受损时,应及时与保险公司联系,并准备必要的单证,以书面正式向保险公司提出索赔。办理保险索赔时注意区分以下两种情况。

(1)出口货物遭受损失,由国外进口方向保险单所载明的国外理赔代理人提出索赔申请。中国人民保险公司在世界各主要港口和城市,均设有委托国外检验代理人和理赔代理人两种机构。前者负责检验货物损失,收货人取得检验报告后,附同其他单证,自行向出单公司索赔;后者可在授权的一定金额内,直接处理赔案,就地给付赔款。

(2)进口货物遭受损失,由我国进口方向保险公司提出索赔申请。当进口货物运抵我国港口、机场或内地后发现有残损短缺时,应立即通知当地保险公司,会同当地国家商检部门联合进行检验。若经确定属于保险责任范围的损失,则由当地保险公司出具《进口货物残短检验报告》。同时,凡对于涉及国外发货人、承运人、港务局、铁路或其他第三者所造成的货损事故责任,只要由收货人办妥向上述责任方的追偿手续,保险公司即予赔款。但对于属于国外发货人的有关质量、规格责任问题,根据保险公司条款规定,保险公司不负赔偿责任,而应由收货人请国家商检机构出具公证检验书,然后由收货单位通过外贸公司向发货人提出索赔。

【案例10-2】我公司以CFR条件对德国出口一批小五金工具。合同规定货到目的港后30天内检验,买方有权凭检验结果提出索赔。我公司按期发货,德国客户也按期凭单支付了货款。可半年后,我公司收到德国客户的索赔文件,上称上述小五金工具有70%已锈损,并附有德国某内地一检验机构出具的检验证书。对德国客户的索赔要求,我公司应如何处理?

分析:首先,我方公司可以拒绝,因该批货物已超过了索赔期限。双方在合同中规定货到目的港后 30 天内检验。尽管这是一个买方复验的期限，但实质上是索赔的期限。而德国客户却在半年后方向我公司提出索赔，显然其索赔是超过索赔期限的，因此，按照有关法律，德国客户也就丧失了向我方公司索赔的权利。

其次，德国客户索赔理由不尽合理。尽管索赔文件中声称有部分货物已锈损，但他无法证明这些锈损是装船前已经存在的，还是装船后才发生的。按照 CFR 条件成交，买卖双方风险划分界限是装运港船舷为界。因此，卖方只承担货物装船前锈损的风险，而装上船后发生的锈损风险只能由买方自己承担。在本案例中，买方已按期凭单付了货款，这说明卖方提交的交货单据是齐全合格的。间接地也说明了卖方装上船的货物是符合合同要求的。故此，货物发生的 70% 的锈损可能是装上船后的风险所致。在这种情况下，买方除非能证明这种锈损是由货物本身固有的瑕疵所至，否则卖方将不承担任何责任。

最后，德国客户提供的索赔依据不符合要求。一般情况下，双方规定在货到目的港后若干天内检验时，买方提供的检验证书应由目的港的检验机构出具。而就本案例而言，买方提供的检验证书却是由德国内地的检验机构出具，显然是不合格的。这也容易使人产生联想认为这批货物的锈损，可能是买方自己在接收货物后和上市销售前因保管不善所致。因此，这份索赔依据是不充分的，卖方是有理由拒赔的。

五、贸易合同中索赔条款的订立

（一）索赔条款的基本内容

进出口贸易合同中的索赔条款，大致有两种：一种是异议和索赔条款，一种是罚金条款。在一般商品的买卖合同中，多数只订异议和索赔条款，并同检验条款合并订在一起。索赔条款首先应明确一方如违反合同，另一方有权提出索赔，索赔条款的内容主要包括提出异议与索赔的依据、索赔的时限、索赔金额和违约处理办法等。

1. 索赔依据。在异议与索赔条款中，一般都规定提出索赔应出具的证据和出证机构。例如，双方约定：货到目的港卸货后，若发现品质、数量或重量与合同规定不符，除应由保险公司或船公司负责外，买方于货到目的港后若干天内，凭双方约定的某商检机构出具的检验证明向卖方提出索赔。

2. 索赔期限。索赔期限包括索赔有效期和品质保证期（或称质量保证期）。为了方便处理履约当中出现的违约问题，在异议与索赔条款中，应写明索赔的时限，如守约方超过约定时限提出异议与索赔，即丧失其索赔的权利，违约方可不予受理。索赔时限有约定和法定之分。约定索赔时限的长短,由交易双方酌情商定,对于有质量保证期限的商品,还应加订质量保证期。法定索赔时限,由国家和国际立法确定。一般地说,法定索赔时限较长,如《公约》和我国《合同法》都规定为自买方实际收到货物之日起两年之内。

应当指出,法定索赔时限虽一般比约定索赔时限长,但约定索赔时限的效力,在加订质量保证期的情况下,有时可以超过法定索赔时限。法定索赔时限,只有在买卖合同中未约定索赔时限时才起作用。

3.索赔金额。索赔金额包括赔偿损失的估损办法和金额等。异议与索赔条款对合同双方当事人都有约束力,不论何方违约,受损害方都有权提出索赔。若买卖合同中有约定损害赔偿的金额或损害赔偿额的计算方法,则按约定的赔偿金额或根据约定的损害赔偿额的计算方法计算出的赔偿金额提出索赔。若合同中事先未作规定,则只能事后酌情确定。一般地说,索赔金额应相当于因当事人违约所造成的损失,其中包括合同履行后守约方的预期利益,但不得超过违约方订立合同时能够预见到或应当预见到的因违约可能造成的损失。例如规定所有退货或索赔所引起的一切费用(包括检验费)及损失均由卖方负担等。

4.索赔方法。有的异议与索赔条款中,对守约方如何索赔和违约方如何理赔都分别作了具体规定。例如,有的进口合同规定:"货到目的港后,买方如发现品质、数量或重量与合同规定不符,除属于保险公司或船公司的责任外,买方可以凭双方同意的检验机构出具的检验证书向卖方提出异议。品质异议,须于货到目的港之日起30天内提出;数量或重量异议,须于货到目的港之日起15天内提出。卖方收到异议后,20天内答复。"凡有此类规定的,应按约定办法处理。如合同未作具体规定,依不同情况有理有据地对违约事件进行适当处理。

（二）约定索赔条款时的注意事项

鉴于买卖合同中的异议与索赔条款关系到交易双方的利害得失,因此,在约定此项条款时,需要注意下列事项。

1.索赔期限的约定应合理。索赔期的长短,同买卖双方有利害关系。若索赔期规定过长,势必使违约方承担责任的期限也随之延长,从而加重了其负担;如索赔期规定太短,有可能使守约方无法行使索赔权而蒙受更大的损失。因此,交易双方约定索赔期时,必须根据不同种类的商品特点,并结合运输、检验条件和检验所需的时间等因素,酌情作出合理的安排。对于一些性能比较复杂和有质量保证期的机、电、仪等设备的交易,由于在合同中需要加订质量保证期,故其索赔期可适当放长一些。此外,在不影响守约方行使其索赔权的前提下,索赔期可适当缩短一点。

2.索赔期的约定应明确具体。交易双方约定索赔期限时,不仅要明确表示其时间为多少,而且还应对该期限的起算时间一并作出具体规定。在实际业务中,索赔期限的起算方法通常有下列几种。

(1)货到目的港后若干天起算。

(2)货到目的港卸离海轮后若干天起算。

(3)货到买方营业处所或用户所在地后若干天起算。

(4)货物检验后若干天起算。

3.应注意索赔条款与检验条款之间的联系。异议与索赔条款同商品检验条款有着密切的联系。例如,买方索赔的期限同买方对货物进行复验的有效期就互相关联,故约定索赔期限时,必须考虑检验条件和期限的长短等因素。为了使这两项条款的约定互相衔接和更加合理,以免出现彼此脱节或互相矛盾的情况,在有些买卖合同中,有时便将这两项条款结合起来订立,即并称为"检验与索赔条款"(Inspection & Claim Clause)。

(三)贸易合同中索赔条款示例

根据平等互利原则,我国进出口贸易合同一般都规定收货人有复验权条款。因此,出口贸易合同最好订明:

"双方同意以装运港中国出入境检验检疫机构签发的品质、数(重)量检验证书作为信用证项下议付所提出单据的一部分。买方有权对货物的品质、数(重)量进行复验,列明复验费由××负担。如发现品质或数(重)量与合同不符,买方有权向卖方索赔,但须提供经卖方同意的公证检验机构出具的检验报告。索赔期限为货物到达目的港××天内。"

进口贸易合同最好订明:

"双方同意以制造厂(或××检验机构)出具的品质及数(重)量检验证明书作为有关信用证项下付款的单据之一。货到目的港经中国出入境检验检疫机构复验,如发现品质或数(重)量与本合同规定不符,除属保险人或承运人责任外,买方凭中国出入境检验检疫机构的检验证书,在索赔有效期内向卖方提出退货或索赔。索赔有效期为××天,自货物卸毕日期起计算。所有退货或索赔引起的一切费用(包括检验费)及损失均由卖方负担。"

上述索赔有效期限应根据不同商品和国内调运、检验等实际情况,以及检验工作的繁简,作出不同的规定,如30—150天。对机、电、仪商品应在合同中加订品质保证期(一般为1年),以便在使用过程中发现材质次劣、装配不当、工艺加工不良,以致使用中发生故障、损坏和性能显著降低,以及发现其他隐蔽性严重缺陷等问题,属于发货人责任的,可在品质保证期内凭出入境检验检疫机构出具的证书向发货人索赔。

第二节　仲裁条款

国际货物贸易中交易双方签订合同后,常常由于某种原因在合同履行过程中产生争议,为了解决合同争议,交易双方往往采用仲裁的方式。所谓仲裁(Arbitration),又称公断,是指买卖双方在争议发生之前或发生之后,签订书面协议,自愿将争议提交双方所同意的第三者予以裁决(Award),以解决争议的一种方式。由于仲裁是依照法律所允许的仲裁程序裁定争端,因而裁决具有法律约束力,当事人双方必须遵照执行。

一、国际商事仲裁

国际商事仲裁就是指国际商事关系的双方当事人在争议发生后,依据仲裁条款或仲裁协议,自愿将争议提交某一临时仲裁机构或某一国际常设仲裁机构审理,由其根据有关法律或公平合理原则作出裁决,从而解决争议。

仲裁是解决国际商事争议使用较普遍的方式,与协商、调解和司法诉讼相比,它具有如下特点:第一,当事人自主性较大,对仲裁方式的选择、仲裁地点、仲裁机构、仲裁员、仲裁程序、仲裁所适用的法律等,当事人都可以自由作出决定;第二,程序灵活、迅速及时,收费较低;第三,具有必要的强制性,这体现在仲裁协议的强制性、仲裁裁决的强制性;第四,有利于保持当事人间的关系,并可协调不同法律之间的冲突。

(一)国际商事仲裁机构

仲裁机构是国际商事关系中的双方当事人自主选择出来用以解决其争议的民间性机构,其审理案件的管辖权限完全取决于当事人的选择和授权。国际商事仲裁机构可分为临时仲裁机构和常设仲裁机构。临时仲裁机构是指根据当事人的仲裁条款或仲裁协议,在争议发生后由双方当事人推荐的仲裁员临时组成的、负责裁断当事人的争议、并在裁决后即行解散的临时性仲裁机构。常设仲裁机构是指依据国际条约或国内法成立的具有固定组织和地点、固定的仲裁程序规则的永久性仲裁机构。

目前国际上影响较大的几个常设商事仲裁机构是:国际商会仲裁院,成立于

1923 年,总部设在巴黎;瑞典斯德哥尔摩商事仲裁院,成立于 1917 年;英国伦敦仲裁院,成立于 1892 年;美国仲裁协会,成立于 1926 年,总部设在纽约;瑞士苏黎世商会仲裁院,成立于 1911 年。我国的国际商事仲裁机构主要是中国国际经济贸易仲裁委员会,成立于 1956 年,1980 年、1988 年两次调整,总部设在北京,在深圳、上海设有分会;中国海事仲裁委员会,成立于 1959 年,1988 年调整,总部设在北京。

(二)仲裁协议

1. 仲裁协议的形式。仲裁协议是双方当事人表示愿意把他们之间的争议交付仲裁解决的一种书面协议,它是仲裁机构或仲裁员受理争议案件的依据。仲裁协议有两种形式:一种是仲裁条款,它是在争议发生之前订立的,通常作为合同中的一项仲裁条款(Arbitration Clause)出现,在绝大多数国际货物买卖合同中都有此项条款,是一种最常见和最重要的仲裁协议。另一种是仲裁协议书,是指由双方当事人在发生争议之后订立的,表示同意把已经发生的争议提交仲裁解决的协议,这是独立于主合同之外的一个单独的协议。仲裁协议最重要的作用就是排除法院对争议案件的管辖权,使得当事人只能将争议提交仲裁解决,从而使仲裁庭或仲裁员取得管辖权。

上述两种形式的仲裁协议,其法律效力是相同的,而且它们都具有独立性。根据我国仲裁规则的规定,合同中的仲裁条款,应视为与合同其他条款分离、独立存在的条款,附属于合同的仲裁协议也视为与合同其他条款分离、独立存在的一部分;合同的变更、解除、终止、失效或无效以及存在与否,均不影响仲裁条款或仲裁协议的效力。

2. 仲裁协议的作用。仲裁协议有三个方面的作用:首先,仲裁协议约束双方当事人只能以仲裁方式解决争议,不得向法院起诉;其次,排除法院对有关案件的管辖权,如果一方违背仲裁协议,自行向法院起诉,另一方可根据仲裁协议要求法院不予受理,并将争议案件退交仲裁庭裁断;最后,仲裁协议使仲裁机构取得对争议案件的管辖权。

这里需要强调说明的是,在上述三项作用中,最关键的是排除法院对争议案件的管辖权。因此,若双方当事人不愿将其争议提交法院审理,就应在争议发生前在合同中约定仲裁条款,以免将来发生争议后,由于达不成仲裁协议而不得不诉诸法院。

3. 仲裁协议的主要内容。仲裁协议应尽可能明确、具体、完整,一般来讲,仲裁协议应包括如下内容。

(1)仲裁地点,这是一个关键内容,关系到仲裁程序与准据法的选择。

（2）仲裁机构。

（3）仲裁程序规则，一般来讲，在哪个仲裁机构仲裁，就适用该机构的仲裁规则，但也有的国家允许当事人的任意选择。

（4）仲裁裁决的效力，指裁决是否具有终局性，对当事人有无约束力，能否向法院上诉等，这些都须在仲裁协议中明确。

（三）国际商事仲裁程序

所谓仲裁程序（Arbitration Procedure），是指双方当事人将所发生的争议根据仲裁协议的规定提交仲裁时应办理的各项手续。国际商事仲裁程序一般包括如下阶段。

1. 提出仲裁申请（Arbitration Application）。这是仲裁程序开始的首要手续。各国法律对申请书的规定不一致。在我国，《中国国际经济贸易仲裁委员会仲裁规则》规定，当事人一方申请仲裁时，应向该委员会提交包括下列内容的签名申请书。

（1）申诉人和被诉人的名称、地址。

（2）申诉人所依据的仲裁协议。

（3）申诉人的要求及所据的事实和证据。

申诉人向仲裁委员会提交仲裁申请书时，应附与本人要求相关事实的证明文件，指定一名仲裁员，预缴一定数额的仲裁费。如果委托代理人办理仲裁事项或参与仲裁的，应提交书面委托书。

2. 组织仲裁庭。临时仲裁机构可直接作为仲裁庭，常设仲裁机构内部则设有仲裁庭组织。仲裁庭由双方当事人合议选定或由有关仲裁机构基于当事人的授权或依职权指定的仲裁员组成。

根据我国仲裁规则的规定，申诉人和被申诉人各自在仲裁委员会仲裁员名册中指定一名仲裁员，并由仲裁委员会主席指定一名仲裁员为首仲裁员，共同组成仲裁庭审理案件；双方当事人亦可在仲裁委员名册共同指定或委托仲裁委员会主席指定一名仲裁员为独任仲裁员，成立仲裁庭，单独审理案件。

3. 仲裁审理。仲裁庭审理案件的形式有两种：一是不开庭审理，这种审理一般是经当事人申请，或由仲裁庭征得双方当事人同意，只依据书面文件进行审理并作出裁决；二是开庭审理，这种审理按照仲裁规则的规定，采取不公开审理，如果双方当事人要求公开进行审理，则由仲裁庭作出决定。

4. 仲裁裁决。裁决是仲裁程序的最后一个环节。裁决作出后，审理案件的程序即告终结，因而这种裁决被称为最终裁决。

根据我国仲裁规则，除最终裁决外，仲裁庭认为有必要或接受当事人之提议，在仲裁过程中,可就案件的任何问题作出中间裁决或者部分裁决。中间裁决是指对审理清楚的争议所作的暂时性裁决,以利对案件的进一步审理;部分裁决是指仲裁庭对整个争议中的一些问题已经审理清楚,而先行作出的部分终局性裁决。这种裁决是构成最终裁决的组成部分。仲裁裁决必须于案件审理终结之日起45天内以书面形式作出,仲裁裁决除由于调解达成和解而作出的裁决书外,应说明裁决所依据的理由,并写明裁决是终局的和做出裁决书的日期地点,以及仲裁员的署名等。

当事人对于仲裁裁决书,应依照其中所规定的时间自动履行,裁决书未规定期限的,应立即履行。一方当事人不履行的,另一方当事人可以根据中国法律的规定,向中国法院申请执行,或根据有关国际公约、或中国缔结或参加的其他国际条约的规定办理。

按照各国际仲裁规则的一般规定,仲裁裁决如系:在无仲裁协议的情况下作出的、或以无效(呈过期)的仲裁协议为据作出的裁决,仲裁员的行为不当或越权所作出的裁决,以伪造证据为依据所作出的裁决,或裁决的事项是属于仲裁地法律规定不得提交仲裁处理的裁决等,当事人可在法定期限内,请求仲裁地的管辖法院撤销仲裁裁决,并宣布其为无效。

(四)仲裁裁决的执行

当事人拒不执行仲裁裁决,便发生仲裁执行问题。这包含两种情况:对本国仲裁裁决的执行与对外国仲裁裁决的执行。前者手续较为简单;而对于外国仲裁裁决的执行就较为复杂,因为这不仅涉及双方当事人的利益,而且涉及两国间的利害关系,故各国对执行外国的仲裁裁决,都规定了一些限制,存在许多分歧。关于承认与执行外国仲裁裁决的国际公约有三个:1923年缔结的《1923年日内瓦仲裁条款议定书》;1927年缔结的《关于执行外国仲裁裁决的公约》;1958年在纽约缔结的《承认和执行外国仲裁裁决的公约》,简称《纽约公约》。我国于1986年12月2日正式加入了《纽约公约》,但有两项保留:一是仅适用二缔约国间作出的裁决;二是只适用于商事法律关系所引起的争议。

二、贸易合同中仲裁条款的订立

(一)仲裁条款的基本内容

目前,我国进出口合同中的仲裁条款的内容繁简不一,一般包括下列几个方面。

1. 仲裁地点的规定。在什么地方进行仲裁,是买卖双方在磋商仲裁时的一个重点,交易双方都极为关心。这主要是因为,仲裁地点与仲裁所适用的程序法,以及合同适用的实体法关系极为密切。按各有关国家的法律规定,凡属程序方面的问题,除非仲裁条款(或协议)另有规定,一般都适用审判地法律,即在哪个国家仲裁,就往往适用哪个国家的仲裁法规。至于确定合同当事人权利、义务的实体法,如在合同中未具体约定,一般则由仲裁庭按仲裁地点所在国的法律冲突规则予以确定。我国进出口贸易合同中的仲裁地点,视贸易对象和情况的不同,一般采用下述三种规定方法之一,即在我国仲裁、在被告所在国仲裁、在双方认同的第三国仲裁。

2. 仲裁机构的选择。国际上的仲裁机构很多,其中有常设的仲裁机构,例如,设在巴黎的国际商会仲裁院、英国伦敦仲裁院、瑞典斯德哥尔摩商会仲裁院、瑞士苏黎世商会仲裁院、美国仲裁协会、日本国际商事仲裁协会、我国的中国国际经济贸易仲裁委员会和中国海事仲裁委员会等。此外,也有由双方当事人共同指定仲裁员临时组成的仲裁庭。国际贸易中的仲裁,可由双方当事人在仲裁协议中规定在常设的仲裁机构进行,也可以由当事人以双方共同指定仲裁员组成临时仲裁庭进行仲裁。当事人双方选用哪个国家(地区)的仲裁机构审理争议,应在合同中作出具体说明。

3. 仲裁程序法的适用。在买卖合同的仲裁条款中,应订明依据哪个国家(地区)和哪个仲裁机构的仲裁规则进行仲裁。按照国际仲裁的通常做法,原则上都采用仲裁所在地的仲裁规则,但值得注意的是,法律上也允许根据双方当事人的约定采用仲裁地点以外的其他国家(或地区)仲裁机构所制定的仲裁规则进行仲裁。在中国仲裁时,双方当事人通常都约定适用《中国国际经济贸易仲裁委员会仲裁规则》。根据中国现行仲裁规则的规定,凡当事人同意将争议提交仲裁委员会仲裁的,均视为同意按照该仲裁规则进行仲裁。

4. 仲裁裁决的效力。仲裁裁决的效力主要是指由仲裁庭作出的裁决,对双方当事人是否具有约束力,是否为决定性的,能否向法院起诉要求变更裁决。仲裁庭依法作出的裁决,通常都是终局性的,对争议双方当事人均具有法律效力,任何一方都必须依照执行,并不得向法院起诉要求变更裁决。即使当事人向法院起诉,法院一般也只是审查程序,而不审查实体,即仲裁庭作出的裁决,如仲裁程序上没有问题,双方当事人应当承认和执行。

为了明确仲裁裁决的效力,以利于执行裁决,在订立合同中的仲裁条款时,应明确规定"仲裁裁决是终局性的",对双方当事人均有约束力的条文。

5. 仲裁费用的负担。通常在仲裁条款中应明确规定出仲裁费用由谁负担。一般规定由败诉方承担,也有的约定由仲裁庭裁决确定。

(二)约定仲裁条款的注意事项

交易双方商定买卖合同时,为了明确合理地约定仲裁条款,必须注意下列事项。

1.选择合适的仲裁地点。如上文所述,仲裁地点不同,适用的法律则不同,不同法律对同一问题的解释与处理结果也必然有别,因此,交易双方都希望选择法律环境比较利于己方的地点仲裁。若争议金额不大,一般应选择与自身距离近的地点仲裁,最好争取在本国仲裁,以利于节省开支和避免出现得不偿失的情况。

此外,交易双方如约定在双方同意的第三国仲裁,则应选择允许受理双方当事人都不是本国公民的争议案的仲裁机构,而且是态度比较公正并具有一定的业务能力的机构。

2.择优选择适当的仲裁机构。国际上常设的仲裁机构很多,它们的情况很不一致,因此,需要根据择优选择的原则约定适当的机构。选择时,要考虑成交金额的大小,并考虑下列各种因素:该机构的历史沿革和背景,审理案件的态度是否公正,办案效率和业务水平的高低,裁决的权威性和对外影响程度等。

3.合理约定仲裁费的负担。在仲裁条款中,关于仲裁费由何方负担有各种不同的规定,有的只约定由败诉方负担,也有的约定由仲裁庭决定。鉴于有时出现争议双方均有违约情况,双方都负有不同程度的责任,此时若由败诉方负担,显失公平。因此,在约定仲裁费用的负担时,最好同时约定:由败诉方承担或由仲裁庭酌情决定相互承担的比率。这种约定办法,既符合实事求是的原则,也体现尊重仲裁庭的裁量权。

4.仲裁条款的规定应当明确具体。约定仲裁条款应当明确具体,以利于争议的解决。例如,有的合同在约定仲裁地点时,规定"在中国或外国仲裁",或者规定"在进口国或出口国仲裁";有的合同约定"由中国国际经济贸易仲裁委员会仲裁";同时又约定"在香港仲裁";有的合同规定"发生争议在中国的仲裁机构或法院依法解决";还有的合同约定"若双方发生争议,通过仲裁解决",但仲裁地点、仲裁机构和仲裁规则等内容,都未具体规定。上述这些模棱两可甚至相互矛盾的规定,都不利于解决争议。因此,订立合同中的仲裁条款或签订仲裁协议,应使其内容明确具体,以利于及时解决争议。

(三)贸易合同中仲裁条款示例

为了体现仲裁条款的基本内容和便于约定好仲裁条款,我国各进出口公司通常采用中国国际经济贸易仲裁委员会向合同当事人推荐的下列几种示范仲裁条款格式。

1. 在中国仲裁的条款格式：

"凡因本合同引起的或与本合同有关的任何争议，双方应当通过友好协商的办法解决；如果协商不能解决，均应提交中国国际经济贸易仲裁委员会，按照申请仲裁时该会现行有效的仲裁规则进行仲裁。仲裁裁决是终局的，对双方都有约束力。"

2. 在被申请人所在国仲裁的条款格式：

"凡因本合同引起或与本合同有关的任何争议，双方应通过友好协商来解决；如果协商不能解决，应提交仲裁，仲裁在被申请人所在国进行。在中国，由中国国际经济贸易仲裁委员会根据申请仲裁时该会的仲裁规则进行仲裁。如在××国（贸易对象所在国名称）由××国××仲裁机构（贸易对象所在国的仲裁机构的名称）根据该组织现行有效的仲裁程序规则进行仲裁。仲裁裁决是终局的，对双方都有约束力。"

3. 在第三国仲裁的条款格式：

"凡因本合同引起的或与本合同有关的任何争议，双方应通过友好协商来解决；如果协商不能解决，应按××国××地××仲裁机构根据该仲裁机构现行有效的仲裁程序规则进行仲裁。仲裁裁决是终局的，对双方都有约束力。"

合同当事人除酌情分别采用上述仲裁条款外，还可以在仲裁条款（或仲裁协议）中对仲裁员人数、国籍、开庭地点、普通程序或简易程序、适用法律及仲裁语言等事项作出约定，或者在仲裁条款（或仲裁协议）达成之后，争议提交仲裁之前或者仲裁程序开始之前，以书面补充协议的形式进行补充约定。

三、买卖双方解决合同争议的途径

国际贸易中，双方在履约过程中有可能发生争议。由于买卖双方之间的关系是一种平等互利的合作关系，所以一旦发生争议，首先应通过友好协商的方式解决，以利于保护商业秘密和企业声誉。如果协商不成，当事人可按照合同约定或争议的情况采用调解、仲裁或诉讼方式解决争议。因此，国际贸易纠纷争议的解决方式一般有四种：友好协商、调解解决、仲裁解决和诉讼解决。

（一）友好协商

友好协商解决是常见的方式，争议双方本着公平合理的原则，通过友好协商，达成和解，这是解决合同争议的好办法，也是应当受到鼓励的方式。但是，遇到与合同当事人有较大利害关系的争议时，争议双方往往各持己见，难以达成共识，故此种解决争议的办法有一定的局限性。

（二）调解

调解是指争议双方共同将争议提交一个第三方（或专门性的常设机构），由第三方从中斡旋、协调，双方互谅互让，使争议达成一致，解决问题。若争议双方通过友好协商不能达成和解，则可在争议双方自愿的基础上，将争议提交选定的调解机构，由第三者出面从中调解。调解应在确定事实、分清是非和责任的基础上，尊重合同规定，依照法律，参照国际惯例，根据客观公正和公平合理的原则进行，以促使当事人互谅互让，达成和解。若调解成功，双方应签订和解协议，作为一种新的契约予以执行；若调解意见不为双方或其中一方接受，则该意见对当事人无约束力，调解即告失败。实践表明，这也是解决争议的一种好办法。

（三）仲裁

国际货物贸易中的争议，如经友好协商与调解都未成功，而当事人又不愿意诉诸法院解决，则可采用仲裁办法。仲裁已成为国际上解决这种争议普遍采用的方式。仲裁的优势在于其程序简便，结案较快，费用开支较少，且能独立、公正和迅速地解决争议，给予当事人以充分的自治权。此外，仲裁还具有灵活性、保密性、终局性和裁决易于得到执行等优点。

（四）诉讼

争议双方经过友好协商与调解，都未达成和解，而他们又不愿采取仲裁方式，则可通过诉讼途径解决争端。诉讼具有下列特点。

第一，诉讼带有强制性，只要一方当事人向有管辖权的法院起诉，另一方就必须应诉，争议双方都无权选择法官。

第二，诉讼程序复杂，处理问题比仲裁慢。

第三，诉讼处理争议，双方当事人关系比较紧张，有伤和气，不利于以后贸易关系的继续发展。

第四，诉讼费用较高。

第五，诉讼与仲裁两种方式不能同时选择。

一般情况下，协商解决是常见的方式，也是应当受到鼓励的方式。调解方式日益成为一般民事、商事争议解决的主要方式。仲裁具有体现当事人自治原则、一裁终局及有跨国执行效力等诸多优点，但是仲裁需要当事人事先达成仲裁协议，而且仲裁比较适合复杂案件情况，并且，当事人一旦选用仲裁方式，则必须放弃诉讼方式。诉讼是当事人最终的诉求手段,但是法院的管辖问题或法律适用问题常带来困扰,尤其是在跨地区、跨国界争议的情况下。人们可以到住所地法院提起诉讼,但是在许多情况下这是不现实或不方便的。除此以外,较长的程序时间和费用问题也值得考虑。

第三节　不可抗力条款

在国际货物贸易中,由于自然原因或社会原因引起的人力所不能预见和抵抗的事件致使买卖双方签署的合同无法如期履行或无法履行,在这种情况下,按照国际贸易有关法律和惯例,可以免除合同当事人的责任。为了明晰责任,在国际货物买卖合同中往往都需要约定此项免责条款,也称之为不可抗力条款。

一、不可抗力的基本内容

(一)基本定义

不可抗力(Force Majeure)又称人力不可抗拒。国际上对不可抗力的含义并不统一。在英美法中,有"合同落空"之说;在大陆法中,有"情势变迁"或"契约失效"之说;按《公约》的解释是在货物买卖合同签订以后,不是由于订约者任何一方当事人的过失或疏忽,而是由于发生了当事人不能预见和预防,又无法避免和克服的意外事故,以致不能履行或不能如期履行合同,遭受意外事故的一方,可以免除履行合同的责任或延期履行合同。尽管上述称呼和解释不一,但其基本精神和处理原则大体相同。

不可抗力是合同中的一项条款,也是一项法律原则。对此,在国际贸易中不同的法律、法规等各有自己的规定。1980年《公约》在其免责一节中作了如下规定:"如果当事人能证明此种不履行义务是由于某种非他所能控制的障碍,而且对于这种障碍没有理由预期他在订立合同时能考虑到或能避免或克服它的可予免责。"《公约》明确了一方当事人不能履行义务,是由于发生了他不能控制的障碍,而且这种障碍在订约时是无法预见、避免或克服的,此时可予免责。

【案例10-3】某公司与外商订立一份化工产品进口合同,订约后由于该产品的国际市场行情上扬,外商亏本。于是他以不可抗力为由要求撤约。问:进口人应如何对待此问题?

分析:外商的撤约要求不能成立。因为合同货物市价上扬属商业风险,不构成不可抗力事故。故此,我方应拒绝外商撤约要求,催促对方按时发货。

（二）法律规定

《公约》规定："一方当事人享受的免责权利只对履约障碍存在期间有效，如果合同未经双方同意宣告无效，则合同关系继续存在，一国履行障碍消除，双方当事人仍须继续履行合同义务。"所以不可抗力事件所引起的后果，可能是解除合同也可能是延迟履行合同，应由双方按《公约》规定结合具体情势商定。

《公约》还规定："在不可抗力事件发生后，违约方必须及时通知另一方，并提供必要的证明文件，而且在通知中应提出处理意见。如果因未及时通知而使另一方受到损害，则应负赔偿责任。"

我国《涉外经济合同法》也规定："发生不可抗力事件的一方应及时通知另一方，以减轻可能给另一方造成的损失。"

（三）证明机构

不可抗力事件出具证明的机构，大多为当地商会。在我国，由中国国际贸易促进委员会（即中国国际商会，China Chamber of International Commerce，简称 CCIC）出具。另一方接到不可抗力事件的通知和证明文件后，应根据事件性质，决定是否确认其为不可抗力事件，并把处理意见及时通知对方。

（四）不可抗力事件的处理

不可抗力事件的处理，关键是对不可抗力事件的认定。尽管在合同的不可抗力条款中作了一定的说明，但在具体问题上，双方会对不可抗力事件是否成立出现分歧。通常应注意下列事项。

首先，要准确区分商业风险和不可抗力事件。商业风险往往也是无法预见和不可避免的，但是它和不可抗力事件的根本区别在于一方当事人承担了风险损失后，有能力履行合同义务。

其次，重视货物"特定化"的作用。对于包装后刷上唛头或通过运输单据等已将货物确定为某项合同的标的物，称为"已特定化货物"。此类货物由于意外事件而灭失，卖方可以确认为不可抗力事件。如果货物并未特定化，则会造成免责的依据不足。例如：3 万米棉布在储存中由于不可抗力损失了 1 万米，若棉布分别售于两个货主，而未对棉布作特定化处理，则卖方对两个买主都无法引用不可抗力条款免责。

【案例 10－4】国内某研究所与某日商签订了一项进口合同，欲引进一台精密仪表。合同规定 9 月份交货，但到 9 月 7 日，日本政府宣布该仪表属高科技产品，禁止出口,自宣布日起7天后生效。后日方来电以不可抗力为由要求解除合同。问,日方的要求是否合理?我方应如何处置较为妥当?

分析:日方的要求是不合理的。日本政府颁布的禁令的生效日在合同规定的最后交货日之后,因此,不构成履约的"不可抗力"。日方完全可以在9月份装船发货,履行合同。因此,日本政府的禁令对本合同不符合不可抗力条款的规定,日方要求不合理,我方可向日方回电拒绝其无理要求并敦促其尽快履约。

二、贸易合同中不可抗力条款的订立

(一)不可抗力条款内容

不可抗力条款是一种免责条款,即免除由于不可抗力事件而违约的一方的违约责任。一般应规定的内容包括:不可抗力事件的范围、事件发生后通知对方的期限、出具证明文件的机构以及不可抗力事件的后果。不可抗力条款的约定繁简不一,也并无统一的格式和规定,但归纳起来一般包括下列内容。

1.不可抗力事件的性质与范围。不可抗力事件有其特定的解释,并不是任何一种意外事件都可随意称作不可抗力事件。不可抗力事件的范围较广,它包括自然力量引起的水灾、旱灾、冰灾、雪灾、雷电、暴风雨、地震、海啸等和社会原因引起的战争、暴动、骚乱、政府颁布禁令、封锁禁运和调整政策制度等。关于不可抗力事件的性质与范围,交易双方商定合同时应达成共识,具体写明,以免事后引起争议。

2.不可抗力事件的通知与证明。不可抗力事件发生后如影响合同履行,发生事件的一方当事人,应按约定的通知期限和通知方式,将事件情况如实通知对方,对方在接到通知后,应及时答复,如有异议也应及时提出。此外,发生事件的一方当事人还应按约定办法出具证明文件,作为发生不可抗力事件的证据。在国外,这种证明文件一般由当地的商会或法定公证机构出具。在我国,由中国国际贸易促进委员会出具。

3.不可抗力事件的处理原则与办法。发生不可抗力事件后,应按约定的处理原则和办法及时进行处理。不可抗力的后果有两种:一是解除合同;二是延期履行合同。究竟如何处理,应视事件的原因、性质、规模及其对履行合同所产生的实际影响程度,由双方当事人酌情依约处理。

(二)约定不可抗力条款的注意事项

1.对不可抗力事件性质与范围的约定办法要合理。关于不可抗力事件的性质与范围,通常有下列三种约定办法,我们应在权衡利弊的基础上,选用其中有利的一种。

（1）概括式。在合同中不具体规定哪些事件属于不可抗力事件,而只是笼统地规定。这类规定办法过于笼统,含义模糊,解释伸缩性大,容易引起争议,合同中不宜采用。

（2）列举式。在合同中详列不可抗力事件。这种一一列举的办法,虽然明确具体,但文字烦琐,且可能出现遗漏情况,也不是最好的办法。

（3）综合式。列明经常可能发生的不可抗力事件名称的同时,再加上概括性的文句。这种规定办法,既明确具体,又有一定的灵活性,是一种可取的办法。在我国进出口合同中,一般都采取这种规定办法。

2. 约定不可抗力条款应体现公平合理原则。不可抗力条款应对买卖双方都有约束力,任何一方当事人因发生不可抗力事件,以致不能履行合同义务,均可免除责任。如,我国某外贸公司从国外订购货物时,在进口合同中仅片面约定"如卖方发生不可抗力事件可免除责任"的条款,这种显失公平的规定是极不合理的。

3. 不可抗力条款的内容应当完备。为了便于履行合同和按约定办法及时处理不可抗力事件,不可抗力条款的内容应当完备。在实际业务中,有的合同只约定了不可抗力事件的性质和范围,而对不可抗力事件的通知、出证和如何处理等事项,却缺乏明确具体的规定,以致影响对不可抗力事件作出及时妥善地处理。

（三）贸易合同中不可抗力条款示例

鉴于在实践中往往会出现一旦发生不可抗力事件一方就提出解除合同的问题,且合同是否延期执行或解除直接关系到交易双方的经济利益,故在不可抗力条款中,应就不可抗力所引起的法律后果作出明确规定,以利于执行。例如,我国进出口合同一般都规定:"因不可抗力事件的影响而不能履行合同时,可根据实际所受影响的时间延长履行合同的期限:如因不可抗力事件延迟履行合同达若干天(如60天或90天),双方应就履行合同的有关问题进行协商。"按照这样的规定,当发生不可抗力事件时,可先推迟履行合同的期限;只有当不可抗力事件持续下去超过合同规定的期限以后,才能通过双方协商,最后决定是否解除合同。

我国进出口合同中的不可抗力条款,按对不可抗力事件范围规定的不同,具体可参考以下形式:

1. 概括式,如:

"由于不可抗力的原因,而不能履行合同或延迟履行合同的一方可不负有违约责任。但应立即以电传或传真通知对方,并在××天内以航空快递方式向对方提供中国国际贸易促进委员会出具的证明书。"

2. 列举式,如:

"由于战争、地震、水灾、火灾、暴风雪的原因而不能履行合同或延迟履行合同的一方不负有违约责任……"

3. 综合式,是最为常用的一种方式。如:

"由于战争、地震、水灾、火灾、暴风雪或其他不可抗力原因而不能履行合同的一方不负有违约责任……"

练习与思考题

1. 在国际贸易中,产生合同违约的原因有哪些? 如何判定?

2. 异议和索赔条款的主要内容有哪些?

3. 订立违约金条款时应注意哪些问题?

4. 在合同中规定具体索赔期限的方法有哪些?

5. 合同中的不可抗力条款包括哪些内容?

6. 从其起因看不可抗力事故有哪几种?

7. 不可抗力事故引起的后果怎样?

8. 与诉讼相比,仲裁有何特点?

第四篇

贸易合同的履行

- 出口合同的履行
- 进口合同的履行
- 国际贸易的电子化发展

第十一章

出口合同的履行

• 学习要点与要求 •

本章要求学生在学习上述有关贸易合同的准备和贸易合同条款签订等基本专业知识的基础上,掌握履行合同从备货到完成结算各环节的实际操作技能,以及合同条款执行中可能遇到的具体问题,及其与合同条款的关系,从而有助于进一步签订合理、有效的合同条款。国际贸易出口合同履行环节依价格条件、支付方式和贸易方式的不同,贸易管理程序以及国际交易的做法不尽相同,但是基本环节都要经过备货、催证(审证、改证)、租船订舱、商检、投保、发货、报关、装运、制单交单和核销退税等。其中商品检验、租船订舱、出口报关、制单结汇是重要且必须掌握的环节。

第一节　出口合同履行的程序与要求

合同的履行,是在合同签订之后,买卖双方按照合同规定履行各自义务和责任的体现,从而实现合同的经济目的。出口商履行合同的最主要义务是交货和交单收汇。贸易实践中,由于贸易方式、运输方式、支付方式的不同,也由于各出口单位的工作量与组织形式不同,合同履行程序不可能是同一种模式,但一般要经过备货、催证、审证、出运、制单、审单、结汇的过程,每一环节的工作环环相扣,期间要办理大量的手续和单据的制作,既要求时间性又要求与合同条款的相符性。本节介绍主要程序和基本环节(如图 11-1 所示),以便对履行合同的程序以及各程序的衔接要求有一总体的认识和了解,有关各环节的具体手续和要求的单据从第二节开始进行详细介绍。

一、货、证与运输的衔接

货、证的衔接,是指签约后,对内抓紧备货,对外催开信用证的工作。两者必须相互呼应,货应是符合合同或信用证要求、质量合格、包装完好、数量齐备的货;证应是经过审核、符合合同规定、可以接受的信用证。货物的质量一方面是出口商重合同、守信用,自身对货物有质量检验部门的把关,同时又要按照合同或信用证的要求向第三方检验机构申请报检,即报检报验手续,取得商检机构签发的合格证书。只有做到这两点才能安排货物的出运。

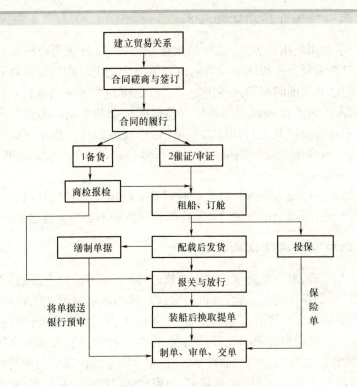

图 11 -1　出口合同履行业务流程图

货证俱全还必须与所要求的、适当的运输工具相结合,才能具备出口条件。由于合同或信用证都有装运期的规定,因此,在货证备妥的同时,必须在装运期前将运输工具落实下来,三者缺一不可。如果货未备妥、临装退关,或货已近装期而信用证尚未开到或未改妥,或运输工具的脱期等,都会影响合同的及时履行,给出口方造成经济上和信誉上的损失。

二、对外催证与改证的处理

合同商定的支付方式决定了备货同时应履行的下一步程序。如果合同约定采用汇付或托收方式,出口商应根据约定的方式履行合同的第一项义务——交货;信用证方式下,进口商应该在规定或在合理的时间向出口商开立信用证,而出口商如果在合同规定发货期临近尚未收到信用证,则向进口商催开信用证并审核无误后才能交货。

(一)出口商催开信用证的意义

合同商定采用信用证方式,此时信用证是否开立,就成为合同履行的第一步骤,也是进口商需要首先履约的内容。由于信用证是出口商凭以发货和制单的依据,因此信用证开立的时间和内容决定了出口商履约能否顺利进行。现实中经常发生进口商未按时开证或迟开而导致出口商的被动和无奈。为避免出现这些问题,合同应明确进口商开立信用证的期限,否则视为违约等规定。如"The Buyers shall open ... an Irrevocable Sight Letter of Credit to reach the Sellers 30 days before the month of shipment。"

所以,如果进口商未能按照约定的时间开立信用证,出口商应进行催证,提醒进口商及时开证,以避免由于进口商工作疏忽导致的不必要的延迟。

(二)出口商要求改证的原因

信用证开立后,出口商发现问题需要修改,除个别不法商人故意行为外,主要有两个原因:一是在合同签订后,进口国家或地区的政府或海关的特殊规定,买方开证时出现了原来合同没有规定的条款;二是由于进口商申请开证时的工作疏忽或银行开立时的差错而造成的误开。因此,作为银行和受益人必须合理谨慎地审核信用证,发现问题应区别问题的性质,并根据合同条款的规定与履行合同各环节及出具单据的各当事人,如银行、运输部门、商检部门的做法和意见,作出是否修改的决定。凡属于不能接受或不能执行或不能按期执行的条款,应及时要求开证申请人通过开证行修改信用证,保证在货物发运前作好审证和改证的工作,最大限度地减少风险,为企业顺利收汇创造条件。

三、租船订舱与货运投保

出口公司向船公司询价、掌握船期信息后,委托对外贸易运输部门或受理对外货运代理业务的部门按合同规定的运输方式、装运时间等办理相关(海、陆、空运的)出口托运业务,又称办理租船订舱手续。由于海洋运输出口环节较多、工作量大,本章第四节将重点介绍海运托运的工作程序及航空和陆路托运与单据。

凡是以 CIF 条件达成的合同,出口商在货物发运前必须向保险公司办理投保手续。出口商在向承运人办理租船订舱手续后,货运代理或承运人会签发表示已经接受承载并有配载运输日期及运输船舶信息的"装货单"（俗称"下货纸"），出口商取得装货单后，根据合同或信用证中保险条款的要求，填写出口货物运输险投保单或出口发票副本加注保险条款的内容，向保险公司投保，保险公司即可依此承保并按出口商的要求签发保险单据。有关投保手续详见本章第四节及第七章内容。

四、出口报关与通关手续

办理托运并取得装货单后，以及需要商检机构检验取得放行或检验出证后，在承运人通知货物向指定的装运港发货时（集港通知），或最晚在货物装运 24 小时前向海关办理报关手续。中华人民共和国海关是国家进出关境的监管机关，对内、对外代表国家执法，统一按照海关法规和国家制定的其他有关法律、行政法规，对进出关境的运输工具、货物、物品活动实施有效的监督管理，以维护国家主权和利益，保障社会主义现代化建设的顺利进行。

按《中华人民共和国海关法》的规定，进出境的运输工具、货物、物品必须通过设有海关的地方进境或出境，如实向海关申报，接受海关监督。海关对进出口货物的监管主要分为接受申报、审核单证、查验货物、办理征税和结关放行五个程序。

五、制单与交单结汇

出口商完成出口报关后，才能合法将货物装运到承运人的运输工具上。出口商在获得承运人通知货物已装船发运后，支付运费取得承运人签发的运输单据，如海运提单后，根据买卖双方在合同或信用证中规定的所有单据的要求，进行全面缮制并仔细、认真审核后，应尽早向进口商或银行提交单据办理收款或交单议付，履行合同的另一义务——交单。汇付方式下，出口商按约定将代表货物所有权的单据径直寄给进口商；托收方式下，则按约定的方式将单据交托收银行办理托收；信用证方式下，更要在提交银行前，认真与信用证要求以及单据本身内容进行仔细核对，做到单证相符、单单一致。如果银行在审核中发现问题或错误，出口商应及时修正或重新缮制，确保单据寄到国外开证行或偿付行时单证相符，以便顺利结汇。

六、出口收汇核销与退税

出口商顺利收汇后，应到外汇管理部门办理出口收汇核销手续。经外汇管理局核销后到税务局办理出口退税。有关核销与退税的手续和要求的单据，将在本章第六节详细说明,至此履行了出口合同的义务并获得合同预定的利益。

(一)出口收汇核销范围和原则

出口收汇核销工作以商务部及其授权单位批准有经营出口业务的公司,以及有对外贸易经营权的企业和外商投资企业等出口单位为对象,进行出口收汇核销管理。

除经特别批准,出口贸易项下应办理出口核销手续的可分为收汇贸易、不收汇贸易和其他贸易三大类。收汇贸易是指一般贸易、进料加工、来料加工、来件装配、有价样品等;不收汇贸易是指易货贸易、补偿贸易、实物投资、记账贸易等;其他贸易是指寄售、出境展销(展览)、承包工程等。

根据《国家外汇管理局、海关总署关于按照进出口货物监管方式分类适用出口收汇核销单的通知》,目前有26种方式需要使用核销单,62种不需要。如已批准毋须凭核销单报关、且不需办理核销手续的包括:援外项目物资、对外实物捐赠、暂时出口和无价样品、广告品等。

出口收汇核销一般要遵照以下原则。

1.属地管理,即由出口单位向其所在地的外汇管理部门办理注册备案,申领核销单、申请核销报告均应在注册所在的外汇局办理。

2.专"单"专用,即谁申领的核销单就由谁使用,不得相互借用。核销单的交回、核销或遗失作废、注销等手续也由原领用核销单的出口单位向其所在地的外汇管理部门办理。办理核销的全过程须遵循"五者一致"原则,即领取核销单、出口报关、收汇申报、出口收汇、出口核销应为同一企业。

3.收支两条线的管理原则,即严禁出口收汇和进口付汇相互抵扣的结算方式。外汇管理实行出口与进口的分别管理办法。

4.进、出口报关均应以合同成交总价报关,收汇须以报关总价进行收汇的核销管理原则。原则上一份核销单对应一份报关单,并与该报关单及核销单所附发票等有关栏目的内容一致,如有变动,应附有关的更改单或更改凭证。

(二)出口退税管理

出口产品退(免)税制度,是一个国家税收的重要组成部分,是国际贸易中通行的做法。其含义是指在国际贸易中货物输出国对输出境外的货物免征其在本国境内消费时应缴纳的税金或退还其按本国税法规定已缴纳的税金(增值税、消费税)。主要目的是通过退还出口商品在国内已纳税款,平衡国内产品的税收负担,使本国产品以不含税成本进入国际市场,鼓励各国出口货物进行公平竞争。

其理论依据是避免双重征税和保证国际竞争的公平性。同时,免征或退还出口产品的国内税是世界贸易组织(WTO)允许的一项政策,为了提高本国企业的国际竞争力和鼓励出口,各国政府愿意在 WTO 允许的范围内对出口产品少征税和不征税。

出口退税主要实行两种方法:一是对外贸企业的出口货物实行免税和退税的办法,即对出口货物销售环节免征增值税,对出口货物在各个生产流通环节已经缴纳增值税的予以退税;二是对生产企业自营或委托出口的自产货物实行免、抵、退税办法,即生产企业出口的自产货物,免征本企业生产销售环节的增值税;对出口货物所采购的原材料、零部件、燃料和动力等所含的增值税允许抵减其内销货物的应缴税款;对未抵减完的部分再予以退税。

出口退税的税款实行计划管理。财政部每年在中央财政预算中安排出口退税计划,同国家税务总局分配下达给各省、市、自治区执行。不允许超计划退税,当年的计划不得结转下一年使用。

第二节　备货及报检报验

一、出口商的备货

出口商按照合同规定准备货物的过程,一方面需要对生产厂家密切跟踪生产环节,进行验货,如果发现问题及时解决纠正,确保生产产品质量;另一方面,出口货物的发货,是以工厂的交货单为准,凭交货单了解工厂对出口货物的完成情况,然后缮制发货凭证即出仓单(如单据附样 11 − 1 所示),作为向指定的工厂或储运仓库提取出口货物的凭证。出仓单必须根据合同和工厂的交货单来缮制,若发现厂方的交货单所列货物的品名、数量、规格、尺寸、包装以及标记等与合同或信用证不符,应立即与货源和外销人员联系,尽早协调解决。

二、出口商品的报检报验

如第九章中内容所述,商品检验是出口工作中的一个重要环节。我国进出口商品的检验及出证工作,由我国质量监督检验局的出入境检验检疫机构、进出口商品检验公司以及国际上的有资格承担检疫检验的机构办理。根据我国商检法,我国实施法定检验的进出口商品,未经检验检疫或经检验检疫不符合法律或法规要求的不准输出或输入。

单据附样 11 – 1

中国××进出口公司　　　　　　　　　　　　　　外出 A　字　　　077651

　　　　　　　　　　　　　　　　　　　　　　　　外运编号＿＿＿＿＿
　　　　　　　　　　　　　　　　　　　　　　　　船　　名＿＿＿＿＿

外销出仓通知单

发货仓库＿＿＿＿＿＿＿＿＿＿＿

＿＿＿＿路＿＿＿号　电话＿＿＿合约号码＿＿＿制单　　　　年　月　日

　　　　　　　　　　　　　　　　　　　　　　　　关单号码＿＿＿＿＿

向仓库提货人　　　　　　　　　　外运公司出仓＿＿＿年＿＿＿月＿＿＿日

　　　　　　　　　　　　　　　　　　　　　进何号仓间＿＿＿＿＿

注意提货前一天必与发货仓库或工厂联系登记。

原进仓号码	储存凭证号码及仓位	商品编号	货号品名及规格	出仓包装		内计数量		唛头
				件数	单位	数量	单位	
共计								

第三联提货联代提单　　　　　　　　复　　开　　库　　仓　　发
　　　　　　　　　　　　　　　　　核　　单　　账　　库　　货
　　　　　　　　　　　　　　　　　　　　　　　　　　　　　　人

（一）报检报验工作程序

出境商品的检验检疫工作一般流程是先检验检疫、后通关放行,即法定检验检疫的出境货物发货人或其代理人向检验检疫机构申请报检,检验检疫机构受理报检并计收费后,实施检验检疫。对于产地和报关地相同的出境货物,经检验检疫合格的,签发《出境货物通关单》验放;对于产地和报关地不一致的出境货物,出具《出境货物换证凭单》,由报关地检验检疫机构换发《出境货物通关单》验放。《出境货物通关单》是用以办理报关手续的凭证。出境货物经检验检疫不合格的,出具《出境货物不合格通知单》。具体流程见图 11 - 2。

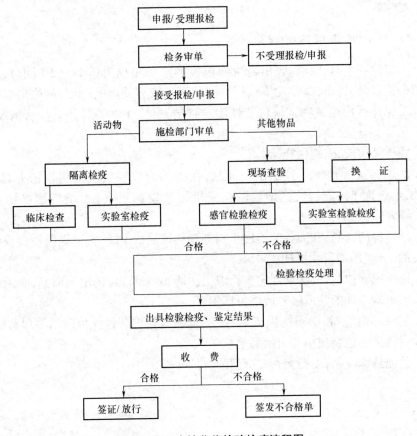

图 11 - 2　出境货物检验检疫流程图

（二）出境商品报检范围与要求

1. 已完成生产加工过程并完成包装等待发运的整批货物。
2. 生产企业已对货物进行检验并出具厂检合格单。
3. 备齐全套报检单证。

（三）报检时间和地点

1. 出境货物最迟应在出口报关或装运前 7 天报检，对于个别检验检疫周期较长的货物，应留有相应的检验检疫时间。
2. 法定检验检疫货物，除活动物须由口岸检验检疫机构检验检疫外，原则上应坚持产地检验检疫。

（四）报检时需提交的单证

办理报检申报时，应填制《出境货物报检单》（如单据附样 11 - 2 所示），并提供外贸销售合同、订单；商业发票；装箱单；信用证或有关函电；生产单位出具的厂检结果单原件；《出境货物运输包装性能检查结果单》正本。遇如下特殊情况，还需按要求提交有关材料。

1. 凭样品买卖，需提供样品。
2. 产地与报关地不一致的出境商品，在报关地检验检疫机构申请办理《出境货物通关单》时，需提交产地检验检疫机构签发的正本《出境货物换证凭单（凭条）》。
3. 经预检的商品，在向检验检疫机构办理换证放行手续时，需提供检验检疫机构签发的正本《出境货物换证凭单》。
4. 依国家法律、行政法规规定实行卫生注册和质量许可的出境商品，必须提供检验检疫机构批准的注册编号或许可证编号。
5. 危险品出境时，必须提供正本《出境货物运输包装性能检验结果单》和《出境危险货物运输包装使用鉴定结果单》。
6. 其他特殊商品，需提交有关部门的审批文件。

单据附样 11 - 2

中华人民共和国出入境检验检疫
出境货物报检单

报检单位（加盖公章）：　　　　　　　　　　　＊编　　号_____

报检单位登记号：　　　　联系人：　　　电话：　　报检日期：　年　月　日

发货人	（中文）					
	（外文）					
收货人	（中文）					
	（外文）					
货物名称（中/外文）	H.S.编码	产地	数/重量	货物总值	包装种类及数量	

运输工具名称号码		贸易方式		货物存放地点	
合同号		信用证号		用途	
发货日期		输往国家（地区）		许可证/审批号	
起运地		到达口岸		生产单位注册号	

集装箱规格、数量及号码

合同、信用证订立的检验 检疫条款或特殊要求	标 记 及 号 码	随附单据（划"√"或补填）	
		□合同	□包装性能结果单
		□信用证	□许可/审批文件
		□发票	□
		□换证凭单	□
		□装箱单	□
		□厂检单	□

需要证单名称（划"√"或补填）			＊检验检疫费	
□品质证书	__正__副	□植物检疫证书　　__正__副	总金额 （人民币元）	
□重量证书	__正__副	□熏蒸/消毒证书　　__正__副		
□数量证书	__正__副	□出境货物换证凭单　__正__副		
□兽医卫生证书	__正__副	□	计费人	
□健康证书	__正__副	□		
□卫生证书	__正__副	□	收费人	
□动物卫生证书	__正__副	□		

报检人郑重声明： 　1.本人被授权报检。 　2.上列填写内容正确属实，货物无伪造或冒用他人 的厂名、标志、认证标志，并承担货物质量责任。 　　　　　　　签名：_____	领 取 证 单	
	日期	
	签名	

注：有"＊"号栏由出入境检验检疫机关填写　　　　　　◆国家出入境检验检疫局制

第三节　催证、审证及改证

信用证是银行有条件的付款承诺,条件是受益人提交符合信用证要求的单据,符合"单内一致,单单一致,单证一致"的原则才能确保顺利收汇,实现合同的利益。因此,出口商(受益人)在未收到信用证的条件下不能发货;收到信用证后必须审核,以确定其内容与合同签订的相关内容相符,如果发现存在与合同不符或规定不合理会造成出口商交单困难或额外负担的,应提请修改信用证。

一、出口商催开信用证

进口商未能按合同或双方约定的时间开立信用证的问题,一直是理论和实践中缺乏认定的一个问题。业界经常遇到进口商未如期开证,致使合同规定的装运期临近,出口商进退两难,担心进口商反而提出出口商未按合同规定发货的问题。因此,对于进口商的开证,本属于履行合同的义务,鉴于上述问题,合同中应明确进口商开证的期限,不得晚于发货××天开出,否则因此造成的影响和后果应由进口商承担。

现实业务中,由于买卖双方存在长期业务往来关系,一般出口商考虑到对方的工作量或疏忽,在备货的同时,根据业务的需要和时间的掌控,一般会在未收到信用证时,以电讯方式催促进口商尽快开证,而使得业务能顺利进行。

二、信用证的审核

当出口商收到通知行的信用证后,对于信用证的真伪、内容等必须进行仔细认真的审核,才能履行发货和寄单的义务。如果受益人拿到的是不可靠、未生效的,甚至是虚假的信用证,受益人如何鉴别信用证的真实性,谁又能帮助受益人安全收汇呢?

(一)通知行对信用证的审核重点

1. 开证行的经营作风和资信情况的审核。由于出口商对于进口商将向哪家银行申请开证事先并不知晓,信用证开来后,如果对开证行不熟悉,很难判断其信誉如何。只有通过通知行了解开证行的资信,特别对于金额较大的信用证,一定要考虑该行的资信是否与金额相称,否则应要求由另一家资信好的银行加具保兑。

2. 偿付路线和偿付条款的审核。此即对信用证中有关开证行及其指定的付款行,对信用证项下货款的支付或议付的偿付规定是否合理,偿付条款订立的是否恰当进行审核。

3. 核对信用证上的印鉴或密押是否相符。这是基本判定开证行真实性的基础。

4. 信用证的到期地点是否在受益人所在地到期。信用证对有效期的规定一般为："Expiry date on Sept. 30,1998. in country of beneficiary for negotiation"或"Date and Place of Expiry：093098 China"或"Expiry date on Sept. 30, 1998 at your counters"。因为到期的概念,是指受益人将单据交到开证银行时,必须在交单期(如有的话)或至少在有效期内。若规定在国外到期,出口商对单据邮寄的准确邮程无法掌握,难以保证单据到达付款行是否会在有效期内。甚至可能因开证行资信不好或进口商故意挑错,以单据到达已过期为由,拒绝付款,使出口商十分被动,影响顺利结汇。

5. 开证行对开立信用证应承担的付款责任是否明确。一般信用证开立都有银行在单证相符的条件下,保证付款等类似的责任条款,如果另外附加各种保留条件、暂不生效条款或软条款等,来减轻其应承担的责任范围,甚至企图达到不付或迟付的目的,则不能接受。因此,银行一定要严格把关,并提醒出口商注意,建议修改。

（二）通知行对信用证的通知

1. 通知行的责任。UCP600 第二条规定："通知行意指应开证行要求通知信用证的银行。"UCP600 第九条 B 款规定："通过通知信用证或修改,通知行即表明其认为信用证或修改的表面真实性得到满足,且通知准确地反映了所收到的信用证或修改的条款及条件。"也就是说,通知行有义务鉴定信用证的真实性。通知行在收到国外来证后,应在1—2 个工作日内将信用证审核完毕,填写《信用证通知书》,加盖通知行信用证通知专用章后通知受益人,以便受益人及时备货,在信用证有效期内完成规定工作。

UCP600 第九条 C 款规定："通知行可以利用另一家银行的服务(第二通知行)向受益人通知信用证及其修改。通过通知信用证或修改,第二通知行即表明其认为所收到的通知的表面真实性得到满足,且通知准确地反映了所收到的信用证或修改的条款及条件。"

2. 通知行不能鉴别信用证的真伪,要告知开证行或受益人。UCP600 第九条 F 款规定："如果一家银行被要求通知信用证或修改,但不能确定信用证、修改或通知的表面真实性,就必须不延误地告知向其发出该指示的银行。如果通知行或第二通知行仍决定通知信用证或修改,则必须告知受益人或第二通知行其未能核实信用证、修改或通知的表面真实性。"

3.信用证的通知方式视开证形式而异。如系信开信用证,通知行一般以正本通知受益人,将副本存档(受益人也可只取复印件,将正本保存在银行);对于全电本,通知行将其复制后以复制本通知受益人,原件存档。电开信用证(包括修改)中的密押(SWIFT 信用证无密押)需涂抹后再行通知。如果信用证的受益人不同意接受信用证,则应在收到《信用证通知书》的 3 日内以书面形式告知通知行,并说明拒受理由。

(三)出口商对信用证的审核

虽然信用证是独立于买卖合同之外的法律文件,但毕竟应该依照合同开立。合同体现了买卖双方的利益,因此,信用证就应该如实反映合同的内容。但有时由于合同对具体履行细节没有规定,或由于事后发生了一些变动,或由于买卖双方相距遥远,进口商为约束出口商有一些善意的规定,而出现了与合同订立的不一致或有矛盾时,如果会造成合同无法履行,或无法按要求提供与信用证相符的单据,则卖方必须要求买方修改,否则不能接受;如果不会造成上述困难,也不会增加费用影响出口商的利益,出口商可以接受,不必修改,但应作好合同的变更通知,以避免事后发生不必要的纠纷。

1.受益人对照合同审核的重点。

(1)开证人、受益人的名称和地址,是出口单证中必不可少的,如果来证开错应及时修改更正,以免制单和寄单发生困难,影响收汇。

(2)商品条款的审核。信用证应按合同中规定的商品的品名、规格、数量和包装等来开立,出口商对这部分内容应逐一核对。

信用证中商品的品名和规格应尽量简明,如果出现笔误,严格来讲应该提出修改,但有时还要视具体情况决定是否要求改证。如果属于原则问题,如将 Shirts 误开为 Skirts,一定要修改信用证的品名;如果不会因此引起误解,如将 Apples 写成 Aples,如果不修改,单据只能将错就错地照样缮制,前提是要与其他单据的签发不能有抵触。例如,该证同时要求出具商检证书,而我国商检机构一般不能接受出具错别字证书。此时应该修改信用证,要么在错开品名后加上正确的名称,即 Aples(Apples),一般银行也能接受。

商品的数量应与合同的规定相一致,同时也要考虑到商品的类别和装运条件。如果是大宗或整船散货,应考虑有溢短装条款,同时审核金额是否也有伸缩条款或是否相应开足。如果没有溢短装条款,根据 UCP600 第三十条 a 款规定:"约"(about)或"大约"(approximately)用于信用证金额或信用证规定的数量或单价时,应解释为允许有关金额或数量或单价有不超过 10%的增减幅度。b 款规定:在信用证未以包装单位件数或货物自身件数的方式规定货物数量时,货物数量允许有5%的增减幅度,只要总支取金额不超过信用证金额。

商品的包装一般在合同中都有规定,因此要注意来证对于货物包装的规定是否可以接受。如果我方货物按规定采用纸箱装(packed in cartons),而来证却规定木箱装(packed in wooden cases),则需修改信用证。

有时来证对包装的规定比较具体,不仅指定外包装,而且指定内包装。例如:"One piece in a polybag, half dozen for a box,20 dozens for a carton",这种情况下要与生产环节联系,如办不到应及时修改。

除此以外,还要注意来证是否有指定唛头,出口商必须严格按照规定刷唛和制单。做到货物包装上以及有关单据上的唛头与信用证指定的唛头完全一致。

(3)价格条件与货币。价格条件应与合同规定完全一致。如果合同中规定CFR 条件,而开来信用证却为 CIF 条件由卖方投保,此时只要来证金额中已包括保险费,或允许加收保险费,则可不必改证,否则应修改。

合同规定使用何种货币,信用证中也应使用何种货币。因为货币的选择是买卖双方签订合同时考虑的问题。随着国际经济贸易的发展,国际金融市场的波动,汇率动荡不定,所以正确地选择货币,才能尽量地减少收汇的风险。如果进口商以软货币代替硬货币开证,企图把从成交到付款这段时间的汇率下跌风险转嫁给出口商,是不能接受的。如果开证人不是出于恶意,而是为了方便结算,以便利其资金使用等原因改变了货币,要根据当时国际金融市场的变化趋势,来决定是否同意接受。

(4)汇票的付款期限。在汇票条款中规定受益人出具汇票的付款期限分为即期和远期。如果合同中规定为即期付款,但信用证开来为远期付款则应提出修改。但有时要分清信用证是否为假远期或远期加息。

假远期信用证,是指汇票付款期限为远期,但在偿付条款中规定汇票期限可按即期付款,并规定其贴现息等银行费用由开证申请人负担。如在偿付条款中规定:"The Negotiating Bank is authorized to negotiate the usance drafts on sight basis, as acceptance commission, discount charges and interests are for account of buyer."因此,假远期对受益人而言完全可以即期收款,这种方式是开证行向开证申请人提供的一种资金融通性贷款,所以受益人是可以接受的。

2.信用证一般及特殊条款的审核。除信用证中按合同的内容开立的条款外,有些涉及履行的具体细节,特别是买方为了对卖方的交货进一步加以约束,在信用证中有一些具体要求,受益人必须仔细审核。对于有问题的条款或有疑问的条款,一定与有关部门联系研究解决,确实没有问题才能接受,否则要及时提出修改。

(1)信用证的号码和日期。每一信用证必须有开证的号码,并注意在信用证其他条款中提及时,如在汇票条款的出票根据中涉及信用证的号码,应前后保持一致,否则可通过通知行向开证人澄清。信用证的日期,是作为将来制单时的重要日期,所以不能没有。

(2)起运地、目的地及运输路线和方式。信用证都要规定交货的运输方式和路线。根据要求必要时受益人应及时与有关运输部门了解落实,是否可以照办,否则应及早通知客户修改。

起运地与目的地应按合同商定的要求来开立。如"Shipment from Xingang, Tianjin to Duban, South Africa"或"Port of Loading:Xingang, Tianjin;Port of Discharge:Duban, South Africa"。如果在签订合同时买卖双方就起运地和目的地尚未确定,或为了便于将来发货或交货,签订合同及信用证开立时可以笼统规定。如我国出口商为了便于发货,起运地可以规定为"China/Any Chinese Ports",同样进口商有时也会考虑到交货的方便而笼统规定目的地(港),如"Australia Ports",但一定要注意交货地点应与价格条款一致。如价格条款是"CIF Los Angles"而目的港为"New York",则必须修改信用证使之一致;或将交货地点修改为"Los Angles O. C. P. New York",以明确卖方的费用和责任至洛杉矶,至纽约的运输费用及责任由买方承担。

此外对于目的港有重名的,一定要加注港口所在城市或国家的名称,以避免引起误解和争议。

(3)船只限制条款。有时信用证开来对所承运的船只或承运人有特殊的规定,特别是要求出具相应单据或证明的,此时一定要及时与外贸运输部门联系,看能否满足其要求。如果承运部门明确提出不能办到的,一定联系客户修改。

有些国家如伊拉克、卡塔尔、约旦、沙特阿拉伯和尼日利亚等国,开来信用证经常规定:"The Bill of Lading or shipping agents certificate must certify that the carrying steamer is not over 15 years of age."这时应立即与承运人联系,确认在装期内能否有15年以下船龄的船只,或能否在提单上注明船龄或出具证明。因此,对于这一条款要具体了解并与有关单位联系确认,否则不能接受。

有些信用证对装运指定承运人或某班轮公会船只等,特别是在 FOB 条件下,如:"Shipment must be made by conference line vessels and documents must include the certificate by the shipping Co. or their agents"或"Shipment must be effected by APL or MARSK vessels"等规定。对于这方面的条款有些是较容易办到的,但有时在特定的期限内租到这样的船只也是有难度的。如果是 CFR 或 CIF 条件下,发货人有权

选择合适的船只,买方无权加以限制,所以,应根据实际情况掌握。

(4)部分发运(Partial Shipments)及分期发运(Installment Shipments)。信用证运输条款中一般要明确是否允许分批装运和转船(如 Partial Shipment Allowed;Transshipment Not Allowed)。受益人要根据装运港船只以及备货的情况,审核是否符合实际的要求以决定能否接受。有关部分或分期发运的规定,根据 UCP600 的规定应理解为:信用证允许部分支款或部分发运;如果信用证规定在指定的时间段内分期支款或分期发运,任何一期未按信用证规定期限支取或发运时,信用证对该期及以后各期均告失效;如果多份运输单据的表面上表明使用同一运输工具并经由同次航程运输在同一次提交,只要显示相同目的地,将不视为部分发运,即使运输单据上表明的发运日期不同或装货港、接管地或发送地点不同。如果交单由数套运输单据构成,其中最晚的一个发运日将被视为发运日。

(5)装运期与交单期。如果信用证开来较迟,而装期又太近,应要求修改同时延展装运期及有效期;信用证如果没有规定装运期,则以信用证的有效期掌握装期,即俗称双到期。但如果信用证开来没有有效期,则信用证无效,必须要求明确有效期,否则不能凭此信用证发货和结汇;信用证除规定装运期和有效期外,还常常规定一个在装运日期后必须提交单据办理议付或付款的特定期限,即交单期(Presentation Period)。如:"Documents must be presented within 15 days after the date of shipment but within the validity of the credit."此时应注意在发货取得提单以后,应在从提单的签发日期起算 15 天内,尽快缮制信用证所要求的所有单据向银行交单议付或承付。根据 UCP600 第六条 d 款规定:信用证必须规定一个交单的截止日。规定的承付或议付的截止日将被视为交单的截止日。

(6)信用证中期限的用词,应根据 UCP600 的解释理解。如"在或大概在"(on or about)或类似用语将被视为规定事件发生在指定日期的前后 5 个日历日之间,起讫日期计算在内。

在日期前以"to""until""till""from"及"between"等词用于确定发运日期时包含提及的日期,使用"before"及"after"时则不包含提及的日期。

对于"前半月"(first half)及"后半月"(second half)分别指一个月的第 1 日到第 15 日及第 16 日到该月的最后一日,起讫日期计算在内。

有些信用证对有效期使用一个月的"开始"(beginning)、"中间"(middle)及"末尾"(end)分别指第 1 到第 10 日、第 11 到第 20 日及第 21 日到该月的最后一日,起讫日期计算在内。

(7)其他特殊条款。

①不符点罚款条款。目前信用证对不符点单据一般都有罚款。如:"A fee of

USD75.00 will be imposed on each set of documents received by us containing any discrepancies under the credit. "因此出口商在缮制单据时一定要仔细审单,出现问题及时联系修改,保证没有或尽量减少不符点。

②电索条款(T/T Reimbursement)。即带电汇条款的即期信用证规定:议付行收到受益人提交的单据与信用证条款核对无误后,可用电报或电传要求开证行或付款行立即电汇付款。电报或电传中应明确申明单据与信用证条款相符,并已按照信用证规定寄送。电索条款在信用证中一般表达为:" Payment by T/T Reimbursement upon receipt of tested telex from negotiating bank stating that the terms and conditions of the credit have been complied with and that documents have been dispatched to opening bank by speed post in one lot. "这种条款对受益人比较有利,可以加速资金回笼,确保收汇安全。如果信用证不允许电索,则注明 T/T Reimbursement not allowed。

③汇率条款。买卖双方为了保证不因外汇汇率变动而遭受损失,常在信用证中将外汇汇率加以固定;或规定将来汇率变动由买卖双方直接协商解决;或有些在将汇率固定的同时,另规定如付款时汇率变动,由开证行负责补偿差额等,这些规定为信用证汇率条款。对于这些条款的审核,需要掌握汇率变化的规律和发展趋势,了解一定的汇率理论,克服盲目性,才能有利于出口收汇。

④非单据化条款。信用证对单据条款或称跟单条款都要作明确规定,但有时一些信用证在商品条款、装运条款或其附加条件中,对出单的做法有些规定,从而对出口商交货过程加以限制和要求。如果信用证指明了按这些条件提交具体的单据或证书时,应视为单据条款的延伸;而如果只列有条件,却未明确应提交的单据,通常称为非单据化条款。

根据 UCP600 第十四条"单据审核标准"h 款规定:如果信用证含有一项条件,但未规定用以表明该条件得到满足的单据,银行将视为未作规定并不予理会。例如:"Shipment from Xingang, Tianjin to Rotterdam by a steamer which is not over 15 years of ages",是在装运条款中说明,要求出口商所装运的船只不能超过 15 年船龄,但并未提出出口商一定要提交由船方或承运人出具的船龄证明,所以,银行在审核时就不能以信用证有该条件而要求出口商提交相应的单据,换言之,不能以受益人未提交此类条件的单据而确定单证不符。

出口商对非单据化问题的处理,虽然不必另出具单据,但应按照此类条款的要求去做,并尽量在相关单据中表现出来,如果不能办到的,应联系进口商修改或删除此类条件,以避免出现不必要的争议而影响收汇。

3.单据条款的审核与修改。信用证中的单据条款又称跟单条款,是作为买方要求卖方提交的、作为进口通关时使用,或作为约束卖方按照要求履行并凭以付款的证明;也是卖方证明已按要求履行交货并凭以要求付款的书面文件,因此,对买卖双方都很重要。在签订合同时有时考虑到一些要求,因而对单据作出了明确的规定,但大多数情况下,签订合同时并没有考虑具体的单据要求,而是按平时的习惯要求在开证时体现出来。因此,对于出口商就应特别注意单据条款的合理性。不能办到的,一定提出修改,否则会给交单直接造成困难。而信用证方式下,银行只问单据,即只根据单据是否与信用证的条款和要求相符来决定是否付款。

有关单据的具体要求及种类,视不同的国家和不同的客户而有所不同。主要包括商业单据(Commercial Documents),即发票、运输单据和保险单据;以及由第三方关系人或机构签发的证明文件和单据,如商品检验证书、原产地证书等公务证书(Public Certificate);此外还有一些与交货有关的其他单据,如装运通知、寄单证明、包装声明等。相关内容可以在有关对外贸易单证课程或教材中有详细的缮制和注意的事项,本书不再展开介绍。

三、信用证的修改

(一)信用证修改应注意的问题

信用证经过审核后,凡是决定要向申请人提出修改的,应将所有要求修改的条款归纳、整理,尽快向开证申请人提出。根据 UCP600 的要求,改证应掌握以下几个方面。

1. 对于信用证项目的重大缺漏,应经通知行提请开证行澄清。如无有效期、信用证号码前后不一致、装运期与有效期颠倒等表面存在的问题,可由通知行直接向开证行提出,这样既快捷又能节省银行费用。

2. 信用证中条款与合同不符而不能接受的,要直接向开证申请人提出。如果出口商审核信用证发现内容与合同不符或不能接受的条款,应首先向开证申请人提出,由开证申请人向开证行申请改证。并且修改必须经各方当事人同意,方为有效。

(1)必须利用同一家通知行的服务通知信用证的修改。UCP600 第九条 d 款规定:"如一家银行利用另一家通知行或第二通知行的服务将信用证通知给受益人,它也必须利用同一家银行的服务通知修改书。"也就是说,信用证及其修改必须利用同一家通知行。

【案例 11-1】香港汇丰银行通过中国银行大连分行通知信用证给大连某进出

口公司 H。后开证人提出修改货物的规格,因急于传递信用证修改书,汇丰银行利用其在大连的办事处通知信用证的修改。但汇丰银行大连办事处由于没有 H 公司的联系电话,后经辗转多时才将修改书送达受益人。但此时 H 公司已按原证要求的规格发货并交单议付。结果开证行以发票所列规格与信用证不符为由拒付。

(2)开证行不可撤销地受其发出修改的约束。UCP600 第十条 A 款规定:"除本惯例第 38 条另有规定外,凡未经开证行、保兑行(如有)以及受益人同意,信用证既不能修改也不能撤销"。这一条款强调了信用证的不可撤销性。信用证修改应遵循的规则是:只有买方(开证人)有权决定是否修改信用证(买方申请修改);只有卖方(受益人)有权决定是否接受信用证修改(卖方可拒绝修改);卖方(受益人)接受修改前,原信用证对卖方(受益人)仍然有效。

UCP600 第十条 C 款规定:"在受益人向通知修改的银行表示接受该修改内容之前,原信用证(或包含先前已被接受修改的信用证)的条款和条件对受益人仍然有效。"这一条款强调了信用证的不可撤销性。对于不可撤销信用证中任何条款的修改,都必须取得当事人的同意后才能生效。

(3)受益人应发出接受或拒绝接受修改的通知,但并不是强制性的。UCP600 第十条 C 款还规定:"受益人应发出接受或拒绝接受修改的通知。如受益人未提供上述通知,当其提交至被指定银行或开证行的单据与信用证以及尚未表示接受的修改的要求一致时,则该事实即视为受益人已作出接受修改的通知,并从此时起,该信用证已被修改。"受益人对信用证修改内容的接受或拒绝有两种表示形式:受益人发出接受或拒绝该信用证修改的通知;受益人以行动按照信用证的修改内容办事。

(4)通知行应向其发出修改书的银行回复受益人是否接受修改。UCP600 第十条 D 款规定:"通知修改的银行应当通知向其发出修改书的银行任何有关接受或拒绝接受修改的通知。"

(5)受益人对修改保持沉默不等于接受修改。UCP600 第十条 F 款规定:"修改书中作出的除非受益人在某一时间内拒绝接受修改,否则修改将开始生效的条款将被不予置理。"

该条款中明确否定了银行"如受益人未在规定时间内发出通知的话,则修改生效"规定的有效性。再次强调了信用证的不可撤销性。这一规定反映了 ICC 沉默不等于接受的一贯立场。ICC 曾明确表示设立时间限制的规定与"信用证不经受益人同意不得修改或撤销"的性质相抵触,也违反一些国家法律的规定。

(6)受益人对于修改内容要么全部接受,要么全部拒绝。UCP600 第十条 E 款规定:"不允许部分接受修改,部分接受修改将被视为拒绝接受修改的通知。"

(7)对修改内容应一次性提出,避免多次修改。通过客户直接寄送的修改申请书或修改书复印件不是有效的修改。要明确修改费用由谁承担,一般按照责任归属来确定修改费用的承担方。

3.出口商保证风险可控制条件下对条款修改的酌情处理。

(1)信用证数量溢短装条款与金额不配套。信用证根据合同条款对货物数量作了溢短装的规定,却没有允许金额有一定的增减幅度,导致信用证项下数量与金额的规定不匹配。在这种情况下,如果受益人溢装货物,货物溢装部分的收汇没有信用证的保证。但是,当受益人(卖方)预计货物数量不会超过信用证规定金额时,就不必要求修改信用证,在发货时,不溢装货物就可以了。

(2)信用证金额的小写写法与我们的习惯写法不同。信用证金额一般同时用大写与小写两种方式来表达。在有些信用证中,其小写金额的小数点与数字间的分隔符号与我们的习惯不同,比如一万二千三百四十五点一二,我们习惯小写为"12,345.12",但有时信用证的小写写法则变为"12.345,12",只要大写金额正确、清楚,即使小写金额写法与我们不同,也是可以接受的,不必要求进口方修改信用证。

(3)信用证规定双到期。为了便于出口方在装运货物后,能有足够的时间办理制单、向银行交单议付的工作,在进出口业务中,通常要求信用证的到期日规定在装运期后15—21天,但有的信用证把最后装运期和信用证到期日规定为同一天,我们称之为"双到期"。

如果双到期的信用证的到期日是合同装运期后15天以上的日期,不必修改信用证。受益人(卖方)只要在合同规定的装运期前交货就有在装运后制单、交单议付的时间,没必要修改信用证。

(4)信用证未规定交单期限。交单期限是要求受益人在货物装运后一定期限内,向银行交单议付。若货物发运后,受益人在交单期内没有及时交单,银行有权解除必须付款的责任。如果信用证上没有规定交单期限,不必修改信用证。按照UCP600的规定,银行将不接受晚于装运日21天后提交的单据,但单据无论如何不得晚于信用证的有效期。

(5)信用证未规定允许分批装运。如果合同条款规定允许分批装运,而信用证却没有显示"允许分批装运",也不必修改信用证。因为按照UCP600的规定:如果信用证未明确规定是否允许分批装运,则允许分批付款/或分批装运。

总之,实际业务中许多不符点单据的产生常常是受益人对收到的信用证事先检查不够造成的,一些本来可以及时纠正的错误,由于未及时审核而没能加以修改。等受益人交单时发现错误,已无法补救。受益人收到信用证应尽早审核,发现错误、遗漏或无法办到的条款,立即采取相应的补救措施是减少交单时出现不符点的必要步骤。

第四节 租船订舱与投保

出口商向货运代理或承运单位办理海、陆、空等出口运输委托业务,称为出口货物托运。其中,由于我国出口货物大多采用海洋运输,且海洋运输出口环节较多、工作量大,本节要求重点掌握租船订舱的工作程序及其单据的要求。

一、租船订舱工作及单据的缮制

(一)委托代运

出口商或货方于出口装运期前,缮制好海运出口货物委托单或出口托运单(包括装货单、场站收据、大副收据等),送交承运公司办理租船订舱托运手续。

《海运出口货物订舱委托单》(以下简称《委托单》),如单据附样 11 - 3 所示,是出口单位向船运代理或船运公司对所托运货物的详细说明,也是运输代理填写出口托运单代为订舱以及船方签发提单的依据。因此,必须按合同或信用证的要求仔细填写。内容包括以下几项。

合同号、信用证号以及委托号和提单号:发货人填写该货物出口的合同号码和信用证号码;委托号和提单号留待船方承载时填写。

有关货物情况的描述:包括货物的品名、唛头、件数和包装以及所运货物的重量和体积。这些内容要按信用证的要求,一般可参照已缮制好的商业发票及货物的实际情况填写,特别是重量和体积要尽量做到与实际货物相符,以便船方对装运的整体数量和体积有全面了解,不至于造成超载或运力浪费。

收发货人及装运路线和其他要求:这部分内容包括发货单位名称,要正确填写中英文名称;收货人(Consignee),要根据信用证或合同要求的提单的抬头人做法来填写;货物的起运地及装货港和卸货港,也要按规定写明港口名称及所在国家名称;通知人名址(Notify Party),一般要详细填写通知人的名称及详细地址,特别是在收货人为指示式或不记名式时更要仔细。如果信用证有特殊要求,则在"特别要求"一栏填写;若发货人对货物的装运有特别要求则在"备注"栏中填写。

单据附样 11 – 3

<table>
<tr><td colspan="4" align="center">出　口　货　物　订　舱　委　托　书</td></tr>
<tr><td></td><td colspan="3" align="right">日期　　月　　日</td></tr>
<tr><td rowspan="3">1）发货人</td><td colspan="3">4）信用证号码</td></tr>
<tr><td colspan="3">5）开证银行</td></tr>
<tr><td colspan="2">6）合同号码</td><td>7）成交金额</td></tr>
<tr><td rowspan="5"></td><td colspan="2">8）装运口岸</td><td>9）目的港</td></tr>
<tr><td>2）收货人</td><td>10）转船运输</td><td>11）分批装运</td></tr>
<tr><td></td><td>12）信用证有效期</td><td>13）装船期限</td></tr>
<tr><td></td><td>14）运费</td><td>15）成交条件</td></tr>
<tr><td></td><td>16）公司联系人</td><td>17）电话/传真</td></tr>
<tr><td rowspan="2">3）通知人</td><td>18）公司开户行</td><td>19）银行账号</td><td></td></tr>
<tr><td colspan="2">20）特别要求</td><td></td></tr>
<tr><td colspan="4">21）标记唛码　22）货号规格　23）包装件数　24）毛重　25）净重　26）数量　27）单价　28）总价</td></tr>
<tr><td colspan="4" height="120"></td></tr>
<tr><td colspan="4">29）总件数　　30）总毛重　　31）总净重　　32）总尺码　　33）总金额</td></tr>
<tr><td colspan="4" height="60">34）备注</td></tr>
</table>

信用证或合同对装运的具体要求：装船期限，是指填写所规定的具体装船日期。信用证有效期，是指信用证的交单期或有效期。货物可否转船和分批，也是根据 L/C 要求填写。提单的正副本份数，一般信用证也有规定。运费支付，要求一定要写明运费预付（Freight Prepaid）或运费到付（Freight Collect）或其他要求，以便船方收取运费。

以上四大部分填写后,由发货人(或称委托人)签字盖章方为有效。

(二)租船订舱阶段

托运人办理托运委托后交由货运代理人代理租船订舱,填写套合式出口海运托运单。集装箱货物托运单,一般一套八联,性质与散货运输托运单(共十二联)相同,各联的名称和作用分别为:

第一联:货主留底联(白色),该联为货主即托运人留底,待货物出运以后,凭此联缮制提单。其作用等同于前述的委托单。

第二联:船代留底联(白色),供出口运输涉及的船舶代理留底。

第三联:货代留底联(白色),供出口托运涉及的运输代理留底。

第四联:装货单(场站收据副本)(蓝色),俗称下货纸,即运输公司表明已经承载、确认接受订舱,在此联加盖签单章,退还托运人将来向海关报关时使用(如单据附样 11 - 4 所示)。

第五联:场站收据副本(大副联)(粉红色),报关后货物装船时,船方的大副接受装货单作为随船资料,在大副联上签字表明收到货物,由托运人凭以向船公司换取正本提单。

第六联:场站收据(黄色),港务局通知发货人集港装船时,货物送至港区指定仓库后,由仓库收货理货员签发场站收据,代表港务局收到货物安排。

第七联:海关副本(白色),海关接受申报,在装货单上签注放行后,将此联留底备查。

第八联:港口费收结算联(蓝色)。货物由发货地向港口发货一直到装船前所产生的所有岸上费用,会记录在该联。货物装船后托运人要求签发提单时,向托运人收取。

当货主直接填写时,则不需另外填写委托单,而只需将本单据的货主留底联留下,其他交给承运人订舱签单,然后凭其报关;如果先行委托,则由承运代理人缮制整套托运单,将下货纸交给货主报关。托运单是供缮制运输单据之用,因此,原则上要根据合同或信用证的规定仔细填写。集装箱货物托运单除与委托单的栏目和内容基本相同的内容外,其他栏目填写时应注意以下几点。

(1)收货方式和交货方式(CY - CY 或 CFS - CFS 等)应根据运输条款如实填写,同一单据不得出现两种收货或交货方式。

(2)冷藏货出运,应正确填报冷藏温度;危险品出运,应正确填报类别、性能、危规页数(IMDG. CODE PAGE)和联合国编号(UN. NO.)。如果国际危规规定主标以外还有副标,在性能项目栏(主标)/(副标)填报。

单据附样 11 - 4

SHIPPER(发货人)	D/R NO.（编号）
	装　货　单 场站收据副本 **第四联**

| CONSIGNEE(收货人) | |

| NOTIFY PARTY(通知人) | Received by the carrier the Total number containers of other packages or united blow to be transported subject to the terms and conditions of the Carrier's regular form of Bill of Lading (for Combined transport of Port to Port Shipment) which shall be deemed to be incorporated herein. Date(日期) |

PRE – CARRIAGE BY(前程运输) PLACE OF RECEIPT(收货地点)

OCEAN VESSEL(船名)VOY NO(航次) PORT OF LOADING(装货港)

场站章

PORT OF DISCHARGE(卸货港)　PLACE OF DELIVERY(交货地点) | FINAL DESTINATION FOR THE MERCHANT'S REFERENCE(目的地)

Container No. （集装箱号）	Seal No. 封志号； Marks &No.s 唛头	No. of Containers or Packages 箱数或件数	Kind of packages Description of Goods 包装种类与货名	Gross Weight 毛重（千克）	Measurement 尺码（立方米）

TOTAL NUMBER OF CONTAINERS
OR PACKAGES(IN WORDS)
集装箱数或件数合计（大写）

Freight &Charges （运费与附加费）	Revenue Tons （运费吨）		Rate(运费率)	Per(每)	Prepaid （运费预付）	Collect （运费到付）
Ex. Rate:（兑换率）	Prepaid at(预付地点)		Payable at(到付地点)		Place of Issue(签发地点)	
	Total Prepaid(预付总额)		No.s of Original B(s)/L(正本提单份数)			

Service Type on Receiving □ – CY □ – CFS □ – DOOR	Service Type on Delivery □ – CY □ – CFS □ – DOOR	Reefer – Temperature required （冷藏温度）	℉	℃
TYPE OF GOODS （种类）	□Ordinary 普通　□Reefer 冷藏　□Dangerous 危险品　□Auto 裸装车辆 □Liquid 液体　□Live Animal 活动物　□Bulk 散货　□_____		危险品	Class: Property: IMDG Code Page: UN No.

可否转船:	可否分批:	
装期:	效期:	
金额:		
制单日期:		

除以上注意内容,其他栏目的填写与委托单相同。货主根据承运人签发的下货纸连同其他报关单据等向海关报关,海关查验无误,在装货单联盖章放行后,船方才能收货装船。

(三)货物集中港区阶段

船方代理根据装货单缮制出口载货清单和装货清单,供船方编制货物积载图用(船图)。然后船方代理将积载图送港区,港区凭此结合作业条件安排货物进区日程表,通知发货方货物进港。

货主根据港区通知,将货物如期送至港区指定仓库,经向海关办理报关、验货、监装(集装箱)后,将加盖海关放行章的装货单交理货公司,准备装船。

(四)装船阶段

理货公司根据积载图、装货清单、出口仓单等情况编制具体的装船计划,通知港区仓库管理员发货到船边,使用岸吊或船吊将货物装入船舱内。货物装船后,理货公司将装货单与收货单(大副收据)送交船方,船方将装货单留存作为随船货运资料,在大副收据上签注后退给发货方,发货方凭以向船方代理换取正式提单。

二、航空运输的托运工作及单据

航空运输由各航空公司制订本公司的国际(航空)货物托运书(Shippers Letter of Instruction)。内容与海运托运单大同小异,由出口单位填制,并随附所有的报关单据,委托航空公司或代理负责托运工作。国际货物托运书的内容包括以下几项。

(一)收发货人及通知人名称地址

这部分内容与填写海运托运单一样,要根据合同或信用证的要求详细填写。此外第二栏收货人一栏与海运单所不同的是,由于航空运单不是物权凭证、不能转让,因此本栏通常不能作成指示式("To Order"或"To Order of ××"字样)。如果有的运单有一栏代理人的名称和城市,则根据实际情况,有则填,没有则不填。

(二)运输路线

始发站和到达站:填写始发机场和目的地机场的全称或城市名称,或按照信用证中有关路线的描述"From...To..."中的要求填写。注意如果某一城市名称可用于一个以上国家时,应加上国家名称。例如:LONDON, U. K.(英国伦敦);LONDON KY U. S.(美国肯塔基州伦敦);LONDON TO CA(加拿大安大略省伦敦)。

要求的路线/申请订舱:用于航空公司安排运输路线时使用,但如果托运人有特别要求时可以填写。

(三)有关货物情况的描述

货物情况即货物品名、包装、唛头、件数、毛净重以及保险金额等,应根据要求和实际的情况填写。

货运单所附文件:填写随附货运单前往目的地的文件的名称,最后经托运人签字盖章,注明日期将所附其他单据一并交航空公司。待货物发运离港后,由航空公司缮制并签发航空运单(Air Waybill),交托运人或出口商送银行结汇。

三、陆运托运工作

陆运分为铁路和公路运输。铁路运输主要分港澳联运和国际联运,两者纳入中国对外贸易运输公司(简称外运公司)的货运代理业务范围。公路运输主要指经深圳至香港。

(一)铁路运输托运手续

1. 对我国大陆对香港地区的铁路运输,采用特殊的租车方式的两票运输。全程由国内段和香港段两段组成,由外运各地分支机构和香港中国旅行社联合组织。

发货人填写《出口物资工作单》,委托深圳外运分公司和中旅社办理货物转运报关接货手续,该单据也是被委托人的工作依据和核收运杂费的凭证。

发货人填写《出口货物报关单》,必要时提供商检证书、文物出口证明或出口许可证等,供出口报关用。货物发运后,承运人签发《承运货物收据》(Cargo Receipt),作为出口人结汇收款的凭证。

2. 国际货物铁路联运。我国是参加《国际货物联合运输协议》(简称《国际货协》)的成员,国际联运和单据要求按照国际货协的规定办理。我国通往欧洲的国际铁路联运线有两条:一是利用俄罗斯的西伯利亚大陆桥贯通中东、欧洲各国;另一条是由江苏连云港经新疆与哈萨克斯坦铁路连接,贯通俄罗斯、波兰、德国至荷兰的鹿特丹,称为新亚欧大陆桥。

整车运输的发货人每月要向运输部门报送月度或旬度货物运输计划和日要车计划;托运时向车站提交货物运单和运单副本,作为货物托运的书面申请;承运人在运单上签证时写明货物应进站日期和装车日期,即表示接受托运;整车货物在装车完毕,发站在货物运单上加盖承运日期戳,为承运。

发运零担货物,发货人托运时不需要编制月度、旬度要车计划,即可凭运单向车站申请托运;车站受理后发货人按指定日期将货物运进货场指定货位,经查验交由铁路保管;车站将发货人托运的货物连同货物运单一同接受完毕,在运单上加盖承运戳记,表明货物已承运。

货物发运取得《国际铁路联运运单》(International Through Rail Waybill),是发货人与铁路之间缔结的运输契约,规定了铁路与发、收货人在货物运送中的权利、义务和责任,对铁路、收发货人具有法律约束效力。

(二)公路运输托运手续

我国对外贸易公路运输,主要是对独联体、朝鲜、巴基斯坦、印度、尼泊尔、不丹、越南、缅甸及中国香港和澳门的公路运输。

公路运输一般没有固定格式的托运单,而是由出口单位以商业发票,加注必需的项目,即规定的运输条款,如编号、装期、有效期、可否分批等,并随附出口报关单据委托外运进行托运。

四、保险投保手续

国际贸易中,货物经过长途运送和装卸过程,不可避免地会因自然灾害、意外事故或其他外来因素导致货物受损。为了保障权益人在货物受损后获得经济补偿,根据买卖双方合同的约定,货物出运前向保险公司办理有关投保事宜。保险公司在接受投保后必须签发承保凭证,此项凭证即保险单据,是保险人(保险公司)和被保险人(投保人)之间订立的保险合同证明,在被保险货物受到保险凭证责任范围内的损失时,是被保险人索赔和保险人理赔的主要依据;同时在 CIF、CIP 等条件下,又是卖方必须向买方提供的出口结汇单据之一。

发货人或被保险人在货物发运以前,确定装运工具并缮制发票以后,向保险公司(保险人)办理投保手续所填制和提交的单据,为货物运输险投保单。

每个保险公司都有自己固定格式的投保单,由出口公司在投保时填写,其内容应按合同或信用证的要求仔细、认真填写,不能出现错误,因保险公司出具的保险单据是根据投保单的内容来缮制与签发的。虽然各保险公司投保单的格式不尽相同,但其内容基本一致。

1. 被保险人(中英文)。填写被保险人的中英文名称。除非信用证有特别规定,一般填写信用证的受益人或合同的卖方即发货人。

2. 唛头。要求按信用证或与发票等其他单据上的唛头相一致。

3. 数量和保险物资项目。数量即出口货物的总数量,如总重量或总包装件数;保险物资项目,即货物的品名或规格,一般其填写可按提单的填法,填写大类或货物的统称,不必详细列明各种规格等细节。

4. 保险金额。一般是计算投保加成后的总保险金额,或填成交金额也可以,但需要标明成交价格条件。

5. 装运路线。这包括:装于什么运输工具;开行日期,一般是提单签发日期,以及运输路线"from...to..."(自……至……),即货物装运地和目的地。

6. 提单、通知单或邮局收据号次。根据不同的运输方式,填写运输单据的号码,如提单号、航空运单号或其他运输单号。

7. 保费给付地点及赔款地点。投保后,保险费由谁支付和在哪支付。一般在CIF、CIP 条件下,由卖方来交付保险费,因此,保费给付地点应填写卖方所在地。赔款地点,是指若货物在运输途中发生了保险公司承保范围内的损失时,应向何地索赔、获得赔款,一般是买方所在地。

8. 投保险别。应按买卖双方合同规定或按信用证有关的要求条件来填写。

9. 投保加成,即规定的投保加成比率。在我国各保险公司,一般接受的最高加成是30%,超过此比率,一般不能承保,或要求加以说明和提供有关的证明文件。

10. 包装情况。一般指是散货运输还是集装箱运输。一般在集装箱运输条件下,可有一定的优惠保险费率。

11. 保单号次和费率。一般发货人不填,留给保险公司填写。

12. 投保人签章。在填写完上述内容后,最后由投保人签字盖章才能生效。

除了上述的投保单外,有时,也可以出口公司填制的出口货物明细单或出口发票副本来代替,但必须加注有关保险要求的项目,如:运输工具、开航日期、承保险别、投保金额或投保加成、赔款地点、保单份数等要求。以便保险公司缮制保险单据时参照办理。

第五节　出口报关与装船

中华人民共和国海关是国家进出关境的监管机关,对内、对外代表国家执法,统一按照海关法规和国家制定的其他有关法律、行政法规,对进出关境的运输工具、货物、物品活动实施有效的监督管理,以维护国家主权和利益,保障社会主义现代化建设的顺利进行。

按《中华人民共和国海关法》的规定,进出境的运输工具、货物、物品必须通过设有海关的地方进境或出境,如实向海关申报,接受海关监督。海关对一般进出口货物的监管主要分为接受申报、审核单证、查验货物、办理征税和结关放行五个步骤和程序。

一、出口货物的申报及单据

(一)出口报关单据及制单

按本章第一节出口履行程序及出口通关手续,向海关报关时需提供的单证及其制作要求如下。

1. 出口货物报关单。出口货物报关单是向海关申报出口货物及海关凭其验关放行的重要单据,也是海关总署对我国出口货物汇总统计的原始资料。报关单由海关统一印制,出口公司向当地海关购买后使用。报关单位在报关时,必须做到:对报关单各栏项目要详细填写,内容齐全、整洁、准确,避免出现录入错误;不同合同的货物,不能填报在一份报关单上;申报人必须做到三相符,即单证相符、单单相符和单货相符。

为适应单据标准化、规范化的要求,以及电子计算机网络化发展的需要,我国海关报关系统实行了网络报关,出口货物报关单(如单据附样 11-5 所示),采用标准 A4 型统一规格,格式和项目作了相应的调整。内容共 47 项。前 32 项称为表头,用于描述进出口货物总体情况;后 15 项称为表体,用于描述每项商品的情况。一张关单上最多申报 5 项商品。目前海关已完善了电子通关系统,利用计算机对进出口货物进行全面信息化管理,实现监管、征税、统计三大海关业务一体化管理。

进出口货物报关单各栏目的填制规范如下。

(1)预录入编号,指申报单位或预录入单位对该单位填制录入的报关单的编号,用于该单位与海关之间引用其申报后尚未批准放行的报关单。

报关单录入凭单的编号规则由申报单位自行决定。预录入报关单及 EDI 报关单的预录入编号由接受申报的海关决定编号规则,计算机自动打印。

(2)海关编号,指海关接受申报时给予报关单的编号。海关编号由各海关在接受申报环节确定,应标识在报关单的每一联上。

报关单海关编号为九位数码,其中前两位为分关(办事处)编号,第三位由各关自定义,后六位为顺序编号。各直属海关对进口报关单和出口报关单应分别编号,并确保在同一公历年度内,能按进口和出口唯一地标识本关区的每一份报关单。

单据附样 11 –5　　　　　　中华人民共和国海关出口货物报关单

预录入编号：　　　　　　　　海关编号：

出口口岸		备案号		出口日期		申报日期	
经营单位		运输方式	运输工具名称		提运单号		
发货单位		贸易方式		征免性质		结汇方式	
许可证号		运抵国(地区)		指运港		境内货源地	
批准文号		成交方式	运费		保费	杂费	
合同协议号		件数	包装种类		毛重(公斤)		净重(公斤)
集装箱号		随附单据				生产厂家	
标记唛码及备注							
项号　商品编号　商品名称、规格型号　数量及单位　最终目的国(地区)　单价　总价　币制　征免							
税费征收情况							
录入员　　　录入单位		兹声明以上申报无讹并承担法律责任		海关审单批注及放行日期(签章)			
报关员				审单　　　　　审价			
单位地址		申报单位(签章)		征税　　　　　统计			
邮编　　　电话　　　填制日期				查验　　　　　放行			

（3）进口口岸/出口口岸，指货物实际进（出）我国关境口岸海关的名称。

本栏目应根据货物实际进（出）口的口岸海关选择填报《关区代码表》中相应的口岸海关名称及代码。

加工贸易合同项下货物必须在海关核发的《登记手册》（或分册，下同）限定或指定的口岸，与货物实际进出境口岸不符的，应向合同备案主管海关办理《登记手册》的变更手续后填报。

进口转关运输货物应填报货物进境地海关名称及代码，出口转关运输货物应填报货物出境地海关名称及代码。按转关运输方式监管的跨关区深加工结转货物，出口报关单填报转出地海关名称及代码，进口报关单填报转入地海关名称及代码。

（4）备案号，指进出口企业在海关办理加工贸易合同备案或征、减、免税审批备案等手续时，海关给予《进料加工登记手册》《来料加工及中小型补偿贸易登记手册》《外商投资企业履行产品出口合同进口料件及加工出口成品登记手册》（以下均简称《登记手册》）、《进出口货物征免税证明》（以下简称《征免税证明》）或其他有关备案审批文件的编号。

一份报关单只允许填报一个备案号。具体填报要求如下：

①加工贸易合同项下货物，除少量低价值辅料按规定不使用《登记手册》的外，必须在报关单备案号栏目填报《登记手册》的 12 位编码。

加工贸易成品凭《征免税证明》转为享受减免税进口货物的，进口报关单填报《征免税证明》编号，出口报关单填报《登记手册》编号。

②凡涉及减免税备案审批的报关单，本栏目填报《征免税证明》编号，不得为空。

③无备案审批文件的报关单，本栏目免予填报。

备案号长度为 12 位，其中第 1 位是标记代码。备案号的标记代码必须与"贸易方式"及"征免性质"栏目相协调，例如：贸易方式为来料加工，征免性质也应当是来料加工，备案号的标记代码应为"B"。

（5）进口日期/出口日期，为 8 位数，顺序为年 4 位，月、日各 2 位。

进口日期指运载所申报货物的运输工具申报进境的日期。本栏目填报的日期必须与相应的运输工具进境日期一致。

出口日期指运载所申报货物的运输工具办结出境手续的日期。本栏目供海关打印报关单证明联用。预录入报关单及 EDI 报关单均免于填报。

（6）申报日期，指海关接受进（出）口货物的收、发货人或其代理人申请办理货物进（出）口手续的日期。

预录入及 EDI 报关单填报向海关申报的日期,与实际情况不符时,由审单关员按实际日期修改批注。本栏目为 8 位数,顺序为年 4 位,月、日各 2 位。本栏目在申报时免予填报。

(7)经营单位,指对外签订并执行进出口贸易合同的中国境内企业或单位。本栏目应填报经营单位名称及经营单位编码。经营单位编码为 10 位数字,指进出口企业在所在地主管海关办理注册登记手续时,海关给企业设置的注册登记编码。

特殊情况下确定经营单位的原则如下。

①援助、赠送、捐赠的货物,填报直接接受货物的单位。

②进出口企业之间相互代理进出口,或没有进出口经营权的企业委托有进出口经营权的企业代理进出口的,填报代理方。

③外商投资企业委托外贸企业进口投资设备、物品的,填报外商投资企业。

(8)运输方式,指载运货物进出关境所使用的运输工具的分类。本栏目应根据实际运输方式按海关规定的《运输方式代码表》选择填报相应的运输方式。

(9)运输工具名称,指载运货物进出境的运输工具的名称或运输工具编号。本栏目填制内容应与运输部门向海关申报的载货清单所列相应内容一致。一份报关单只允许填报一个运输工具名称。具体填报要求如下:

①江海运输填报船舶号(来往港澳小型船舶为监管簿编号 +"/"+ 航次号)。

②汽车运输填报该跨境运输车辆的国内行驶车牌号码 +"/"+ 进出境日期(8位数字)。

③铁路运输填报车次(或车厢号) +"/"+ 进出境日期。

④航空运输填报航班号 + 进出境日期 +"/"+ 总运单号。

⑤邮政运输填报邮政包裹单号 +"/"+ 进出境日期。

⑥进口转关运输填报转关标志"@" + 转关运输申报单编号;出口转关运输只需填报转关运输标志"@"。

⑦其他运输填报具体运输方式名称,例如:管道、驮畜等。

⑧无实际进出境的加工贸易报关单按以下要求填报:加工贸易深加工结转及料件结转货物,应先办理结转进口报关,并在结转出口报关单本栏目填报转入方关区代码(前两位)及进口报关单号,即"转入××(关区代码)×××××××(进口报关单号)"。按转关运输货物办理结转手续的,按上列第⑥项规定填报。

加工贸易成品凭《征免税证明》转为享受减免税进口货物的,应先办理进口报关手续,并在出口报关单本栏目填报进口方关区代码(前两位)及进口报关单号。

(10)提运单号,指进出口货物提单或运单的编号。本栏目填报的内容应与运输部门向海关申报的载货清单所列相应内容一致。一份报关单只允许填报一个提运单号,一票货物对应多个提运单时,应分单填报。具体填报要求如下。

①江海运输填报进口提单号或出口运单号。

②汽车运输免于填报。

③铁路运输填报运单号。

④航空运输填报分运单号,无分运单的填报总运单号。

⑤邮政运输免于填报。

(11)收货单位/发货单位。收货单位指已知的进口货物在境内的最终消费、使用单位,包括:①自行从境外进口货物的单位;②委托有外贸进出口经营权的企业进口货物的单位。

发货单位指出口货物在境内的生产或销售单位,包括:①自行出口货物的单位;②委托有外贸进出口经营权的企业出口货物的单位。

本栏目应填报收、发货单位的中文名称或其海关注册编码。加工贸易报关单的收、发货单位应与《登记手册》的"货主单位"一致。

(12)贸易方式(监管方式),应根据实际情况,并按海关规定的《贸易方式代码表》选择填报相应的贸易方式简称或代码。一份报关单只允许填报一种贸易方式。加工贸易报关单特殊情况下填报要求如下。

①少量低值辅料(即5 000美元以下,78种以内的低值辅料)按规定不使用《登记手册》的,辅料进口报关单填报"低值辅料";使用《登记手册》的,按《登记手册》上的贸易方式填报。

②三资企业按内外销比例为加工内销产品而进口的料件或进口供加工内销产品的料件,进口报关单填报"一般贸易";三资企业为加工出口产品全部使用国内料件的出口合同,成品出口报关单填报"一般贸易"。

③加工贸易料件结转或深加工结转货物,按批准的贸易方式填报。

④加工贸易料件转内销货物(及按料件补办进口手续的转内销成品)应填制进口报关单,本栏目填报"(来料或进料)料件内销";加工贸易成品凭《征免税证明》转为享受减免税进口货物的,应分别填制进、出口报关单,本栏目填报"(来料或进料)成品减免"。

⑤加工贸易出口成品因故退运进口及复出口,以及复运出境的原进口料件退换后复运进口的,填报与《登记手册》备案相应的退运(复出)贸易方式简称或代码。

⑥备料《登记手册》中的料件结转入加工出口《登记手册》的,进出口报关单均填报为"进料余料结转"。

⑦保税工厂加工贸易进出口货物,根据《登记手册》填报相应的来料或进料加

工贸易方式。

(13)征免性质,指海关对进出口货物实施征、减、免税管理的性质类别。本栏目应按照海关核发的《征免税证明》中批注的征免性质填报,或根据实际情况按海关规定的《征免性质代码表》选择填报相应的征免性质简称或代码。一份报关单只允许填报一种征免性质。

加工贸易报关单本栏目应按照海关核发的《登记手册》中批注的征免性质填报相应的征免性质简称或代码。特殊情况下填报要求如下:

①保税工厂经营的加工贸易,根据《登记手册》填报"进料加工"或"来料加工"。

②三资企业按内外销比例为加工内销产品而进口料件,填报"一般征税"或其他相应征免性质。

③加工贸易转内销货物,按实际应享受的征免性质填报(如一般征税、科教用品、其他法定等)。

④料件退运出口、成品退运进口货物填报"其他法定"。

⑤加工贸易结转货物本栏目为空。

(14)征免比例/结汇方式。征免比例仅用于"非对口合同进料加工"贸易方式下(代码"0715")进口料、件的进口报关单,填报海关规定的实际应征税比率,例如5%填报"5",15%填报"15"。

出口报关单应填报结汇方式,即出口货物的发货人或其代理人收结外汇的方式。本栏目应按海关规定的《结汇方式代码表》选择填报相应的结汇方式名称或代码。

(15)许可证号。应申领进(出)口许可证的货物,必须在此栏目填报商务部及其授权发证机关签发的进(出)口货物许可证的编号,不得为空。一份报关单只允许填报一个许可证号。

(16)起运国(地区)/运抵国(地区)。起运国(地区)指进口货物起始发出的国家(地区);运抵国(地区)指出口货物直接运抵的国家(地区)。对发生运输中转的货物,如在中转地未发生任何商业性交易,则起、抵地不变;如在中转地发生商业性交易,则以中转地作为起运/运抵国(地区)填报。

本栏目应按海关规定的《国别(地区)代码表》选择填报相应的起运国(地区)或运抵国(地区)中文名称或代码。无实际进出境的,本栏目填报"中国"(代码"142")。

(17)装货港/指运港。装货港指进口货物在运抵我国关境前的最后一个境外装运港;指运港指出口货物运往境外的最终目的港,最终目的港不可预知的,可按尽可能预知的目的港填报。

本栏目应根据实际情况按海关规定的《港口航线代码表》选择填报相应的港口中文名称或代码。无实际进出境的,本栏目填报"中国境内"(代码"0142")。

(18)境内目的地/境内货源地。境内目的地指已知的进口货物在国内的消费、使用地或最终运抵地;境内货源地指出口货物在国内的产地或原始发货地。

本栏目应根据进口货物的收货单位、出口货物生产厂家或发货单位所属国内地区,并按海关规定的《国内地区代码表》选择填报相应的国内地区名称或代码。

(19)批准文号。出口报关单本栏目填报《出口收汇核销单》编号;进口报关单免于填报。

(20)成交方式,根据实际成交价格条款按海关规定的《成交方式代码表》选择填报相应的成交方式代码。无实际进出境的,进口填报 CIF 价,出口填报 FOB 价。

(21)运费。本栏目用于成交价格中不包含运费的进口货物或成交价格中含有运费的出口货物,应填报该份报关单所含全部货物的国际运输费用。可按运费单价、总价或运费率三种方式之一填报,同时注明运费标记,并按海关规定的《货币代码表》选择填报相应的币种代码。运保费合并计算的,运保费填报在本栏目。

运费标记"1"表示运费率;"2"表示每吨货物的运费单价;"3"表示运费总价。

例如:5% 的运费率填报为"5";24 美元的运费单价填报为"502/24/2";7 000 美元的运费总价填报为"502/7000/3"。

(22)保费。本栏目用于成交价格中不包含保险费的进口货物或成交价格中含有保险费的出口货物,应填报该份报关单所含全部货物国际运输的保险费用。可按保险费总价或保险费率两种方式之一填报,同时注明保险费标记,并按海关规定的《货币代码表》选择填报相应的币种代码。运保费合并计算的,运保费填报在"运费"栏目中。

保险费标记"1"表示保险费率;"3"表示保险费总价。例如:用美元支付的 3‰ 的保险费率填报为"502/0.3/1";10 000 港元保险费总价填报为"110/10000/3"。

(23)杂费,指成交价格以外的、应计入完税价格或应从完税价格中扣除的费用,如手续费、佣金、回扣等。可按杂费总价或杂费率两种方式之一填报,同时注明杂费标记,并按海关规定的《货币代码表》选择填报相应的币种代码。

应计入完税价格的杂费填报为正值或正率;应从完税价格中扣除的杂费填报为负值或负率。杂费标记"1"表示杂费率;"3"表示杂费总价。例如:应计入完税价格的 1.5% 的杂费率填报为"1.5";应从完税价格中扣除的 1% 的回扣率填报为"-1";应计入完税价格的 500 英镑杂费总价填报为"303/500/3"。

(24)合同协议号,应填报进(出)口货物合同(协议)的全部字头和号码。

(25)件数,应填报有外包装的进(出)口货物的实际件数。特殊情况下填报要求如下。

①舱单件数为集装箱(TEU)的,填报集装箱个数。

②舱单件数为托盘的,填报托盘数。

本栏目不得填报为零,裸装货物填报为1。

(26)包装种类,应根据进(出)口货物的实际外包装种类,按海关规定的《包装种类代码表》选择填报相应的包装种类代码。

(27)毛重(千克),指货物及其包装材料的重量之和。填报进(出)口货物实际毛重,计量单位为千克,不足1千克的填报为1。

(28)净重(千克),指货物的毛重减去外包装材料后的重量,即商品本身的实际重量。本栏目填报进(出)口货物的实际净重,计量单位为千克,不足1千克的填报为1。

(29)集装箱号,是在每个集装箱箱体两侧标示的全球唯一的编号。其组成规则是:箱主代号(3位字母)+设备识别号"U"+顺序号(6位数字)+校验码(1位数字),如EASU9809490。本栏目填报时,需分别填报集装箱号、集装箱的规格和集装箱的自重,即集装箱号+"/"+规格+"/"+自重。例如EASU9809490/20/2275,表明这是一个箱号为EASU9809490,规格为20英尺,自重为2 275千克的集装箱。在多个集装箱的情况下,本栏目填第一个,其余按上述格式填写在"标记唛码及备注"栏中。

(30)随附单据,指随进(出)口货物报关单一并向海关递交的单证或文件,合同、发票、装箱单、许可证等的必备的随附单证不在本栏目填报。本栏目应按海关规定的《监管证件名称代码表》选择填报相应证件的代码。

(31)用途/生产厂家。进口货物填报用途,应根据进口货物的实际用途按海关规定的《用途代码表》选择填报相应的用途代码,如以产顶进填报"13"。生产厂家指出口货物的境内生产企业,本栏目供必要时手工填写。

(32)标记唛码及备注。本栏目上部用于打印以下内容。

①标记唛码中除图形以外的文字、数字。

②受外商投资企业委托代理其进口投资设备、物品的外贸企业名称。

③加工贸易结转货物及凭《征免税证明》转内销货物,其对应的备案号应填报在本栏目,即"转至(自)×××××××手册"。

④申报时必须说明的其他事项。

本栏目下部供填报随附单据栏中监管证件的编号,具体填报要求为:监管证件代码+":"+监管证件号码。一份报关单多个监管证件的,连续填写。

一票货物多个集装箱的,在本栏目打印其余的集装箱号(最多160字节,其余集装箱号手工抄写)。

(33)项号。本栏目分两行填报及打印。第一行打印报关单中的商品排列序号。第二行专用于加工贸易等已备案的货物,填报和打印该项货物在《登记手册》中的项号。

加工贸易合同项下进出口货物,必须填报与《登记手册》一致的商品项号,所填报项号用于核销对应项号下的料件或成品数量。特殊情况下填报要求如下。

①深加工结转货物,分别按照《登记手册》中的进口料件项号和出口成品项号填报。

②料件结转货物,出口报关单按照转出《登记手册》中进口料件的项号填报;进口报关单按照转进《登记手册》中进口料件的项号填报。

③料件复出货物,出口报关单按照《登记手册》中进口料件的项号填报。

④成品退运货物,退运进境报关单和复运出境报关单按照《登记手册》原出口成品的项号填报。

⑤加工贸易料件转内销货物(及按料件补办进口手续的转内销成品)应填制进口报关单,本栏目填报《登记手册》进口料件的项号。

⑥加工贸易成品凭《征免税证明》转为享受减免税进口货物的,应先办理进口报关手续。进口报关单本栏目填报《征免税证明》中的项号,出口报关单本栏目填报《登记手册》原出口成品项号,进、出口报关单货物数量应一致。

(34)商品编号,指按海关规定的商品分类编码规则确定的进(出)口货物的商品编号。加工贸易《登记手册》中商品编号与实际商品编号不符的,应按实际商品编号填报。

(35)商品名称、规格型号。本栏目分两行填报及打印,第一行打印进(出)口货物规范的中文商品名称,第二行打印规格型号,必要时可加注原文。具体填报要求如下。

①商品名称及规格型号应据实填报,并与所提供的商业发票相符。

②商品名称应当规范,规格型号应当足够详细,以能满足海关归类、审价以及监管的要求为准。禁止、限制进出口等实施特殊管制的商品,其名称必须与交验的批准证件上的商品名称相符。

③加工贸易等已备案的货物,本栏目填报录入的内容必须与备案登记中同项号下货物的名称与规格型号一致。

(36)数量及单位,指进(出)口商品的实际数量及计量单位。本栏目分三行填报及打印。具体填报要求如下。

①进出口货物必须按海关法定计量单位填报。法定第一计量单位及数量,打印在本栏目第一行。

②凡海关列明第二计量单位的,必须报明该商品第二计量单位及数量,打印在本栏目第二行。无第二计量单位的,本栏目第二行为空。

③成交计量单位与海关法定计量单位不一致时,还需填报成交计量单位及数量,打印在商品名称、规格型号栏下方(第三行)。成交计量单位与海关法定计量单位一致时,本栏目第三行为空。

④加工贸易等已备案的货物,成交计量单位必须与备案登记中同项号下货物的计量单位一致,不相同时必须修改备案或转换一致后填报。

(37)原产国(地区)/最终目的国(地区),应按海关规定的《国别(地区)代码表》选择填报相应的国家(地区)名称或代码。原产国(地区)指进口货物的生产、开采或加工制造国家(地区)。最终目的国(地区)指已知的出口货物的最终实际消费、使用或进一步加工制造国家(地区)。加工贸易报关单特殊情况下填报要求如下。

①料件结转货物,出口报关单填报"中国"(代码"142"),进口报关单填报原料件生产国。

②深加工结转货物,进出口报关单均填报"中国"(代码"142")。

③料件复运出境货物,填报实际最终目的国;加工出口成品因故退运境内的,填报"中国"(代码"142"),复运出境时填报实际最终目的国。

(38)单价,应填报同一项号下进(出)口货物实际成交的商品单位价格。无实际成交价格的,本栏目填报货值。

(39)总价,应填报同一项号下进(出)口货物实际成交的商品总价。无实际成交价格的,本栏目填报货值。

(40)币制,指进(出)口货物实际成交价格的币种。本栏目应根据实际成交情况按海关规定的《货币代码表》选择填报相应的货币名称或代码,如《货币代码表》中无实际成交币种,需转换后填报。

(41)征免,指海关对进(出)口货物进行征税、减税、免税或特案处理的实际操作方式。本栏目应按照海关核发的《征免税证明》或有关政策规定,对报关单所列每项商品选择填报海关规定的《征减免税方式代码表》中相应的征减免税方式。加工贸易报关单应根据《登记手册》中备案的征免规定填报。

(42)税费征收情况,供海关批注进(出)口货物税费征收及减免情况。

(43)录入员,用于预录入和 EDI 报关单,打印录入人员的姓名。

(44)录入单位,用于预录入和 EDI 报关单,打印录入单位名称。

(45)申报单位,指报关单左下方用于填报申报单位有关情况的总栏目。申报单位指对申报内容的真实性直接向海关负责的企业或单位。自理报关的,应填报进(出)口货物的经营单位名称及代码;委托代理报关的,应填报经海关批准的专业或代理报关企业名称及代码。

本栏目还包括报关单位地址、邮编和电话等分项目,由申报单位的报关员填报。

(46)填制日期,指报关单的填制日期。预录入和 EDI 报关单由计算机自动打印。本栏目为 6 位数,顺序为年、月、日各 2 位。

(47)海关审单批注栏,指供海关内部作业时签注的总栏目,由海关关员手工填写在预录入报关单上。其中"放行"栏填写海关对接受申报的进出口货物作出放行决定的日期。

2.出口收汇核销单。我国自 1991 年 1 月 1 日建立并实施出口收汇核销制度以来,由外汇管理局向出口单位发放出口收汇核销单,作为对出口货物收汇进行监管的手段。要求出口单位在每批货物出口报关时,必须随附一份核销单。核销单的内容和格式在不同时期进行过几次修订,现在使用的是经国务院批准,海关总署、商务部、国家税务局和外汇管理局等部门于 2001 年 4 月 1 日起正式启动"电子口岸"中企业专用的子系统——"出口收汇企业专用系统",需上网申领的新版核销单(即加贴或加印了"条形码"并盖有"联网试点专用章"的纸质核销单)。其内容和缮制如下。

(1)第一联,存根联,内容如下。
①出口单位及单位代码:填写出口公司或企业名称及企业统一代码。
②出口币种总价:填写合同或 L/C 的成交总价。
③收汇方式:L/C、D/P、D/A 或 T/T 等。
④预计收款日期:根据不同的收汇方式,计算可能收汇的大概日期。
⑤报关日期:与报关单上填报日期相同。
⑥备注:填写收汇方面需要说明的事项。
(2)第二联,出口收汇核销单正本内容。除出口单位和单位代码外,内容如下。
①银行签注栏:填写外汇指定银行结汇/收账情况,包括收汇类别、币种金额、银行已于何年月日办理结汇或收账,并由银行盖章。
②海关签注栏:在报关时,经审核放行后,海关在此栏加盖海关验讫章。
③外汇局签注栏:表明外汇管理局核销情况,即在货物已出口、出口单位收到货款后,向外汇管理局办理核销时,由外汇管理局核销盖章。
(3)第三联:出口退税专用联。除出口单位和单位代码外,内容如下。

①货物名称、数量总价:按合同或信用证及商业发票填写。

②报关单编号:填写报关单后,海关在报关单上批注的编号。

③外汇局签注栏:外汇管理局核销情况即出口结汇后由外汇管理局核销盖章注明以后,才能办理申请退税工作。

将上述内容填写清楚后,在三联之间的骑缝上盖上出口单位公章。

3. 缮制商业发票和装箱单。商业发票是随报关单向海关申报的必备单据之一,反映每一批出口货物的具体、全面情况和价值,是海关审定完税价格的重要依据。在所有单据中发票的缮制最早,也是所有单据的中心。应当注意的是,申报人必须保证发票价格的准确、完整。装箱单作为商业发票的附属单据发映出口货物数量、规格、包装和装箱的具体情况,反映了报关单对有关货物无法罗列的更为详细的内容。

4. 装货单或提货单。即上一节已说明的下货纸(S/O),是海关在完成审单、查验及征税等工作后,加盖放行章发还申报人凭以发运货物的凭证,在报关时必须提交。

5. 合同副本。我国海关接受企业进出口申报时通常会要求企业提交进出口合同的副本。

以上五种单证是申报人办理出口报关的必备单证。除此之外,视不同的贸易方式和不同国家对出口商品的管理规定,或者海关认为必要时,还需交验其他单证。

6. 出口配额许可证与出口许可证。出口商品凡属于我国出口许可管理或进口国实施配额管理的,还需要在货物发运前,向我国负责许可管理的机构申领许可证。

7. 加工贸易方式使用的《登记手册》。《登记手册》是海关对各类加工贸易出口货物实施监管的依据之一,有关单位在进行加工贸易前必须事先向海关办理有关合同的登记备案手续,在取得海关核发的《登记手册》之后才可以开展有关业务。加工贸易具体可分为加工装配、补偿贸易和进料加工,所使用的《登记手册》是不同的。

(1)主要《登记手册》的种类和用途。

《对外加工装配进出口货物登记手册》是专为对外加工装配业务而颁发的登记手册。对外加工装配业务是指外商提供全部或部分原料、辅料、零部件、元器件、配套件和包装物料以及必要时提供的设备等,由我方加工单位按外商的要求进行加工装配,成品交外商销售,我方收取工缴费,外商提供的作价设备价款,我方用工缴费偿还的业务。该手册是海关对装配进出口货物验收的凭证之一。

《加工装配和中小型补偿贸易进出口货物登记手册》,是为国外厂商提供或利用国外出口信贷进口生产技术设备,由我方企业进行生产,以返销产品方式偿还对方技术、设备价款或货款本息的交易方式而颁发的《登记手册》。该手册是海关对补偿贸易进出口货物验收的凭证之一。所以,做补偿贸易的企业,必须在进行技术、设备的进口前申领该手册,并在产品返销出口报关时向海关提供。

《中华人民共和国海关对外商投资企业履行出口合同所需进口料件加工复出口登记手册》,是为外商投资企业在其批准的经营范围内为加工出口产品而进口的料件及出口加工产品而颁发的《登记手册》。该手册仅适用于海关对外商投资企业进行出口的有关货物的验收。

《进料加工登记手册》是为经营单位专为制造外销商品而用外汇购买进口的原料、零部件、包装物料及其他辅料等,通过加工将成品复出口的业务而颁发的《登记手册》。下面重点说明该手册的内容和使用。

(2)《进料加工登记手册》的作用和填写。国家为鼓励进料加工贸易的发展,对专为加工出口商品而进口的料、件,海关按实际加工复出口数量,免征进口税、产品税。加工的成品出口,免征出口关税。免税进口的料、件应专料专用,其进口料、件加工成品,均不得在我国境内销售,经海关许可,主管部门批准内销的,须补缴进口税和产品税。正因如此,海关通过《进料加工登记手册》实行严格监管。专为加工出口商品所需进口的料、件,经营单位凭国务院有关部、委、省、自治区、直辖市、计划单列市对外经济贸易管理机关、国务院机电产品出口办公室以及它们授权的管理部门或者主管部门颁发的《进料加工批准书》连同签约单位签章的合同副本或订货卡片,向主管海关办理登记备案手续。并由海关核发《进料加工登记手册》,在料、件进口时,免领进口货物许可证,海关凭进口合同登记验收。

经营单位和加工生产企业应对料、件的进口、储存、保管、提取使用或转厂加工,以及加工制成品的储存、出口和销售等情况,分别建立专门账册,经营单位应在每个合同执行完毕后凭《进料加工登记手册》向海关报核。对生产周期长的经海关核准,可每半年填写《进口料件使用表》向海关报核一次。

进口料、件出口成品时,经营单位应按海关规定填写《登记手册》和进料加工进出口货物专用报关单,向进出口地海关如实申报。海关核准放行后,将《登记手册》与报关单中的核销联退回经营单位,以便在货物出口后向海关办理报核法备手续。报核时,须三证配套齐全,即进出口合同、进料加工登记手册和进口料件使用表(附出口报关单核销联)三证齐备。否则海关不予办理核销。

经海关批准免税进口的料、件,如有调拨加工出口的,接收料、件的企业应当填写《异地进口料、件申请调拨证明书》,报经主管海关核准后,其中一份由调入地海关留作备案和核销,一份退给接收料、件的单位转交申请调出料、件的单位,由其向调出地海关办理核销手续。

已在海关登记备案的合同,如发生变更、转让、中止、延长、撤销等情况,经营单位应于料、件进口前据实向主管海关办理变更或撤销登记手续。

《进料加工登记手册》的填制:由于该手册内容较多,下面只能就其重点的内容来说明如何填制。

在《出口商品情况表》一页中,重点填写栏目有:出口合同的数量、单价、总值等,进口合同的数量等和本出口合同所用数三项,三项有着内在联系。

《出口成品报关登记表》,经营单位须详细填写 8 个项目。在第 8 栏出口料量累计一栏中,必须逐笔相加累计。

关于单耗定额问题:进行进料加工的企业,料、件加工成出口成品要说明单耗定额情况,以便海关了解出口成品所需耗料情况,计算办理核销。如何制定料、件单耗定额,各企业不同的商品,所定的方法不尽相同,但就其手续一般有:生产企业须按照出口商品单位,如米、件、套、打、台等实际生产用料、件情况,科学地测算单耗定额。如直接有出口经营权的生产企业,应将单耗定额表交海关审核确认后生效。由出口企业进口料、件交生产企业或加工厂作价加工的,应由生产企业会同出口企业制定单耗定额标准,交海关审核批准。如海关对制定的单耗定额有疑问,还应由出口企业与生产企业有关人员陪同海关人员下厂进行调查,在海关确认批准后方可生效。

除上述的单、证之外,如法定检验商品需要出具《出境货物通关单》,海关认为必要时还需提交原产地证明书等其他单据。

(二)无纸报关的基本要求

1. 录入报关企业在海关注册登记内容。报关企业注册登记子程序,将海关准予注册登记的报关单位在海关注册的内容存入中央计算机,如企业注册海关编号、企业性质、注册资本、经营范围、经营方式、报关人员等。

2. 报关人员预录入进出口货物所需报关数据。报关预录入子程序,是报关人员在向海关正式书面申报之前,将进出口货物报关所需单据内容,预先通过终端录入中央计算机。预录入后的内容在向海关正式申报之前,报关人员可以任意修改,待报关人员确认预录入内容后,打印机打印出正式报关单,凭以向海关申报。

申报时需要注意的事项如下。

(1)报关人员在哪个海关预录入,就在哪个海关报关。

(2)经营单位或报关单位未在海关办理注册登记,或进出口货物未进入海关监管状态,或所提供的舱单号码有误时,该子程序将自动停止运行。

(3)报关人员预录入所用终端,可以是海关认可并与之联网的自备终端,也可以由有权代理预录入报关企业代为预录入。委托代理预录入时,报关人员应事先填制一份内容完整、清楚、准确的报关单,交录入人员录入。

3.海关审核报关单据。审单子程序,将根据报关人员预录入内容进行审核。主要审核报关人员所申报的进出口货物是否合法,所提供的有关单据是否一致、齐全、正确、有效,其结果记录在中央计算机内,并在报关单上签印海关作业记录。

二、出口货物的查验

海关的查验是以企业申报的报关单、许可证等为依据,对出口货物进行实际的核对和检查,以确保货物合法出口。海关查验货物时,出口发货人或代理人应当到场,并负责搬移货物,开拆和重封货物的包装。海关认为必要时,可以径行开验、复验或提取货样。

海关通过对货物的查验,检查核对实际出口货物是否与报关单相符,确定货物的性质、成分、规格、用途等,以便准确依法计征关税,进行归类统计。无纸报关进出口货物查验子程序,将根据征税子程序所提供的内容,查验报关人员所申报的货物内容是否与实际相符,并复审所征税费的税费率是否合理,记录、打印出查验结果及走私或违规情况。

出口货物的查验,一般在海关规定的时间、场所,即海关监管区域的仓库、场所进行。为了适应当前国家对外开放的需要,促进对外贸易的发展,近年来,海关在货运监管方面进行了许多改革,在坚持必要制度的前提下,进一步简化海关手续,方便出口企业。对进出口的 散装货物、大宗货物和危险品等,可以结合装卸环节,到现场直接验收。对于成套设备、精密仪器和门到门运输的集装箱货物等,在海关规定地区查验有困难的,经报关人申请,海关可以派员到监管区以外的地点,就地查验放行货物,并按规定收取规费。

为了保护出口人的合法权益,《海关法》第54条专门规定:海关查验进出境货物、物品时,损坏被查货物,应当赔偿实际的损失。并颁布实施了《海关查验货物、物品造成损失的赔偿办法》。

三、出口货物的征税

我国是发展中国家,生产水平与发达国家相比有较大差距。关税是保护和促进国民经济发展的重要手段,对于保护国内的工农业生产是十分必要的。根据《中华人民共和国进出口关税条例》(以下简称《关税条例》)的规定:出口货物以海关审定的售与国外的离岸价格,扣除出口税后,作为完税价格。

海关征税子程序将根据审单子程序所提供的内容审核报关人员所报商品归类是否正确,审查该货物到(离)岸价格是否真实,从而打印出税、费缴款书。

为了鼓励出口,目前仅对钨矿砂、生锑、铜、山羊板皮、生漆、对虾和丝绸等十余种出口商品征收出口关税,其余的出口货物均免征出口税。

四、出口货物的放行

出口货物在办完向海关申报,接受查验,缴纳税款后,进出口货物的放行子程序,对报关人员的进出口活动进行综合审核,并对完结情况进行记录、核销舱单,并在相应的报关单上加盖放行验讫章、在《装货单》上签章放行。发货人凭海关签印放行的货运单据才能发运出口货物。未经海关放行的海关监管货物,任何单位和个人不得发运。最后是进出口货物的综合统计,该子程序对进出口货物进行多方面的统计分析,并向有关部门提供翔实的统计资料。

货物的放行是海关对一般进出口货物监管的最后一个环节,放行就是结关。但对于如加工贸易等其他贸易方式的合同执行完后,有关外贸公司或企业,应于合同到期或最后一批成品出口之日起1个月内,持《登记手册》和报关单向海关办理核销手续。

五、货物装船取得运输单据

出口货物完成报关,获得海关的放行后,发货人将带有海关签章放行的装货单等后面几联货运单据(包括大副联),待货物装上承运人指定的船舶后交给大副,并由大副签章的大副收据换取正本提单。自此完成货物的整个运输和装船工作。

第六节　制单结汇与核销退税

一、制单结汇

取得运输单据,出口商进行综合制单和审单后,应尽早向银行提交单据议付。如果银行在审核中发现问题或错误,卖方应及时修正或重新缮制,确保单据寄到国外开证行或偿付行时单证相符,以便顺利结汇。根据我国银行结算的实际做法,目前有几种不同的收结汇方式。

（一）出口押汇

出口押汇，是受益人（出口商）在向银行提交信用证项下单据进行议付时，银行（议付行）根据受益人的押汇申请书或称质押书（Letter of Hypothecation），凭出口商提交的信用证项下完备、单证相符的单据作为质押，审核单证无误后将款项垫付给受益人，然后向开证行寄单索汇，并向受益人收取押汇利息和银行费用并保留追索权的一种短期出口融资业务。

（二）收妥结汇

收妥结汇，是指议付行审核单证相符后，将单据径寄开证行或偿付行要求付款；开证行或偿付行审核单证相符后将款项支付议付行；议付行在款项收妥后再付给受益人的方式。这种方式下议付行没有付出对价，所以，不能称为议付（Negotiation）。

（三）定期结汇

定期结汇是指出口商与议付行事先达成协议，根据付款期限及邮程的长短约定一个交单后结汇的固定期限。我国银行与国外特别是与我国港澳地区联行，根据平均入账时间，将符合信用证条款的单据寄给开出信用证的联行后，按约定的期限分别入账。

这种方式，无论议付行实际收汇早于或晚于议定日期，届时银行必须结汇。对于出口商来说，只要单证相符后可主动掌握收汇时间，有利于资金的安排和运用。

（四）即期结汇

即期结汇，是当信用证以出口商所在地银行为付款行或保兑行，或附有电索条款（T/T Reimbursment Allowed）时，银行审查出口单据，认为单证相符后应立即给出口商结汇的方式。

以上方式是在保证单证相符的条件下进行的收结汇方式。在实际业务中，由于主观或客观的原因，诸如受益人的疏忽或差错、船只的误期以及一些意外变故等，单证不符的情况时有发生。若发现不符点后，卖方得以及时修改或重制当然最好，但有时无法修改，则根据具体情况来处理。

（五）单证不符时的做法

如果单据不符不很严重，进口商与出口商之间的关系和信誉较好，则出口商可以向银行出具担保函,向银行说明不符原因和保证由此产生的风险由自己承担,请求银行凭担保议付或付款。

单证不符较严重时,卖方通常会要求议付行以"电提"或"表提"方式征求开证行的意见,同时与买方联系、协商要求其接受不符点单据,并授权开证行接受,开证行取得买方同意后才付款。对于金额较大的单据有不符点时,以电报或电传等方式提出不符点征求开证行同意,如开证行同意接受不符点,则按正常议付处理,称为电提。而金额较小的单据有不符时,可在议付通知书(表盖)上,提出不符点,征求开证行同意后付款,即表提。

无论是电提还是表提,卖方都应事先征得买方的同意,一般只要买方同意付款,开证行就没有异议了,否则这两种方式都存在一定的风险。基于现实中的问题,UCP500 在第 14 条"不符单据与通知"C 款规定:如果开证行确定单据表面与信用证条款不符,它可以自行决定联系申请人,请其撤除不符点。在 UCP600 修订后仍保留了该项规定。但是,UCP 的规定并不等于说出口商可以不再要求单证质量。实际业务中出口商仍应按照信用证条款的要求,提交单证相符的单据,才能确保货款安全、及时收回。否则,若遇到进口商信誉不佳或由于对方国内市场价格波动对进口商不利等情况,不符点单据寄到国外很有可能遭到拒付或迟付,因此,不能掉以轻心。

二、出口核销与退税

(一)出口收汇核销与程序

随着近年来我国对外贸易的快速发展,进出口规模扩大,外贸交易主体增加,相应的核销业务量急剧上升。自 1998 年金融危机后利用假合同和报关单骗取外汇的情况很严重,外汇管理局与海关开始了数据联网的建设工作,国家外汇管理局开始要求出口企业使用计算机处理出口收汇核销单,并使用软盘传递数据。2000年国务院正式批准海关总署等 12 个部委的请示,正式使用"中国电子口岸",2001年全面推广"中国电子口岸"——"出口收汇系统"和"出口收汇核报系统"。系统为出口收汇核销单建立了电子底账数据,核销单的基本信息以及各部门对核销单的操作情况都将保存在电子口岸数据中心,供外汇管理局查询并进行核销单挂失等各项操作;同时系统将海关总署采集的各口岸海关《出口报关单核销联》电子数据经电子口岸数据中心传送至外汇管理局,方便外汇管理局核查报关单和核销单的真实性。

出口单位取得出口经营权后,应办理"中国电子口岸"入网认证手续,并到外汇管理局办理备案登记。外汇管理局为出口单位建立出口收汇核销档案，由企业凭操作员 IC 卡在网上完成向外汇局申请核销单、口岸备案、企业交单、核销单挂失等，还可以查阅本企业的核销单、报关单的发放和内容。其流程如图 11 - 3 所示。

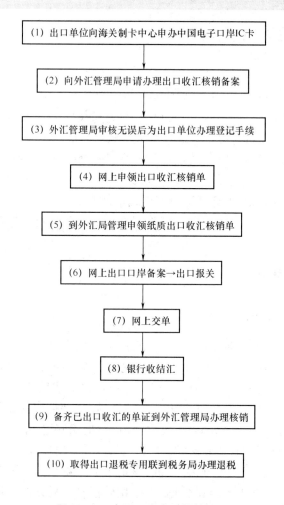

(1) 出口单位向海关制卡中心申办中国电子口岸IC卡

(2) 向外汇管理局申请办理出口收汇核销备案

(3) 外汇管理局审核无误后为出口单位办理登记手续

(4) 网上申领出口收汇核销单

(5) 到外汇局管理申领纸质出口收汇核销单

(6) 网上出口口岸备案→出口报关

(7) 网上交单

(8) 银行收结汇

(9) 备齐已出口收汇的单证到外汇管理局办理核销

(10) 取得出口退税专用联到税务局办理退税

图 11 - 3 电子口岸出口核销流程

电子口岸出口核销流程的某些步骤说明如下。

第二步,向外汇管理局申请办理出口收汇核销备案时需提供如下资料:①单位介绍信或申请书;②营业执照副本原件及复印件(由工商行政管理局盖章);③组织机构代码证书原件及复印件;④海关注册登记证明书复印件;⑤外经贸主管部门批文复印件和资格证书原件及复印件(流通型进出口企业);⑥资格证书原件及复印件(自营型进出口企业)。

第三步,外汇管理局向出口单位核发核销后,将有编号的核销单电子底账数据传至"中国电子口岸"公共数据中心。

第五步,到外汇管理局申领纸质出口收汇核销单需提供下列资料:①核销员证;②IC卡;③出口合同复印件(首次申领时提供)。未办理网上申领的单位委派的领单人员要出示本人身份证、单位介绍信。

第六步,企业将所用的核销单编号上网向海关申请备案,海关对出口单位提交的核销单和其他报关单证审核无误并对核销单电子底账进行核对后,为出口单位办理通关手续。海关在核销单上加盖"验讫章"并对核销单电子底账数据进行"已用"核注,结关后签发注有核销单编号的报关单,并将签注的情况和报关单的电子底账传送至"中国电子口岸"数据中心。

第七步,货物出口后,将已用于出口报关的核销单上网向外汇局交单。

第九步,备齐已出口收汇的下列单证到外汇局办理核销:①出口收汇核销单;②商业发票;③报关单;④银行结(收)汇水单等。

出口收汇网上核销转变了出口核销监管模式,核销方式除保留原有的逐笔核销外,新增了批次核销和自动核销两种管理方式。前者出口单位可以分批到外汇管理局办理核销,而无须逐笔办理;后者则无须报送纸制单证,出口企业均由"出口收汇核报系统"自动完成。

(二)出口退税与流程

1. 出口退税制度。由于我国外贸退税政策在发展中出现过大幅度调整,使我国出口贸易出现过大起大落,同时在实施出口退税过程中也出现了许多问题。如出口退税不能及时到位,存在"少征多退",以及由于管理不善,伪造单据、违法骗税时有发生,并屡禁不止等情况。出口退税作为我国的一项基本经济政策,从客观上要求建立一个科学、规范、合理和稳定的退税机制,从管理体制和程序上防范和打击骗取出口退税的违法犯罪行为。

从2003年起我国启用了"中国电子口岸"——出口退税子系统。出口退税系统是针对出口退税报关单(即出口报关单退税证明联)的联网核查系统,将海关总署从各口岸海关采集的出口退税报关单电子底账数据保存在电子口岸数据中心,在企业确认后,电子口岸数据中心再将该电子底账数据传送给国税总局,国税总局收到后通过网络下发给各地国税局供具体操作人员查询。通过计算机申报、审核、审批,对企业申报提示的报关单、出口收汇核销单等出口退税凭证,实现了与签发单证的政府机关信息对审的方法,确保了申报单据的真实性和准确性,为国税局进行出口退税操作提供了可靠的电子依据,进一步提高了工作效率和执法的准确性,为纳税人办理出口退税提供了良好的外部数据环境,同时有效地杜绝了利用国家出口退税政策实行骗税的不法行为。

(1)严格出口退税程序。首先,要求企业定期申报,即出口企业应建立出口退税凭证收集制度,按期向当地主管出口退税的税务机关申报退税。除中、远期结汇的出口货物外,上年度出口退税,凡在清算结束前(本年5月31日)应收集齐全,因收集不齐并未申报的,税务机关不再受理该批货物的退税申请。其次,要求定期审核和审批退税。税务机关在收到已由外经贸主管部门稽核的退税申报资料后,应及时审核退税单证。对单证齐全、真实且电子信息核对无误的,必须在20个工作日内办完退税审核手续;对有疑问的单证且电子信息核对不上的,要及时发函调查落实清楚后再办理退税。征收机关应按照国家税务总局的有关规定及时如实回函,在收到退税机关函调后3个月内,必须将函调情况回复发地退税机关,如因特殊情况确实查不清楚的,应先回函说明暂时查不清的原因,以及下次回函的时限。凡经税务机关调查某个生产环节仍查不清、需追溯以往的,应由出口企业负责调查举证,然后报退税机关复核无误后方可退税;否则不再办理退税。

(2)严格出口退税电子信息审核工作。首先是各地主管出口退税的税务机关,应尽快完善出口退税电子化管理,并严格按照有关规定进行审核。除国家税务总局明文规定不进行电子信息审核的出口项目外,对出口企业申报的每一笔退税申请,必须与国家税务总局下发的报关信息、代理出口货物证明信息等进行核对,对确因电子信息原因不能通过的退税申请,应适当采用人机结合的办法进行审核。其次,是各级国家税务局应按照出口退税专用税票认证系统的有关规定,采集、传递、分发、使用专用税票电子信息,确保电子信息的完整性和正确性。

2. 中国电子口岸——出口退税子系统流程。进出口企业要使用本系统,首先需申请企业IC卡加入中国电子口岸系统,然后进行出口退税操作权限备案。具体申请流程如图11-4所示。

出口退税申请流程说明如下。

(1)企业向数据分中心提出入网申请。用户到数据分中心提出入网申请,并领取《中国电子口岸企业情况登记表》(下称1号表)、《中国电子口岸企业IC卡登记表》(下称2号表)。

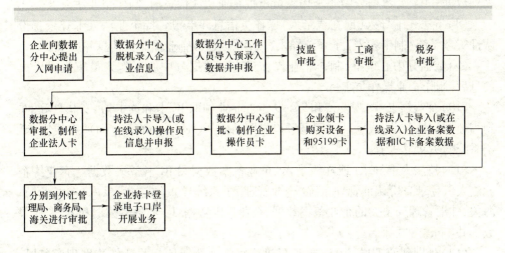

图 11 - 4　出口退税申请流程图

（2）数据分中心脱机预录入企业信息，数据分中心收取用户《中华人民共和国组织机构代码证》《企业营业执照》《国税登记证》《中华人民共和国进出口企业资格证书》或《中华人民共和国外商投资企业批准证书》《报关单位登记注册证明》等复印件及已加盖公章的 1 号表和 2 号表，在本地录入企业申报数据。共 10 个表，分别为：组织机构表、工商注册表、税务登记证、外贸批准证、投资关系表、海关登记表、管理人员表、外汇登记表、银行账号表及 IC 卡登记表，前 6 个表分别按用户所交证件复印件录入，后 4 个表按 1 号表和 2 号表所填内容分别录入。

（3）数据分中心工作人员导入预录入数据并申报。预录入完成后，数据分中心工作人员导入预录入数据并申报，打印《中国电子口岸企业入网资格审查记录表》（下称 3 号表）交企业到技术监督局、工商局、税务局审批。

（4）技监审批。企业持 3 号表和《中华人民共和国组织机构代码证》等证件到技术监督局审批备案信息。

（5）工商审批。企业持 3 号表和《企业营业执照》等证件到工商局审批备案信息。

（6）税务审批。企业持 3 号表和《国税（地税）登记证》等证件到国税（地税）局审批备案信息。

（7）数据分中心审批、制作企业法人卡。企业持经技监、工商、税务盖章的 3 号表到数据分中心,数据分中心工作人员审批企业法人信息后,制作企业法人卡。

(8)持法人卡导入(或在线录入)操作员信息并申报。持企业法人卡登录身份认证管理系统"制卡发卡"子系统导入(或在线录入)企业操作员信息并申报。

(9)数据分中心审批、制作企业操作员卡。数据分中心工作人员审批操作员信息后,制作企业操作员卡。

(10)企业领卡、购买设备和95199卡。企业领取 IC 卡和读卡器、安装盘等,并到当地电信售卡点,或登录中国电子口岸网站(www.chinaport.gov.cn)"在线售卡"子系统购买95199卡。

(11)持法人卡导入(或在线录入)企业备案数据和 IC 卡备案数据。企业持企业法人卡登录身份认证管理系统"企业管理"子系统导入(或在线录入)向商务局、海关、外汇管理局备案的企业备案数据、企业权限数据、IC 卡备案数据和 IC 卡权限数据并申报。

(12)分别到商务局、海关、外汇局进行审批。企业持相关证件分别到商务局、海关、外管局进行审批。

(13)企业持卡登录电子口岸开展业务。企业安装软硬件后,注册95199卡,通过95199网络登录电子口岸,即可进行出口退税业务。有关95199卡的使用和注册说明请参看《出口退税系统操作手册》。

3. 出口企业申报出口退税应注意的问题。

(1)《出口货物报关单》出口退税专用联,必须是盖有海关"验讫章"的原件,复印件无效;报关单上的产品名称、规格、单价、总金额等应与出口商业发票中的内容一致;报关单中的"经营单位"一栏要与申请退税单位相同。

(2)报关单中"贸易方式"一栏说明"来样加工""转口贸易"的,不予办理申请退税;注明"进料加工"的,在申报退税款中应抵扣进口料、件的免税额;"结汇方式"一栏中注明"出口不结汇"的援外物资、替换国外退货的产品和无偿赠送的样品、展品,不能办理申报退税。

(3)对海关已签发出口退税报关单的货物,如遇特殊情况发生退关或退货运回,报关单位应向原报关出口地海关出示当地主管出口退税税务机关的证明,证明其货物未办理出口退税或所退税款已退回税务机关,海关方予办理该批货物的退关或退货运回手续。

(4)出口企业或有关单位丢失海关已签发的出口退税报关单,要求海关补办时,应由主管出口退税的税务机关出具该批货物未办理出口产品退税的证明,并经海关查对核定货物确已出口,可补签出口退税报关单。海关签注"补办"字样,并按规定收取签证费。

(5) 对来料加工复出口的产品、三资企业出口的产品以及由海关对保税工厂监管生产的出口产品,海关不签发出口退税报关单,即对上述出口产品按政策不予退税。

练习与思考题

1. 出口履行一般有哪些基本程序?
2. 什么是货物出口装货单? 它有哪些作用?
3. 出口货物报关时要求的基本单据有哪些?
4. 投保出口货物运输险应什么时间办理合适?
5. 为什么要使用计算机办理外汇核销手续?
6. 出口手续各环节的单据与出口结汇单据之间的关系是什么?
7. 简述出口收汇核销单的申领、填写与使用应注意的问题。
8. 我国出口退税制度与出口退税率的调整与变化说明了什么问题?

第十二章

进口合同的履行

●学习要点与要求●

国际贸易合同对于进口商的主要义务和权力是付款和提货。与出口商合同履行存在一定的相对性,如租船订舱、办理保险、商品检验与出口工作基本相同。对于进口合同的履行重点掌握进口商依照合同开立信用证、审核单据后的付款赎单和办理提货手续时的管理措施和手续。本章重点介绍信用证的申请和开立、国家对进口实施的配额和许可证管理、进口付汇核销管理,以及进口报关报检时需要的单据及其要求等,保证进口商能顺利办理货物交接及提货。

贸易合同签订后,进口商履行合同的最主要义务是付款和接货。根据不同的贸易方式和支付方式,作好进口前的准备。以一般贸易为例,在进口业务中,如果买卖合同规定使用信用证结算方式,买方对进口合同的履行主要包括下列程序:申请开立信用证、申领进口许可证或进口配额许可证、派船接货或订舱、办理保险、审核单据并付款赎单、办理进口报关报检等提货手续、验货与索赔等。由于与出口商履行合同的相对性,有些内容是相似的,如租船订舱与投保、商检、报关等。因此,本章重点介绍进口商履行合同的最基本义务,以及相关的进口手续和单据。

第一节　开立信用证与进口手续

一、信用证的申请与开立

买卖合同中如果采用信用证方式结算,买卖双方在严格遵守买卖合同规定、履行各自义务的同时,还要受到合同项下开立信用证内容的约束。此即前文中提到的,信用证是依据合同开立的,但一旦开立就成为独立于合同之外的自足文件。进口商的首要义务是按照合同、有关国际条约和国际惯例的规定,向开证行及时申请开立信用证,也是履行进口合同的第一步。

(一)申请开立信用证应注意以下问题

1. 开证时间的掌握应以卖方在收到信用证后能在合同规定的装运期内出运为

原则。开立信用证的时间方面,如果合同规定在装运期前若干天开立并送达,买方应按期向开证行提出申请并考虑到邮程的时间;如果合同规定在卖方确定交货期后开证,则应在接到卖方通知后再行向银行申请开证;如果合同规定在卖方交付履约保证金或提供银行保函后向银行申请开证,则应在收到保证金或保函后向银行申请开证。如果合同未明确规定开证的时间,进口商也应在信用证规定的装运期前合理的时间开出信用证。

2.进口商在开证时要注意证同一致。信用证内容必须以签订的正本合同,包括修改后的合同为依据。凡合同中的内容需要在信用证上明确订明的,尽量不使用"参见×××号合同"(...details as per/refer to S/C No. ×××)的方式来表达,因为 L/C 是独立于合同之外的文件,银行依 L/C 行事而不受合同的约束。

3.信用证的内容必须准确无误。信用证各条款内容的表述应明确,不能模棱两可,如单据条款中应明确规定各类单据的出单人(商业发票、保险单和运输单据除外),以及各单据应表述的内容。因为贸易单据是买方办理进口手续和通关必备的文件,买方应该更清楚地了解本国的相关法规或卖方应该在单据上表述的内容,所以,单据上除了栏目上标明需要填写的内容外,如果有特别要求的,需要在信用证相应的单据条款中明确规定。

(二)申请开证的程序

1.开证人填写信用证申请书。开立信用证申请书,是进口商与开证行之间表明开立信用证的书面文件,也是双方就信用证业务内容认定的证明。进口商应根据合同条款的具体要求,在开证申请书的各项栏内选择,另可用文字说明。虽然各银行的申请书格式不完全相同,但基本内容大同小异,是由银行统一印刷的,一式三份,一份留业务部门,一份留财务部门,一份交银行。现以中国银行的开证申请书(Application for Issuing Letter of Credit,如单据附样 12 - 1 所示)为例,说明填写的内容和要求。

申请书正面为进口商向银行申请开证的内容说明,包括以下几项。

(1)开证的形式、受益人和开证人及开证金额。此即说明开证是采用信开(By Airmail)还是电开(By Cable/Telex);说明受益人(Beneficiary)和开证人(Applicant)的详细名称和地址(Name and Address)以及信用证金额(Amount)。

(2)要求受益人提交的单据条款。它包括单据的名称、种类、份数和单据内容要求,需要进口商一一填写。

(3)有关进口商品的描述(Evidencing Shipment of...)、唛头(Shipping Marks)及包装(Packing)应按合同的要求填写。

单据附样 12 – 1　　　　　　　　　开立信用证申请书
IRREVOCABLE DOCUMENTARY CREDIT APPLICATION

TO：	Date：
☐Issue by airmail　　☐With brief advice by teletransmission ☐Issue by express delivery ☐Issue by teletransmission（which shall be the operative instrument）	Credit No. Date and place of expiry
Applicant	Beneficiary（Full name and address）
Advising Bank	Amount
Partial shipments ☐allowed　☐not allowed	Transshipment ☐allowed　☐not allowed	Credit available with

Loading on board/dispatch/taking in charge at/from

not later than
For transportation to：

☐FOB　　☐CFR　　☐CIF
☐or other terms

By
☐sight payment　　　☐acceptance
☐negotiation
☐deferred payment at
against the documents detailed herein
☐and beneficiary's draft（s）for ___%
of invoice value at ____ sight
drawn on

Documents required：（marked with ×）
1. （　）Signed commercial invoice in ____ copies indicating L/C No. and Contract No.
2. （　）Full set of clean on board Bills of Lading made out to order and blank endorsed, marked "freight [ ]
to collect /［ ］prepaid ［ ］showing freight amount" notifying _____.
　（　）Airway bills/cargo receipt/copy of railway bills issued by _____ showing "freight
［ ］to collect/［ ］prepaid ［ ］indicating freight amount" and consigned to _____.
3. （　）Insurance Policy/Certificate in _____ copies for _____% of the invoice value showing claims payable
in _____ in currency of the draft, blank endorsed, covering All Risks, War Risks and _____.
4. （　）Packing List/Weight Memo in _____ copies indicating quantity, gross and weights of each package.
5. （　）Certificate of Quantity/Weight in _____ copies issued by _____.
6. （　）Certificate of Quality in _____ copies issued by ［ ］manufacturer/［ ］public recognized
surveyor _____.
7. （　）Certificate of Origin in _____ copies.
8. （　）Beneficiary's certified copy of fax / telex dispatched to the applicant within _____ days after shipment
advising L/C No., name of vessel, date of shipment, name, quantity, weight and value of goods.
9. Other documents, if any

Description of goods：

Additional instructions：
1. （　）All banking charges outside the opening bank are for beneficiary's account.
2. （　）Documents must be presented within ____ days after date of issuance of the transport documents but
within the validity of the credit.
3. （　）Third party as shipper is not acceptable, Short Form/Blank back B/L is not acceptable.
4. （　）Both quantity and credit amount ____% more or less are allowed.
5. （　）All documents must be sent to issuing bank by courier/speed post in one lot.
6. （　）Other terms, if any

（4）装运条款。包括运输路线、装卸地（港）（Shipment from...to...）、装运期（Not Later Than...）及是否允许分批（Partial Shipment）和转船（Transshipment）等内容。

（5）对通知行或议付行及受益人的特殊指示和要求（Special Instruction）。

上述内容填写完毕后，由进口商即开证申请人签字盖章。

申请书反面为开证申请人声明，用以明确双方的责任。基本内容包括：开证人承认在其付清货款前，开证行对单据及其所代表的货物拥有所有权，必要时开证行可以抵付进口商的欠款；保证单据到达后如期付款赎单，否则开证行有权没收开证人所交付的押金，以充当开证人应付价金的一部分；银行免责条件，如因申请书中字迹不清或词义含混所造成问题而免责，银行接受表面上合格的单据而对于是否伪造单据、货物与单据不符或货物中途灭失、受损、延迟到达等事项的免责；申明信用证开立的根据，即依照 UCP600 办理该信用证项下的一切事宜，并同意承担由此产生的一切责任。

2. 交付押金以及进口付汇手续。一般进口商向银行申请开证，银行要求交付一定比例的押金（或抵押或担保），作为对开证人将来履行付款责任的约束。另外，需要向外汇管理部门办理进口付汇核销手续等，连同其他一些必需的文件，如合同副本、进口配额或许可证、某些部门的审批文件等。

3. 银行开立信用证。开证行根据开证申请书所要求的方式和内容向受益人所在地的分行或代理行（通知行）开出信用证。如果个别进口商直接把信用证寄给我国出口商，出口商应将信用证送交中国银行核对印鉴并备案，由中国银行确认信用证的真伪。目前，信用证开立的方式主要有以下几种。

（1）信开（To Open by Airmail）方式。信开是开证行以信函的方式邮寄给出口国代理行。各银行都有信开证的格式，填写好后签字盖章（印鉴），以航空挂号邮寄给通知行。目前使用信开很少。

（2）电开（To Open by Telecommunication）方式。为争取时间，开证行将信用证内容以加注密押的电讯方式通知出口地通知行，请其通知受益人。电开在实际业务中又分为简电开证（To Open by Brief Cable）和全电开（To Open by Full Cable）。

①简电开是开证行加注密押（Test Key）将主要内容，如信用证号码、受益人名称和地址、开证申请人名称、金额、货名、数量、价格条件、装效期等以电报或电传方式预先告知通知行，并注明"详情后告"等类似字句，由通知行转送受益人。根据 UCP600 第十一条 a 款第 2 段规定："如电讯声明'详情后告'（full details to follow）或声明以邮寄确认书（mail confirmation）为有效信用证或修改，则该电讯不被视为有效信用证或修改。开证行必须随即不迟延地开立有效信用证或修改书，其条款

不得与该电讯矛盾。"

因此,简电信用证只供卖方及时备货、租船和订舱参考,须待开证行寄达有效信用证后,才可凭以出运货物和缮制单据。出口商要注意在收到简电通知书后,如果在合理时间内收不到信用证确认书,应及时向通知行查询。履行交货后必须将简电信用证和确认书一起交银行办理交单议付。

②全电开是信用证可以用任何有效的电讯工具传递,而不需要随后邮寄确认书。除非在电讯传递的信用证中,明确以确认书为准,否则电讯传递的信用证被视作有效信用证。根据 UCP600 第十一条 a 款第 1 段规定:以经证实的电讯方式发出的信用证或信用证修改即被视为有效的信用证或修改文据,任何后续的邮寄确认应被不予理会。

因此,全电开信用证中通常明确说明"无邮寄证实书跟随"(No Mail Confirmation Will Follow)。随着全球电子信息业的发展,除个别国家使用电报或电传开证外,目前普遍采用 SWIFT 网络系统开立。

③SWIFT,是英文 Society for Worldwide Interbank Financial Telecommunication 的缩写,中文为"环球银行金融电讯协会",1973 年在比利时成立,由当时欧洲、北美等的 50 家大银行组成,1977 年正式投入使用。其专门从事传递各国之间的非公开性的国际金融电讯业务,其中包括外汇买卖、证券交易、开立信用证、办理信用证项下的汇票业务及托收等,同时还承担国际账务清算及银行间的资金调拨等业务。SWIFT 网络在美国与荷兰分别设有 2 个相互联结的操作中心,并分别联结设立在各国的地区处理站,各地区站又与本国各银行的终端相连,构成了 SWIFT 全球性的通信网络。

SWIFT 电讯特点是标准化和格式化,它是银行间业务处理高度自动化必不可少的中介体。世界各国和地区有 1 000 多家银行参加该协会并采用该会电讯业务信息系统,凡参加者必须依 SWIFT 使用手册规定的标准予以使用,信用证采用的电文系标准化,并在电文的末尾有密码,若来往密码不相符,会自动予以拒绝。凡通过 SWIFT 系统开立的或通过 SWIFT 通知的信用证称"SWIFT 信用证"。采用 SWIFT L/C 须遵守其规定,必须使用 SWIFT 手册规定的代号(Tag),而且信用证必须依"UCP ICC 出版物"的内容及其规定。在信用证中可省去开证银行的承诺条款(Undertaking Clause),但不能免除银行所应承担的义务。

二、进口付汇核销手续与单据

(一)进口付汇核销管理

改革开放以来,我国的进口贸易得到了长足的发展,进口额逐年递增,对我国国民经济健康、快速发展起到了积极的推动作用。但在进口付汇环节中出现了进口付汇与到货金额严重不符、逃套汇、资本项目外汇通过进口付汇非法流到境外等问题。为了进一步加强管理,特别是在实现经常项目下人民币可兑换、放松事前审批的情况下,实行进口付汇核销监管制度的主要原因有二。

一是可以确保贸易项下进口付出外汇与到货的数额相对应。在实际中,进门付汇数额与到货数额之间会有一定差额。除部分可解释外,有相当部分外汇通过种种手段或转移境外、逃避监管,或用于外汇投机、骗取税款,造成我国外汇的严重流失。实行进口付汇核销监管制度的目的就在于通过对企业每一笔进口从付汇到到货进行跟踪的办法,确保进口物资到货,防止外汇流失,实现事后监控。

二是防止资本项目下的外汇混入经常项目流出。我国从 1996 年 12 月 1 日起,实现了人民币经常项目下可兑换,对属于经常项目下的外汇兑换不再加以限制,但我国仍将对资本项目外汇收支实行一定的管理,人民币还不是自由兑换的货币。由于资本项目下的外汇收支和经常项目下的外汇收支往往混在一起,造成了管理上的困难,所以要加强对外汇收支尤其是外汇支出的管理。实行进口付汇核销监管制度,可以规范进口单位按正常的业务操作渠道办理贸易进口,防止资本项目下的外汇混入经常项目流出,防范国际金融市场巨额游资对本国货币的冲击,以保持国际收支平衡,促进国民经济健康发展。

(二)进口付汇核销业务流程

第一步,进口单位经商务部或其授权单位批准或备案取得进出口权。

第二步,进口单位持有关材料(对外经贸主管部门的进出口经营权的批件、工商管理部门颁发的营业执照、技术监督部门颁发的企业代码证书)向注册所在地外汇管理局申请办理列入"对外付汇进口单位名录"。

第三步,外汇局审核无误后,为进口单位办理"对外付汇进口单位名录"手续。

第四步,进口单位付汇或开立信用证前,判断是否需向外汇管理局办理"进口付汇备案表"手续。如需要持有关材料到外汇管理局办理进口付汇备案手续,领取进口付汇备案表;如不需要进口单位持有关材料到外汇指定银行办理开证或购汇手续。

第五步,进口单位在有关货物报关后一个月内到外汇管理局办理进口核销报审手续。

（三）办理进口付汇报审业务手续

1. 进口单位须备齐进口付汇核销单、进口付汇备案表（如核销单付汇原因为"正常付汇"，企业可不提供该单据）、进口货物报关单正本（如核销单上的结算方式为"货到付汇"，企业可不提供该单据）、进口付汇到货核销表（一式两份，均为打印件并加盖公司章）、结汇水单及收账通知单（如核销单付汇原因不为"境外工程使用物资"及"转口贸易"，企业可不提供该单据）、外汇管理局要求提供的其他凭证、文件，一并交外汇管理局进口核销业务人员初审。

2. 初审人员对于未通过审核的单据，应在向企业报审人员明确不能报审的原因后退还进口单位。

3. 初审结束后，经办人员签字并转交复核人员复核。

4. 复核人员对于未通过审核的单据，应在向企业报审人员明确不能报审的原因后退还进口单位。

5. 复核无误，则复核员签字并将企业报审的全部单据及 IC 卡留存并留下企业名称、联系电话、联系人。

6. 外汇管理局工作人员将进口货物报关单及企业 IC 卡通过"进出口报关单联网核查系统"检验真伪，如纸质报关单与核查系统中的报关单电子底账无误，则外汇管理局工作人员在到货核销表及进口报关单上加盖"已报审章"，进口货物报关单、结汇水单及收账通知书、IC 卡退进口单位；如核查系统中无此笔报关单底账或与纸制报关单不一致，则要求企业说明情况，如是海关原因，需由企业到海关申请补录或修改，如核查后认定是伪造报关单，则将有关材料及情况转检查部门调查、处罚。

有关进口付汇备案是外汇管理局依据有关法规要求企业在办理规定监督范围内付汇或开立信用证前向外汇管理局核销部门登记，外汇管理局凭以跟踪核销的事前备案业务。手续如下。

（1）进口单位不在"对外付汇进口单位名录"内的备案类别为"不在名录"；

（2）到所在地外汇局管辖的市、县以外的外汇指定银行开证付汇的备案类别为"异地付汇"；

（3）进口单位已被列入"由外汇管理局审核真实性的进口单位名单"内的备案类别为"真实性审查"。

除上述三款外其他采用特别方式的进口付汇备案类别为"真实性审查"。企业在办理上述备案业务前，须对应报审已签发的预计到货日期在上月 1 日前的备案表的到货情况；否则，不予办理。

（四）进口单位到银行办理开证或付汇手续

进口单位办理开证付汇时的单据包括：进口单位填写进口付汇核销单；进口付汇备案表（如需）；进口合同、发票；正本进口货物报关单（货到付款方式）。

在办理异地开证或付汇时，进口单位应事前持备案表到付汇地外汇管理局办理确认手续。付汇地外汇管理局确认无误并加盖"进口付汇核销专用章"后，进口单位方可持经确认的备案表及上述单据到外汇指定银行开证或付汇。被外汇管理局列入"由外汇管理局审核真实性的进口单位名单"的进口单位，不予办理异地付汇备案。

三、进口配额许可证与进口许可证的申领

（一）进口配额管理与配额许可证

进出口货物配额管理，是指国家在一定时期内对某些货物的进出口数量或金额直接加以限制的管理措施。即对某种商品规定具体的进口或出口的数量，超过规定的数量则不允许进口或出口（或者虽然允许进出口，但要缴纳较高的关税）。

配额管理的特点在于，它往往与许可证管理结合在一起使用。我国目前采用的是配额与许可证结合使用的管理方式。国家实行统一的货物进出口许可制度，对有数量限制和其他限制的进出口货物实行进出口许可证管理，属于国家有数量限制的进口或者出口的货物，实行配额管理。即国家对部分货物在实行许可证管理的基础上实行配额管理，这部分商品在申领了配额证明后，还需凭借配额证明申请办理进出口许可证。

（二）进口许可证管理

进出口许可证管理是进出口管理的重要手段，是国家对限制进出口货物、技术采取的一种非数量控制的办法。进出口许可证是国家管理货物、技术进出口的法律凭证。凡属于进出口许可证管理的货物、技术，除国家另有规定外，各类进出口企业应在进出口前按规定向指定的发证机构申领进出口许可证，海关凭进出口许可证接受申报和验放。进出口许可证不得买卖、转让、伪造和变造。

（三）配额与许可证网上申领与使用

进出口配额和许可证管理由我国商务部配额和许可证事务局管理，为配合我国"电子口岸"的管理，商务部负责企业配额与许可证的网上申领工作。需要申领配额或许可证的企业应首先办理"电子钥匙申请"，然后在网上进行许可证的申领。

1.电子钥匙申请流程。用正楷字填写"许可证电子钥匙申请表",签署责任书。申请表中登录许可证申领系统的用户名为大写英文字母,长度不能超过8位。

将填写好的申请表、对外贸易经营者备案登记表原件与复印件或外商投资企业批准证书原件与复印件及办理人的身份证原件与复印件送当地外经贸厅许可证签发机构,接受审批。

2.许可证网上申领程序。进出口企业办理了电子钥匙的申请后,就可以登录商务部网站在线办事系统,登录"进出口申领系统"办理相应的许可证的申领工作。具体申领程序如图12-1所示。①

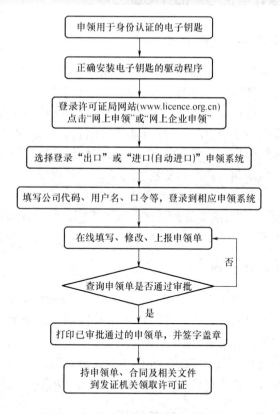

图12-1 进出口许可证网上申领流程

---

① 商务部网站:http://www. licence. org. cn/Web/Default. asp.

3.进口许可证申请表及进口许可证。凡申领进口许可证的单位,应按规定规范地填写进口许可证申请表(如单据附样 12 – 2 所示),然后发证机关按申请表的内容签发进口许可证。

单据附样 12 – 2　　　　　　　**进口许可证申请表**
中华人民共和国进口许可证申请表

1.进口商:　　　代码		3.进口许可证号:			
2.收货人:		4.进口许可证有效截止日期: 　　　　　年　月　日			
5.贸易方式:		8.出口国(地区):			
6.外汇来源:		9.原产地国(地区):			
7.报关口岸:		10.商品用途:			
11.商品名称:　　　　　　　　商品编码:					
12.规格、型号	13.单位	14.数量	15.单价(币别)	16.总值(币别)	17.总值折美元
18.总　计:					
19.领证人姓名: 联系电话: 申请日期: 下次联系日期:	20.签证机构审批(初审): 终审:				

中华人民共和国商务部监制　　　　　　　第一联(正本)签证机构存档

第二节　进口商付款赎单

国外出口商在货物出运后,会根据不同的支付方式将单据提交给银行或者是进口商。而无论哪一种支付方式下,进口商在收到单据后,都应不迟延地立即审核单据。

一、信用证方式下的审单与付款

在信用证方式下,出口商将信用证规定的汇票及全套单据提交开证行。银行根据 UCP600 的规定,必须合理谨慎地审核信用证所规定的单据,以确定单据是否表面上与信用证条款相符。

银行经审核确定单证相符、单单相符之后,应将货款立即(即期汇票)或在将来规定的日期(远期汇票)支付给出口商的议付行或通知行。开证行在付款的同时通知进口商付款赎单。开证行一经付款即为终局性的、无追索权。如果进口商拒付,此时开证行一旦已经付款,则不能以审核时未发现不符点为由而向出口商索回货款。因此,实际业务中,开证行在收到单据审核无误后,往往提请开证申请人审核确认其是否同意付款,虽然这样做并不符合惯例的规定,但也是银行防止出现损失的普遍做法。

如发现单证不符,开证行与进口商联系、协商,从而决定是否付款,并作出适当的处理。但应特别注意的是,单单不符和单证不符是信用证方式下银行拒付的唯一理由,拒收单据、拒付货款必须以开证行的名义作出,而不能以开证申请人声称单证不符为由拒付货款;而且开证行必须在收到单据次日起 5 个工作日内,以电信方式通知寄单银行或受益人,说明其拒付的所有不符点,并说明单据是否保留听候处理,或退回交单人;否则,开证行就失去了提出拒付的权利。

二、托收与汇付方式下的付款

在托收方式下,出口商审核单据无误后提交给托收行,代收行收到托收行的单据后,主要根据托收方式——付款交单和承兑交单,提示进口商汇票,进口商按要求立即(即期付款交单)或在约定的时间(远期付款交单和承兑交单)付款,取得单据后提货。虽然托收单据不作为进口商付款的唯一前提,但单据的正确与否也会影响到进口商的顺利通关和提货。

在汇付方式下,出口商在备齐单据后向进口商直接寄单。因此,进口商收到单据后即安排通关和提货。而付款则根据双方合同中约定的方式经过银行付款给出口商,并不受单据的限制,但是如果出口商单据出现问题,影响到进口商的正常提货,反过来会影响出口商的顺利收汇。

因此,进口商对单据仔细审核,以确认出口商是否按合同或信用证的要求交货是至关重要的环节。

三、进口商对进口单据的审核

进口商在审核时,除了应审核提交单据的种类是否齐全、份数是否相符外,对于单据的内容应重点审核以下几个方面。

(一)汇票

虽然汇票是资金单据,但在信用证方式下,如果汇票的内容有问题,同样也视为单证不符。重点审核以下几项。

1. 汇票的日期即汇票的出票日期,表明受益人向银行交单的日期,应审核其是否在信用证规定的交单期内。

2. 汇票金额是否正确,大小写是否一致。汇票金额是进口商付款的具体数额;如果有佣金或折扣规定的,要审核汇票的金额是否扣除。

3. 付款期限是否与信用证规定的一致。

4. 出票条款是否按规定填写。

5. 付款人和出票人的名称、地址是否有误。

(二)商业发票

商业发票是全套单据的中心,也是对货物作全面描述的单据。如果发票的内容有误,进口商有理由凭此认为货物不符。所以,应仔细审核发票,以维护进口商的利益。重点应审核以下几项。

1. 商业发票的出票人应与信用证的受益人相同。

2. 除非信用证另有规定,商业发票的抬头人必须是开证申请人。

3. 有关货物的描述应与合同及信用证的要求一致,特别是货物的品名、规格和包装等应与信用证完全一致。

4. 货物的数量、单价与总金额是否相符。审核是否按规定装运数量装运、金额是否超出信用证规定的金额、价格术语是否正确。

除上述主要内容以外,还应审核发票上记载的唛头、装运路线、起运地及卸货地等内容是否与提单或其他单据上的内容相同,以及是否漏掉信用证要求表明和证明的内容。

（三）货运单据

货运单据中主要是提单的审核,因它代表了货物的所有权。

1.货运单据的类型是否与信用证规定的一致。

2.提单的抬头人是否按规定出具。信用证项下的提单,一般都要求有明确提单的抬头人,以便进口商安排提货。对于空白抬头或记名抬头此类应加背书的提单,应当审核其是否按要求背书,否则会影响进口商的提货。

3.提单上的品名、数量、包装是否与发票上的内容相符。

4.运费支付情况是否与相应的价格术语相对应。

5.提单上是否有不良批注。一般应注明"清洁已装船"(Clean on Board)。

6.提单的签发日期是否与信用证要求的装运期相符。

7.唛头是否与其他单据一致。

（四）保险单据

进口采用 CIF、CIP 条件的,卖方应提供保险单据。对保险单据的重点审核内容有以下几项。

1.保险单中的投保险别、投保加成是否与信用证规定相符。

2.保险单背后是否有投保人的背书。除信用证另行规定外,保险单应当为可转让形式。因为在 CIF、CIP 条件下由卖方投保,保险单上的被保险人为卖方的名称,卖方在交单时应在保险单上背书才能将保险单转让给买方,以保证货物在运输途中一旦出险,买方可以凭保险单办理索赔事宜。

3.如转运,保险期限必须包括全程运输。

4.保险单的签发日期不得迟于运输单据的装运期。

（五）商检证书

买卖双方在签订合同时,对商品的检验有所规定。在开证时具体规定了卖方办理检验的要求及应提供的单据。所以重点审核的内容有以下几项。

1.出具商检证书的名称及出证机构是否与信用证的规定相符。

2.检验的项目、结果及证明的内容是否符合要求。

3.商检证书的出单日期应早于提单的签发日期。

另外,对于信用证或合同及买方规定的其他单据,如原产地证书及其他的证明等,进口商都要对照信用证内容和其他单据的内容仔细审核,在此不再一一说明。经审核无误后,进口商应按规定支付货款,取得单据,办理提货。

第三节　进口报关与报检

进口商在接受单据后,应在货物到达时凭单据办理报关与商检报检。下面主要以一般贸易为例,说明进口货物的通关与报检。

一、进口货物的通关

进口货物的收货人,必须向进境口岸海关请求申报,交验规定的证件和单据,接受海关人员对其所报货物和运输工具的查验,依法缴纳海关税费和其他由海关代征的税款,然后才能由海关批准货物和运输工具的放行,这与前面所述的海关对出口货物的监管程序是一样的。从收货人的角度看,进口货物的通关,一般包括四个基本环节:进口货物的申报、海关查验、海关计征税费和海关批准放行。

(一)进口货物的申报时间与期限

根据我国《海关法》的规定,进口货物的保管期限为自运输工具申报进境之日起14日内。进口货物的收货人或其代理人超过14天期限未向海关申报的,由海关征收滞报金;超过3个月还没有向海关申报的,其进口货物由海关提取变卖处理。变卖后所得价款,除支付运输、装卸、储存等费用和税款后尚有余额的,自货物变卖之日起1年内,经收货人申请予以发还;逾期无人申请,上缴国库。

(二)报关时应交验的单证

进口货物报关时所需提供的单证包括以下几种。

1.由报关员填写或由自动化报关预录入人员录入后打印的进口货物报关单。

2.进口货物属于国家限制或控制进口的,应交验对外经济贸易管理部门签发的进口货物许可证或其他批准文件。

3.进口货物卖方出具的发票、装箱单等。

4.进口货物的提货单或提(运)单。

5.减税、免税或免验的证明文件。

6.对应实施商品检验、文物鉴定、动植物检疫、食品卫生检验或其他受管制的进口货物,还应交验有关主管部门签发的证明。

7.海关认为必要时,可以调阅贸易合同、原产地证明和其他有关单证、账册等。

（三）海关查验

海关查验是指海关接受报关员的申报后,对进口货物进行实际的核对和检查,以确定货物的自然属性以及货物的数量、规格、价格、金额以及原产地等是否与报关单所列一致。

海关查验,一是要复核申报环节中所申报的单证及查验单、货是否一致,从而检查是否有无证进口问题及走私、违规、逃漏关税等问题;二是通过查验货物,保证正确地估征关税。进口货物除海关总署特准免验的以外,都应接受海关查验。重点查验进口货物的名称、品质、规格、包装式样、数量、重量、标记唛码、生产或贸易国别等项是否与报关单和其他证件相符。查验货物一般在设有海关的码头、机场、车站的仓库、场院等海关监管场所进行。为了加速验放、方便外贸运输,根据货物性质,海关对海运进口散装货物、大宗货物、危险品和鲜活商品等,结合装卸环节在船边现场验放;对成套设备、精密仪器、贵重物资和"门到门"运输的集装箱货物等,在海关规定地区进行查验有困难的,经进口货物收货人的申请,海关核准可以派员到监管区域以外的地点进行就地查验放行货物。但申请单位应按规定交纳规费,并提供往返交通工具。

（四）海关计征税费

海关在审核单证和查验货物后,根据《中华人民共和国关税条例》和《中华人民共和国海关进出口税则》规定的税率,对实际货物征收进口关税。如果根据规定可减、免、缓、退、保税的,报关单位应向海关送交有关证明文件。

进口税是海关对进口货物和物品所征收的关税。进口税在进口货物和物品直接进入关境时征收,或者在国外货物和物品由自由港、自由贸易区海关保税仓库中提出运往进口国的国内市场销售、办理海关手续时征收。进口税是关税中最重要的一种,在许多废除了出口税和过境税的国家,进口税是唯一的关税。

《进出口关税条例》规定,进出口货物应当依照进出口税则规定的归类原则归入合适的税号,并按照适用的税率征税。进口关税的税率在 2002 年 1 月 1 日前分为普通税率和优惠税率两种。对原产于与我国未订有关税互惠协议的国家或地区的进口货物,按照普通税率征税;对于原产于与我国订有关税互惠协议的国家或地区的进口货物,按照优惠税率征税。但自 2002 年 1 月 1 日起,鉴于我国已成为 WTO 成员,我国对进口税则的栏目作了相应调整,即现实的税率栏目有 4 个,分别为最惠国税率、协定税率、特惠税率和普通税率。

海关在对进口货物征收关税的同时,对该货物代为征收国内税费。代征税与关税性质不同,它们的征税依据不在于进口,而在于将这些进口货物在国外经过的生产流通环节与国内同类货物经过的生产流通环节同等对待。这样,对国内同类货物已征收的流转税,对进口货物也要征收。为了简化手续,进口货物的国内税一般在进口环节由海关征收。

目前,我国规定由海关征收的进口环节税主要是增值税和消费税。另外,海关还对部分进口减税、免税和保税货物征收海关监管手续费。

除进口税和进口环节税外,还有进口附加税(Import Surtaxes)。它是对进口商品除征收正常关税外再加征的额外关税,是一种特定的临时性措施。其目的是为了解决国际收支逆差,防止外国商品倾销或对某国实行歧视与报复等。最典型的是以下两种。

(1)反补贴税(Anti – Subsidy Duties),又称抵消税,是针对直接或间接接受任何贴补和奖金的外国商品所征收的一种进口附加税。该税征收的目的是为抵消其所享受的补贴金额。

(2)反倾销税(Anti – Dumping Duties),是针对实行商品倾销的进口商品所征收的一种进口附加税。目的在于抵制外国商品倾销,保护本国产品和国内市场。构成倾销的条件是:商品以低于正常价格的办法在国外市场销售,使外国生产和工业受到损失和威胁。正常价格是指商品在原产国的销售价格或商品向第三国正常出口时的价格。

海关在计算出应纳税额并审核无误后,即填发《关税税款缴纳证》和《海关代征税缴纳证》,交由进口货物的纳税义务人向指定的银行办理缴纳手续。根据《关税条例》的规定,进口货物的收货人或者他们的代理人应当在海关填发税款缴纳证的次日起7日内(星期六、日和法定节假日除外),向指定银行缴纳税款。逾期未缴的,除限期追缴外,由海关自到期的次日起至缴清税款日止,按日加收欠缴税款总额的1‰的滞纳金。超过3个月仍未缴纳税款的,海关可责令担保人缴纳税款或将货物变价抵缴,必要时,可以通过银行在担保人或者纳税义务人的存款内扣款。纳税人同海关发生纳税争议时,应先缴纳税款,然后自海关填发税款缴纳证之日起30天内,向海关书面复议。

(五)进口货物的放行与提货

对于一般进口货物,在收货人或其代理人如实向海关申报、接受查验,并如数缴纳应缴税款和有关规费后,海关在货物的进口货运单据如进口提单或运单、特制的放行条上签盖"海关放行章",进口货物的收货人凭此到海关监管仓库提取货物。

二、进口货物的报检

凡是我国明确规定要进行法定检验的进口商品,以及在合同中规定货到后买方有复验权的商品,买方应在规定的时限内向商检机构办理进口商品的报检,并由商检机构检验、出具证明,以确定进口商品符合我国有关规定,达到了规定的质量和标准等;它也是买方确认卖方是否依合同履行交货,并决定是否向卖方提出索赔的依据。

(一)一般工作程序

入境货物报检的一般规定为:法定检验检疫入境货物的货主或其代理人首先向卸货口岸或到达站的出入境检验检疫机构报检,检验检疫机构受理报检,转施检部门签署意见,计收费,对来自疫区、可能传播检疫传染病、动植物疫情及可能夹带有害物质的入境货物的交通工具或运输包装实施必要的检疫、消毒、卫生除害处理后,签发入境货物通关单(入境废物、活动物等除外)供报检人办理海关的通关手续;货物通关后,入境货物的货主或其代理人须在检验检疫机构规定的时间和地点到指定的检验检疫机构联系对货物实施检验检疫,经检验检疫合格的入境货物,签发入境货物检验检疫证明;经检验检疫不合格的入境货物,签发检验检疫处理通知书;需要索赔的入境货物,签发检验检疫证书。具体流程见图12-2。

(二)报检分类

入境货物报检可分为一般报检、进境流向报检和异地施检报检。

1.进境一般报检。进境一般报检是指法定检验检疫入境货物的货主或其代理人,持有关单证向卸货口岸检验检疫机构申请取得《入境货物通关单》并对货物进行检验检疫的报检。

进境一般报检,《入境货物通关单》的签发和对货物的检验检疫都由口岸检验检疫机构完成。

2.进境流向报检。进境流向报检亦称口岸清关转异地进行检验检疫的报检,指法定入境检验检疫货物的收货人或其代理人持有关单证在卸货口岸向口岸检验检疫机构报检,获取《入境货物通关单》并通关后由进境口岸检验检疫机构进行必要的检疫处理,货物调往目的地后再由目的地的检验检疫机构进行检验检疫监管。

"流向报检"与"一般报检"的区别就在于,申请进境流向报检货物的通关地与目的地属于不同辖区。

3.异地施检报检。异地施检报检是指已在进口口岸完成进境流向报检,货物

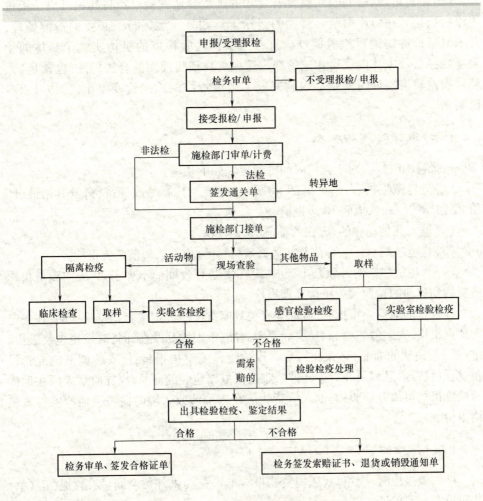

图 12 - 2　入境货物检验检疫流程图

到达目的地后,该批进境货物的货主或其代理在规定的时间内,向目的地检验检疫机构申请进行检验检疫的报检。在异地施检报检时应提供口岸检验检疫机构签发的《入境货物调离通知单》。

对于进境商品报检业务办理需注意以下事项。

(1)进境流向报检和进境异地施检报检是属于一批货物进行报检时的两个环节。

（2）经过进境流向报检，就要有货物的进境异地施检报检与其相对应。因进境流向报检只在口岸对装运货物的运输工具和外包装进行了必要的检疫处理，并未对整批货物进行检验检疫。只有当实施检验检疫的机构实施了具体的检验、检疫后，货主才能获得相应的准许进口货物销售使用的合法凭证，也就是《入境货物检验检疫证明》，这样也就完成了进境货物的检验检疫工作，货物可以自由买卖。

（三）报检时间和地点

1. 报检的时间。对于报检时间的规定和如下几项。

（1）进境微生物、人体组织、生物制品、血液及其制品或种畜、禽及其精液、胚胎、受精卵的应在入境前 30 天报检。

（2）输入其他动物的，应在入境前 15 天报检。

（3）进境植物、种子、种苗及其他繁殖材料的，应在入境前 7 天报检。

（4）入境货物需对外索赔出证的，应在索赔有效期前不少于 20 天向到货口岸或货物到达地的检验检疫机构办理报检。

2. 报检的地点。审批、许可证等有关政府批文中规定检验检疫地点的，在规定的地点报检；大宗散装商品、易腐烂变质商品、废旧物品及在卸货时发现包装破损、重（数）量短缺的商品，必须在卸货口岸检疫检疫机构报检；需安装调试的成套设备、机电仪器产品以及在口岸开件后难以恢复原包装的商品，应在收货人所在地检验检疫机构报检并检验；其他入境货物应在入境前或入境时向报关地检验检疫机构报检。

（四）报检时需提交的单证

1. 入境报检时，应填写《入境货物报检单》，并提供外贸合同、发票、提（运）单、装箱单等有关单证。

2. 凡实施安全质量许可、卫生注册、强制性产品认证、民用商品验证或其他需经审批审核的货物，应提供有关审批文件。

3. 报检品质检验的，应提供国外品质证书或质量保证书、产品使用说明书及有关标准和技术资料；凭样成交的，须加附成交样品；以品级或公量计价结算的，应同时申请重量鉴定。

4. 报检入境废物的，应提供国家环保总局签发的《进口废物批准证书》、废物利用风险报告和经认可的检验机构签发的装运前检验合格证书等。

5. 报检入境旧机电产品的，应提供与进口旧机电产品相符的进口许可证明。

6. 报检申请残损鉴定的,应提供理货残损单、铁路商务记录、空运事故记录或海事报告等证明货损情况的有关证单。

7. 报检申请重(数)量鉴定的,应提供重量明细单、理货清单等。

8. 货物经收、用货部门验收或其他单位检测的,应随附验收报告或检测结果以及重量明细单等。

9. 报检入境动植物及其产品的,在提供贸易合同、发票、产地证书的同时,还必须提供输出国家或地区官方的检疫证书;需办理入境审批手续的,还应提供入境动植物检疫许可证。

10. 报检过境动植物及其产品的,应持分配单和输出国家或地区官方出具的检疫证书;运输动物过境时,还应提交国家质检总局签发的《动植物过境许可证》。

11. 报检入境旅客、交通员工携带伴侣动物的,应提供进境动物检疫审批单及预防接种证明。

12. 报检进口食品的,应按规定提供《进出口食品标签审核证书》或《标签审核受理证明》。

13. 报检进口化妆品的,应按规定提供《进出口化妆品标签审核证书》或《标签审核受理证明》。

14. 报检来自美国、日本、欧盟和韩国的入境货物的,应按规定提供有关包装情况的证书和声明。

15. 报检因科研等特殊需要输入禁止入境物的,必须提供国家质检总局签发的特许审批证明。

16. 报检入境特殊物品的,应提供有关的批件或规定的文件。

进口商申请检验后,经过商检机构检验合格的签发商品检验证书,如属于法定检验的由进口商凭其办理进口报关;经检验不合格的,也由商检机构签发检验证书,以便进口商凭此向有关的责任方办理索赔等事宜。

三、进口货物验货与索赔

进口商完成上述基本义务后,办理提货。如果发现货物与合同规定存在不符,可根据合同的索赔条款,以及货物的不同问题向相应部门提出损害赔偿。具体做法和规定可参照第十章的内容。

练习与思考题

1. 进口货物许可证应怎样申领？
2. 进口许可证主要包括哪些内容？
3. 对进口货物单据主要审核哪些内容？
4. 进口货物通关需提交哪些单据？
5. 进口商品检验应注意哪些问题？

第十三章

国际贸易的电子化发展

•学习要点与要求•

本章要求学生在学习了上述国际贸易实务基本内容、交易程序和国际法规与惯例的基础上,了解企业在现实中如何利用网络技术对所经营的商品在国际市场进行行情分析、确定产品的营销策略并取得国际电子商务认证机构的认证,从而实现网上磋商、网上交易和网上合同履行等跨国商务活动。正如前面章节介绍的,国际贸易往往体现在单据的买卖,贸易单证是实现国际贸易的媒介和凭证。其中电子数据交换是国际电子商务发展的最早形式,曾经成为实现国际贸易电子化最早的雏形。电子贸易的实现是凭借计算机软硬件系统生成和处理电子单证的实体;通信网络是传输电子单证的载体;EDI标准化是应用系统生成统一规范电子单证的依据。而国际电子商务的发展,对国际贸易的电子化发展提供了更广阔的发展平台和空间,在全球电子商务发展中我国对外贸易的电子化也取得了快速发展,如"电子口岸"的建立、全球贸易网络站点的建立等,为我国对外贸易电子化发展创造了条件。

全球经济和科学技术的飞速发展,带动了国际贸易的迅速增长以及国际贸易方式和方法新的变化和发展。特别是国际互联网的兴起与发展,推动了全球电子商务的应用,其全球性和开放性的特点为国际贸易和企业经营的全球化赋予了新的含义。因此,国际贸易电子化已成为当前国际贸易交易及履约程序中的必然选择。外贸企业利用电子手段,将从交易前的营销活动、交易磋商、企业内部业务流程管理,到交易合同履行的一系列业务活动与政府监管的电子化应用联结在一起。因此,国际贸易电子化是企业利用现代通信技术、计算机技术和网络技术等手段,部分或全部地完成国际贸易交易的商业活动,从而带动了我国电子商务发展体系的不断完善。

第一节 电子数据交换与贸易的"无纸化"

要了解国际贸易的电子化,首先离不开最早的电子数据交换(Electronic Data Interchange,以下简称EDI)的发展。EDI是20世纪80年代迅速发展起来的一种新颖的电子化贸易工具,是现代计算机与通信技术相结合的产物,也是电子商务发展的最早形式,并成为国际电子商务活动的主要基础。其最大特点是将商业文件标准化,用"电子数据"通信方式将市场需求、原料采购、生产制造、合同签订、商检、保险、银行汇兑、货物托运及海关申报等贸易链中的各个环节有机地结合起来,使贸易过程时间缩短,降低人为干预程度,减少人为错误,提高经济效益。所以,有人称 EDI 是改变传统商业贸易运行习惯的"催化剂",是一场"结构性的商业革命"。

一、EDI 的系统组成与标准化

EDI 在国际贸易领域应用的含义是:按照协议对具有一定结构特征的标准经济信息,经过通信网络,在商业贸易伙伴的电子计算机系统之间,进行自动交换和自动处理,使国际贸易往来过程不再依赖纸面单证,而逐渐被电子单证所代替。因此,当时又被称为"无纸贸易"。

(一)EDI 系统与功能

EDI 的三个基本组成要素包括计算机硬件与软件、通信网络和 EDI 标准化。其中计算机软硬件系统是生成和处理电子单证的实体;通信网络是传输电子单证的载体;而 EDI 标准化是应用系统生成统一规范电子单证的依据。

EDI 应用系统作为数据处理和数据通信功能,硬件设备主要包括计算机、调制解调器和通信线路;软件需要将用户数据库系统中的信息翻译成 EDI 标准格式以便传输转换。包括转换软件、中间文件、翻译软件和通信软件。

EDI 通信网络可以是共用电话网、数字数据网 DDN、分组包交换网等。连接方式分为直接连接、增值网络和报文处理系统三种。

1. 直接方式,是指 EDI 的双方通过数据专线或电话拨号连线,直接传递 EDI 信息,又称为"点对点"(Point to Point,PTP)方式。这种方式除要求双方通信协议、传输速率等必须相同外,所采用的信息传输标准也必须一致,并且在对方开机情况下才能建立连接。点对点的运作可以概括为以下几个步骤。

(1)将有关数据输入你的主机或者是个人电脑,从你的计算机中启动数据传输的操作程序。

(2)与商业伙伴的电脑建立连接,通常情况下,电脑所设定的通信程序自动建立相应的连接。

(3)在数据传输到公共网络的邮箱或对方计算机的同时,电脑会将有关信息翻译成符合行业标准的格式,将数据通信协议转换成目标计算机所接收的标准协议。与此同时,电脑自动将信息有效地打包发送。

（4）当传输的数据被送到目标信箱或对方的计算机收到了可以认可的格式的信息后，将其存入最终用户的计算机系统中。

针对带有结构性的标准数据的传输，以上的传输方法无论从技术角度，还是从经济角度，或者是从时间效率角度，都不是最佳的运作。因为随着贸易伙伴数目的增多，数据传输数量的增大，点对点的运作使计算机无法应付时间不确定的、多点的数据传输。

2. 间接方式——增值网（VANs）方式。它是通过第三方网络公司——增值数据业务（VDS）公司，利用已有的计算机与通信网络设备，除完成一般的通信任务外增加的服务功能。VDS 公司提供给用户的服务主要是租用信箱及协议转换，后者对用户是透明的。信箱的引入，实现了通信的异步性，提高了效率，降低了通信费用。另外，报文在 VDS 公司自己的系统中传递也是异步的，提供存储转发、记忆保管、通信协议转换、格式转换和安全管理的功能。

VANs 方式尽管有许多优点，但因为各增值网的服务功能不尽相同，VANs 系统并不能互通，从而限制了跨地区、跨行业的全球性应用。同时，此方法还有一个致命的缺点，即 VANs 只实现了计算机网络的下层，相当于 OSI 参考模型的下三层。而通信往往发生在各种计算机的应用进程之间，这就决定了 EDI 应用进程与 VANs 的联系相当松散，效率很低。

3. 报文处理系统——MHS 方式。MHS（Message Handling System）是基于 CCITT X.400 系列建议定义的完备的电子对抗邮件系统，可以解决处理 EDI 问题中的 EDI 报文、EDI 通知的生产、传输、检索、保密、安全和确认等问题，成为 EDI 传输的主流手段。

随着 EDI 应用的迅速增加，CCITT 成立了专门的工作组研究 X.400 和 EDI 的关系，提出了 X.435 建议，专为 EDI 报文设计符合 EDI 报文标准的一种报文处理系统。它描述了 EDI 报文处理系统的功能模型、报文件结构，EDI 报文和 EDI 通知两信息客体及相关的 EDI 通信协议等，定义了适合 EDI 应用的 EDI 用户代理（EDI－UA）、EDI 报文存储（EDI－MS）和 EDI 访问部件（EDI－AU）等。MHS 建立在 OSI 开放系统的网络平台上，适应多样化的信息类型，并通过网络连接，具有快速、准确、安全、可靠等特点。MHS 为创造一个完善的应用软件平台，减少了设计开发的技术难度和工作量，是以存储转发为基础的、非实时的电子通信系统。

（二）EDI 标准化

贸易过程的电子化依赖于结构、文件的标准化，由于各个国家和地区发展的时间和程度不同，因此采用的标准化数据格式也不同。EDI 标准的发展经历了由产业标准、国家标准到国际标准三个阶段。其中较著名的国家标准,如美国国家标准局(ANSI)授权 ASCX.12 委员会依据行业 TDCC 标准开发、建立的跨行业且具有一般性的国家标准——ANSI X.12;欧洲较广泛使用的是由联合国欧洲经济理事会从事国际贸易程序简化工作的第四工作组(UN/ECE/WP4)负责发展及制定的 TDI 及 GTDI 标准;而英国则应用 TRADECOMS 等。因此,在全球推广 EDI 就必须制定统一的国际标准而非国家标准。为此,1985 年在联合国的推动下,欧、美两大标准——北美 ANSI X.12 与欧洲 GTDI 开始广泛接触合作,进行国际 EDI 通用标准的研究与发展,UN/ECE/WP4 承办了国际性的 EDI 标准制定任务。

考虑到各国 EDI 的发展现状,UN/ECE/WP4 将 EDI 国际标准分为三个领域:行政(Administration)、商业(Commerce)和运输(Transportation),并于 1986 年正式以 UN/EDIFACT(United Nations/Electronic Data Interchange for Administration, Commerce and Transport)的形式作为国际性 EDI 通用标准发布。1987 年这个标准为国际商业协会体系所承认,后者向 ISO – TC/154 建议 EDIFACT 语法规则,并于 1987 年 8 月获得通过。ANSI X.12 于 1992 年决定在其第四版标准制定后将不再继续发展,全力与 UN/EDITACT 结合。因此,EDIFACT 成为国际标准已成为必然趋势。

UN/EDIFACT 宣布之后,得到了世界上大多数国家的支持;联合国欧洲经济委员会(UN/ECE)也不再是单纯的欧洲国家组织,从 1986 年到 1988 年,分别成立了北美、西欧和东欧三个地区性的 EDI 委员会。任何联合国的正式成员如果对 UN/ECE 的某个主题感兴趣,均可参加 UN/ECE 会议。1990 年 4 月,澳大利亚和新西兰加入成为第四个委员会。后来,亚洲和非洲也相继成立了相应的委员会。我国是亚洲 EDIFACT 委员会(ASEB)的成员国,1991 年成立了中国 EDIFACT 委员会(CEC),对内又称中国促进 EDI 应用协调小组。

UN/EDIFACT 标准的特点为:①由于是欧洲和北美的融合体,保持了原有的灵活性和有效性,因此具有广泛的适用性和前期应用基础;②它既可作为跨行业、跨地域的标准使用,也可作为政府或专用标准使用,因此应用起来比较灵活,适用面相当广;③UN/EDIFACT 标准有一套严格的报文程序,保证了由联合国批准发布的 EDIFACT 报文完全符合标准的要求,因而具有在国际范围应用的功能。因此,EDIFACT 是目前全球 EDI 应用最流行的标准。我国在推广应用 EDI 的过程中,已明确把采用 UN/EDIFACT 国际标准作为 EDI 实施中的一项发展战略。与此同时,我国还积极参与了 UN/EDIFACT 标准的制定工作和亚洲 EDIFACT 委员会的各项活动。

随着国际互联网的迅速发展,其便捷、廉价和庞大的用户群等特点,与费用较高、操作较复杂的 EDI 比较使人们对 EDI 的未来缺乏足够的信心。但是 EDI 作为早期的电子商务模式，为提高贸易效率、在标准上实现全球的统一以及在国际贸易的海关领域的迅速普及和推广，促进无纸化贸易发展等作出了巨大贡献。

二、国际 EDI 发展及其在国际贸易中的应用

世界各国为了维护本国的商业利益和经济地位，都非常重视商业文件的快速传递和处理，积极开发、推广、应用电子数据交换技术。EDI 在北美、欧洲、大洋洲和亚洲的部分国家都有相当普遍的应用。英国海关 90% 的结关手续已使用 EDI，法国和美国也有 50% 以上的海关手续应用 EDI，美国和欧洲都已作出决定，今后如不采用 EDI 方式，海关清关手续将被推迟办理，或不被对方选择为贸易伙伴。

（一）北美 EDI 应用情况

美国由于有较高的电算化管理水平和较好的网络设施，是最早开发、应用 EDI 的国家，20 世纪 70 年代首先在运输行业应用。到 1989 年大约有 9 000 家公司使用该技术，到 1990 年增长到 13 000 家，在百货（批发和零售业）、制造业、运输、通信、银行、海关等行业普遍应用，并在 90 年代中期达到 30 000 家。但由于美国发展 EDI 是自下而上的，因而也形成了多种标准共存的局面，例如：存在国家标准，即上述提到的 ANSI X.12，涉及零售业、汽车制造业、电子工业及化工等多种行业；还有行业标准，如美国电子交换委员会（EDIA），涉及海运、空运和陆运；百货公司的条形码（UCS）等。美国不断开展对不同标准进行转换的工作，从而达到传输 EDI 标准格式的目的。在 EDI 单证应用方面，美国政府宣布从 1992 年起全国采用 EDI 方式办理海关业务，不采用 EDI 方式者，其清关手续将被推迟处理，并于 1993 年 3 月起开始接收第一份 EDIFACT 标准格式的报关单和海关批复单证用本。据统计，美国前 100 家大企业 97% 使用了 EDI，前 500 家大企业中已有 65% 应用了 EDI，在对已采用 EDI 的公司的进一步调查中，又有 2/3 的公司希望扩大其使用 EDI 的商业伙伴。美国的大零售公司已开始对不使用 EDI 的供货者采取制裁措施。因此，美国实行 EDI 统一的国际标准一经确定，跨行业的 EDI 应用必将有飞跃的发展。

在加拿大，百货、运输、汽车、零售、制造、银行、电信、石油等行业中应用 EDI 已有相当程度，其中海关 EDI 应用发展最快、规模最大。1988 年加拿大海关安装了一个海关商业管理系统 CCS，使进口业务的各个环节实现了自动化，该系统的控制中心设在渥太华，有 75 个分中心遍及加拿大各地，拥有 2 000 台终端和 4 000 多家用户。在加拿大每年 400 万件进口交易中，经 CCS 系统登录的文件已占 50%。在此基础上，加拿大海关提出了"海关 2000"计划，该计划将使商业过程、旅行入境检

查以及海关手续都产生很大变化,其目的在于使政府在这一领域保持领先地位,同时更好地执行社会保障职能。此外,北美自由贸易区亦表示大力倡导 EDI,以推动本地区经济的发展。

(二)欧洲 EDI 应用情况

在欧洲,英国、法国、德国、意大利、丹麦、瑞典及挪威等国开展 EDI 业务时间较早。目前欧洲已在汽车工业、化学工业、运输业、分销零售业等主要行业内设立了 EDI 项目,并使其发挥着巨大作用,这些行业项目几乎覆盖了所有的西欧国家。现在 EDI 在欧洲大部分国家已成为做生意的唯一途径。

早在 1985 年,欧洲 12 国就签署了统一行动计划,1987 年由欧洲自由贸易协会(EFTA)提出,并在同年的欧共体部长会议上一致通过了欧洲 EDI 促进计划,即"贸易电子数据互换系统"(TEDIS)计划。该计划于 1988 年开始实施,第一阶段投资了 3 680 万埃居(欧洲货币单位),主要任务是建立一个系统框架,包括内容的选定、标准体系的建立、法律及安全问题的研究等。目前该项目已进行到第二阶段,预计要 3 年时间完成,共需投资 2 500 万埃居,其目标是将纵向 EDI(行业内 EDI)和横向 EDI(跨行业 EDI)合二为一;并积极发展 EDI 报文的国际标准,解决 EDI 所涉及的法律问题、安全问题等。某权威机构对英国和丹麦进行了调查,有 70% 的人表示了解 EDI,这充分反映出 EDI 在欧洲的普及程度。此外,在 1993 年 1 月 1 日欧洲统一市场形成后,实现了人员自由往来,商品自由流通,资金自由流动,劳务自由竞争,为加速欧洲经济的发展,EDI 技术将成为加强各成员国之间经济、贸易、金融联系的具有战略意义的工具

(三)亚洲地区 EDI 的应用

亚洲国家和地区,如新加坡、日本、韩国、中国台湾和中国香港等都积极推进 EDI 的应用,努力赶上北美和西欧。新加坡 EDI 应用开始于 20 世纪 90 年代并迅速增长,TradeNet 是新加坡政府主导开发 EDI 成功的范例。该系统自上而下形成了连接贸易主管机构及有关业务单位贸易文件的 EDI 网络,其目标是对外与世界其他国际贸易网络连接,建立新加坡在世界经济体系的新地位;对内协助贸易商解决烦琐的贸易文件处理和传送问题,节省文件处理成本,加速业务进行,提高效率,增强竞争能力。TradeNet 在 1989 年 1 月运行时连接了约 50 个用户,到 20 世纪 90 年代末使用单位超过了 2 000 个;它每天 24 小时作业,原来需 1—4 天处理的问题在 TradeNet 上平均 15 分钟即可完成,每年可为政府及贸易部门节省 10 亿新加坡币。其成功的因素在于:网络一开始就汇集了具有一定经济规模的用户,之后建立

"服务中心/平台"使中小企业可以透过提供的服务进入该网络；解决了网络安全及电子文件法律地位的问题；简化了行政程序。新加坡的 TradeNet 是政府自上而下主导开发最成功的 EDI 系统。

日本的 EDI 发展是从行业型向跨行业型发展的。早在 1971 年 2 月日本就成立了"贸易公文格式标准化委员会"。1974 年 2 月又成立了由大藏省、通产省、运输省共同管理的"财团法人日本国际贸易程序简化委员会"（Japan Association for Standardization of International Trade Procedures，JASPRO）。1988 年日本电子机械工业协会（ETAJ）制定了产业界使用的 EDI 标准"EIAJ"，使大企业间收发货的票据在很大程度上实现了 EDI 化，后来日本通产省的外围团体日本信息处理开发协会产业信息化推广中心，对 EIAJ 标准作了改进，以便其他行业也能利用它，这样，便开发出了用于 EDI 的文法规约"CII 标准"。这一标准已由日本通产省颁布，作为日本国内的标准。1992 年 9 月，又成立了日本 EDI 委员会（JEDIC）并与美国和欧洲的 EDI 组织商定联合行动。此外，日本商界拟在已有多个商业信息网的基础上，综合 EDI 应用开发"战略信息系统"（SIS）。

中国香港的应用不同于新加坡，由于香港小型企业多、国际市场竞争激烈、劳动力紧缺等因素，计算机的应用很快在香港得到了发展，电子贸易在香港已是一种普遍的经商方法。无论在企业内部还是与海外企业均通过计算机数据通信。然而，计算机运行大都采用联机作业，并非真正的电子数据交换，因此，香港仍在探讨如何实现 EDI 工程。

1990 年，韩国贸易与工业部下属的对外贸易协会投资 5.8 亿美元，建成了全国 EDI 服务系统——韩国贸易网 KTNet，由数据通信公司（DACOM）主持 EDI 工作，初期以国际贸易应用为重点，美国的 EDI 公司、加拿大 EDI 协会、北美的 EDI 厂商参与了韩国的前期 EDI 工作。1995 年 KTNet 投入全面运行，业务覆盖许可管理、保险、通关、退税、外汇、装运通知和签发提单等，于 1996 年形成国家网络并与国外实现联结。

三、我国 EDI 的发展与贸易单证的应用

我国与世界其他国家和地区相比，EDI 的研究与开发工作起步较晚。1986 年，外经贸部计算中心对全国经贸系统的计算机应用和信息管理制订了发展规划，即"三级网络"——经贸部，各省、市经贸厅委，各地市经贸机构和外贸公司。为实现这一规划，又提出了经贸系统推广计算机必须遵守的四原则：统一规划、统一机型、统一软件工程设计规范、统一数据格式和代码标准。为了具体落实这一规划，外经贸部把 EDI 纳入部"八五"计算机应用规划中，并从 1990 年开始召开会议进行专门

研讨,并采用"走出去、请进来"的方式,了解国际 EDI 发展情况,宣传和推动该项工作。经过几年努力,外经贸系统计算机应用工作有了很大进展,各省、市部属外贸公司、院校等建立了电脑开发部门,实际应用深入到外贸、对外投资、对外经济技术合作等环节,并从单机应用向网络化发展。

1994 年 4 月 1 日,国家"八五"重点科技攻关项目之一,我国第一个 EDI 应用系统——海关自动化通关系统在首都机场海关试运行获得成功,从而填补了我国在 EDI 技术研究领域尚无应用实例的空白,有力地推动了我国对外贸易与国际惯例接轨的进程,呈现出较为明显的经济应用前景。从此全国各地海关的电子报关系统初具规模,从 1995 年普货 EDI 空运方式扩展到海、陆、空运输方式。EDI 快件系统试运行的成功,使 EDI 通关系统在全关区报关业务中发挥了良好的作用。1996 年在实现海关与北京经济开发区 SMC 公司的计算机联网的同时,发展该企业为 EDI 通关用户,使北京海关 EDI 通关业务以普货快递扩展到了保税加工方式。1996 年年底,北京海关与中国银行北京分行联网,电子划税款系统正式开通运行,中国邮电器材进出口公司等 10 家 EDI 进出口企业成为首期电子划款用户。北京海关又与中国国际航空公司合作,利用国际上最大的数据网实现了北京海关与世界各地航空公司联网,实现了出口舱单自动传送。除北京海关外,上海、厦门、青岛、深圳、蛇口、天津等地海关的 EDI 开发也得到了不同程度的发展。从全国海关系统来看,一个几乎包容所有海关业务程序在内的报关自动化系统已经诞生并运行,它有 18 个子系统,包括申报数据录入、审单、核销、查验、征税等。其他部门如银行、外运、外汇管理等部门以及许可证管理部门等已实现了全国计算机联网。目前,以"金关"工程带动的 EDI 发展已在全国范围内展开。特别是 1996 年 12 月联合国贸易网络中国发展中心在北京正式成立,随后外经贸部成立了国际贸易 EDI 中心,标志着我国 EDI 发展战略已经被提到重要的日程上,成为实现"九五"计划和推动对外经贸事业的一项重要内容。

尽管我国 EDI 技术发展取得了一定的进展,但与国外相比还存在着很大差距。首先,发展的范围只局限于海关及与外贸相关的部门,而适合商业领域的 EDI 标准尚属空白。其次,由于我国 EDI 发展起步较晚、起点较低,尚处于"引入"阶段,仍在进行大量基础设施建设、标准的制订和改进等工作,进展速度较慢。再次,EDI 是涉及多学科、多行业的系统工程,发达国家已由发展阶段进入了行业的融合阶段,而我国除个别试点单位注意了与相关部门的共同开发,多数部门仍是各行其是,即使是海关和外贸等部门运用的收益也仅限于"减少重复输入""减少人工差错和纸张作业"等最基本的应用收益。最后,我国目前发布的国家标准尽管已超过 90 项,但部分行业的局部标准仍属空白。

我国 EDI 的发展之所以存在这些问题,有主观因素也有客观因素。首先,我国大部分企业对这一新兴技术的认识不足,缺乏相关的知识以及来自独立渠道的基础教育,无法预见 EDI 将来的发展趋势及其对社会经济生活的巨大影响和冲击,因而不热衷于这一新技术的开发和采用。其次,由于 EDI 的实现必然引起传统贸易方式、操作做法、行政和业务管理上的改变,导致传统经验的失败和重新寻找新的方法,也是使企业家犹豫甚至拒不接受的原因。再有,EDI 的实现需要大量的前期投入用于研究、开发,高成本的资金投入和回报存在时滞,也影响了 EDI 的实施。最后,单证的标准化难以在短期完成。各行业、各部门仍坚持使用自己格式的单证,加之要将标准单证格式既与国际统一标准兼容,又兼具中文特色,短期内难以构筑完成,从而影响到 EDI 在我国的发展进程。

总之,一方面,EDI 是一项涉及面广、影响深的信息处理和通信技术,在 20 世纪 90 年代得到迅速的发展和应用。例如,新加坡贸易发展局从 1990 年开始,贸易均由电子数据申报;美国及欧共体从 1992 年起就采用 EDI 方式处理海关业务,不采用 EDI 方式的海关手续会被推迟受理。因此,贸易中采用 EDI 势在必行,否则会失去机会,失去顾客和用户。另一方面,采用 EDI 将加速企业、公司的资金周转,节省库存,减少办公开支,提高工作效率和服务质量,从而大大降低成本。事实证明,EDI 的开发和应用,不仅能降低成本,还能使贸易伙伴之间的联系更加紧密,从而增加贸易机会,延长合作期限。特别是采用标准化的数据格式,能够消除不同国家的语言、文化障碍,加速国际一体化进程。因此,EDI 的应用是一场内涵丰富、影响深远的商业革命。

第二节　电子商务推动国际贸易电子化发展

一、电子商务发展概况

EDI 应用之初的非开放性、设施的专用性,使其应用范围受到限制而逐渐被 Internet 取代。企业通过在互联网上建立自己的网站实现与国际互联网的互联,对所经营的商品作国际市场行情分析、确定产品的营销策略并取得国际电子商务认证机构的认证,从而实现网上磋商、网上交易和网上合同的履行,实现跨国商务活动。

(一)电子商务的定义

目前,电子商务的概念并没有一个统一的、严格的定义,不同机构和研究组织从不同的角度提出了不同的观点。

1.世界组织及机构的定义。各国际性组织对电子商务的定义作了如下规定。

联合国经济合作与发展组织(OECD):电子商务是发生在开放网络上的包含企业之间(Business to Business)、企业和消费者之间(Business to Consumer)的商业交易。

联合国国际贸易法律委员会(UNITRAL):电子商务是采用电子数据交换(EDI)和其他通信方式增进国际贸易的职能。

世界贸易组织(WTO)电子商务专题报告的定义:电子商务就是通过电信网络进行的生产、营销、销售和流通等活动。它不仅指基于 Internet 上的交易,而且指所有利用电子信息技术来解决问题、降低成本、增加价值和创造商机的商务活动,包括通过网络实现从原料查询、采购、产品展示、订购到出品储运以及电子支付等一系列的贸易活动。

2.政府与企业的定义。各国政府或企业对电子商务的解释比较典型的有如下几个。

美国政府在其《全球电子商务纲要》中比较笼统地指出:电子商务就是通过 Internet 进行的各项商务活动,包括广告、交易、支付、服务等活动。

IBM 公司指出电子商务(E - Business)概念包括三个部分:内联网(Intranet)、外联网(Extranet)、电子商务(E - commerce)。它所强调的是在网络计算环境下的商业化应用,不仅仅是硬件和软件的结合,也不仅仅是我们通常意义下的强调交易的狭义的电子商务(E - commerce),而是把买方、卖方、厂商及其合作伙伴在因特网(Internet)、内联网(Intranet)和外联网(Extranet)结合起来的应用。它同时强调这三部分是有层次的,只有先建立良好的 Intranet,建立好比较完善的标准和各种信息基础设施,才能顺利扩展到 Extranet,最后扩展到 E - commerce。

美国惠普公司(HP)提出了电子商务(EC)、电子业务(EB)、电子消费(EC)和电子化世界的概念。它对电子商务(E - Commerce)的定义是:通过电子化手段来完成商业贸易活动的一种方式,电子商务使我们能够以电子交易为手段完成物品和服务等的交换,是商家和客户之间的联系纽带。它包括两种基本形式:商家之间的电子商务及商界与最终消费者之间的电子商务。

3.学术界的定义。学者对电子商务的定义,更多地从经济学的视角,对世界经济、市场或经营管理影响的角度进行界定。其中,美国夏威夷大学教授埃弗雷姆·特班(Efraim Turban)等人在《电子商务:管理视角》①一书中概括的角度较为全面,

① 埃弗雷姆·特班,等.电子商务:管理视角.严建援,等,译.北京:机械工业出版社,2007:5.

分别从通信、商业、业务过程、服务、学习、合作和社区七个角度进行定义,并将电子商务概括为:通过包括互联网在内的计算机网络来实现商品、服务和/或信息的购买、销售与交换。

总之,上述定义都从各自的角度诠释了电子商务的含义。政府和组织侧重于从宏观和行业的角度,以及因此而产生的社会经济影响方面进行解释;学者和企业则侧重于从微观和企业管理的角度界定电子商务。简言之,电子商务是指通过计算机网络包括 Internet 进行购买或销售产品、服务和信息交换的所有活动。

(二)网络经济及有关的概念

新千年之际,美国经济保持了持续、高速增长达十个年头。分析其原因,经济学家的共识是世界经济发展到知识经济,即是计算机、卫星通信、光缆通信和数码技术等为标志的现代信息技术和全球信息网络"爆炸性"发展的必然结果。知识经济实质上是一种以现代信息技术为核心的全球网络经济。

1.网络经济的含义。网络经济不同于以往的农业经济和工业经济,在网络经济时代,信息产业以及以此为基础的各种服务行业成为经济发展的主导产业;在此基础上,世界经济全球化趋势进一步增强,国际贸易、国际投资以及跨国生产、跨国经营活动等更加活跃;在世界经济全球化的背景下,经济运行的机制、方式和规则等也必将发生深刻的变化。

网络经济可概括为一种建立在计算机网络(特别是 Internet)基础之上,以现代信息技术为核心的新的经济形态。它不仅是指以计算机为核心的信息技术产业的兴起和快速增长,也包括以现代计算机技术为基础的整个高新技术产业的崛起和迅猛发展,更包括由于高新技术的推广和运用所引起的传统产业、传统经济部门的深刻的革命性变化和飞跃性发展。因此,它实际上是建立在传统经济基础上、以计算机为核心的现代信息技术提升的高级经济发展形态。

人们利用先进的计算机技术,进行计算机自动控制、计算机辅助设计、计算机辅助制造和计算机集成制造等,实现生产的自动化,从而提高生产效率,并使个性化的小批量生产的边际成本最小化;利用发达的计算机网络,可以实现信息的快速传递和资源共享,从而充分利用各种信息资源为经营决策服务,并加快高新技术向现实生产力转化的速度,把信息资源转化为现实的经济资源;通过由计算机网络连成一体的全球化市场,可以实施真正的全球化经营战略,优化全球范围的资源配置,提高整个人类社会的经济资源利用效率,促进世界经济的增长。可见,网络经济的真正价值不仅在于它本身能够产生多少有形财富和利润,更重要的是它营造的是一种崭新的社会经济形态,为全体社会成员提高社会发展能力和经济创造力提供一个平台,使所有产业都构建在一个新的起点上,使企业有可能实现财富迅速积聚和跳跃式发展。

2.网络经济的构成。网络经济发展最为直观的形式是电子商务的出现和迅猛发展。现在已有越来越多的公司开始运用 Internet 来进行采购和销售。这不仅意味着商业机会的大量增加,而且意味着一个真正的全球性"新兴市场"的诞生。任何公司要想不断扩大其市场影响,增加其市场份额,保持其竞争优势地位,就必须加入 Internet。

网络时代电子商务的应运而生及其快速增长,必然使其影响逐步渗透到社会经济的各个环节,并对传统企业的生产方式、组织形式、管理模式、经营策略、贸易渠道和营销观念等多方面提出挑战。一个企业要想抢占市场先机,赢得市场竞争的主动权,就必须充分利用计算机网络,建立起快速、机动、灵活、高效的生产组织系统和经营管理系统。

根据美国得克萨斯大学电子商务中心的研究分类方法,网络经济大致可分为四个层面。

(1)网络基础设施(Internet Infrastructure),指制造和提供的网络硬件设施和设备。如数据通信用光纤及电脑、服务器、调制解调器等网络终端设备。

(2)网络应用(Internet Application),指网络浏览器、搜索引擎、网络数据库等网络软件及网络咨询、网络培训等。

(3)网络中介(Internet Intermediaries),指提供买卖双方直接"碰面"和交易"场所"的活动。作为中介的企业自身并不出售商品,而是为买卖双方搭建交易平台。如证券经纪、网络广告商、信息提供商和网络服务"门户"、代理等。

(4)电子商务(E-Commerce),指以互联网络作为经营媒介、通过网上直接向顾客销售产品及服务的经济活动,即通过现代通信技术、电子信息技术和网络互联技术,使交易各方以电子方式而非纸质方式完成交易活动中涉及的所有业务。

二、电子商务的应用层次与分类

电子商务的一般框架是指实现电子商务的技术保证和电子商务应用所涉及的领域。电子商务的技术支持一般分为四个层次和四个支柱(如图13-1所示)。

(一)电子商务应用层次

1.网络层,即网络硬件基础设施。包括电信、有线电视、无线设备和 Internet 网络。远程通信网络(Telecom)包括公用交换电话网(PSTN)、公用数据网(PDN)、综合业务数据网(ISDN)等;无线通信网(Wireless)包括移动通信网、微波通信网和卫

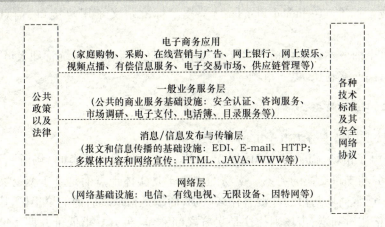

图 13－1　电子商务的一般框架

星通信网;互联网(Internet)是计算机网络,由骨干网、城域网和局域网等层层搭建而成,使得任何一台联网的计算机能够随时同整个世界连为一体。常用的互联网接入方法有调制解调器(Modem)拨号上网、ISDN 上网、ADSL 上网、Cable Modem上网、专用线上网、无线接入上网、电力线上网等。而经营互联网接入的服务商,称为 ISP;经营网络内容的服务商,称为 ICP。

2.信息发布与传输层,即报文和信息传播的基础设施,又称信息高速公路。目前信息的传送方式主要包括格式化的数据通信(如 EDI),以及非格式化的数据如E－mail、FAX、HTTP;多媒体内容和网络宣传,如 HTML、JAVA、WWW 等。

3.一般服务层,即公共的商业服务基础设施,是为了方便企业、个人在网上进行交易时提供的通用业务服务。包括安全认证、咨询服务、市场调研、电子支付、电话簿和目录服务等。

4.电子商务应用层。如家庭购物、企业的网上采购、在线营销与广告、网上银行、网上娱乐、视频点播、有偿信息服务、电子交易市场、供应链管理等。

(二)电子商务的支柱

1.公共政策(Public Policy),包括法律和政策。如电子商务的税收制度、信息的定价、信息访问权、政府决定的隐私保护等。

2.安全网络协议(Security and Network Protocols),包括传输协议、网络安全协

议等技术细节,是信息发布、传递的基础,是网络上信息一致性的保证。

3. 技术标准(Technical Standard)。技术标准定义了用户接口、信息发布标准等。

4. 电子商务主体。包括买卖双方、中间商、服务商、信息系统管理人员;业务伙伴、合作计划、交易所、电子市场等。

(三)电子商务分类

1. 按应用角度分为电子市场与IOS。

(1)电子市场(Electronic Market),是进行商品与服务买卖的"场所",是信息、产品、服务和支付交换的关系。交易的中心不是实体地点而是基于交易交互发生的网络。通常商场与市场并没有什么区别,商场是指众多店铺的聚集区,店铺彼此独立、价格相对固定;市场则往往是卖方之间竞争、买方寻求低价并期望能讨价还价的场所。而在网络世界中,电子市场中的买卖双方不需要实体的场所,而是在网上"碰面",完成商品、服务、资金或信息的交易。

(2)企业间或内部交易信息系统(Inter – Organizational Systems,IOS)。是指在两个或更多机构之间的信息交换,主要目的是提高交易效率。比如发送订单、账单和利用EDI或外部网络的支付等。所有往来事先确定,而不须商定就可以执行,便于企业之间和内部信息、通信和合作的信息流动。

IOS与电子市场相比,买卖双方则要在进行谈判、递盘、达成订货后,才能完成在线或离线交易等。

2. 按经营模式分为B2B、B2C、B2G等。

(1)企业对企业的电子商务(Business to Business—B to B/B2B),是目前使用最为普遍的电子商务类型,是指企业(生产商、采购商、供应商等)间利用互联网或商务专用网络进行谈判、订货、签约、付款并处理发货、运输和索赔等所有业务活动。利用互联网在开放的网络中为每笔交易进行业务关系的建立、磋商、订购到结算的交易行为,如阿里巴巴网站(china. alibaba.com)等,为非特定企业间的电子商务;利用专用网络特别在增值网络中运行的EDI方式进行的交易行为,包括上述提到的IOS交易(大型零售连锁机构内部)和组织间(制造业企业间)的电子交易,为特定企业间的电子商务。B2B电子商务交易功能包括信息传递管理、库存管理、供应商管理、销售管理和支付管理等。

(2)企业对消费者的电子商务(Business to Consumer,B to C/B2C),是通过网上商店实现企业(卖方/零售商)为消费者提供所需的商品或服务的商务活动(主要是零售业务)。如世界上最大的网上书店——亚马孙书店(www. amazon.com)、国内知名的当当书店(www. dangdang. com)、网络预定外卖食品的必胜客(www. pizzahut. com)等。B2C模式为企业和消费者提供了广阔的市场空间,大大节省了企业中间环节的经营成本;打破了时空界限;扩大了消费者对商品的选择范围;方便消费者的购买;实现了提供个性化定制服务等。

当前B2B和B2C已成为电子商务的主要交易模式,其交易额也在电子商务交易中占绝对比重。

(3)企业对政府行政机构的电子商务(Business to Government/Administration, B2G/B2A)。涵盖了企业与政府间的所有管理事务,包括采购、税收、商检、管理条例与法规政策的颁布等。如2000年美国联邦政府实施的"电子化公共采购计划";我国商务部纺织品服装配额许可证电子招标管理系统等。

其他模式,如消费者对消费者(C to C)电子商务,即消费者通过Internet进行相互的个人交易,如易趣网、e-bay等为消费者进行买卖和网络拍卖提供了便利与实惠的服务,也成为电子商务迅速普及与发展的重要模式。另外,还有消费者对企业(C to B)模式、消费者对政府(C to A)模式等。

3.按应用平台分为内联网、外联网和互联网。

(1)内联网(Intranet)是利用互联网技术并通过企业防火墙技术能保证连接安全性的局域网(LAN)或广域网(WAN)。内联网连接了企业内部不同的服务器、客户、数据库和应用程序(如Enterprise Resource Planning,ERP)。内联网和互联网的相同点在于都是基于相同的TCP/IP(传输控制协议/网际协议),不同之处在于它的私密性,是作为私人网络进行运作的,受到访问的限制而不是开放性的。内联网传输信息是与企业有关的,经常涉及企业的敏感信息,所以必须经授权的员工、客户、供应商以及其他业务伙伴才能进行相互的通信协作。

(2)外联网(Extranet,或称Extended Intranet),即利用Internet网络的TCP/IP协议连接不同地点的内联网。由于利用Internet进行,所以往往利用加密技术或授权的方法,通过建立安全数据流来实现私有通信的安全传输,如虚拟专用网络(Virtual Private Network—VPN),来增加必要的安全保障。

(3)互联网(Internet)是公共的、全球化的通信网络,即利用互联网服务商(ISP)或局域网(LAN)对任何人可以提供直接连接。但缺点是由于互联网的开放性,其控制与安全性是最低的。

三、国际电子商务

与上述电子商务概念相比,国际电子商务是电子商务在国际贸易领域的应用,即利用现代通信技术、计算机技术和网络技术,以电子数据传输方式完成从建立贸易关系、商业谈判、电子合同签订,到租船、订舱、报关、报检,申请许可证、配额及货款结算全过程的交易方式。简言之,国际电子商务是指利用电子商务运作的各种手段,部分或全部地完成国际贸易的整个交易过程。它所反映的是现代信息技术所带来的国际贸易过程的电子化。

(一)国际电子商务与一般电子商务的比较

国际电子商务与一般电子商务相比,既有共性,又有特性。

1. 一般电子商务包含国际电子商务。电子商务包括国内商务活动,也包括国际商务活动;国际电子商务则是针对一般电子商务中国际商务活动电子化、国际标准化、表述格式化的部分。

2. 包含类型的差别。电子商务包括所有类型的电子商务活动(如 B2B、B2C、B2A、C2A);国际电子商务多指 B2B、B2G/A。

3. 交易活动的差异。一般电子商务多指直接面对全球市场,采取在 Internet 上直接达成交易的方式;而国际电子商务具体运作不仅是成交活动本身,涉及从交易前的准备、交易的磋商(发盘、还盘和接受)、合同履行与履行后买卖双方有关对当局的手续的办理等,涉及的部门和范围更多,相关的协调和法律管理规范是国际性的。

(二)电子商务下国际贸易交易的电子化

在国际贸易中,商品的进出口都要经过交易前准备、贸易磋商与谈判、签订合同和履行合同四个基本程序。电子商务下国际贸易的基本程序并没有根本性的变化,但是交易的方式和手段有巨大的差别。而国际贸易的磋商,不可能如 B2C 或 C2C 那样在公开的平台进行交易。互联网的开放性、不设防性所带来的安全隐患,使得前述的 EDI 技术并没有失去其原有的价值,并促使 EDI 发展到了 Internet EDI 的层次,摒弃了传统专用增值网络(VANs)转而使用较廉价的互联网作为平台,并随着加密算法等一系列技术问题的解决,比开放的 Internet 更加可靠和安全,使 EDI 的应用和普及上升到一个新的水平。

1. 贸易交易各程序与电子贸易。与电子贸易相结合的贸易程序有其特点。

首先,是交易前的准备工作,即买卖双方建立商业关系、达成合同交易之前的准备过程,包括做好市场调研和客户调研工作,选择合适的销售市场和交易对象,制订经营方案,使对外交易磋商有所依据,从而保证经营目的贯彻和实施。

目前世界上大多国家的政府管理部门和企业都在互联网上设立站点,提供大量的经济动态、市场信息、国际贸易商品信息等,通过网络发布商品广告,推出商品的信息资源,寻找贸易伙伴和交易机会,扩大了贸易范围和市场份额。与传统交易准备相比,电子商务环境下运用互联网来进行网上调研(Online Research)有更多的优势,它能以更低的成本在更短的时间内收集数据。研究表明,用互联网能够节省一半的调研时间,节省80%的调研成本,而又能将数据收集的误差减至最小。

其次,是交易磋商与签订合同。交易磋商需要买卖双方对所有交易细节和条件进行谈判,并将磋商的结果以电子合同或数据系统方式签订下来。原来贸易磋商中的单据交换,变成记录、文件和报文在网络上的传递过程。如价目表、报价单、询盘、发盘、还盘和接受、订单等通过标准的报文格式,在网络上的系统中传输和处理,提高了整个交易速度,减少失误,也使整个交易过程更加规范化。

交易系统通常要求交易各方事先在网络认证中心进行有效注册,取得合法身份后才能进行网上交易,而且交易过程中系统将会自动提供联机认证和保密措施。在该系统中签订的合同不需要以纸面文件形式确定磋商的结果,可以电子合同的形式签订,因为网络协议和应用系统可以保证所有贸易磋商记录文件的确定性和可靠性。

最后,是合同的履行。合同签订后,作为约束买卖双方的基本法律文件,需要双方按照约定的合同履行各自的义务。履行合同中必须做好货(备货)、证(信用证的开证、审证)、船(租船订舱)、款(制单结汇)四个最基本、最重要的环节。

电子商务下简化了烦琐的履行环节,企业通过政府专门的口岸管理网站、银行结算系统,以及与相应的部门,如运输、保险、商检、外汇管理当局及税务等部门的联网系统,完成商品交付、电子贸易系统跟踪货物、按照合同及相应的单证收付资金,完成整个交易过程。现代的网络通信技术和先进的计算机处理系统,保证了资金运营的高效率。

2.电子贸易形式对传统贸易做法及其国际贸易法律层面的影响,主要体现在如下几方面。

(1)计算机自动发出的要约和承诺的效力问题。以电子方式或EDI方式进行的商务活动中,计算机可以根据预先编制的程序在买卖双方的计算机之间自动发出要约或承诺,无须人工干预,从而使得合同成立的界定及其有效性成为实务界面临的问题。目前,对其有效性问题理论界存在两种观点:一是主要从主体不合格方面考虑,给予否认;二是更多地考虑到当事人的意志和网上交易的安全性和可靠性,给予肯定。而从实践中可以看出,计算机的自动回复程序是合同当事人预先设置的,计算机的"行为"实际上是当事人意志的体现与执行,因此,并不能改变主体的性质,因此应该是有效的。

(2)要约的撤回与撤销以及承诺的撤回问题。本书第三章中《联合国国际货物销售合同公约》以及英美法、大陆法对要约的撤回、撤销以及承诺的撤回等有效问题,是从传统通信方式产生的"到达"或"发出"时间上来确定的。但是电子传输方式下,双方通过计算机快速地处理和收发信息只需要几秒钟,很难有撤销的机会,要约或承诺的撤回在电子商务环境下同样几乎是不可能的。我国目前合同法对此未作规定,因此,国际及国内法应该相应的进行修订,或者增加适用的法律。

(3)合同的书面形式。有关合同的书面形式,有些国家要求交易必须采用书面形式作为合同的有效要件和证据,这恰恰与电子贸易所倡导的"无纸贸易"相悖。20世纪80年代由于EDI的应用就曾引起联合国贸易法律委员会的高度重视,并专门成立国际支付工作组对该问题进行深入研究,于1992年提交的研究报告指出对于书面形式的法律要求,可能出于不同的需要,因此,要在法律上完全取消书面形式要求不大可能,比较可行的解决方案应是设法使EDI电子数据视同书面形式。因此,我国新合同法已经修改了对合同书面形式的要求,将电子数据交换作为合同的书面形式之一。

与此同时,存在电子文件的证据效力问题。传统书面合同是确认合同成立和合同内容有效的最有力的证据,而电子合同的形式是由一系列电子数据构成,且存在合同内容易于修改而不留痕迹的问题,因此在其作为诉讼证据时的可采纳性和证据力方面存在问题。因此,需要进一步研究其解决方案,如第三方电子服务对合同的认证及其第三方在此方案中的法律地位和责任承担的约束等需要相应的法律支持。

(4)争议的管辖权问题。在利用电子方式进行的贸易交易中,传统冲突法的一部分连接点是不适用的。如合同的订立地点,在电子交易方式合同当事人可以经过任何可以接入网络的地方与对方签订合同,因此,合同订立地点难以确定,所以应在合同中增加约定合同使用的法律内容以及发生争议时使用的准据法。

第三节 我国对外贸易电子化发展

一、全球贸易网点网络

根据联合国"贸易效率计划"建立的全球贸易网点网络(Global Trade Point Net,GTPNet),在世界各地建立区贸易网点(Trade Point,TP),并通过Internet将各国的贸易网点互联互通。1994年作为我国第一个贸易站点——联合国贸易网络上海贸易中心(www.tpsha.gov.cn,网站首页如图13-2所示)成立。该中心目前在原"上海对外经济贸易计算中心"和"联合国贸易网络上海中心"基础上成立"上海电子商务促进中心",负责建设并运行世界贸易网点联盟(WTPF)门户网站,与全球各贸易网点进行信息交流与协作,促进全球贸易网络的形成,推动全球贸易;围绕上海建设国际贸易中心的发展目标,负责"中国(上海)国际贸易中心平台"的总运营,协助上海市政府商务委推进电子商务和电子政务发展;促进电子商务在上海整体经济中的比重提高;推动上海与长三角周边区域在电子商务领域的协同发展,从而把上海建设成国家优秀的电子商务示范城市,提升上海的国际竞争力。中心利用网络平台为上海外贸企业提供了大量的国际贸易机会信息和咨询,方便了企业与外商的信息交流,有效地宣传和扩大了上海企业在国际市场上的知名度,中心出版翻译了大量的信息产品,承担上海电子商务的统计工作、编写电子商务发展报告等。

图 13 - 2　上海市电子商务促进中心(联合国贸易网络上海中心)网页

目前联合国贸易网络上海中心已经建成了"上海出口商""国际电子贸易机会信息""上海招商引资项目""上海三资企业及驻沪办事处""世界 500 强""商业品牌 100 强""世界财富 1000 强""外商投资动态(分行业、国别地区)"等各类外贸专业数据库。联合国贸易网络上海中心同时集合所有与外贸有关的政府部门和组织机构,如:海关、商检、银行、保险、外运、外管等为广大企业和客商提供通关、进出口商品报验及原产地证和普惠制产地证的签发、缮制、银行进出口接单开证和接单审核、进出口外汇核销管理、外运、保险等贸易环节的政策、法规及实务操作的咨询、培训,提高企业开展国际经贸活动的综合效率。

二、中国国际电子商务网——电子政务网

中国国际电子商务网(www.ec.com.cn)是国家"金关工程"的主干网,由我国外经贸部于1998年3月正式建立,经过几年的发展成为商务部对全国企业开展对外经济贸易管理的重要平台。该网与联合国贸易网络以及美国、欧盟等主要贸易设限国的海关连通,形成以北京为中心覆盖全国的联通世界的国际电子商务网络(网页如图13-3所示)。

中国国际电子商务网包括全球经济、中国经济、贸易区、数据区、业务申报区等区域,在信息资讯发布上强化实效性和网上信息更新即时性。这包括:国内外经贸、招商、地方经济、行业资讯;我国重点出口商品中的纺织、机电、能源、玩具、高新技术和会展等信息发布;以及政策解读、EC商务周刊和论坛等栏目。

图13-3 中国国际电子商务网网页

全球经济包括欧洲、美洲、亚太及其他地区等区域信息。数据区包括咨询服务

和报告、重点行业、各国贸易、农产品进口、大宗商品报价、原料行情、实时行情、各国经济、指数速递和柯桥指数等。重点行业进出口形势解析中包括进出口市场分析、进出口区域分析、进出口商品分析和重点行业报告;各国贸易形势分析,集中了我国主要贸易对象国和主要贸易商品的统计数据分析;大宗商品数据中心包括了农产品、金属矿产、能源化工等商品的价格信息和行情分析。

贸易区包括海外市场、海外预警、加工贸易、政策法规、海外投资和电子商务等栏目。用户可以通过网络浏览最新的外经贸实务信息,如中国出口商品大全、机电产品国际招标项目、技术出口项目;涉及经贸业务的海关、商检、金融、运输等信息,全方位国际贸易供求机会、商务部驻外商务参赞处提供的供求信息、联合国贸易网点网络发布的贸易机会等;可以通过贸易学院了解国际贸易基本理论和基本知识,为有关业务人员学习外贸知识、增长外贸实务经验、获得最新商务标准和知识提供机会与场所。

业务申报区,实现了加工贸易网上管理系统,包括网上申领、审批、提及分析、海关数据查询和电子联网审批管理等;外贸登记备案系统,包括对外贸易经营备案登记、国际货运代理企业备案;电子招标系统,包括企业信息服务系统、招标审批系统和招标相关内容下载专区;以及技术贸易惯例、对外投资和经济合作、外贸企业管理和国内市场管理等其他系统。

三、"中国电子口岸"——电子商务平台

中国电子口岸(www.chinaport.gov.cn,网页如图 13 - 4 所示),是我国电子商务发展规划中"金关工程"中的子系统之一,是随着我国对外贸易发展的速度和形势的变化与我国国际电子商务发展的需要而纳入金关工程的,也是目前开发完成的最复杂、涉及部门最多的一个系统。

中国电子口岸也称电子口岸执法系统,是经国务院批准,由海关总署、原外经贸部、公安部、国家税务总局、人民银行、国家外汇管理局等 12 个有关部委联合开发,于 2000 年试用、2001 年 6 月向全国推广的口岸电子执法系统。该系统将分别掌管的进出口业务信息流、资金流、货物流等"电子底账数据"集中存放到口岸"公共数据中心",为各行政管理部门提供跨部门、跨行业的行政执法数据联网核查,并为企业及中介服务机构提供网上办理进出口业务服务的数据交换平台。系统包括身份认证管理系统、ATA 单证册业务、减免税系统、加工贸易业务、加工贸易联网监管、公路口岸系统、舱单申报业务、报关单申报业务、出口收汇系统、进口付汇系统、出口退税、快件管理系统、保税监管平台和网上支付系统等业务构成。就该平台仅作下述说明。

图 13 - 4　中国电子口岸网页

（一）口岸电子执法系统的登录和认证

企业申请使用口岸电子执法系统必须经过有关管理部门的用户身份认证及资格审查,以保证国家行政机关和企业在网上开展信息交流和数据交换的安全。为便于企业办理身份认证,海关、商务部、税务、工商、外汇管理、质量技术监督等部门成立口岸电子执法系统企业用户资格联合审查组,为企业用户进行身份认证和资格审查,并颁发 IC 卡和电子证书。详细登录可见该网站的"入网指南"。

（二）报关自动化

报关单位在电子计算机终端或微机上填报进出口报关单证,通过网络将其输入海关的报关自动化系统,向海关申报。海关的电子计算机对输入的报关单证进行审核和处理后,凡符合海关监管规定的绿色通道标准的货物,计算机将自动完成审单、征税程序,并由计算机向用户发放查验放行通知,用户即可凭此通知单及有关单证,直接到货场办理海关查验放行手续,从而省去了用户到海关报关大厅报关的麻烦,极大地方便了用户。对不符合绿色通道标准的货物,计算机将向用户发送人工申报通知,按红色通道程序办理。这种报关方式自始至终通过电子计算机进行,无须人工干预或填写纸面单证。这样可以大大节省时间和减少费用,克服因报

关人员到海关现场报关而造成的旅途劳累和等候之苦,从而提高工作效率。我国目前在北京、天津、上海、广州、厦门和九龙等沿海海关已陆续实行了无纸报关。

(三)网上支付系统

中国电子口岸网上支付系统中国银行子系统是由海关和中国银行合作开发,作为中国电子口岸的配套服务项目。中国电子口岸网上支付系统与中国电子口岸其他业务系统以及银行内部已有的业务系统相连接,改变传统的税费支付方式,为用户提供准确、方便、快捷的网上金融服务。

采用网上支付的客户,通过中国电子口岸查询到应付税费款额后,可在网上发布支付指令,银行接到支付指令后,可直接从用户在银行开设的预储账号中划转税费,划转成功后,用户可直接办理相关手续。网上支付业务的推出将缩短通关时间,提高通关效率,减低贸易成本。

四、我国电子政务与电子商务的联合发展

商务部中国国际电子商务中心与海关总署中国电子口岸数据中心于2004年9月28日举行了合作协议签字仪式,标志着商务部与海关总署将实现跨部委信息共享,并以此推动中国电子政务和电子商务的全面发展。

按照合作协议,中国国际电子商务中心和中国电子口岸数据中心将发挥各自优势,在统一身份认证、共建电子政务和电子商务平台、共同拓展软件出口及国际市场等三个具体项目进行合作,并以此为基础进一步寻求其他领域的全方位合作。合作的目标是:实现电子政务和电子商务网络互联互通、资源共享,实现数据实时交换,满足政府部门管理和决策的需求;建立“一卡通”和一体化的服务体系,降低企业成本,提高企业核心竞争力。

中国国际电子商务中心与中国电子口岸数据中心合作协议的签署是商务部与海关总署信息化建设迈出的重要一步,此次合作将实现电子政务和电子商务网络跨部委互联互通、资源共享、数据实时交换。这将为商务部和海关总署等部门的监管、宏观决策、调控提供实时、有效、科学的信息和数据;为企业减少进出口审批环节,降低成本,提供一体化服务的平台。

练习与思考题

1.简述电子数据交换的含义及其在国际贸易中地位。
2.简述我国电子数据交换的发展与存在的问题。

3. 简述一般电子商务与国际电子商务的含义和比较。

4. 政府在电子商务应用中应发挥怎样的作用?

5. 我国电子口岸包含哪些子系统?

6. 当前国际电子商务发展中存在的主要问题是什么?